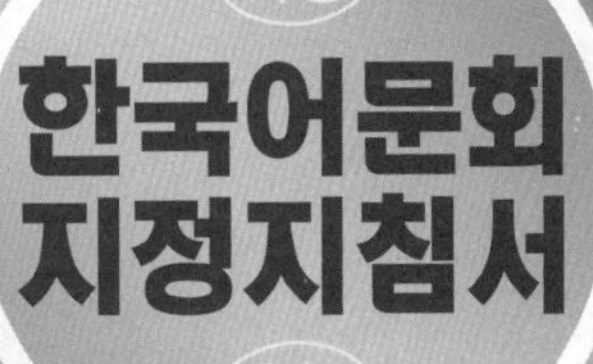

한자능력 검정시험

권하는 글

우리 겨레는 아득한 옛날부터 우리말을 쓰면서 살아 왔다. 아마 처음에는 요사이 우리가 쓰고 있는 아버지, 어머니, 위, 아래, 하나, 둘, 바위, 돌, 물, 불 같은 기초어휘가 먼저 쓰였을 것이다.

그러다가 약 2천년 전부터, 당시로는 우리 겨레보다 文化水準(문화수준)이 높았던 이웃나라의 中國(중국)사람들과 접촉하면서 그들의 글자와 글인 漢字와 漢文을 받아들이게 되고 漢字로 이루어진 어휘도 많이 빌려 쓰게 되었다. 이리하여 우리 겨레는 우리의 고유어와 함께, 父(부)·母(모), 上(상)·下(하), 一(일)·二(이), 岩(암)·石(석)과 같은 漢字語를 쓰게 되었으며, 본래 우리말의 기초어휘에 없던 추상적인 말, 예를 들면 希望(희망), 進步(진보), 勇氣(용기), 特別(특별)과 같은 어휘와, 사회제도 및 정부 기구를 나타내는 科擧(과거), 試驗(시험), 判書(판서), 捕校(포교) 등도 함께 써 오게 되었다.

이러한 현상은 오늘날에도 마찬가지여서, 새로운 文物制度(문물제도)가 생기고 學問(학문)이 발달하면, 자연스러이 漢字로 새 단어를 만들어 쓰는 일이 많다. 治安監(치안감), 元士(원사), 修能試驗(수능시험), 面接考查(면접고사), 高速電鐵(고속전철), 宇宙探索(우주탐색), 公認仲介士(공인중개사) 등 예를 이루 다 들 수가 없다.

따라서 우리는 이미 우리말 안에 녹아들어 있는 漢字語를 정확하게 이해하여, 순수한 우리의 고유어와 함께 우리말을 더욱 올바르게 사용하기 위하여 漢字를 공부하여야 한다.

韓國語文教育硏究會에서는 우리 국민의 漢字에 대한 이해를 촉진시키고 국어 생활의 수준을 향상시키고자 여러 한자 학습 교재를 편찬해 왔다. 또 한편으로는 韓國漢字能力檢定會에서 시행하고 있는 全國漢字能力檢定試驗에도 對備(대비)할 수 있도록 級數(급수)別로 漢字를 배정하고, 漢字마다 표준이 된 訓과 音, 그리고 長短音(장단음)을 표시하였으며, 누구나 알아야 될 類義語(유의어), 反意語(반의어), 故事成語(고사성어), 漢字의 部首(부수), 널리 쓰이고 있는 略字(약자) 등도 자세히 제시해 두고 있다.

우리의 漢字學習 目的(목적)은 어디까지나 국어 안의 한자어를 제대로 알고자 하는 데 있으나, 이러한 한자학습을 통하여 우리의 文化遺產(문화유산)인 漢文(한문) 典籍(전적)을 읽어 내고, 漢語(한어)를 배우는 데도 도움이 될 수 있을 것이라고 믿는다.

2005年 2月 15日

韓國語文教育硏究會 會長　姜 信 沆

머리말

國語(국어) 어휘의 70% 정도를 차지하고 있는 것이 漢字語(한자어)입니다. 30여년 간의 한글 專用(전용) 교육은 국민의 國語 能力(능력)을 低下(저하)시킴으로써 상호간 意思疏通(의사소통)을 모호하게 하고, 學習(학습) 能力(능력)을 減少(감소)시켰을 뿐만 아니라, 傳統(전통)과의 단절, 한자문화권 내에서의 孤立(고립)이라는 결과를 빚어냈습니다.

이미 30여년 전에 이런 한글 專用 교육의 盲點(맹점)을 파악하고 漢字 교육을 통한 國語 교육 正常化(정상화)를 기치로 내세워 발족한 韓國語文敎育研究會는 잘못된 語文(어문) 정책을 바로잡기 위한 여러 활동을 꾸준히 벌여 왔습니다. 語文 정책을 바로잡기 위한 활동의 강화 차원에서 社團法人 韓國語文會를 창립하였고, 公敎育(공교육)에서 담당하지 못하고 있는 漢字 교육을 장려하기 위하여 韓國漢字能力檢定會를 설립하였습니다.

국민의 言語 能力, 事務(사무) 能力 低下(저하)는 필연적으로 國家(국가)와 社會(사회) 양쪽에서부터 반성을 불러 일으켰습니다. 政府(정부)는 公文書(공문서)에 漢字를 倂記(병기)하자는 결정을 내렸으며, 한편으로 經濟(경제) 단체에서는 漢字 교육의 필요성을 力說(역설)하고 있습니다. 머지않아 公敎育에서도 漢字가 混用(혼용)된 교재로 정상적인 학습을 할 날이 到來(도래)할 것을 의심치 않습니다.

한글 전용 교육을 받고 자라난 世代(세대)가 이제는 社會의 중장년층이 된 바, 漢字를 모르는 데서 오는 불편을 후손에게 대물림하지 않기 위하여 漢字 교육에 관심을 보이고 있습니다. 이는 全國漢字能力檢定試驗에 응시하는 미취학 아동과 초등학생 지원자의 수가 꾸준히 증가하는 것에서 확인할 수 있습니다.

韓國語文敎育研究會는 全國漢字能力檢定試驗 교재를 이미 10여년 전에 출간하였으나 그 내용이 지나치게 간단하였기에, 학습자들이 보다 쉽게 漢字를 익히고, 全國漢字能力檢定試驗에 대비할 수 있는 級數別(급수별) 自習書(자습서)의 보급이 필요하다고 판단하여, 이 학습서를 출간하게 된 것입니다. 이 책은 각 級數別 읽기와 쓰기 配定 漢字를 구별하여, 각각의 활용 단어를 넣었으며, 그 외 字源(자원), 訓音(훈음), 讀音(독음), 長短音(장단음), 筆順(필순), 四字成語(사자성어) 등을 갖춤으로써 종합적 漢字(한자) 학습을 가능케 하였습니다.

이 학습서가 全國漢字能力檢定試驗을 준비하는 모든 분들에게 훌륭한 길잡이가 되기를 바라 마지않습니다.

韓國語文敎育研究會 編纂委員長　　南 基 卓

한자능력검정시험이란

한자능력검정시험은 사단법인 한국어문회가 주관하고 한국한자능력검정회가 시행하는 한자 활용능력 검정시험입니다.

1992년 12월 9일 전국적으로 시행하여 현재에 이르기까지 매년 시행하고 있는 한자 자격시험으로, 2001년 5월 19일 18회시험부터 1급~4급이 국가공인이 되었고 2005년 29회 시험부터는 1급~3급Ⅱ가 국가공인(공인증서 제 2005-2호)시험으로 치러지고 있으며, 시험에 합격한 재학생은 내신반영은 물론, 2000학년도부터 3급과 2급 합격자를 대상으로 일부 대학에서는 특기자 특별전형으로 신입생을 모집함으로써 권위 있는 한자자격시험으로 인정받고 있습니다.

한자능력검정시험은 2012년 현재 8급에서 4급까지를 교육급수로, 3급Ⅱ에서 특급까지를 공인급수로 구분하고 있으며, 초등학교에서 1,000자, 중 · 고등학교에서 1,000자, 대학교에서 1,500자 정도로 전체 3,500자의 한자를 배정하였습니다.

초등학교는 학년별로, 중학교 이상은 급수별로 습득할 한자 수를 분류하였으며, 한자에 대한 훈음, 장단음, 반의어/상대어, 동의어/유의어, 동음이의어, 뜻풀이, 약자, 한자쓰기, 완성형, 부수 등에 대한 문제를 내용으로 하고 있습니다. 한자능력검정시험은 한자 학습의 필요성을 깨우치고, 개인별 한자 습득 정도에 대한 객관적인 검정자료로 활용되어 한자 학습 의욕을 증진시키고, 사회적으로 한자 활용능력을 인정받는 우수한 인재를 양성함을 목적으로 합니다.

한자를 익히고 배우려는 뜻있는 학습자들께 한자능력검정시험이 작은 기쁨과 보탬이 되길 바랍니다.

이 책의 특징은 한자능력검정시험에 필요한 모든 정보를 제공하여 수험자로 하여금 시험에 대비하도록 하기 위하여, 읽기배정한자와 쓰기배정한자를 분류하였고, 그 글자에 해당하는 유의자, 반의자, 약자 등을 정보란에 정리하였을 뿐만 아니라, 부록부분에 이들을 모아 전체를 한 눈으로 보고 집중적으로 공부할 수 있도록 하였다. 기출문제와, 실제 한자능력검정시험의 기출문제와 같은 유형의 실전문제를 두어 시험에 대비하도록 하였다.

이 책을 이용하는데 꼭 알아두어야 할 사항들은 다음과 같다.

1 **한자의 배열**은 대표음을 가나다순으로 배열하였다. 각 한자에 해당하는 급수를 제시하여 다른 급수를 학습하는데 도움을 주었다.

間 7급 Ⅱ 사이 간(:)

2 **글자풀이란**을 두어 한자의 구성원리를 쉽게 이해하고 오래도록 기억할 수 있도록 하였으며, 이 때의 글자풀이는 수험자가 쉽게 이해할 수 있도록 자원풀이보다는 파자(글자를 풀어 설명하는)의 방법을 사용하였다.

닫혀있는 문(門) 사이에서 아침 해(日)가 비추어오는 형태에서 사이, 틈(間)의 의미이다.

3 **훈과 음**은 (사단법인) 한국어문회, 한국어문교육연구회, 한국한자능력검정회가 지정한 대표 훈과 음을 따랐다.

4 훈음에는 **장단음 표시**를 하여 수험자가 쉽게 장단음을 익히도록 하였다. 오직 장음으로만 발음되는 한자는 : 로, 장음과 단음이 단어에 따라 다른 것은 (:)로, 단음인 것은 표시를 하지 않았다.

街 4급 Ⅱ 거리 가(:) 行 | 6획

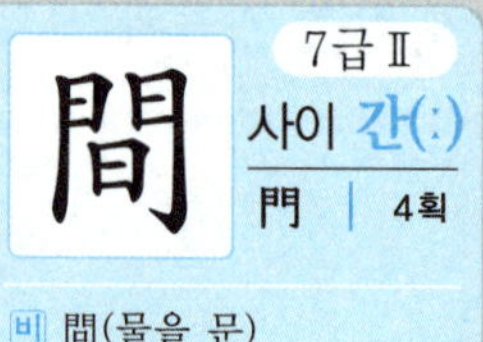

비 問(물을 문)
聞(들을 문)
開(열 개)
동 隔(사이뜰 격)

닫혀있는 문(門) 사이에 해(日)가 비추어오는 형태에서 사이, 틈(間)의 의미이다.

읽기 한자

間或(간혹) 이따금. 간간이. 어쩌다가
間接(간접) 바로 통하지 않고 중간에 매개를 통하여 서로 대함
間斷(간단) 잠깐의 끊임

쓰기 한자

期間(기간) 일정한 시기의 사이
世間(세간) 세상
行間(행간) 줄과 줄 사이
間食(간식) 때때로 섭취하는 군음식
晝間(주간) 낮 동안

5 각 한자의 부수와 획수를 밝혔으며, 이 때의 획수는 총 획에서 부수의 획수를 뺀 나머지 획으로 통일하였다.

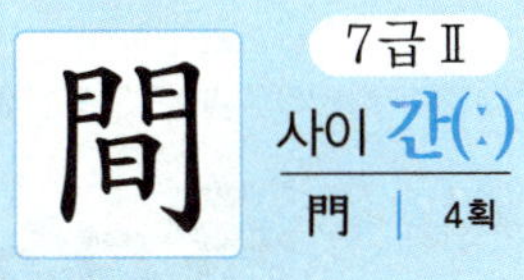

6 배정한자 아래에는 **정보란**을 두어 그 배정한자에 해당하는 비슷한 한자(비), 유의자(동), 반대 또는 상대자(반), 약자(약)를 밝혀 시험 대비를 하는데 도움을 주도록 하였다. 3급 이상의 급수에 해당하는 한자들도 수록하여 참고가 되도록 하였다.

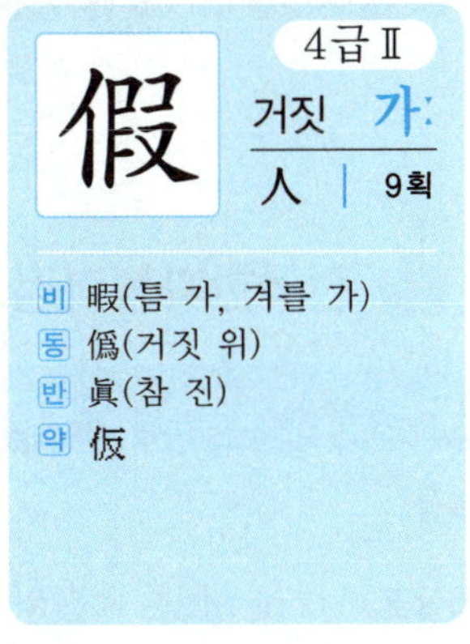

7 한자능력검정시험의 **읽기** 배정한자와 **쓰기** 배정한자가 다른 점을 감안하여 이를 구별하여 수험자들이 시험 대비에 효과를 극대화 할 수 있게 했다.

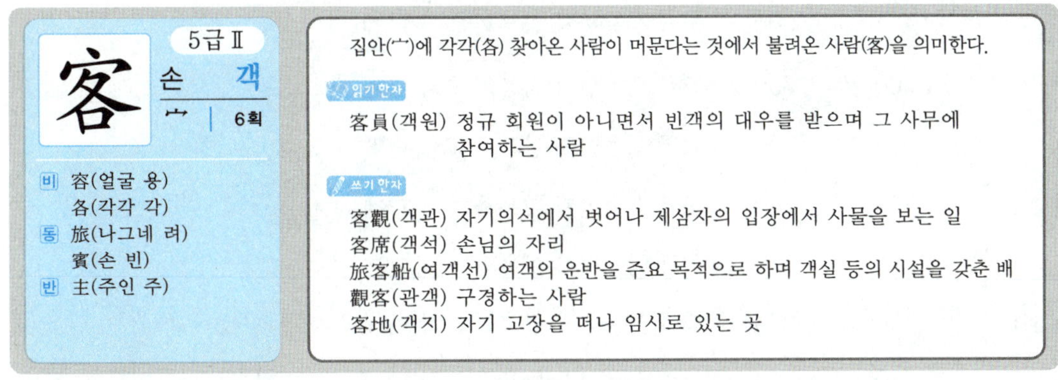

8 부록에는 각 급수에 해당하는 **사자성어, 유의자(동의자), 반대자(상대자), 동음이의어, 약자**를 모아 집중적으로 공부할 수 있도록 하였다. 각 유형별 한자마다 급수를 표시하여 실질적인 급수시험에 충분히 대비할 수 있도록 하였다. 유의자와 반대자는 단어형성과는 관계없이 동훈자 중심으로 구성하였다.

9 **기출문제** 6회분과, 실제 한자능력검정시험의 기출문제와 같은 유형의 **실전문제**를 2회분 두어 지금까지 학습한 내용을 점검하고 실전에 대비하게 하였다. **➜부록Ⅱ**

한자능력검정시험 응시 요강

전국한자능력검정시험 급수별 배정한자 수 및 수준

급수	읽기	쓰기	수준 및 특성
특급	5,978	3,500	국한혼용 고전을 불편 없이 읽고, 연구할 수 있는 수준 고급
특급Ⅱ	4,918	2,355	국한혼용 고전을 불편 없이 읽고, 연구할 수 있는 수준 중급
1급	3,500	2,005	국한혼용 고전을 불편 없이 읽고, 연구할 수 있는 수준 초급
2급	2,355	1,817	상용한자의 활용은 물론 인명지명용 기초한자 활용 단계
3급	1,817	1,000	고급 상용한자 활용의 중급 단계
3급II	1,500	750	고급 상용한자 활용의 초급 단계
4급	1,000	500	중급 상용한자 활용의 고급 단계
4급II	750	400	중급 상용한자 활용의 중급 단계
5급	500	300	중급 상용한자 활용의 초급 단계
5급II	400	225	중급 상용한자 활용의 초급 단계
6급	300	150	기초 상용한자 활용의 고급 단계
6급II	225	50	기초 상용한자 활용의 중급 단계
7급	150	–	기초 상용한자 활용의 초급 단계
7급II	100	–	기초 상용한자 활용의 초급 단계
8급	50	–	한자 학습 동기 부여를 위한 급수

▸▸ 초등학생은 4급, 중 · 고등학생은 3급, 대학생은 1급, 전공자는 특급 취득에 목표를 두고 학습하길 권해 드립니다.

전국한자능력검정시험 급수별 출제유형

구분	특급	특급Ⅱ	1급	2급	3급	3급Ⅱ	4급	4급Ⅱ	5급	5급Ⅱ	6급	6급Ⅱ	7급	7급Ⅱ	8급
읽기 배정 한자	5,978	4,918	3,500	2,355	1,817	1,500	1,000	750	500	400	300	225	150	100	50
쓰기 배정 한자	3,500	2,355	2,005	1,817	1,000	750	500	400	300	225	150	50	0	0	0
독음	45	45	50	45	45	45	32	35	35	35	33	32	32	22	24
훈음	27	27	32	27	27	27	22	22	23	23	22	29	30	30	24
장단음	10	10	10	5	5	5	3	0	0	0	0	0	0	0	0
반의어	10	10	10	10	10	10	3	3	3	3	3	2	2	2	0
완성형	10	10	15	10	10	10	5	5	4	4	3	2	2	2	0
부수	10	10	10	5	5	5	3	3	0	0	0	0	0	0	0
동의어	10	10	10	5	5	5	3	3	3	3	2	0	0	0	0
동음이의어	10	10	10	5	5	5	3	3	3	3	2	0	0	0	0
뜻풀이	5	5	10	5	5	5	3	3	3	3	2	2	2	2	0
필순	0	0	0	0	0	0	0	0	3	3	3	3	2	2	2
약자 · 속자	3	3	3	3	3	3	3	3	3	3	0	0	0	0	0
한자 쓰기	40	40	40	30	30	30	20	20	20	20	20	10	0	0	0
한문	20	20	0	0	0	0	0	0	0	0	0	0	0	0	0

- ▸▸ 상위급수 한자는 모두 하위급수 한자를 포함하고 있습니다.
- ▸▸ 쓰기 배정 한자는 한두 급수 아래의 읽기 배정한자이거나 그 범위 내에 있습니다.
- ▸▸ 출제유형표는 기본지침자료로서, 출제자의 의도에 따라 차이가 있을 수 있습니다.
- ▸▸ 공인급수는 교육과학기술부로부터 국가공인자격 승인을 받은 특급 · 특급Ⅱ · 1급 · 2급 · 3급 · 3급Ⅱ이며, 교육급수는 한국한자능력검정회에서 시행하는 민간자격인 4급 · 4급Ⅱ · 5급 · 5급Ⅱ · 6급 · 6급Ⅱ · 7급 · 7급Ⅱ · 8급입니다.
- ▸▸ 5급Ⅱ · 7급Ⅱ는 신설 급수로 2010년 11월 13일 시험부터 시행되었습니다.
- ▸▸ 6급Ⅱ 읽기 배정한자는 2010년 11월 13일 시험부터 300자에서 225자로 조정되었습니다.

한자능력검정시험 합격기준

구분	특급	특급Ⅱ	1급	2급	3급	3급Ⅱ	4급	4급Ⅱ	5급	5급Ⅱ	6급	6급Ⅱ	7급	7급Ⅱ	8급
출제문항수	200	200	200	150	150	150	100	100	100	100	90	80	70	60	50
	(100)	(100)	(100)	(100)	(100)	(100)	(100)	(100)	(100)	(100)	(100)	(100)	(100)	(100)	(100)
합격문항수	160	160	160	105	105	105	70	70	70	70	63	56	49	42	35
	(80)	(80)	(80)	(70)	(70)	(70)	(70)	(70)	(70)	(70)	(70)	(70)	(70)	(70)	(70)

- ▸▸ (　　)는 100점 만점으로 환산한 점수입니다.
- ▸▸ 특급 · 특급Ⅱ · 1급은 출제 문항수의 80% 이상, 2급 ~ 8급은 70%이상 득점하면 합격입니다.

한자능력검정시험 합격자 우대사항

- 본 우대사항은 변경이 있을 수 있습니다. 최신 정보는 한국한자능력검정회 홈페이지를 참고하시기 바랍니다.
- 자격기본법 제27조에 의거 국가자격 취득자와 동등한 대우 및 혜택
- 대학 수시모집 및 특기자 전형 지원. 대입 면접시 가산점(해당 학교 및 학과)
- 고려대, 성균관대, 충남대 등 수많은 대학에서 대학의 정한 바에 따라 학점, 졸업인증에 반영
- 유수 고등학교에서 정한 바에 따라 입시에 가산점 등으로 반영
- 육군 간부 승진 고과에 반영
- 한국교육개발원 학점은행의 학점에 반영
- 기업체 입사 및 인사고과에 반영(해당기업에 한함)

1. 대학 수시모집 및 특기자 전형 지원

대학	학 과	자격
건양대학교	중국어, 일본어	한자능력검정시험 5급이상
경북과학대학	관광영어과,관광일어과, 관광중국어과	한자능력검정시험 4급이상
경북대학교	사학과, 한문학과	한자, 한문 특기자
경상대학교	한문학과	한자능력검정시험 2급 이상(한국어문회 주관)
경성대학교	한문학과	한자능력검정시험 3급 이상(한국어문회 주최)
고려대학교	어학특기자(한문학과)	한문 특기자
공주대학교	한문교육과	국가공인 한자급수자격시험(3급이상) 취득자
국민대학교	중어중문학과	한자능력시험(한국어문회 주관) 1급 이상
군산대학교	어학특기자	중국어 : 한어수평고사(HSK) 6급 ~ 11급인 자 또는 한자능력검정 1, 2급인 자, 한자능력급수 1, 2급인 자 ※한자능력검정의 경우 한국한자능력검정회, 대한민국한자급수검정회, 대한민국한문교육진흥회, 한국어문회 발행만 인정.
단국대학교 (서울)	한문특기자	한국어문회 주관 한자능력검정시험 3급 이상 취득한 자
대구대학교	문학 및 한자 우수자	한자능력검정시험 3급 이내 합격자

대학	학 과	자격
동서대학교	어학, 한자, 문학, 영상	어학, 한자, 문학, 영상에서 3위 이상 입상자
동아대학교	한문특기자	한자능력검정시험(한국한자능력검정회 주최) 3급 이상 자격증 소지자
동의대학교	어학특기자	한자능력검정시험 1급 이상 또는 HSK 6급이상인자
명지대학교	어학특기자	검정회 및 한국어문회에서 주관하는 한자능력검정시험 2급 이상자
부산대학교	모집단위별 가산점 부여	한국어문회 시행 한자능력검정시험(1급 ~ 3급) 가산점 부여
상명대학교 (서울)	한문특기자	한자능력검정시험(3급 ~ 1급) (한국한자능력검정회 시행)
선문대학교	경시대회입상 전형	(국어〈백일장, 한문, 문학〉, 수학, 과학)
성결대학교	외국어 및 문학 특기자	한자능력검정고시 3급 이상 취득자
성균관대학교	한문 특기자	전국한자능력검정시험(한국어문회) - 2급 이상
연세대학교	문과대학	한문 특기자
영남대학교	어학 특기자	한자능력검정시험(한국한자능력검정회 시행) 2급 이상 자격증 소지자
원광대학교	한문교육과	최근 3년 이내 행정기관, 언론기관, 4년제 대학 등 본교가 인정하는 공신력있는 단체에서 주최한 전국규모의 한문경시대회 개인 입상자
중앙대학교	문과대학 국어국문학과	한자능력검정시험(한국어문회 주관) 3급 이상 합격자
충남대학교	어학특기자	전국한자능력검정시험 3급 이상
한성대학교	한문특기자	전국한자능력검정시험(사단법인 한국어문학회 주최) 1급 이상 취득자
호남대학교	공인 어학능력 인증서 소지자	한문자격시험(한자급수시험)

▸▸ 대입 전형과 관련된 세부사항은 변경될 수 있으므로 해당 학교 홈페이지, 또는 입학담당부서로 문의바랍니다.

2. 대입 면접 가산 · 학점 반영 · 졸업 인증

대학	내 용	비고
건양대학교	국문학부 면접시 가산점 부여	대학입시
성균관대학교	졸업인증 3품 중 국제품의 경우 3급이상 취득시 인증	졸업인증
경산대학교	전교생을 대상으로 3급이상 취득시 인증	졸업인증
서원대학교	국문과를 대상으로 3급이상 취득시 인증	졸업인증
제주한라대학	중국어통역과를 대상으로 3급이상 취득시 인증	졸업인증
신라대학교	인문/자연/사범/예체능계열을 대상으로 4급이상 취득시 인증	졸업인증
경원전문대학	전교생 대상, 취득시 학점반영	학점반영
덕성여자대학교	전교생 대상, 취득시 학점반영	학점반영
한세대학교	전교생 대상, 취득시 학점반영(한문 교양 필수)	학점반영

▸▸ 변경될 수 있으므로 해당학교(학과)의 안내를 참조바랍니다.

3. 기업체 입사 · 승진 · 인사고과 반영

구분	내 용	비고
육군	부사관 5급 이상 / 위관장교 4급 이상 / 영관장교 3급 이상	인사고과
조선일보	기자채용 시 3급 이상 우대	입사

▸▸ 변경될 수 있으므로 해당기관의 안내를 참조바랍니다.

한자능력검정시험 시험시간

구분	특급	특급Ⅱ	1급	2급	3급	3급Ⅱ	4급	4급Ⅱ	5급	5급Ⅱ	6급	6급Ⅱ	7급	7급Ⅱ	8급
시험시간	100분		90분	60분			50분								

▸▸ 응시 후 시험 시간동안 퇴실 가능 시간의 제한은 없습니다.
▸▸ 시험 시작 20분 전(교육급수 – 10:40 / 공인급수 – 14:40)까지 고사실에 입실하여 주시기 바랍니다.

한자능력검정시험 검정료

구분	특급	특급Ⅱ	1급	2급	3급	3급Ⅱ	4급	4급Ⅱ	5급	5급Ⅱ	6급	6급Ⅱ	7급	7급Ⅱ	8급
검정료	45,000원			25,000원			20,000원								

▸▸ 창구접수 검정료는 원서 접수일부터, 마감시까지 해당 접수처 창구에서 받습니다.

한자능력검정시험 접수방법

⊙ 창구접수(모든 급수, 해당 접수처)

응시 급수 선택	검정시험 급수 배정을 참고하여, 응시자에게 알맞는 급수를 선택합니다.
원서 작성 준비물 확인	반명함판사진(3×4cm) 3매/급수증 수령주소/주민번호/이름(한자) 응시료(현금)
원서 작성 · 접수	정해진 양식의 원서를 작성하여 접수창구에 응시료와 함께 제출합니다.
수험표 확인	수험표를 돌려받으신 후 수험번호, 수험일시, 응시 고사장을 확인하세요.

※인터넷 접수 가능 : 접수 방법은 바뀔 수 있으므로 한국어문회 홈페이지(www.hanja.re.kr)를 참고하시기 바랍니다.

한자능력검정시험 시상기준

급수	문항 수	합격문항	우량상			우수상		
			초등이하	중등	고등	초등이하	중등	고등
특급	200	160	-	-	-	160	160	160
특급Ⅱ	200	160	-	-	-	160	160	160
1급	200	160	-	-	-	160	160	160
2급	150	105	-	105	112	105	112	120
3급	150	105	-	105	112	105	112	120
3급Ⅱ	150	105	112	120	127	120	127	135
4급	100	70	75	80	85	80	85	90
4급Ⅱ	100	70	75	80	85	80	85	90
5급	100	70	85	85	-	90	90	-
5급Ⅱ	100	70	85	85	-	90	90	-
6급	90	63	76	-	-	81	-	-
6급Ⅱ	80	56	68	-	-	72	-	-
7급	70	49	59	-	-	63	-	-
7급Ⅱ	60	42	51	-	-	54	-	-
8급	50	35	42	-	-	45	-	-

▸▸ 시상기준표의 숫자는 "문항 수" 입니다.
▸▸ 대학생과 일반인은 시상대상에 해당되지 않습니다.

教學相長

교학상장
가르치고 배우면서 서로 성장함

CONTENTS

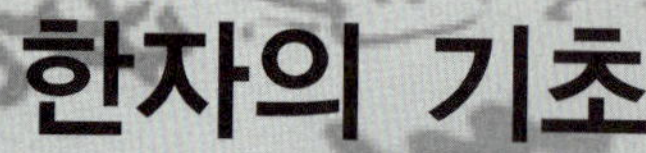

한자의 기초

육서

한자를 만드는 여섯 가지 원리를 일컬어 육서라고 한다. 육서에는 한자를 만드는 원리를 해설하는 상형, 지사, 회의, 형성과 기존의 한자를 사용하여 문자의 원리를 해설한 전주, 가차의 방법이 있다.

▶ 상형문자(象形文字 – 그림글자)

한자를 만드는 가장 기본적인 원리로 구체적인 사물의 모양을 본뜬 글자

▶ 지사문자(指事文字 – 약속글자)

구체적인 모양을 나타낼 수 없는 사상이나 개념을 선이나 점으로 나타내어 글자를 만드는 원리

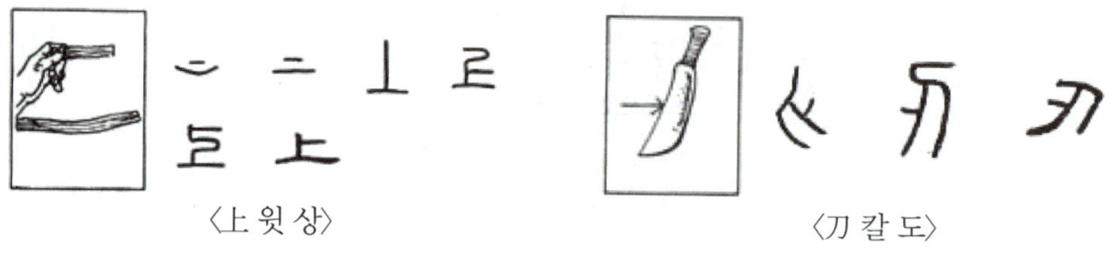

〈上 윗 상〉　〈刀 칼 도〉

▶ 회의문자(會意文字 – 뜻 모음 글자)

두 개 이상의 글자가 뜻으로 결합하여 새로운 글자를 만드는 원리

* 明(밝을 명) = 日(날 일) + 月(달 월)

* 林(수풀 림) = 木(나무 목) + 木(나무 목)

▶ 형성문자(形聲文字 - 합체글자)

뜻을 나타내는 부분과 음을 나타내는 부분을 결합하여 새로운 글자를 만드는 원리

* 問(물을 문) = 門(문 문) + 口(입 구)

* 記(기록할 기) = 言(말씀 언) + 己(몸 기)

▶ 전주문자(轉注文字 - 확대글자)

이미 있는 글자의 뜻을 확대, 유추하여 새로운 뜻을 나타내는 원리

惡	본 뜻	악할 악	예) 惡行(악행)
	새로운 뜻	미워할 오	예) 憎惡(증오)

▶ 가차문자(假借文字 - 빌린 글자)

글자의 본래 의미와는 상관없이 소리가 비슷한 글자를 빌려서 나타내는 원리

* 스페인(Spain) = 西班牙(서반아)

* 유럽(Europe) = 歐羅巴(구라파)

부수의 위치와 명칭

▶ 邊(변) : 글자의 왼쪽에 있는 부수

* 木 나무목변 : 校(학교 교), 植(심을 식), 樹(나무 수)

* 氵(水) 물수변 : 江(강 강), 海(바다 해), 洋(큰 바다 양)

▶ 傍(방) : 글자의 오른쪽에 있는 부수

* 阝(邑) 우부방(고을 읍 방) : 郡(고을 군), 部(떼 부)

* 刂(刀) 선칼도방(칼 도 방) : 利(이할 리), 別(다를/나눌 별)

▶ 머리 : 글자의 위에 있는 부수

* 宀 갓머리(집 면) : 室(집 실), 安(편안 안), 字(글자 자)

* ++(艸) 초두(艸頭) : 萬(일만 만), 草(풀 초), 藥(약 약)

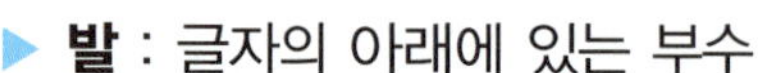

▶ **발** : 글자의 아래에 있는 부수

* 心 마음 심 발 : 感(느낄 감), 意(뜻 의), 念(생각할 념)
* 儿 어진사람인발(사람 인) : 先(먼저 선), 兄(형 형), 光(빛 광)

▶ **엄** : 글자의 위와 왼쪽을 싸고 있는 부수

* 广 엄호(집 엄) : 度(법도 도/헤아릴 탁), 序(차례 서), 廣(넓을 광)
* 尸 주검시엄(주검 시) : 局(판 국), 屋(집 옥), 展(펼 전)

▶ **책받침** : 글자의 왼쪽과 밑을 싸고 있는 부수

* 辶(辵) 갖은책받침(쉬엄쉬엄 갈 착) : 道(길 도), 過(지날 과)
* 廴 민책받침(길게 걸을 인) : 建(세울 건)

▶ **몸**(에운담) : 글자를 에워싸고 있는 부수

* 口 에운담(큰 입 구) : 國(나라 국), 圖(그림 도), 園(동산 원)
* 門 문문몸 : 間(사이 간), 開(열 개), 關(관계할 관)

▶ **諸部首**(제부수) : 한 글자가 그대로 부수인 것

* 車(수레 거/차), 身(몸 신), 立(설 립)

필순

▶ **위에서 아래로**

例) 言 말씀 언 : 丶 亠 亠 言 言 言 言

▶ **왼쪽에서 오른쪽으로**

例) 川 내 천 : 丿 川 川

▶ **가로획을 먼저**

例) 用 쓸 용 : 丿 冂 月 月 用

▶ **가운데를 먼저**

例) 小 작을 소 : 亅 小 小

▶ **몸을 먼저**

例) 同 한 가지 동 : 丨 冂 冂 同 同 同

▶ **글자를 꿰뚫는 획은 나중에**

例) 中 가운데 중 : 丨 口 口 中
　　母 어미 모　 : 乚 母 母 母 母

▶ **점은 맨 나중에(오른쪽 윗 부분)**

例) 代 대신할 대 : 丿 亻 亻 代 代

▶ **삐침(丿)을 파임(㇏)보다 먼저**

例) 父 아비 부 : 丿 八 父 父

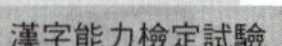

※급수 표기 : 40(4급), 42(4급II), 50(5급), 52(5급II), 60(6급), 62(6급II), 70(7급), 72(7급II), 80(8급)
※획수는 해당 한자에 노출된 부수의 획수를 제외한 나머지 획수입니다.

급수	한자	부수	획수	대표훈음
			ㄱ	
42	假	亻(人)	09	거짓 가:
52	價	亻(人)	13	값 가
50	加	力	03	더할 가
50	可	口	02	옳을 가:
72	家	宀	07	집 가
40	暇	日	09	겨를/틈 가:
70	歌	欠	10	노래 가
42	街	行	06	거리 가(:)
40	刻	刂(刀)	06	새길 각
62	各	口	03	각각 각
40	覺	見	13	깨달을 각
62	角	角	00	뿔 각
40	干	干	00	방패 간
40	看	目	04	볼 간
40	簡	竹	12	대쪽/간략할 간(:)
72	間	門	04	사이 간(:)
60	感	心	09	느낄 감:
40	敢	攵(攴)	08	감히/구태여 감:
42	減	氵(水)	09	덜 감:
40	甘	甘	00	달 감
42	監	皿	09	볼 감
40	甲	田	00	갑옷 갑
42	康	广	08	편안 강
60	強	弓	08	강할 강(:)
72	江	氵(水)	03	강 강
42	講	言	10	욀 강:
40	降	阝(阜)	06	내릴 강:/항복할 항

급수	한자	부수	획수	대표훈음
42	個	亻(人)	08	낱 개(:)
50	改	攵(攴)	03	고칠 개(:)
60	開	門	04	열 개
52	客	宀	06	손 객
40	更	曰	03	고칠 경/다시 갱:
50	去	厶	03	갈 거:
40	居	尸	05	살 거
40	巨	工	02	클 거:
40	拒	扌(手)	05	막을 거:
40	據	扌(手)	13	근거 거:
50	擧	手	14	들 거:
72	車	車	00	수레 거/차
50	件	亻(人)	04	물건 건
50	健	亻(人)	09	굳셀 건:
50	建	廴	06	세울 건:
40	傑	亻(人)	10	뛰어날 걸
40	儉	亻(人)	13	검소할 검:
42	檢	木	13	검사할 검:
40	擊	扌(手)	13	칠 격
52	格	木	06	격식 격
40	激	氵(水)	13	격할 격
40	堅	土	08	굳을 견
40	犬	犬	00	개 견
52	見	見	00	볼 견:/뵈올 현:
52	決	氵(水)	04	결단할 결
42	潔	氵(水)	12	깨끗할 결
52	結	糸	06	맺을 결
42	缺	缶	04	이지러질 결

급수	한자	부수	획수	대표훈음
60	京	亠	06	서울 경
40	傾	亻(人)	11	기울 경
42	境	土	11	지경 경
42	慶	心	11	경사 경:
52	敬	攵(攴)	09	공경 경:
50	景	日	08	볕 경(:)
50	競	立	15	다툴 경:
42	經	糸	07	지날/글 경
42	警	言	13	깨우칠 경:
50	輕	車	07	가벼울 경
40	鏡	金	11	거울 경:
40	驚	馬	13	놀랄 경
42	係	亻(人)	07	맬 계:
40	季	子	05	계절 계:
40	戒	戈	03	경계할 계:
62	界	田	04	지경 계:
40	系	糸	01	이어맬 계:
40	繼	糸	14	이을 계:
62	計	言	02	셀 계:
40	階	阝(阜)	09	섬돌 계
40	鷄	鳥	10	닭 계
60	古	口	02	예 고:
52	告	口	04	고할 고:
50	固	囗	05	굳을 고(:)
40	孤	子	05	외로울 고
40	庫	广	07	곳집 고
42	故	攵(攴)	05	연고 고(:)
50	考	耂(老)	02	생각할 고(:)
60	苦	艹(艸)	05	쓸(味覺) 고
62	高	高	00	높을 고
50	曲	日	02	굽을 곡
40	穀	禾	10	곡식 곡
40	困	囗	04	곤할 곤:

급수	한자	부수	획수	대표훈음
40	骨	骨	00	뼈 골
62	公	八	02	공평할 공
62	共	八	04	한가지 공:
62	功	力	03	공(勳) 공
40	孔	子	01	구멍 공:
72	工	工	00	장인 공
40	攻	攵(攴)	03	칠(擊) 공:
72	空	穴	03	빌 공
62	果	木	04	실과 과:
62	科	禾	04	과목 과
52	課	言	08	공부할/과정 과(:)
52	過	辶(辵)	09	지날 과:
42	官	宀	05	벼슬 관
40	管	竹	08	대롱/주관할 관
52	觀	見	18	볼 관
52	關	門	11	관계할 관
60	光	儿	04	빛 광
52	廣	广	12	넓을 광:
40	鑛	金	15	쇳돌 광:
60	交	亠	04	사귈 교
80	敎	攵(攴)	07	가르칠 교:
80	校	木	06	학교 교:
50	橋	木	12	다리 교
80	九	乙	01	아홉 구
52	具	八	06	갖출 구(:)
60	區	匸	09	구분할/지경 구
70	口	口	00	입 구(:)
42	句	口	02	글귀 구
50	救	攵(攴)	07	구원할 구:
40	構	木	10	얽을 구
42	求	水	02	구할 구
62	球	王(玉)	07	공 구
42	究	穴	02	연구할 구

급수	한자	부수	획수	대표훈음
52	舊	臼	12	예 구:
80	國	口	08	나라 국
52	局	尸	04	판 국
40	君	口	04	임금 군
40	群	羊	07	무리 군
80	軍	車	02	군사 군
60	郡	阝(邑)	07	고을 군:
40	屈	尸	05	굽힐 굴
42	宮	宀	07	집 궁
40	窮	穴	10	다할/궁할 궁
40	券	刀	06	문서 권
40	勸	力	18	권할 권:
40	卷	㔾(卩)	06	책 권(:)
42	權	木	18	권세 권
40	歸	止	14	돌아갈 귀:
50	貴	貝	05	귀할 귀:
50	規	見	04	법 규
40	均	土	04	고를 균
40	劇	刂(刀)	13	심할 극
42	極	木	09	극진할/다할 극
40	勤	力	11	부지런할 근(:)
60	根	木	06	뿌리 근
40	筋	竹	06	힘줄 근
60	近	辶(辵)	04	가까울 근:
62	今	人	02	이제 금
42	禁	示	08	금할 금:
62	急	心	05	급할 급
60	級	糸	04	등급 급
50	給	糸	06	줄 급
42	器	口	13	그릇 기
52	基	土	08	터 기
40	奇	大	05	기특할 기
40	寄	宀	08	부칠 기

급수	한자	부수	획수	대표훈음
52	己	己	00	몸 기
50	技	扌(手)	04	재주 기
70	旗	方	10	기 기
50	期	月	08	기약할 기
40	機	木	12	틀 기
72	氣	气	06	기운 기
50	汽	氵(水)	04	물끓는김 기
40	紀	糸	03	벼리 기
72	記	言	03	기록할 기
42	起	走	03	일어날 기
50	吉	口	03	길할 길
80	金	金	00	쇠 금/성 김

ㄴ

급수	한자	부수	획수	대표훈음
42	暖	日	09	따뜻할 난:
42	難	隹	11	어려울 난(:)
80	南	十	07	남녘 남
72	男	田	02	사내 남
40	納	糸	04	들일 납
72	內	入	02	안 내:
80	女	女	00	계집 녀
80	年	干	03	해 년
52	念	心	04	생각 념:
42	努	力	05	힘쓸 노
42	怒	心	05	성낼 노:
72	農	辰	06	농사 농
52	能	月(肉)	06	능할 능

ㄷ

급수	한자	부수	획수	대표훈음
60	多	夕	03	많을 다
42	單	口	09	홑 단
52	團	口	11	둥글 단
50	壇	土	13	단 단

급수	한자	부수	획수	대표훈음
42	斷	斤	14	끊을 단:
42	檀	木	13	박달나무 단
40	段	殳	05	층계 단
62	短	矢	07	짧을 단(:)
42	端	立	09	끝 단
42	達	辶(辵)	09	통달할 달
42	擔	扌(手)	13	멜 담
50	談	言	08	말씀 담
72	答	竹	06	대답 답
62	堂	土	08	집 당
52	當	田	08	마땅 당
42	黨	黑	08	무리 당
62	代	亻(人)	03	대신할 대:
80	大	大	00	큰 대(:)
62	對	寸	11	대할 대:
42	帶	巾	08	띠 대(:)
60	待	彳	06	기다릴 대:
42	隊	阝(阜)	09	무리 대
52	德	彳	12	큰 덕
52	到	刂(刀)	06	이를 도:
62	圖	囗	11	그림 도
42	導	寸	13	인도할 도:
50	島	山	07	섬 도
60	度	广	06	법도 도(:)/헤아릴 탁
40	徒	彳	07	무리 도
40	盜	皿	07	도둑 도(:)
40	逃	辶(辵)	06	도망할 도
72	道	辶(辵)	09	길 도:
50	都	阝(邑)	09	도읍 도
42	毒	毋	04	독 독
52	獨	犭(犬)	13	홀로 독
42	督	目	08	감독할 독
62	讀	言	15	읽을 독/구절 두

급수	한자	부수	획수	대표훈음
70	冬	冫	03	겨울 동(:)
72	動	力	09	움직일 동:
70	同	口	03	한가지 동
80	東	木	04	동녘 동
70	洞	氵(水)	06	골 동:/밝을 통:
62	童	立	07	아이 동(:)
42	銅	金	06	구리 동
42	斗	斗	00	말 두
42	豆	豆	00	콩 두
60	頭	頁	07	머리 두
42	得	彳	08	얻을 득
42	燈	火	12	등 등
70	登	癶	07	오를 등
62	等	竹	06	무리 등:

ㄹ

급수	한자	부수	획수	대표훈음
42	羅	罒(网)	14	벌릴 라
62	樂	木	11	즐길 락/노래 악/좋아할 요
50	落	艹(艸)	09	떨어질 락
40	亂	乙	12	어지러울 란:
40	卵	㔾(卩)	05	알 란:
40	覽	見	14	볼 람
52	朗	月	07	밝을 랑:
70	來	人	06	올 래(:)
50	冷	冫	05	찰 랭:
40	略	田	06	간략할/약할 략
42	兩	入	06	두 량:
40	糧	米	12	양식 량
52	良	艮	01	어질 량
50	量	里	05	헤아릴 량
40	慮	心	11	생각할 려:
52	旅	方	06	나그네 려
42	麗	鹿	08	고울 려

급수	한자	부수	획수	대표훈음
72	力	力	00	힘 력
52	歷	止	12	지날 력
52	練	糸	09	익힐 련:
42	連	辶(辵)	07	이을 련
42	列	刂(刀)	04	벌릴 렬
40	烈	灬(火)	06	매울 렬
50	令	人	03	하여금 령(:)
50	領	頁	05	거느릴 령
60	例	亻(人)	06	법식 례:
60	禮	示	13	예도 례:
52	勞	力	10	일할 로
70	老	老	00	늙을 로:
60	路	𧾷(足)	06	길 로:
60	綠	糸	08	푸를 록
42	錄	金	08	기록할 록
42	論	言	08	논할 론
50	料	斗	06	헤아릴 료(:)
40	龍	龍	00	용 룡
40	柳	木	05	버들 류(:)
52	流	氵(水)	07	흐를 류
42	留	田	05	머무를 류
52	類	頁	10	무리 류(:)
80	六	八	02	여섯 륙
52	陸	阝(阜)	08	뭍 륙
40	輪	車	08	바퀴 륜
42	律	彳	06	법칙 률
62	利	刂(刀)	05	이할 리:
60	李	木	03	오얏/성 리:
62	理	王(玉)	07	다스릴 리:
70	里	里	00	마을 리:
40	離	隹	11	떠날 리:
70	林	木	04	수풀 림
72	立	立	00	설 립

급수	한자	부수	획수	대표훈음
			ㅁ	
50	馬	馬	00	말 마:
42	滿	氵(水)	11	찰 만(:)
80	萬	艹(艸)	09	일만 만:
50	末	木	01	끝 말
50	亡	亠	01	망할 망
52	望	月	07	바랄 망:
40	妹	女	05	누이 매
72	每	毋	03	매양 매(:)
50	買	貝	05	살 매:
50	賣	貝	08	팔 매(:)
42	脈	月(肉)	06	줄기 맥
40	勉	力	07	힘쓸 면:
70	面	面	00	낯 면:
72	名	口	03	이름 명
70	命	口	05	목숨 명:
62	明	日	04	밝을 명
40	鳴	鳥	03	울 명
40	模	木	11	본뜰 모
80	母	毋	01	어미 모:
42	毛	毛	00	터럭 모
80	木	木	00	나무 목
42	牧	牛	04	칠 목
60	目	目	00	눈 목
40	墓	土	11	무덤 묘:
40	妙	女	04	묘할 묘:
42	務	力	09	힘쓸 무:
42	武	止	04	호반 무:
50	無	灬(火)	08	없을 무
40	舞	舛	08	춤출 무:
70	問	口	08	물을 문:
70	文	文	00	글월 문
62	聞	耳	08	들을 문(:)

급수	한자	부수	획수	대표훈음
80	門	門	00	문 문
72	物	牛	04	물건 물
42	味	口	05	맛 미:
42	未	木	01	아닐 미(:)
62	米	米	00	쌀 미
60	美	羊	03	아름다울 미(:)
80	民	氏	01	백성 민
42	密	宀	08	빽빽할 밀

ㅂ

급수	한자	부수	획수	대표훈음
60	朴	木	02	성 박
42	博	十	10	넓을 박
40	拍	扌(手)	05	칠 박
62	半	十	03	반 반:
62	反	又	02	돌이킬 반:
62	班	王(玉)	06	나눌 반
62	發	癶	07	필 발
40	髮	髟	05	터럭 발
40	妨	女	04	방해할 방
42	房	戶	04	방 방
62	放	攵(攴)	04	놓을 방(:)
72	方	方	00	모 방
42	訪	言	04	찾을 방:
42	防	阝(阜)	04	막을 방
50	倍	亻(人)	08	곱 배(:)
42	拜	手	05	절 배:
42	背	月(肉)	05	등 배:
42	配	酉	03	나눌/짝 배:
80	白	白	00	흰 백
70	百	白	01	일백 백
60	番	田	07	차례 번
42	伐	亻(人)	04	칠 벌
42	罰	罒(网)	09	벌할 벌

급수	한자	부수	획수	대표훈음
40	犯	犭(犬)	02	범할 범:
40	範	竹	09	법 범:
52	法	氵(水)	05	법 법
42	壁	土	13	벽 벽
52	變	言	16	변할 변:
40	辯	辛	14	말씀 변:
42	邊	辶(辵)	15	가 변
60	別	刂(刀)	05	다를/나눌 별
52	兵	八	05	병사 병
60	病	疒	05	병 병:
42	保	亻(人)	07	지킬 보(:)
42	報	土	09	갚을/알릴 보:
42	寶	宀	17	보배 보:
40	普	日	08	넓을 보:
42	步	止	03	걸음 보:
40	伏	亻(人)	04	엎드릴 복
60	服	月	04	옷 복
52	福	示	09	복 복
40	複	衤(衣)	09	겹칠 복
60	本	木	01	근본 본
52	奉	大	05	받들 봉:
42	副	刂(刀)	09	버금 부:
40	否	口	04	아닐 부:
70	夫	大	01	지아비 부
42	婦	女	08	며느리 부
42	富	宀	09	부자 부:
42	府	广	05	마을[官廳] 부(:)
42	復	彳	09	회복할 복/다시 부:
80	父	父	00	아비 부
40	負	貝	02	질 부:
62	部	阝(邑)	08	떼 부
80	北	匕	03	북녘 북/달아날 배
62	分	刀	02	나눌 분(:)

급수	한자	부수	획수	대표훈음
40	憤	忄(心)	12	분할 분:
40	粉	米	04	가루 분(:)
42	佛	亻(人)	05	부처 불
72	不	一	03	아닐 불
42	備	亻(人)	10	갖출 비:
42	悲	心	08	슬플 비:
40	批	扌(手)	04	비평할 비:
50	比	比	00	견줄 비:
40	碑	石	08	비석 비
50	費	貝	05	쓸 비:
42	非	非	00	아닐 비(:)
42	飛	飛	00	날 비
50	鼻	鼻	00	코 비:
40	祕	示	05	숨길 비:
42	貧	貝	04	가난할 빈
50	氷	水	01	얼음 빙

ㅅ

급수	한자	부수	획수	대표훈음
52	士	士	00	선비 사:
72	事	亅	07	일 사:
52	仕	(人)	03	섬길 사(:)
60	使	亻(人)	06	하여금/부릴 사:
52	史	口	02	사기 사:
80	四	囗	02	넉 사:
50	寫	宀	12	베낄 사
42	寺	寸	03	절 사
40	射	寸	07	쏠 사(:)
42	師	巾	07	스승 사
50	思	心	05	생각 사(:)
50	査	木	05	조사할 사
60	死	歹	02	죽을 사:
62	社	示	03	모일 사
40	私	禾	02	사사 사

급수	한자	부수	획수	대표훈음
40	絲	糸	06	실 사
42	舍	舌	02	집 사
42	謝	言	10	사례할 사:
40	辭	辛	12	말씀 사
80	山	山	00	메 산
40	散	攵(攴)	08	흩을 산:
52	産	生	06	낳을 산:
70	算	竹	08	셈 산:
42	殺	殳	07	죽일 살/감할 쇄:
80	三	一	02	석 삼
72	上	一	02	윗 상:
40	傷	亻(人)	11	다칠 상
52	商	口	08	장사 상
42	常	巾	08	떳떳할 상
42	床	广	04	상 상
42	想	心	09	생각 상:
42	狀	犬	04	형상 상/문서 장:
52	相	目	04	서로 상
40	象	豕	05	코끼리 상
50	賞	貝	08	상줄 상
70	色	色	00	빛 색
80	生	生	00	날 생
50	序	广	04	차례 서:
62	書	日	06	글 서
80	西	襾	00	서녘 서
70	夕	夕	00	저녁 석
60	席	巾	07	자리 석
60	石	石	00	돌 석
52	仙	亻(人)	03	신선 선
80	先	儿	04	먼저 선
50	善	口	09	착할 선:
40	宣	宀	06	베풀 선
62	線	糸	09	줄 선

급수	한자	부수	획수	대표훈음
50	船	舟	05	배 선
50	選	辶(辵)	12	가릴 선:
52	鮮	魚	06	고울 선
40	舌	舌	00	혀 설
42	設	言	04	베풀 설
52	說	言	07	말씀 설/달랠 세:
62	雪	雨	03	눈 설
42	城	土	07	재 성
72	姓	女	05	성 성:
52	性	忄(心)	05	성품 성:
62	成	戈	03	이룰 성
42	星	日	05	별 성
42	盛	皿	07	성할 성:
62	省	目	04	살필 성/덜 생
42	聖	耳	07	성인 성:
42	聲	耳	11	소리 성
42	誠	言	07	정성 성
72	世	一	04	인간 세:
42	勢	力	11	형세 세:
52	歲	止	09	해 세:
52	洗	氵(水)	06	씻을 세:
42	稅	禾	07	세금 세:
42	細	糸	05	가늘 세:
80	小	小	00	작을 소:
70	少	小	01	적을 소:
70	所	戶	04	바 소:
42	掃	扌(手)	08	쓸 소(:)
62	消	氵(水)	07	사라질 소
42	笑	竹	04	웃음 소:
42	素	糸	04	본디/흴 소(:)
42	俗	亻(人)	07	풍속 속
40	屬	尸	18	붙일 속
52	束	木	03	묶을 속

급수	한자	부수	획수	대표훈음
42	續	糸	15	이을 속
60	速	辶(辵)	07	빠를 속
60	孫	子	07	손자 손(:)
40	損	扌(手)	10	덜 손:
40	松	木	04	소나무 송
42	送	辶(辵)	06	보낼 송:
40	頌	頁	04	칭송할/기릴 송:
42	修	亻(人)	08	닦을 수
42	受	又	06	받을 수(:)
42	守	宀	03	지킬 수
72	手	手	00	손 수(:)
42	授	扌(手)	08	줄 수
42	收	攵(攴)	02	거둘 수
70	數	攵(攴)	11	셈 수:
60	樹	木	12	나무 수
80	水	水	00	물 수
40	秀	禾	02	빼어날 수
52	首	首	00	머리 수
40	叔	又	06	아재비 숙
52	宿	宀	08	잘 숙/별자리 수:
40	肅	聿	07	엄숙할 숙
42	純	糸	04	순수할 순
52	順	頁	03	순할 순:
62	術	行	05	재주 술
40	崇	山	08	높을 숭
60	習	羽	05	익힐 습
60	勝	力	10	이길 승
42	承	手	04	이을 승
62	始	女	05	비로소 시:
72	市	巾	02	저자 시:
42	施	方	05	베풀 시:
42	是	日	05	이/옳을 시:
72	時	日	06	때 시

급수	한자	부수	획수	대표훈음
50	示	示	00	보일 시:
42	視	見	05	볼 시:
42	試	言	06	시험 시(:)
42	詩	言	06	시 시
60	式	弋	03	법 식
42	息	心	06	쉴 식
70	植	木	08	심을 식
52	識	言	12	알 식/기록할 지
72	食	食	00	밥/먹을 식
62	信	亻(人)	07	믿을 신:
62	新	斤	09	새 신
42	申	田	00	납 신
62	神	示	05	귀신 신
52	臣	臣	00	신하 신
62	身	身	00	몸 신
60	失	大	02	잃을 실
80	室	宀	06	집 실
52	實	宀	11	열매 실
70	心	心	00	마음 심
42	深	氵(水)	08	깊을 심
80	十	十	00	열 십
40	氏	氏	00	각시/성씨 씨

ㅇ

급수	한자	부수	획수	대표훈음
52	兒	儿	06	아이 아
52	惡	心	08	악할 악/미워할 오
72	安	宀	03	편안 안
50	案	木	06	책상 안:
42	眼	目	06	눈 안:
42	暗	日	09	어두울 암:
42	壓	土	14	누를 압
60	愛	心	09	사랑 애(:)
42	液	氵(水)	08	진 액
40	額	頁	09	이마 액
60	夜	夕	05	밤 야:
60	野	里	04	들 야:
62	弱	弓	07	약할 약
52	約	糸	03	맺을 약
62	藥	艹(艸)	15	약 약
40	樣	木	11	모양 양
60	洋	氵(水)	06	큰바다 양
42	羊	羊	00	양 양
60	陽	阝(阜)	09	볕 양
52	養	食	06	기를 양:
50	漁	氵(水)	11	고기잡을 어
70	語	言	07	말씀 어:
50	魚	魚	00	고기/물고기 어
50	億	亻(人)	13	억 억
60	言	言	00	말씀 언
40	嚴	口	17	엄할 엄
62	業	木	09	업 업
42	如	女	03	같을 여
40	與	臼	07	더불/줄 여:
42	餘	食	07	남을 여
40	域	土	08	지경 역
40	易	日	04	바꿀 역/쉬울 이:
42	逆	辶(辵)	06	거스릴 역
40	延	廴	04	늘일 연
42	演	氵(水)	11	펼 연:
70	然	灬(火)	08	그럴 연
42	煙	火	09	연기 연
40	燃	火	12	탈 연
42	硏	石	06	갈 연:
40	緣	糸	09	인연 연
40	鉛	金	05	납 연
50	熱	灬(火)	11	더울 열

급수	한자	부수	획수	대표훈음
50	葉	艹(艸)	09	잎 엽
40	映	日	05	비칠 영(:)
42	榮	木	10	영화 영
60	永	水	01	길 영:
40	營	火	13	경영할 영
60	英	艹(艸)	05	꽃부리 영
40	迎	辶(辵)	04	맞을 영
42	藝	艹(艸)	15	재주 예:
40	豫	豕	09	미리 예:
80	五	二	02	다섯 오:
72	午	十	02	낮 오:
42	誤	言	07	그르칠 오:
50	屋	尸	06	집 옥
42	玉	玉(王)	00	구슬 옥
60	溫	氵(水)	10	따뜻할 온
50	完	宀	04	완전할 완
42	往	彳	05	갈 왕:
80	王	王(玉)	00	임금 왕
80	外	夕	02	바깥 외:
50	曜	日	14	빛날 요:
52	要	襾	03	요긴할 요(:)
42	謠	言	10	노래 요
50	浴	氵(水)	07	목욕할 욕
62	勇	力	07	날랠 용:
42	容	宀	07	얼굴 용
62	用	用	00	쓸 용:
40	優	亻(人)	15	넉넉할 우
52	友	又	02	벗 우:
72	右	口	02	오를/오른(쪽) 우:
50	牛	牛	00	소 우
40	遇	辶(辵)	09	만날 우:
40	郵	阝(邑)	08	우편 우
52	雨	雨	00	비 우:

급수	한자	부수	획수	대표훈음
62	運	辶(辵)	09	옮길 운:
52	雲	雨	04	구름 운
50	雄	隹	04	수컷 웅
52	元	儿	02	으뜸 원
50	原	厂	08	언덕 원
42	員	口	07	인원 원
42	圓	口	10	둥글 원
60	園	口	10	동산 원
40	怨	心	05	원망할 원(:)
40	援	扌(手)	09	도울 원:
40	源	氵(水)	10	근원 원
60	遠	辶(辵)	10	멀 원:
50	院	阝(阜)	07	집 원
50	願	頁	10	원할 원:
80	月	月	00	달 월
50	位	亻(人)	05	자리 위
52	偉	亻(人)	09	클 위
40	危	㔾(卩)	04	위태할 위
40	圍	口	09	에워쌀 위
40	委	女	05	맡길 위
40	威	女	06	위엄 위
40	慰	心	11	위로할 위
42	爲	爫(爪)	08	하/할 위(:)
42	衛	行	09	지킬 위
40	乳	乙	07	젖 유
40	儒	亻(人)	14	선비 유
70	有	月	02	있을 유:
60	油	氵(水)	05	기름 유
60	由	田	00	말미암을 유
40	遊	辶(辵)	09	놀 유
40	遺	辶(辵)	12	남길 유
42	肉	肉	00	고기 육
70	育	月(肉)	04	기를 육

급수	한자	부수	획수	대표훈음
42	恩	心	06	은혜 은
60	銀	金	06	은 은
40	隱	阝(阜)	14	숨을 은
42	陰	阝(阜)	08	그늘 음
62	音	音	00	소리 음
62	飮	食	04	마실 음(:)
70	邑	邑	00	고을 읍
42	應	心	13	응할 응:
40	依	亻(人)	06	의지할 의
40	儀	亻(人)	13	거동 의
62	意	心	09	뜻 의:
40	疑	疋	09	의심할 의
42	義	羊	07	옳을 의:
60	衣	衣	00	옷 의
42	議	言	13	의논할 의(:)
60	醫	酉	11	의원 의
80	二	二	00	두 이:
52	以	人	03	써 이:
40	異	田	06	다를 이:
42	移	禾	06	옮길 이
50	耳	耳	00	귀 이:
42	益	皿	05	더할 익
80	人	人	00	사람 인
40	仁	亻(人)	02	어질 인
42	印	卩	04	도장 인
50	因	口	03	인할 인
42	引	弓	01	끌 인
42	認	言	07	알 인
80	一	一	00	한 일
80	日	日	00	날 일
52	任	亻(人)	04	맡길 임(:)
70	入	入	00	들 입

급수	한자	부수	획수	대표훈음
		ㅈ		
72	子	子	00	아들 자
40	姉	女	05	손위누이 자
40	姿	女	06	모양 자:
70	字	子	03	글자 자
60	者	耂(老)	05	놈 자
72	自	自	00	스스로 자
40	資	貝	06	재물 자
62	作	亻(人)	05	지을 작
62	昨	日	05	어제 작
40	殘	歹	08	남을 잔
40	雜	隹	10	섞일 잡
72	場	土	09	마당 장
40	壯	士	04	장할 장:
42	將	寸	08	장수 장(:)
40	帳	巾	08	장막 장
40	張	弓	08	베풀 장
60	章	立	06	글 장
40	腸	月(肉)	09	창자 장
40	裝	衣	07	꾸밀 장
80	長	長	00	긴 장(:)
42	障	阝(阜)	11	막을 장
40	奬	大	11	장려할 장(:)
50	再	冂	04	두 재:
60	在	土	03	있을 재:
62	才	扌(手)	00	재주 재
52	材	木	03	재목 재
50	災	火	03	재앙 재
52	財	貝	03	재물 재
50	爭	爫(爪)	04	다툴 쟁
42	低	亻(人)	05	낮을 저:
40	底	广	05	밑 저:
50	貯	貝	05	쌓을 저:

급수	한자	부수	획수	대표훈음
42	敵	攵(攴)	11	대적할 적
52	的	白	03	과녁 적
40	積	禾	11	쌓을 적
40	籍	竹	14	문서 적
40	績	糸	11	길쌈 적
40	賊	貝	06	도둑 적
50	赤	赤	00	붉을 적
40	適	辶(辵)	11	맞을 적
52	傳	亻(人)	11	전할 전
72	全	入	04	온전 전
52	典	八	06	법 전:
72	前	刂(刀)	07	앞 전
40	專	寸	08	오로지 전
52	展	尸	07	펼 전:
62	戰	戈	12	싸움 전:
42	田	田	00	밭 전
40	轉	車	11	구를 전:
40	錢	金	08	돈 전:
72	電	雨	05	번개 전:
52	切	刀	02	끊을 절/온통 체
40	折	扌(手)	04	꺾을 절
52	節	竹	09	마디 절
42	絕	糸	06	끊을 절
40	占	卜	03	점령할 점:/점칠 점
52	店	广	05	가게 점:
40	點	黑	05	점 점(:)
42	接	扌(手)	08	이을 접
40	丁	一	01	고무래/장정 정
50	停	亻(人)	09	머무를 정
60	定	宀	05	정할 정:
62	庭	广	07	뜰 정
52	情	忄(心)	08	뜻 정
42	政	攵(攴)	05	정사 정

급수	한자	부수	획수	대표훈음
40	整	攵(攴)	12	가지런할 정:
72	正	止	01	바를 정(:)
42	程	禾	07	한도/길 정
42	精	米	08	정할 정
40	靜	青	08	고요할 정
42	制	刂(刀)	06	절제할 제:
40	帝	巾	06	임금 제:
80	弟	弓	04	아우 제:
42	提	扌(手)	09	끌 제
42	濟	氵(水)	14	건널 제:
42	祭	示	06	제사 제:
62	第	竹	05	차례 제:
42	製	衣	08	지을 제:
42	除	阝(阜)	07	덜 제
42	際	阝(阜)	11	즈음/가 제:
62	題	頁	09	제목 제
42	助	力	05	도울 조:
50	操	扌(手)	13	잡을 조(:)
42	早	日	02	이를 조:
60	朝	月	08	아침 조
40	條	木	07	가지 조
40	潮	氵(水)	12	조수/밀물 조
70	祖	示	05	할아비 조
40	組	糸	05	짤 조
52	調	言	08	고를 조
42	造	辶(辵)	07	지을 조:
42	鳥	鳥	00	새 조
60	族	方	07	겨레 족
72	足	足	00	발 족
40	存	子	03	있을 존
42	尊	寸	09	높을 존
52	卒	十	06	마칠 졸
42	宗	宀	05	마루 종

급수	한자	부수	획수	대표훈음
40	從	彳	08	좇을 종(:)
52	種	禾	09	씨 종(:)
50	終	糸	05	마칠 종
40	鍾	金	09	쇠북 종
72	左	工	02	왼 좌:
40	座	广	07	자리 좌:
50	罪	罒(网)	08	허물 죄:
70	主	丶	04	주인/임금 주
70	住	亻(人)	05	살 주:
40	周	口	05	두루 주
52	州	川(巛)	03	고을 주
60	晝	日	07	낮 주
40	朱	木	02	붉을 주
62	注	氵(水)	05	부을 주:
42	走	走	00	달릴 주
52	週	辶(辵)	08	주일 주
40	酒	酉	03	술 주(:)
42	竹	竹	00	대 죽
42	準	氵(水)	10	준할 준:
80	中	丨	03	가운데 중
42	衆	血	06	무리 중:
70	重	里	02	무거울 중:
42	增	土	12	더할 증
40	證	言	12	증거 증
70	地	土	03	따 지
42	志	心	03	뜻 지
40	持	扌(手)	06	가질 지
42	指	扌(手)	06	가리킬 지
42	支	支	00	지탱할 지
40	智	日	08	지혜/슬기 지
50	止	止	00	그칠 지
52	知	矢	03	알 지
70	紙	糸	04	종이 지

급수	한자	부수	획수	대표훈음
42	至	至	00	이를 지
40	誌	言	07	기록할 지
72	直	目	03	곧을 직
40	織	糸	12	짤 직
42	職	耳	12	직분 직
40	珍	王(玉)	05	보배 진
40	盡	皿	09	다할 진:
42	眞	目	05	참 진
42	進	辶(辵)	08	나아갈 진:
40	陣	阝(阜)	07	진칠 진
52	質	貝	08	바탕 질
62	集	隹	04	모을 집

ㅊ

급수	한자	부수	획수	대표훈음
40	差	工	07	다를 차
42	次	欠	02	버금 차
52	着	目	07	붙을 착
40	讚	言	19	기릴 찬:
42	察	宀	11	살필 찰
52	參	厶	09	참여할 참/석 삼
42	創	刂(刀)	10	비롯할 창:
50	唱	口	08	부를 창:
62	窓	穴	06	창 창
40	採	扌(手)	08	캘 채:
40	冊	冂	03	책 책
52	責	貝	04	꾸짖을 책
42	處	虍	05	곳 처:
70	千	十	01	일천 천
70	天	大	01	하늘 천
70	川	川(巛)	00	내 천
40	泉	水	05	샘 천
50	鐵	金	13	쇠 철
40	廳	广	22	관청 청

급수	한자	부수	획수	대표훈음
62	淸	氵(水)	08	맑을 청
40	聽	耳	16	들을 청
42	請	言	08	청할 청
80	靑	靑	00	푸를 청
62	體	骨	13	몸 체
50	初	刀	05	처음 초
40	招	扌(手)	05	부를 초
70	草	艹(艸)	06	풀 초
80	寸	寸	00	마디 촌:
70	村	木	03	마을 촌:
42	總	糸	11	다 총:
42	銃	金	06	총 총
50	最	日	08	가장 최:
40	推	扌(手)	08	밀 추
70	秋	禾	04	가을 추
50	祝	示	05	빌 축
42	築	竹	10	쌓을 축
40	縮	糸	11	줄일 축
42	蓄	艹(艸)	10	모을 축
70	春	日	05	봄 춘
70	出	凵	03	날 출
52	充	儿	04	채울 충
42	忠	心	04	충성 충
42	蟲	虫	12	벌레 충
42	取	又	06	가질 취:
40	就	尢	09	나아갈 취:
40	趣	走	08	뜻 취:
42	測	氵(水)	09	헤아릴 측
40	層	尸	12	층 층
42	治	氵(水)	05	다스릴 치
42	置	罒(网)	08	둘 치:
50	致	至	04	이를 치:
42	齒	齒	00	이 치

급수	한자	부수	획수	대표훈음
50	則	刂(刀)	07	법칙 칙/곧 즉
60	親	見	09	친할 친
80	七	一	01	일곱 칠
42	侵	亻(人)	07	침노할 침
40	寢	宀	11	잘 침:
40	針	金	02	바늘 침(:)
40	稱	禾	09	일컬을 칭

ㅋ

급수	한자	부수	획수	대표훈음
42	快	忄(心)	04	쾌할 쾌

ㅌ

급수	한자	부수	획수	대표훈음
50	他	亻(人)	03	다를 타
50	打	扌(手)	02	칠 타:
50	卓	十	06	높을 탁
40	彈	弓	12	탄알 탄:
40	歎	欠	11	탄식할 탄:
50	炭	火	05	숯 탄:
40	脫	月(肉)	07	벗을 탈
40	探	扌(手)	08	찾을 탐
60	太	大	01	클 태
42	態	心	10	모습 태:
52	宅	宀	03	집 택
40	擇	扌(手)	13	가릴 택
80	土	土	00	흙 토
40	討	言	03	칠 토(:)
40	痛	疒	07	아플 통:
42	統	糸	06	거느릴 통:
60	通	辶(辵)	07	통할 통
42	退	辶(辵)	06	물러날 퇴:
40	投	扌(手)	04	던질 투
40	鬪	鬥	10	싸움 투
60	特	牛	06	특별할 특

급수	한자	부수	획수	대표훈음
			ㅍ	
42	波	氵(水)	05	물결 파
40	派	氵(水)	06	갈래 파
42	破	石	05	깨뜨릴 파:
40	判	刂(刀)	05	판단할 판
50	板	木	04	널 판
80	八	八	00	여덟 팔
50	敗	攵(攴)	07	패할 패:
70	便	亻(人)	07	편할 편(:)/똥오줌 변
40	篇	竹	09	책 편
72	平	干	02	평평할 평
40	評	言	05	평할 평:
40	閉	門	03	닫을 폐:
42	包	勹	03	쌀 포(:)
42	布	巾	02	베/펼 포(:)/보시 보:
42	砲	石	05	대포 포:
40	胞	月(肉)	05	세포 포(:)
42	暴	日	11	사나울 폭/모질 포:
40	爆	火	15	불터질 폭
40	標	木	11	표할 표
42	票	示	06	표 표
62	表	衣	03	겉 표
52	品	口	06	물건 품:
42	豊	豆	06	풍년 풍
62	風	風	00	바람 풍
40	疲	疒	05	피곤할 피
40	避	辶(辵)	13	피할 피:
52	必	心	01	반드시 필
52	筆	竹	06	붓 필
			ㅎ	
72	下	一	02	아래 하:
70	夏	夊	07	여름 하:

급수	한자	부수	획수	대표훈음
50	河	氵(水)	05	물 하
80	學	子	13	배울 학
50	寒	宀	09	찰 한
40	恨	忄(心)	06	한 한:
72	漢	氵(水)	11	한수/한나라 한:
40	閑	門	04	한가할 한
42	限	阝(阜)	06	한할 한:
80	韓	韋	08	한국/나라 한(:)
60	合	口	03	합할 합
40	抗	扌(手)	04	겨룰 항:
42	港	氵(水)	09	항구 항:
42	航	舟	04	배 항:
52	害	宀	07	해할 해:
72	海	氵(水)	07	바다 해:
42	解	角	06	풀 해:
40	核	木	06	씨 핵
62	幸	干	05	다행 행:
60	行	行	00	다닐 행(:)/항렬 항
60	向	口	03	향할 향:
42	鄕	阝(邑)	10	시골 향
42	香	香	00	향기 향
42	虛	虍	06	빌 허
50	許	言	04	허락할 허
40	憲	心	12	법 헌:
40	險	阝(阜)	13	험할 험:
42	驗	馬	13	시험 험:
40	革	革	00	가죽 혁
62	現	王(玉)	07	나타날 현:
42	賢	貝	08	어질 현
40	顯	頁	14	나타날 현:
42	血	血	00	피 혈
42	協	十	06	화할 협
80	兄	儿	03	형 형

급수	한자	부수	획수	대표훈음
40	刑	刂(刀)	04	형벌 형
62	形	彡	04	모양 형
42	惠	心	08	은혜 혜:
42	呼	口	05	부를 호
42	好	女	03	좋을 호:
42	戶	戶	00	집 호:
50	湖	氵(水)	09	호수 호
60	號	虍	07	이름 호(:)
42	護	言	14	도울 호:
40	或	戈	04	혹 혹
40	婚	女	08	혼인할 혼
40	混	氵(水)	08	섞을 혼:
40	紅	糸	03	붉을 홍
52	化	匕	02	될 화(:)
62	和	口	05	화할 화
80	火	火	00	불 화(:)
70	花	艹(艸)	04	꽃 화
40	華	艹(艸)	07	빛날 화
72	話	言	06	말씀 화
42	貨	貝	04	재물 화:
60	畫	田	07	그림 화:/그을 획
42	確	石	10	굳을 확
50	患	心	07	근심 환:
40	歡	欠	18	기쁠 환
40	環	王(玉)	13	고리 환(:)
72	活	氵(水)	06	살 활
40	況	氵(水)	05	상황 황:
60	黃	黃	00	누를 황
42	回	口	03	돌아올 회
62	會	日	09	모일 회:
40	灰	火	02	재 회
72	孝	子	04	효도 효:
52	效	攵(攴)	06	본받을 효:

급수	한자	부수	획수	대표훈음
40	候	亻(人)	08	기후 후:
40	厚	厂	07	두터울 후:
72	後	彳	06	뒤 후:
60	訓	言	03	가르칠 훈:
40	揮	扌(手)	09	휘두를 휘
70	休	亻(人)	04	쉴 휴
52	凶	凵	02	흉할 흉
50	黑	黑	00	검을 흑
42	吸	口	04	마실 흡
42	興	臼	09	일 흥(:)
40	喜	口	09	기쁠 희
42	希	巾	04	바랄 희

先公後私

선공후사

공적인 일을 먼저 하고 사사로운 일은 뒤로 미룸

漢字

(사) 한국어문회 주관 / 한국한자능력검정회 시행

본문학습

7급Ⅱ

家 집 가

宀 | 7획

비 宗(마루 종)
동 戶(집 호), 室(집 실), 堂(집 당), 屋(집 옥), 宅(집 택), 宮(집 궁), 庫(곳집 고), 舍(집 사), 院(집 원)

옛날 돼지는 그 집의 큰 재산이기에 집(宀)에 딸린 가축이었다는 의미에서 집(家)을 의미한다.

읽기한자

家君(가군) 남에게 자기의 아버지를 일컫는 말
家寶(가보) 대대로 내려오는 그 집안의 보물
家系(가계) 한 집안의 계통
家難(가난) 집안의 재난

쓰기한자

家計(가계) 한 집안 살림살이의 수입과 지출의 상태
家庭(가정) 한 가족이 살림하고 있는 집안
家門(가문) 집안의 사회적 지위
家業(가업) 집안의 직업

7급

歌 노래 가

欠 | 10획

동 謠(노래 요), 曲(굽을 곡), 唱(부를 창), 樂(노래 악)

입을 벌려서(欠) 소리를 뽑아 올리는 것(哥)에서 노래한다(歌)는 의미이다.

읽기한자

歌謠(가요) 운문 형식인 문학의 총칭
悲歌(비가) 슬픈 노래
歌辭(가사) 노래의 내용이 되는 글
歌舞(가무) 노래와 춤
詩歌(시가) 시와 노래

쓰기한자

歌曲(가곡) 노래의 곡조
歌唱(가창) 노래를 부름
軍歌(군가) 군대의 사기를 돋우기 위해 부르는 노래
愛國歌(애국가) 나라를 사랑하는 내용으로, 온 국민이 부르는 노래

5급Ⅱ

價 값 가

亻(人) | 13획

비 賣(팔 매), 買(살 매)
동 値(값 치)
약 価

상인(人)이 가치가 있는 상품(貝)을 상자(襾)에 넣어 놓았다는 의미이다.

읽기한자

營養價(영양가) 영양소의 영양적 가치
評價(평가) 물품의 가격을 評定(평정)함
單價(단가) 각 단위마다의 값
呼價(호가) 팔거나 사려는 물건의 값을 부름

쓰기한자

價格(가격) 물건이 지니고 있는 가치를 돈으로 나타낸 것
代價(대가) 일을 실현하기 위해 들인 노력이나 희생
高價(고가) 비싼 가격
市價(시가) 시장 가격

5급

可 옳을 가:

口 | 2획

비 司(맡을 사), 何(어찌 하)
동 義(옳을 의)
반 否(아닐 부)

큰 입(口)을 벌려서 외쳐 입안에 있던 소리가 성대하게(丁) 나온다는 의미이다.

읽기한자

可否(가부) 옳은가 그른가의 여부
不可思議(불가사의) 헤아려 알 수 없음
燈火可親(등화가친) 가을밤은 서늘하여 글 읽기에 좋음

쓰기한자

可決(가결) 회의에서 제출된 의안을 옳다고 결정하는 것
可能(가능) 될 수 있음, 할 수 있음
可當(가당) 합당함
不可(불가) 옳지 않음

가

加

5급

더할 가

力 | 3획

비 功(공 공)
동 增(더할 증), 益(더할 익)
添(더할 첨)
반 減(덜 감)
除(덜 제)
省(덜 생)
損(덜 손)

손만이 아니라 입(口)도 모아서 기세(力)를 도우려(加)는 의미이다.

읽기한자

加味(가미) 음식에 다른 식료품을 조금 넣어 맛이 더 나게 함

쓰기한자

加算(가산) 더하여 셈하는 것
加速(가속) 속도를 더함
加熱(가열) 물질에 더운 기운을 줌
加重(가중) 더 무겁게 함

假

4급Ⅱ

거짓 가:

亻(人) | 9획

비 暇(틈/겨를 가)
동 僞(거짓 위)
반 眞(참 진)
약 仮

물건을 빌려 다시 주인 사람(人)에게 돌려주어야(反) 하므로 임시(假)로 자기 것이란 의미이다.

읽기한자

假建物(가건물) 임시로 간단하게 세운 건물
假令(가령) 무슨 일을 가정할 때 쓰는 말. 이를테면.
假想(가상) 사실이라고 가정하여 생각하는 것
假作(가작) 거짓으로 하는 행동. 임시적인 제작

街

4급Ⅱ

거리 가(:)

行 | 6획

비 往(갈 왕)
桂(계수나무 계)
동 道(길 도), 程(길 정)
路(길 로)
巷(거리 항)

토지(土)가 구획되어 사방팔방(行)으로 길이 뻗어있는 있는 곳, 화려한 거리(街)를 의미한다.

읽기한자

商街(상가) 가게가 많은 거리
街道(가도) 큰 도로. 교통상 중요한 도로
街路樹(가로수) 人道(인도)의 양쪽에 잇달아 심은 나무

暇

4급

겨를/틈 가:

日 | 9획

비 假(거짓 가)

휴일(日)을 얻어(叚) 겨를(暇)이 있다는 의미이다.

읽기한자

病暇(병가) 몸의 병으로 얻은 휴가
餘暇(여가) 겨를, 틈
休暇(휴가) 학교, 직장 따위에서 일정 기간 동안 쉬는 일

角

6급Ⅱ

뿔 **각**

角 | 0획

비 用(쓸 용)

동물의 뿔과 뾰족한 것의 모서리를 나타낸다.

읽기 한자

角粉(각분) 뿔을 쪄서 건조 분쇄한 가루
角燈(각등) 손으로 들고 다니는 네모진 등
角度器(각도기) 각도를 재는 기구

쓰기 한자

角木(각목) 각재(角材)로 된 나무

各

6급Ⅱ

각각 **각**

口 | 3획

비 客(손 객)
名(이름 명)
반 合(합할 합)
同(한가지 동)
共(한가지 공)

걸어서(夂) 되돌아와 말(口)하는 사람들이 따로따로 말하는 것에서 각각(各)을 의미한다.

읽기 한자

各層(각층) 각각의 층계나 층
各處(각처) 여러 곳

쓰기 한자

各各(각각) 제각기. 따로따로
各自(각자) 각각의 자신
各界(각계) 사회의 각 방면
各種(각종) 여러 종류

覺

4급

깨달을 **각**

見 | 13획

비 學(배울 학)
동 悟(깨달을 오)
警(깨우칠 경)
약 覚

눈으로 보거나(見) 배워서(學) 사물의 도리를 깨달아 기억하다, 느낀다(覺)는 의미이다.

읽기 한자

感覺(감각) 자극에 의하여 생기는 느낌
警覺心(경각심) 정신을 가다듬어 조심하는 마음
發覺(발각) 숨겨졌던 일이 드러남
先覺(선각) 남보다 먼저 깨달음

刻

4급

새길 **각**

刂(刀) | 6획

비 核(씨 핵)
동 刊(새길 간)

딱딱한 멧돼지(亥)의 뼈에 칼(刂)로 조각하여 새기다(刻)는 의미이다.

읽기 한자

刻苦(각고) 몹시 애씀. 대단히 힘들임
刻骨(각골) 남의 은혜가 마음 속에 깊이 새기어짐
刻印(각인) 도장을 새김
時刻(시각) 시간의 어떤 일순에 있어서의 시점

間

7급 II

사이 간(:)

門 | 4획

비 問(물을 문)
聞(들을 문)
開(열 개)
동 隔(사이뜰 격)

닫혀있는 문(門) 사이에 해(日)가 비추어오는 형태에서 사이, 틈(間)을 의미한다.

읽기 한자

間或(간혹) 이따금. 간간이. 어쩌다가
間接(간접) 바로 통하지 않고 중간에 매개를 통하여 서로 대함
間斷(간단) 잠깐의 끊임

쓰기 한자

期間(기간) 일정한 시기의 사이
世間(세간) 세상
行間(행간) 줄과 줄 사이
間食(간식) 때때로 섭취하는 군음식
晝間(주간) 낮 동안

看

4급

볼 간

目 | 4획

비 省(살필 성/덜 생)
着(붙을 착)
동 觀(볼 관), 覽(볼 람)
見(볼 견), 視(볼 시)
監(볼 감)

눈(目) 위를 손(手)으로 가려서 멀리 본다(看)는 의미이다.

읽기 한자

看過(간과) 예사로이 보고 넘김
看病(간병) 병자 옆에서 보살피며 구완하여 줌
看守(간수) 어떤 대상을 보살펴 지키는 것. 교도관의 구칭
看破(간파) 속내를 바로 보아 알아냄

簡

4급

대쪽/간략할 간(:)

竹 | 12획

비 間(사이 간)
節(마디 절)
範(법 범)
동 略(간략할/약할 략)
擇(가릴 택)
반 細(가늘 세)

얇은 대나무(竹)를 끈으로 묶어, 이은 틈새(間)에 글자를 써넣은 서책, 편지(簡)를 의미한다.

읽기 한자

簡潔(간결) 간단하고 요령 있음
簡單(간단) 간략하고 단출함
簡略(간략) 손쉽고 간단함
簡素(간소) 간략하고 검소함
簡便(간편) 간단하고 편리함

干

4급

방패 간

干 | 0획

비 于(어조사 우)
牛(소 우)
午(낮 오)
千(일천 천)
동 盾(방패 순)
반 戈(창 과), 滿(찰 만)
矛(창 모)

적을 찌르거나 막는 무기라는 것에서 범하다, 거스르다는 의미이다. 또 말리다의 의미도 된다.

읽기 한자

干滿(간만) 간조와 만조. 밀물과 썰물
干城(간성) 나라를 방위하는 군인
干與(간여) 간섭하여 참여함
干潮(간조) 가장 낮은 썰물. 조수가 빠져 바다의 수면이 가장 낮게 된 상태

6급

느낄 감:

心 | 9획

비 歲(해 세)
減(덜 감)
동 覺(깨달을 각)

잘 익은 과일을 전부(咸) 먹어 그 맛에 마음(心)이 움직인다, 느낀다(感)는 의미이다.

읽기 한자

感覺(감각) 자극에 의해 생기는 느낌
感想(감상) 예술 작품을 음미함
感激(감격) 몹시 고맙게 느낌
感謝(감사) 고맙게 여김
豫感(예감) 사전에 그 일을 암시적으로 느낌

쓰기 한자

實感(실감) 실물에 접할 때 일어나는 생생한 느낌
同感(동감) 같게 느끼거나 생각함
感知(감지) 느끼어 앎
所感(소감) 마음에 느낀 바
萬感(만감) 온갖 생각

監

4급 Ⅱ

볼 감

皿 | 9획

동 觀(볼 관), 見(볼 견)
視(볼 시), 看(볼 간)
察(살필 찰)
覽(볼 람)
약 监

사람(亻)이 눈(臣)으로 그릇(皿)에 담긴 물을 내려보고 자기의 얼굴을 살핀다(監)는 의미이다.

읽기 한자

監禁(감금) 가두어 자유를 속박하고 감시함
監房(감방) 죄수를 가두어 두는 방
監視(감시) 경계하기 위하여 미리 감독하고 살피어 봄
監察(감찰) 남의 행동을 감시하여 살핌

4급 Ⅱ

덜 감:

氵(水) | 9획

비 歲(해 세), 感(느낄 감)
동 除(덜 제), 損(덜 손)
省(덜 생)
반 加(더할 가), 增(더할 증)
添(더할 첨), 益(더할 익)
약 减

잘 익은 열매를 전부 먹어버리듯이 물(氵)이 다(咸) 없어지는 것에서 줄다(減)는 의미이다.

읽기 한자

減價(감가) 값을 줄임
減量(감량) 분량이나 무게가 주는 것
減産(감산) 생산이 주는 것
減稅(감세) 조세의 액수를 줄이거나 그 율(率)을 낮추는 것
減少(감소) 줄어서 적어지는 것

4급

달 감

甘 | 0획

비 日(날 일)
目(눈 목)
반 苦(쓸 고)

입 안에 사탕을 물고 있는 모양을 나타낸다.

읽기 한자

甘苦(감고) 단맛과 쓴맛
甘受(감수) 불만 없이 달게 받는 것
甘言(감언) 남의 마음에 들도록 꾸미는 말
甘酒(감주) 단술
甘草(감초) 감초의 뿌리

敢

4급
감히/구태여 감:
攵(攴) | 8획

비 取(가질 취)
嚴(엄할 엄)

손에 칼을 들고(攵) 가서 적의 귀(耳)를 베니(工) 감히(敢) 굳세다는 의미이다.

읽기 한자

敢請(감청) 스스러움이나 어려움을 무릅쓰고 감히 청하는 것
敢鬪(감투) 용감하게 싸우는 것
敢行(감행) 결단성 있고 용감하게 행함
果敢(과감) 과단성 있고 용감한 것
勇敢(용감) 씩씩하고 과단성이 있음

甲

4급
갑옷 갑
田 | 0획

비 申(납 신)
由(말미암을 유)
田(밭 전)

호도, 복숭아 등의 씨앗의 모양으로 껍질이 단단하다는 데서 갑옷(甲)을 의미한다.

읽기 한자

甲富(갑부) 첫째가는 부자
甲子(갑자) 60갑자의 첫째
甲衣(갑의) 갑옷
同甲(동갑) 같은 나이

江

7급 Ⅱ
강 강
水 | 3획

비 工(장인 공)
동 河(물 하)
반 山(메 산)

물(水)이 오랜 세월 흐르면서 만든(工) 것이 강(江)이란 의미이다.

읽기 한자

江邊(강변) 강가

쓰기 한자

江湖(강호) 강과 호수
江山(강산) 강과 산
江心(강심) 강의 한복판
漢江(한강) 한국의 중부에 있어 황해로 들어가는 강

強

6급
강할 강(:)
弓 | 8획

반 弱(약할 약)

활(弓)의 줄은 누에꼬치(虫)에서 뽑아 송진을 발라 강한(強) 힘을 지녔다는 의미이다.

읽기 한자

強盜(강도) 폭행, 협박 등의 수단으로 남의 재물을 뺏는 도둑
強勸(강권) 억지로 권하는 것
列強(열강) 여러 강한 나라들
強勢(강세) 강한 세력이나 기세

쓰기 한자

強健(강건) 몸이 튼튼하고 건강함
強國(강국) 강한 나라
強度(강도) 강렬한 정도
強打(강타) 강하게 침
強調(강조) 강력히 주장함

康

4급 Ⅱ

편안 **강**

广 | 8획

비 慶(경사 경)
동 健(굳셀 건)
安(편안 안)
便(편할 편)
반 危(위태로울 위)

한낮 바깥(广)에서 노동한 후, 밤에 이르기(隶)까지 집안일을 하듯이 건강(康)을 의미한다.

읽기한자

康健(강건) 기력이 튼튼하고 건강함
康福(강복) 건강하고 행복함
健康(건강) 몸에 탈이 없고 튼튼함
小康(소강) 병이 조금 나아감. 소란하던 세상이 조금 안정됨

講

4급 Ⅱ

욀 **강:**

言 | 10획

비 構(얽을 구)
동 解(풀 해)

단어(言)를 조합(冓)하여 상대를 잘 이해하게 하고 화해하는 것에서 설명하다(講)는 의미이다.

읽기한자

講壇(강단) 강의나 설교 때 올라가게 만든 자리
講堂(강당) 강의를 하는 건물 또는 방
講讀(강독) 글을 읽고 그 뜻을 밝힘
講演會(강연회) 강연을 하기 위한 모임
受講(수강) 강의를 받음

降

4급

내릴 **강:**
항복할 **항**

阝(阜) | 6획

비 隆(높을 륭)
陵(언덕 릉)
반 昇(오를 승)
登(오를 등)

산의 벼랑(阝)에서 낮은 곳에 내려오는(夅)것으로 산, 언덕, 비탈 등을 내려오다(降)는 의미이다.

읽기한자

降等(강등) 등급, 계급이 내림
降福(강복) 하느님이 인간에게 복을 내리는 것
降雪量(강설량) 일정한 시간과 장소에 내리는 눈의 분량
降伏(항복) 힘에 눌려 적에게 굴복함

開

6급

열 **개**

門 | 4획

비 閉(닫을 폐)
問(물을 문)
聞(들을 문)
반 閉(닫을 폐)

빗장을 양손으로 들어올려 벗기고(幵) 출입문(門)을 여는 것에서 열다(開)는의미이다.

읽기한자

開港(개항) 항구를 개방하여 통상을 허가함
開票(개표) 투표함을 열고 투표 결과를 조사함
續開(속개) 멈추었던 회의 등을 다시 계속하여 엶

쓰기한자

開放(개방) 출입이나 교통이 자유롭게 이루어지도록 허가함
開學(개학) 방학 등으로 쉬었던 수업을 다시 시작하는 것
開國(개국) 새로 나라를 세움
開發(개발) 개척하여 발전시킴

가

改

5급

고칠 개(:)

攵(攴) | 3획

비 功(공 공)
政(정사 정)
收(거둘 수)
동 更(고칠 경/다시 갱)

나쁜 행위를 한 사람(己)을 채찍(攵)으로 두들겨 고쳐서 좋게 하다, 바꾸다(改)는 의미이다.

읽기 한자

改築(개축) 다시 고쳐서 짓거나 쌓음
改憲(개헌) 헌법 개정
改修(개수) 고치어 수정함
改革(개혁) 새롭게 뜯어 고침
改造(개조) 고쳐 다시 만듦

쓰기 한자

改良(개량) 더 낫거나 편리하게 고치는 것
改心(개심) 잘못된 마음을 고치는 것
改正(개정) 고쳐 바르게 함

個

4급 Ⅱ

낱 개(:)

亻(人) | 8획

비 固(굳을 고)
동 枚(낱 매)
반 總(다 총)
약 个

사람(人)이나 굳은(固) 것은 낱개(個)로 센다는 의미이다.

읽기 한자

個當(개당) 낱낱마다
個別(개별) 하나하나. 따로따로
個性(개성) 개인성. 개체의 특성
個人(개인) 국가나 사회에 대하여 이를 구성하는 낱낱의 사람
半個(반개) 한 개의 절반

客

5급 Ⅱ

손 객

宀 | 6획

비 容(얼굴 용)
各(각각 각)
동 旅(나그네 려)
賓(손 빈)
반 主(주인 주)

집안(宀)에 각각(各) 찾아온 사람이 머문다는 것에서 불려온 사람(客)을 의미한다.

읽기 한자

客員(객원) 정규 회원이 아니면서 빈객의 대우를 받으며 그 사무에 참여하는 사람

쓰기 한자

客觀(객관) 자기의식에서 벗어나 제삼자의 입장에서 사물을 보는 일
客地(객지) 자기 고장을 떠나 임시로 있는 곳
客席(객석) 손님의 자리
觀客(관객) 구경하는 사람
旅客船(여객선) 여객의 운반을 주요 목적으로 하며 객실 등의 시설을 갖춘 배

車

7급 Ⅱ

수레 거/차

車 | 0획

비 東(동녘 동)
束(묶을 속)

수레의 모양을 본떴다.

읽기 한자

車庫(차고) 차를 넣어 두는 곳간
車輪(차륜) 수레바퀴
列車(열차) 기관차에 객차, 화차 등을 연결하고 운전 장치를 설비한 차량

쓰기 한자

急停車(급정거) 차 등을 급히 세움
停車場(정거장) 열차를 정지시켜 여객, 화물을 취급하는 곳
馬車(마차) 말이 끄는 수레
車道(차도) 차가 통행하도록 규정한 도로 구획. 찻길

5급

들 거:

手 | 14획

비 與(더불 여)
興(일 흥)
동 動(움직일 동)
약 挙 舉

상아는 크고 귀중하여 여럿(與)이서 들어올리고(手) 나르는 것에 들어올리다(擧)는 의미이다.

읽기 한자

擧論(거론) 여러 사물을 입에 올려 말해서 논제로 삼음
檢擧(검거) 죄상을 조사하려고 용의자를 경찰에서 잡아감
列擧(열거) 하나씩 들어서 말함
義擧(의거) 의를 위하여 일으키는 거사

쓰기 한자

擧動(거동) 일에 나서서 움직이는 태도
擧名(거명) 이름을 들어 말함
擧行(거행) 명령대로 시행함
擧事(거사) 큰 일을 일으킴
一擧一動(일거일동) 사소한 동작

5급

갈 거:

厶 | 3획

비 法(법 법)
동 往(갈 왕)
進(나아갈 진)
반 來(올 래)
留(머무를 류)

안(厶)에 있는 것을 꺼내 뚜껑(土)을 뜯어 제거하는 것에서 가다, 떠나다(去)는 의미이다.

읽기 한자

去勢(거세) 저항, 반대를 못하도록 세력을 꺾어버림
除去(제거) 덜어 없앰
退去(퇴거) 물러감. 거주를 옮김
去處(거처) 간 곳, 갈 곳
收去(수거) 거두어 감

쓰기 한자

去來(거래) 상인과 고객 사이에 금전을 대차하거나 물품을 매매하는 일
過去(과거) 지나간 때

4급

클 거:

工 | 2획

비 臣(신하 신)
동 大(큰 대), 太(클 태)
偉(클 위)
반 小(작을 소)
細(가늘 세)

손잡이가 달린 큰(巨) 자의 모양을 본떴다.

읽기 한자

巨金(거금) 거액의 돈
巨大(거대) 엄청나게 큼
巨木(거목) 큰 나무
巨物(거물) 큰 물건. 학문, 경력, 세력이 중요한 위치에 있는 사람
巨富(거부) 거대한 부. 썩 큰 부자

據

4급

근거 거:

扌(手) | 13획

비 劇(심할 극)
戲(놀이 희)
동 依(의지할 의)
약 拠

산에서 범(虍), 멧돼지(豕)를 만나 손(扌)에 든 무기를 의지(據)하여 위기를 면한다는 의미이다.

읽기 한자

據點(거점) 활동의 근거가 되는 지점
根據(근거) 사물의 토대
論據(논거) 논설이나 의론의 근거
依據(의거) 증거대로 함
占據(점거) 차지하여 자리를 잡음
證據(증거) 증명할 수 있는 근거

拒 4급
막을 거:
扌(手) | 5획

비 距(상거할 거)
据(거만할 거)
巨(클 거)
동 防(막을 방)
障(막을 장)
抵(막을 저)
抗(겨룰 항)

손(才)을 크게(巨) 움직여 적과 겨루어 막는다(拒)는 의미이다.

읽기 한자

拒否(거부) 승낙하지 않고 물리침
拒否權(거부권) 거부할 수 있는 권리
拒逆(거역) 윗사람의 뜻이나 명령을 항거하여 거스름
拒絕(거절) 응낙하지 않고 물리침
抗拒(항거) 순종하지 않고 맞서서 겨룸

居 4급
살 거
尸 | 5획

비 局(판 국), 屋(집 옥)
屈(굽힐 굴)
동 住(살 주), 活(살 활)
家(집 가)
留(머무를 류)

사람이 집(尸)에 오랫동안(古) 머물러 산다(居)는 의미이다.

읽기 한자

居士(거사) 숨어 살며 벼슬을 하지 않는 선비
居室(거실) 거처하는 방
隱居(은거) 세상을 피해 숨어 삶
住居(주거) 어떤 곳에 자리 잡고 삶

建 5급
세울 건:
廴 | 6획

비 康(편안 강)
健(굳셀 건)
동 設(베풀 설)
立(설 립)

옛날 붓(聿)을 세워서(廴) 방위, 지세를 확인하고 장소를 정했듯이 세운다(建)는 의미이다.

읽기 한자

建設(건설) 건물이나 설비 따위를 새로 만들어 세움
建議(건의) 의견이나 희망을 상신함
建造(건조) 배, 건물 따위를 만듦
建築(건축) 집, 다리 등을 세워 지음
創建(창건) 처음으로 세움

쓰기 한자

建物(건물) 땅 위에 세워 이룬 집 따위의 물건
再建(재건) 무너진 것을 다시 건설함
建國(건국) 새로 나라를 세움
建軍(건군) 군대를 창건함

件 5급
물건 건
亻(人) | 4획

비 仕(섬길 사)
任(맡길 임)
동 物(물건 물)
品(물건 품)

노예(亻)나 소(牛)와 같이 매여서 자유롭지 못한 데서 움직이지 않는 것, 물건(件)을 의미한다.

읽기 한자

條件(조건) 무슨 일을 어떻게 규정한 항목
無條件(무조건) 아무 조건도 없음
與件(여건) 주어진 조건

쓰기 한자

件數(건수) 사물, 사건의 수
事件(사건) 일거리. 뜻밖에 일어난 일
要件(요건) 중요한 용건
用件(용건) 볼일
物件(물건) 일정한 형체를 갖춘 모든 물질적 대상. 상품

5급

굳셀 **건:**

亻(人) | 9획

비 建(세울 건)
동 康(편안 강)
반 弱(약할 약)

사람(人)이 글자를 슬슬(廴) 쓰듯이(聿) 병치레를 하지 않고 건강하다(健)는 의미이다.

읽기 한자

健鬪(건투) 씩씩하게 잘 싸움
健康(건강) 몸에 탈이 없고 튼튼함
保健(보건) 건강을 지켜 나가는 일

쓰기 한자

健勝(건승) 건강함
健實(건실) 건전하고 착실함
健兒(건아) 건장한 남아
健全(건전) 건실하고 완전함
不健全(불건전) 건전하지 못함

傑

4급

뛰어날 **걸**

亻(人) | 10획

동 秀(빼어날 수)
俊(준걸 준)

사람 인(人)에 빼어날 걸(桀)이 합친 것으로 호걸(傑)이라는 의미이다.

읽기 한자

傑物(걸물) 걸출한 인물. 뛰어난 물건
傑作(걸작) 썩 훌륭한 작품
傑出(걸출) 남보다 훨씬 뛰어남
女傑(여걸) 호걸다운 여자. 여장부
人傑(인걸) 특히 뛰어난 인재

4급 Ⅱ

검사할 **검:**

木 | 13획

비 險(험할 험)
儉(검소할 검)
동 査(조사할 사)
督(감독할 독)
察(살필 찰)
약 検

의견을 쓴 나무뚜껑(木)을 다(僉) 모아서 조사한 것에서 사물을 조사한다(檢)는 의미이다.

읽기 한자

檢討(검토) 내용을 검사하여 가면서 따짐
檢問(검문) 검사하고 물음
檢算(검산) 계산의 맞고 안 맞음을 검사함
檢察(검찰) 검사하여 찾아 냄

4급

검소할 **검:**

亻(人) | 13획

비 檢(검사할 검)
險(험할 험)
劍(칼 검)
약 倹

사람(人)은 누구나 다(僉) 검소(儉)하여야 한다는 의미이다.

읽기 한자

儉素(검소) 사치하지 않고 수수함
儉約(검약) 검소하게 절약함
勤儉(근검) 부지런하고 알뜰함

格

5급 Ⅱ

격식 **격**

木 | 6획

비 落(떨어질 락)
동 式(법 식)

뻗은 나뭇가지(木)가 각각(各) 격식(格)대로 되어 있다는 의미이다.

읽기한자

格差(격차) 품등이나 자격의 차
破格(파격) 격식을 깨뜨림
資格(자격) 신분과 지위
嚴格(엄격) 엄숙하고 딱딱함
適格(적격) 자격에 알맞음

쓰기한자

格下(격하) 자격, 등급, 지위 등의 격이 낮아짐
規格(규격) 일정한 표준
格言(격언) 교훈이 될 만한 짧은 말
同格(동격) 같은 자격
失格(실격) 자격을 잃음

擊

4급

칠 **격**

手 | 13획

비 聲(소리 성)
동 打(칠 타)
攻(칠 공)
伐(칠 벌)
반 守(지킬 수)
防(막을 방)
약 撃

손에 창(殳)을 들거나 혹은 맨손(手)으로 적군(軍)을 친다(擊)는 의미이다.

읽기한자

擊發(격발) 격동하여 일어남
擊退(격퇴) 적을 쳐서 물리침
擊破(격파) 쳐부숨
攻擊(공격) 적을 침
反擊(반격) 적에 대하여 역으로 공격함
射擊(사격) 대포나 총, 활 등을 쏨

激

4급

격할 **격**

氵(水) | 13획

동 烈(매울 렬)

물길(氵)이 바위에 부딪혀(敫) 부서지는 모습에서 격렬하다(激), 기세 좋다는 의미이다.

읽기한자

激減(격감) 급격하게 줆
激怒(격노) 격렬하게 노함
激烈(격렬) 몹시 맹렬함
激憤(격분) 몹시 분개함
激戰(격전) 격렬한 전투
過激(과격) 지나치게 격렬함

見

5급 Ⅱ

볼 **견:**
뵈올 **현:**

見 | 0획

비 具(갖출 구)
貝(조개 패)
동 觀(볼 관), 視(볼 시)
看(볼 간), 覽(볼 람)
監(볼 감)
반 隱(숨을 은)

큰 눈(目)이 있어 잘 보다(見)는 의미로 무릎꿇고(儿) 보는(目) 것을 가리킨다.

읽기한자

豫見(예견) 어떤 일이 있기 전에 미리 앎
見積(견적) 어떤 일에 소요되는 비용 등을 미리 대강 어림잡아 계산함
見解(견해) 자기 의견과 해석
異見(이견) 서로 다른 의견
政見(정견) 정치상의 의견
私見(사견) 자기 개인의 의견

쓰기한자

見聞(견문) 보고 들음
見習(견습) 남의 하는 일을 보고 익힘
見本(견본) 본보기 상품
意見(의견) 마음에 느낀 바, 생각

堅 4급
굳을 **견**
土 | 8획

비 賢(어질 현)
동 固(굳을 고)
強(강할 강)
確(굳을 확)
약 坚

굳을 간(臤)에 흙 토(土)가 합친 자로 땅(土)이 단단하다(臤)는 데서 군세다(堅)는 의미이다.

읽기 한자

堅強(견강) 매우 굳세고 강함
堅固(견고) 매우 튼튼함
堅果(견과) 굳은 열매. 도토리, 밤, 은행 등
中堅(중견) 어떤 단체나 사회에서 중심이 되는 사람

犬 4급
개 **견**
犬 | 0획

비 大(큰 대)
丈(어른 장)
太(클 태)
동 狗(개 구)
戌(개 술)

개의 옆 모양을 본떴다.

읽기 한자

犬馬(견마) 개와 말
名犬(명견) 이름난 개. 훌륭한 개
愛犬(애견) 개를 사랑함
軍犬(군견) 특별한 훈련을 받아 군용에 쓰이는 개
忠犬(충견) 주인에게 충성스러운 개

決 5급 II
결단할 **결**
氵(水) | 4획

비 快(쾌할 쾌)
缺(이지러질 결)
동 判(판단할 판)
斷(끊을 단)

물(氵)을 터놓아(夬) 제방을 끊는다는 것에서 끊다, 결단하다(決)는 의미이다.

읽기 한자

決鬪(결투) 다툼이 있을 때 쌍방의 합의로 힘에 의해 승부를 결정함
決斷(결단) 딱 잘라 결정함
未決(미결) 아직 결정되지 않음
決議(결의) 회의에서 의안이나 제의 등의 가부를 결정함

쓰기 한자

對決(대결) 양자가 맞서서 우열 같은 것을 결정함
決死(결사) 죽음을 각오하고 결심함
決算(결산) 계산을 마감함
決勝(결승) 최후의 승패를 결정함
決定(결정) 결단하여 정함

結 5급 II
맺을 **결**
糸 | 6획

비 納(들일 납), 終(마칠 종)
동 契(맺을 계), 約(맺을 약)
構(얽을 구), 束(묶을 속)
반 解(풀 해)
離(떠날 리)

물건주머니의 입구(口)를 끈(糸)으로 묶는(士) 데서 맺는다(結)는 의미이다.

읽기 한자

結義(결의) 남남끼리 부자, 형제 같은 친족의 의리를 맺음
結婚(결혼) 부부관계를 맺음
結句(결구) 문장의 끝을 맺는 어구
歸結(귀결) 끝을 맺음
連結(연결) 잇대어 맺음

쓰기 한자

結氷(결빙) 물이 얼어 얼음이 됨
結束(결속) 덩이가 되게 묶음
結局(결국) 일이 귀결되는 마당
結實(결실) 열매가 맺힘
結果(결과) 열매를 맺음
結合(결합) 맺어서 합함

4급Ⅱ

깨끗할 **결**

氵(水) | 12획

동 淸(맑을 청)
白(흰 백)
淨(깨끗할 정)

칼(刀)로 막대봉(丰)에 조각을 새겨 실타레(糸)를 물(氵)에 씻어 깨끗하다(潔)는 의미이다.

읽기 한자

簡潔(간결) 간단하고 요령이 있음
潔白(결백) 깨끗함
高潔(고결) 성품이 고상하고 순결함
不潔(불결) 깨끗하지 못하고 더러움
純潔(순결) 마음과 몸이 깨끗함
淸潔(청결) 맑고 깨끗함

4급Ⅱ

이지러질 **결**

缶 | 4획

비 快(쾌할 쾌)
決(결단할 결)
약 欠

동이(缶)의 한 귀퉁이가 깨졌다(夬)는 것에서 이지러지다(缺)는 의미이다.

읽기 한자

缺點(결점) 완전하지 못한 점
缺禮(결례) 예의 범절에서 벗어남
缺席(결석) 출석하지 않음
缺食(결식) 끼니를 거름
缺如(결여) 빠져서 없음. 부족함
病缺(병결) 병으로 인한 결석, 결근

6급

서울 **경**

亠 | 6획

반 鄕(시골 향)
村(마을 촌)
동 都(도읍 도)

어전의 주위에는 많은 사람이 살고 있던 것에서 어전을 중심으로 한 마을, 도읍을 의미한다.

읽기 한자

京劇(경극) 청나라 때 시작된 중국의 전통극
歸京(귀경) 서울로 돌아옴
京鄕(경향) 서울과 시골

쓰기 한자

京觀(경관) 굉장한 구경거리
上京(상경) 시골에서 서울로 올라옴
入京(입경) 서울로 들어옴

敬

5급Ⅱ

공경 **경:**

攵(攴) | 9획

비 驚(놀랄 경)
동 恭(공손할 공)

사람들을 채찍(攵)으로 다스려 양처럼 착하게(苟) 인사를 하게 하여 공경하다(敬)는 의미이다.

읽기 한자

敬歎(경탄) 존경하여 감탄함
敬拜(경배) 존경하여 공손히 절함
尊敬(존경) 높여 공경함

쓰기 한자

敬禮(경례) 경의를 표하기 위해 인사하는 일
敬老(경로) 노인을 공경함
敬語(경어) 공경하는 뜻을 나타내는 말
敬愛(경애) 공경하고 사랑함

景
5급
볕 경(:)
日 | 8획

비 崇(높을 숭)
동 陽(볕 양)
光(빛 광)

높은 곳(京)에서 밖을 보면 햇볕(日)을 받아 선명하게 모습이 잘 보여 경치(景)를 의미한다.

읽기 한자

珍風景(진풍경) 희귀한 경치
絶景(절경) 뛰어난 경치
造景(조경) 경치를 아름답게 꾸밈
好景氣(호경기) 좋은 경기

쓰기 한자

景觀(경관) 경치
雪景(설경) 눈 내리는 경치
景致(경치) 산수 등 자연계의 아름다운 현상
光景(광경) 눈으로 본 인상적인 경치나 충격적인 사건의 모양

輕
5급
가벼울 경
車 | 7획

비 經(지날 경)
반 重(무거울 중)
약 軽

좁은 길을 가는(巠) 데는 작고 가벼운 수레(車)가 좋다는 것에서 가볍다(輕)는 의미이다.

읽기 한자

輕犯(경범) 가벼운 범죄
輕減(경감) 감하여 가볍게 함
輕傷(경상) 조금 다침
輕視(경시) 가볍게 봄

쓰기 한자

輕量(경량) 가벼운 무게
輕重(경중) 가벼움과 무거움
輕洋食(경양식) 간단한 서양식 일품 요리
輕音樂(경음악) 가벼운 통속적인 대중 음악

競
5급
다툴 경:
立 | 15획

동 爭(다툴 쟁)
鬪(싸움 투)
戰(싸움 전)
반 和(화할 화)
協(화할 협)

두 사람(儿儿)이 마주 서서(竝) 강한 언성으로 말(口)다툼하여 다투다(競)라는 의미이다.

읽기 한자

競演(경연) 연극이나 가극, 시문 등의 재주를 비교하기 위해 실제로 공연함
競走(경주) 일정한 거리를 두고 동시에 달리어 빠름을 다툼
競進(경진) 서로 다투어 앞으로 나아감

쓰기 한자

競技(경기) 서로 재주를 비교하여 낫고 못함을 경쟁함
競馬(경마) 일정한 거리를 두 사람 이상이 각각 말을 타고 경주하는 일
競爭(경쟁) 우월한 자리를 차지하려고 다툼

鏡
4급
거울 경:
金 | 11획

비 意(뜻 의)
境(지경 경)
동 鑑(거울 감)

쇠(金)의 표면(竟)을 닦아 모습이 비친다는 것에서 거울(鏡)을 의미한다.

읽기 한자

望遠鏡(망원경) 멀리 있는 물체를 크게 보이도록 만든 장치
水鏡(수경) 물 속에서 쓰는 안경
眼鏡(안경) 시력을 조정하기 위하여 눈에 쓰는 기구

經

4급 Ⅱ

지날/글 **경**

糸 | 7획

비 輕(가벼울 경)
동 文(글월 문), 歷(지날 력)
過(지날 과), 書(글 서)
理(다스릴 리)
반 緯(씨 위)
약 経

베틀에서 세로의 실(糸)을 몇 줄이나 늘이는(巠) 것에서 세로(經)를 의미한다.

읽기 한자

經過(경과) 때의 지나감
經歷(경력) 겪어 지내온 일들
經費(경비) 일을 경영하는 데 필요한 비용
經濟(경제) 인간 생활에 필요한 재화를 획득, 이용하는 과정의 일체 활동

境

4급 Ⅱ

지경 **경**

土 | 11획

비 意(뜻 의)
鏡(거울 경)
동 界(지경 계)
域(지경 역)
區(지경 구)

흙 토(土)와 끝날 경(竟)을 합친 자로 국토(土)의 끝(竟)인 경계(境)를 의미한다.

읽기 한자

境遇(경우) 부닥친 형편이나 사정
環境(환경) 주위의 사물, 사정
邊境(변경) 나라의 경계가 되는 변두리 땅
死境(사경) 죽을 지경
接境(접경) 두 지역이 서로 접한 경계

慶

4급 Ⅱ

경사 **경:**

心 | 11획

비 麗(고울 려)
康(편안 강)
동 祝(빌 축)
福(복 복)
반 弔(조상할 조)

남의 경사에 사슴(鹿)의 가죽을 가져 사랑(愛)으로 드린다는 데서 경사(慶)를 의미한다.

읽기 한자

慶事(경사) 치하할 만한 기쁜 일
慶祝(경축) 경사를 축하함
國慶日(국경일) 법률로 정한 국가적으로 경사스러운 날

警

4급 Ⅱ

깨우칠 **경:**

言 | 13획

비 敬(공경 경)
驚(놀랄 경)
동 戒(경계할 계)
覺(깨달을 각)

존경하는(敬) 분이 오신다고 말하고(言) 통행을 제한하고 경계(警)한다는 의미이다.

읽기 한자

警覺心(경각심) 정신을 가다듬어 조심하는 마음
警備(경비) 만일을 염려하여 미리 경계, 방비함
警護(경호) 경계하고 보호함
軍警(군경) 군대와 경찰

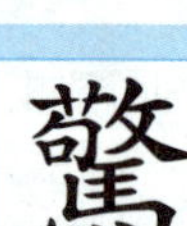

驚

4급

놀랄 **경**

馬 | 13획

비 警(깨우칠 경)
敬(공경 경)

말(馬)을 공경하다니(敬) 정말로 놀랄(驚) 일이라는 의미이다.

읽기 한자

驚異(경이) 놀라서 이상히 여김
驚歎(경탄) 몹시 감탄함
驚天動地(경천동지) 세상을 몹시 놀라게 함
大驚失色(대경실색) 크게 놀라 얼굴빛이 변함

傾

4급

기울 **경**

亻(人) | 11획

비 頃(이랑 경)
동 斜(비낄 사)

사람(人)의 머리가 한쪽으로 비뚤어진(頃) 모양을 나타내어 기울어지다(傾)라는 의미이다.

읽기 한자

傾注(경주) 기울여 쏟음
傾聽(경청) 귀를 기울이고 주의해서 들음
傾向(경향) 마음이나 형세가 한쪽으로 기울어져 쏠림
左傾(좌경) 왼쪽으로 기욺

更

4급

고칠 **경**
다시 **갱:**

日 | 3획

비 吏(관리 리)
便(편할 편)
史(사기 사)
硬(굳을 경)
동 復(다시 부)
改(고칠 개)

받침(丙)을 두 개 포개어 압력(攴)을 가해 단단하게 하는 데서 바꾸다, 고치다(更)는 의미이다.

읽기 한자

更生(갱생) 다시 살아남
更新(갱신) 다시 새롭게 함
三更(삼경) 한 밤을 다섯 등분한 셋째. 밤11시부터 오전1시까지

界

6급 Ⅱ

지경 **계:**

田 | 4획

동 境(지경 경)
域(지경 역)
區(지경 구)

논밭(田)을 구획해서(介) 경계를 만든다는 것에서 경계(界)를 의미한다.

읽기 한자

境界(경계) 사물이 어떤 표준 아래 서로 맞닿는 자리
境界線(경계선) 경계가 되는 선
視界(시계) 눈에 보이는 한의 범위
政界(정계) 정치 또는 정치가의 사회

쓰기 한자

別世界(별세계) 속된 세상과는 아주 다른 세상
各界(각계) 사회의 각 방면
世界(세계) 온 세상
外界(외계) 바깥 세상
財界(재계) 실업가 및 금융업자의 사회

6급 Ⅱ

셀 계:

言 | 2획

비 討(칠 토)
訓(가르칠 훈)

동 算(셈 산)
策(꾀 책)
數(셈 수)

열(十)을 한 단계로 크게 소리쳐(言) 가며 헤아린다, 셈한다(計)는 의미이다.

읽기한자

計略(계략) 계책과 모략
計算機(계산기) 계산을 하기 위해 사용하는 기기
設計(설계) 계획을 세움
統計(통계) 대량 관찰의 결과로서 얻어지는 숫자

쓰기한자

計量(계량) 양의 크기를 잼
生計(생계) 살아 나아갈 방도
會計(회계) 한데 몰아서 셈함
計數(계수) 수효를 계산함
集計(집계) 모아서 합계함
凶計(흉계) 음흉한 꾀

係

4급 Ⅱ

맬 계:

亻(人) | 7획

비 系(이어맬 계)
絲(실 사)
紅(붉을 홍)

사람(人)이 실(糸) 끝(丿)을 서로 맨다(係)는 의미이다.

읽기한자

係員(계원) 한 계에서 일보는 사람
係長(계장) 한 계의 책임자
關係(관계) 둘 이상이 서로 걸림

繼

4급

이을 계:

糸 | 14획

비 斷(끊을 단)

동 連(이을 련), 續(이을 속)
承(이을 승)

반 斷(끊을 단), 切(끊을 절)
絕(끊을 절)

약 継

실 사(糸)와 이을 계(㡭)의 합친 글자로 실을 이어 맨다(繼)는 의미이다.

읽기한자

繼母(계모) 의붓 어머니
繼續(계속) 끊이지 않고 늘 잇대어 나아감
繼承(계승) 조상이나 선임자의 뒤를 이어 받음
繼走(계주) 이어달리기

階

4급

섬돌 계

阝(阜) | 9획

비 陸(뭍 륙)

동 段(층계 단)
層(층 층)

모두(皆)가 꽃을 진열해 정연히 갖추어 만든 산(阝)의 오르막길에서 계단(階)을 의미한다.

읽기한자

階級(계급) 지위 · 관직 등의 등급
階段(계단) 층층대
階層(계층) 사회를 형성하는 여러 층
段階(단계) 일이 나아가는 과정. 순서
位階(위계) 지위의 등급

4급

경계할 계:

戈 | 3획

비 成(이룰 성)

두 손(廾)으로 창(戈)을 들고 적을 경계한다(戒)는 의미이다.

읽기 한자

戒律(계율) 중이 지켜야할 율법
戒名(계명) 종교, 도덕상 꼭 지킬 조건
戒嚴(계엄) 경계를 엄중히 함
警戒(경계) 잘못이 없도록 미리 조심함
訓戒(훈계) 타일러서 경계함

季

4급

계절 계:

子 | 5획

비 李(오얏 리)
秀(빼어날 수)
동 末(끝 말)
節(마디 절)

익은 벼(禾)를 거두는 시기(季), 거둔 수확이 맨 나중의 작업임을 빗대어 끝(季)을 의미한다.

읽기 한자

季節(계절) 일년을 춘, 하, 추, 동의 넷으로 나눈 그 한 동안
冬季(동계) 겨울철
秋季(추계) 가을
四季(사계) 춘, 하, 추, 동의 총칭
春季(춘계) 봄철

4급

닭 계

鳥 | 10획

비 鶴(학 학)

새(鳥)의 하나로 유달리 배가 커(奚) 보이는 것이 닭(鷄)이라는 의미이다.

읽기 한자

鷄卵(계란) 달걀
養鷄場(양계장) 집단으로 닭을 키우는 설비를 한 곳
鷄卵有骨(계란유골) 달걀에도 뼈가 있다는 뜻으로 공교롭게 일이 방해가 됨을 이르는 말

4급

이어맬 계:

糸 | 1획

비 糸(실 사)
係(맬 계)
紅(붉을 홍)

손으로 실다발을 걸치고 있는 모양으로, 손과 실이 이어져 있는 것에서 이어지다는 의미이다.

읽기 한자

系列(계열) 같은 계통에 따른 배열
系統(계통) 차례를 따라 잇대어 통일됨
家系(가계) 한 집안의 계통
父系(부계) 아버지 쪽의 계통
體系(체계) 낱낱이 다른 것을 통일한 조직

가

高 6급Ⅱ

높을 고

高 | 0획

동 崇(높을 숭) 尊(높을 존) 卓(높을 탁)
반 低(낮을 저) 下(아래 하)

망루는 적이 공격해 오는 것을 잘 알 수 있도록 세운 높은 건물인 것에서 높다는 의미이다.

읽기 한자

高額(고액) 많은 금액
高潔(고결) 성품이 고상하고 순결함
高潮(고조) 아주 한창의 고비
高聲(고성) 높은 목소리

쓰기 한자

高原(고원) 높은 지대에 펼쳐진 벌판
高貴(고귀) 지위가 높고 귀함
高價品(고가품) 비싼 가격의 물건
高級(고급) 높은 계급이나 등급
高度(고도) 높은 정도
高性能(고성능) 아주 좋은 성능

苦 6급

쓸 고

艹(艸) | 5획

비 若(같을 약)
동 難(어려울 난)
반 樂(즐거울 락) 甘(달 감)

막 눈이 나온 풀은 안 쓰지만 오래된(古) 풀(艹)은 쓰다는 것에서 쓰다, 괴롭다(苦)는 의미이다.

읽기 한자

苦盡甘來(고진감래) 고생 끝에 즐거움이 옴
惡戰苦鬪(악전고투) 죽을 힘을 다해 몹시 싸움
刻苦(각고) 몹시 애씀
苦難(고난) 괴로움과 어려움

쓰기 한자

同苦同樂(동고동락) 같이 고생하고 같이 즐김
苦樂(고락) 괴로움과 즐거움
苦心(고심) 몹시 마음을 태움
苦生(고생) 어렵고 괴로운 생활
勞苦(노고) 수고스럽게 애씀

古 6급

예 고:

口 | 2획

비 右(오른 우) 石(돌 석) 舌(혀 설) 占(점칠 점)
동 舊(예 구) 故(연고 고)
반 新(새 신) 今(이제 금)

조상에서 후손으로 10대(十)에 걸쳐 구전(口)된 옛날 일이라는 것에서 옛날(古)을 의미한다.

읽기 한자

古宮(고궁) 옛 궁전
復古(복고) 옛날대로 회복함

쓰기 한자

東西古今(동서고금) 동양이나 서양에 있어서의 예나 지금. 어디서나
古今(고금) 옛적과 지금
古典(고전) 옛날의 의식이나 법식
古物(고물) 오래 된 물건
太古(태고) 아주 오랜 옛날

告 5급Ⅱ

고할 고:

口 | 4획

비 浩(넓을 호) 牛(소 우) 舌(혀 설)
동 報(알릴/갚을 보) 白(흰 백) 示(보일 시)

신령님께 소(牛)를 공양하면서 소원을 비는(口) 것에서 고하다, 알리다(告)는 의미이다.

읽기 한자

豫告(예고) 미리 알림
警告(경고) 주의하라고 경계하여 알림
密告(밀고) 남몰래 넌지시 일러바침
宣告(선고) 공표하여 널리 알림
報告(보고) 알려 바침
忠告(충고) 허물을 고치도록 타이름

쓰기 한자

原告(원고) 소송을 제기하여 재판을 청구한 당사자
告示(고시) 알릴 것을 써서 게시함
告白(고백) 숨김없이 사실대로 말함
公告(공고) 세상에 널리 알림
告別(고별) 작별을 고함

考

5급

생각할 고(:)

耂(老) | 2획

비 老(늙을 로), 孝(효도 효)
동 思(생각 사), 想(생각 상)
念(생각 념)
慮(생각할 려)
憶(생각할 억)
惟(생각할 유)
究(연구할 구)

나이를 먹으면(老) 경험을 토대로 생각을 키우는(丂) 것이 가능하여 생각하다(考)는 의미이다.

읽기 한자

考慮(고려) 생각하여 봄
考證(고증) 옛 문헌 등을 상고하여 증거를 가지고 설명함
備考(비고) 참고하기 위해 준비해 둠
考察(고찰) 상고하여 살피어 봄

쓰기 한자

考案(고안) 어떤 안을 생각하여 냄
再考(재고) 다시 생각함
思考(사고) 생각하고 궁리함
參考(참고) 살펴서 생각함

固

5급

굳을 고(:)

口 | 5획

비 囚(가둘 수)
因(인할 인)
困(곤할 곤)
동 堅(굳을 견)
確(굳을 확)

옛날(古)의 사물을 지키기 위해 바깥쪽을 둘러싼다(囗)는 것에서 굳다(固)는 의미이다.

읽기 한자

確固不動(확고부동) 확실하고 견고하여 움직이거나 흔들리지 않음
固辭(고사) 굳이 사양함
堅固(견고) 굳고 튼튼함
固守(고수) 굳게 지킴

쓰기 한자

固定(고정) 일정한 곳에 있어 움직이지 않음
固體(고체) 나무, 돌, 쇠와 같이 일정한 부피를 가지고 있는 물질
固有(고유) 본디부터 있음
固着(고착) 굳게 붙음

故

4급 Ⅱ

연고 고(:)

攵(攴) | 5획

비 姑(시어미 고)
枯(마를 고)
동 舊(예 구)
古(예 고)
반 今(이제 금)
新(새 신)

옛날(古)의 관습을 때려 고쳐서(攵) 바꾸게 하는 것에서 오랜 관습, 원래(故)라는 의미이다.

읽기 한자

故國(고국) 조상이 살던 고향인 나라
故人(고인) 오래된 벗. 죽은 사람
故意(고의) 일부러 하는 마음
故鄕(고향) 자기가 나서 자란 곳
無故(무고) 아무런 까닭이 없음
事故(사고) 평시에 없는 뜻밖의 사건

孤

4급

외로울 고

子 | 5획

동 獨(홀로 독)
반 類(무리 류)
群(무리 군)
衆(무리 중)

오이(瓜)가 열매만 남고 덩굴은 시들듯 자식(子)만 있고 부모가 없기에 외롭다(孤)는 의미이다.

읽기 한자

孤苦(고고) 외롭고 가난함
孤高(고고) 혼자만 유달리 고상함
孤島(고도) 외딴 섬
孤獨(고독) 외로움
孤兒(고아) 부모가 없는 어린 아이

庫

4급

곳집 고

广 | 7획

비 康(편안 강)
동 倉(곳집 창), 宮(집 궁) 舍(집 사), 堂(집 당) 室(집 실), 屋(집 옥) 院(집 원), 宅(집 택) 戶(집 호)

전쟁을 위한 수레(車)를 들여 놓는 건물(广)에서 여러 가지를 넣어두는 창고(庫)를 의미한다.

읽기한자

國庫(국고) 나라의 수입, 지출을 관리하는 기관
文庫(문고) 책이나 문서를 넣어 두는 창고
在庫(재고) 창고 따위에 있음
出庫(출고) 물품을 창고에서 꺼냄

曲

5급

굽을 곡

日 | 2획

비 由(말미암을 유) 田(밭 전)
동 屈(굽힐 굴) 折(꺾을 절)
반 直(곧을 직)

갈고랑이처럼 굽어져 있는 것을 본뜬 것으로 굽다, 당연한 것이 아니다라는 의미이다.

읽기한자

曲藝(곡예) 줄타기, 곡마 등으로서 여러 가지 재주를 부림
屈曲(굴곡) 상하 또는 좌우로 꺾이고 굽음
曲折(곡절) 자세한 사정
曲解(곡해) 잘못 해석함

쓰기한자

序曲(서곡) 가극, 성극에서 개막 전에 연주하는 기악곡
曲目(곡목) 연주할 곡명을 적어둔 목록
愛唱曲(애창곡) 즐겨 부르는 곡
名曲(명곡) 유명한 악곡

穀

4급

곡식 곡

禾 | 10획

비 聲(소리 성)
동 糧(양식 량)
약 穀

창(殳)으로 두드려도 부서지지 않는 견고한 껍질을 쓰고(殼) 있는 곡물(穀)을 의미한다.

읽기한자

穀食(곡식) 사람의 식량이 되는 쌀, 보리, 콩 따위의 총칭
米穀(미곡) 쌀 등의 곡식
雜穀(잡곡) 멥쌀, 찹쌀 이외의 모든 곡식
秋穀(추곡) 가을에 거두는 곡식

困

4급

곤할 곤

口 | 4획

비 因(인할 인)
동 窮(다할 궁) 疲(피곤할 피) 貧(가난할 빈)

좁은 울타리(口) 속에 나무(木)가 갇혀서 자라지 못하여 곤하다, 괴롭다(困)는 의미이다.

읽기한자

困境(곤경) 어려운 경우나 처지
勞困(노곤) 피곤하여 나른함
春困(춘곤) 봄날에 느끼는 나른한 기운
困窮(곤궁) 가난하고 구차스러움
貧困(빈곤) 가난해서 살림이 궁색함

骨

4급

뼈 골

骨 | 0획

비 育(기를 육)
반 肉(고기 육)

동물의 몸을 지탱하는 뼈(冎)와 살(肉)점을 합쳐서 뼈가 섞인 고기로 뼈, 뼈대(骨)를 의미한다.

읽기한자

骨格(골격) 뼈대
骨肉相殘(골육상잔) 가까운 친족끼리 서로 해치고 죽이고 함
骨折(골절) 뼈가 부러짐
遺骨(유골) 죽은 사람을 화장하고 남은 뼈

工

7급 Ⅱ

장인 공

工 | 0획

비 土(흙 토)
士(선비 사)
干(방패 간)
동 作(지을 작)
造(지을 조)

어려운 작업을 할 때에 사용하는 잣대(工)에서 물건을 만든다(工)는 의미이다.

읽기한자

工藝品(공예품) 예술적 가치가 있게 만든 공작품
工員(공원) 공장의 노동자
工程(공정) 작업의 진척되는 정도
施工(시공) 공사를 시행함
細工(세공) 작은 물건을 만드는 수공

쓰기한자

完工(완공) 공사가 끝남
工具(공구) 공작에 쓰이는 기구
着工(착공) 공사를 시작함
工夫(공부) 학문, 기술을 배움

空

7급 Ⅱ

빌 공

穴 | 3획

비 室(집 실)
完(완전할 완)
동 虛(빌 허)
반 滿(찰 만), 在(있을 재)
有(있을 유), 存(있을 존)
陸(뭍 륙)

머리(工)위에 덮어씌운 천정(穴)은 하늘과 같다고 하는 것에서 텅빈(空) 것을 의미한다.

읽기한자

空想(공상) 이루어질 수 없는 헛된 생각
卓上空論(탁상공론) 실천성이 없는 허황한 이론
空虛(공허) 속이 텅 빔
虛空(허공) 텅 빈 공중

쓰기한자

領空(영공) 영토와 영해 위의 하늘
空氣(공기) 지구를 둘러싸고 있는 무색, 투명, 무취의 기체
空白(공백) 종이에 글씨나 그림이 없는 빈 자리
空席(공석) 빈 좌석

公

6급 Ⅱ

공평할 공

八 | 2획

반 私(사사 사)

사사로운(厶) 일을 떨쳐버리니(八) 공평하다(公)는 의미이다.

읽기한자

公納金(공납금) 관공서에 의무적으로 납부하는 돈
公權力(공권력) 국가가 국민에 대하여 명령하고 강제하는 권력
公演(공연) 관중 앞에서 음악, 극 따위를 하는 일

쓰기한자

公開(공개) 관람, 집회 등을 일반에게 허용함
公告(공고) 세상 사람에게 널리 알림
公文書(공문서) 공무에 관한 서류
公式(공식) 공적인 방식
公明(공명) 공평하고 올바름

功

6급Ⅱ

공 **공**

力 | 3획

비 攻(칠 공)
切(끊을 절)
巧(공교할 교)

반 過(지날 과)
罪(허물 죄)

힘(力)을 다하고 궁리(工)를 다해 이루어진 결과에 대한 공(功)이 있다는 의미이다.

읽기 한자

論功行賞(논공행상) 공적의 유무, 대소를 의논하여 각각 알맞은 상을 주는 일
富貴功名(부귀공명) 재산이 많고 지위가 높으며 공을 세워 이름을 떨침

쓰기 한자

功德(공덕) 공로와 인덕
成功(성공) 뜻을 이룸
功勞(공로) 일에 애쓴 공적

6급Ⅱ

한가지 **공:**

八 | 4획

동 同(한가지 동)

반 異(다를 이)

많은 사람(廿)들이 힘을 합쳐서(廾) 일하는 것에서 더불어, 같이(共)라는 의미이다.

읽기 한자

共鳴(공명) 남의 의견, 주장에 찬성함
共犯(공범) 여럿이 공모하여 죄를 범함
共産黨(공산당) 공산주의를 제창하고 그 실천을 위하여 조직된 당

쓰기 한자

共同(공동) 여럿이 같이 함
共感(공감) 남의 의견에 대하여 같이 느낌
公共(공공) 사회의 여러 사람과 공동 이익을 위하여 힘을 같이함
共用(공용) 공동으로 사용함

4급

구멍 **공:**

子 | 1획

비 乳(젖 유)

아기(子)가 젖(乙)을 물고 젖의 구멍(孔)에서 나오는 젖을 빨아 먹는다는 의미이다.

읽기 한자

九孔炭(구공탄) 구멍이 아홉 뚫린 구멍탄
氣孔(기공) 곤충류의 몸뚱이 옆에 있어서 숨을 쉬는 구멍

攻

4급

칠 **공:**

攵(攴) | 3획

비 改(고칠 개), 功(공 공)

동 擊(칠 격), 伐(칠 벌)
打(칠 타), 拍(칠 박)
討(칠 토)

반 防(막을 방)
守(지킬 수)

장인(工)이 만든 무기를 손에 들고(攵) 상대방을 친다(攻)는 의미이다.

읽기 한자

攻擊(공격) 적을 침
攻略(공략) 적진을 공격하여 빼앗음
專攻(전공) 전문적으로 연구함
攻守(공수) 공격과 수비
速攻(속공) 재빠른 동작으로 공격함

科

6급 Ⅱ

과목 과

禾 | 4획

비 料(헤아릴 료)
동 目(눈 목)

됫박(斗)으로 곡물(禾)을 달아 검사하여 종류를 나누는 것에서 구별, 과목(科)을 의미한다.

읽기 한자

眼科(안과) 눈병의 예방, 치료를 하는 의학의 한 분과

쓰기 한자

科擧(과거) 문무관을 등용하던 시험
科目(과목) 학문의 구분
教科書(교과서) 학교의 교과용으로 편찬된 도서
理科(이과) 자연계의 사물 및 현상을 연구하는 학과

果

6급 Ⅱ

실과 과:

木 | 4획

비 東(동녘 동)
동 實(열매 실)
敢(감히 감)
반 因(인할 인)

나무(木)에 달린 과일(田)의 모양을 본떴다.

읽기 한자

果斷性(과단성) 일을 딱 잘라서 결정하는 성질
因果應報(인과응보) 사람이 짓는 선악의 인업에 응하여 과보가 있음

쓰기 한자

果樹園(과수원) 과실 나무를 재배하는 농원
果然(과연) 진실로 그러함
結果(결과) 열매를 맺음. 어떤 원인으로 생긴 결말의 상태
效果(효과) 보람이 있는 결과

課

5급 Ⅱ

공부할/과정 과(:)

言 | 8획

비 諾(허락할 낙)
동 程(한도/길 정)

공부한 결과(果)를 물어(言) 본다 하여 시험하다, 공부하다(課)는 의미이다.

읽기 한자

課程(과정) 과업의 정도

쓰기 한자

課業(과업) 배당된 일
課題(과제) 부과된 문제
公課金(공과금) 관청에서 매긴 세금
日課(일과) 날마다 규칙적으로 하는 일정한 일
課外(과외) 일과 밖에 하는 과업

過

5급 Ⅱ

지날 과:

辶(辵) | 9획

비 禍(재앙 화)
동 去(갈 거), 失(잃을 실)
誤(그르칠 오)
經(지날 경)
歷(지날 력)
반 功(공 공)

생성 · 소멸 · 생성되는 소용돌이(咼)처럼 차례로 다니는(辶) 것에서 지나치다(過)는 의미이다.

읽기 한자

過激(과격) 지나치게 세참
看過(간과) 대충 보아 넘김
謝過(사과) 잘못에 대해 용서를 빎
過誤(과오) 잘못
過讚(과찬) 지나치게 칭찬함

쓰기 한자

過去(과거) 이미 지나간 때
過分(과분) 분수에 지나침
過失(과실) 부주의로 일으킨 잘못
過多(과다) 지나치게 많음
通過(통과) 통하여 지나감

關 5급 Ⅱ
관계할 관
門 | 11획

비 開(열 개)
閉(닫을 폐)
약 関

문(門)을 통해 얽히고 설킨(絲) 관계(關)를 맺는다는 의미이다.

읽기 한자

關與(관여) 관계하여 참여함
關係(관계) 둘 이상이 서로 걸림
難關(난관) 일을 해나가기 어려운 고비
關稅(관세) 외국의 물품에 대하여 세관에서 징수하는 세금

쓰기 한자

關門(관문) 국경이나 요새의 성문
通關(통관) 세관을 통과하는 일

觀 5급 Ⅱ
볼 관
見 | 18획

비 權(권세 권), 勸(권할 권)
歡(기뻐할 환)
동 見(볼 견), 看(볼 간)
察(살필 찰), 覽(볼 람)
視(볼 시), 監(볼 감)
약 规, 观, 観

민첩하게(雚) 큰 눈으로 본다(見)는 의미에서 유념하여 잘보다(觀)는 의미한다.

읽기 한자

觀覽(관람) 연극, 영화 따위를 구경함
達觀(달관) 사물에 대한 통달한 관찰
悲觀(비관) 사물을 슬프게만 보고 생각하고 실망함
觀點(관점) 사물을 보는 입장

쓰기 한자

觀光(관광) 다른 지방이나 나라의 경치, 명소를 구경함
可觀(가관) 볼 만함
外觀(외관) 겉보기
觀念(관념) 생각이나 견해
美觀(미관) 아름다운 광경

管 4급
대롱/주관할 관
竹 | 8획

비 官(벼슬 관)
동 理(다스릴 리)

관청(官)에서 대나무(竹)로 만들어 불던 피리(管)를 의미한다.

읽기 한자

管理(관리) 사물을 관할 처리함
保管(보관) 기탁 받은 물건을 잘 간직하여 관리함
主管(주관) 주장하여 관리함
血管(혈관) 혈액이 통하는 관

官 4급 Ⅱ
벼슬 관
宀 | 5획

비 宮(집 궁)
管(대롱 관)
반 民(백성 민)

건물(宀) 안에 많은 사람이 모여(𠂤) 있는 것에서 일하는 관청, 관리(官)를 의미한다.

읽기 한자

官舍(관사) 관청에서 지은 관리의 집
官職(관직) 관리가 맡은 직무
器官(기관) 생물체를 구성하며 일정한 기능을 하는 것
上官(상관) 윗자리의 관리
長官(장관) 행정 각 부의 장

鑛

4급

쇳돌 광:

金 | 15획

비 廣(넓을 광)
약 鉱

원석(金)을 캐낸 뒤의 갱도가 넓게(廣) 텅비어 있는 모습에서 캐낸 광물(鑛)을 의미한다.

읽기 한자

鑛脈(광맥) 광물의 줄기
鑛山(광산) 유용한 광물을 캐내는 산
鑛業(광업) 광산에 관한 사업
採鑛(채광) 광석을 캐내는 일
炭鑛(탄광) 석탄을 캐내는 장소

光

6급Ⅱ

빛 광

儿 | 4획

동 色(빛 색)
반 陰(그늘 음)

불빛(火)이 멀리까지 출렁이며(儿) 전해지는 것에서 빛, 광채(光)를 의미한다.

읽기 한자

光復(광복) 잃었던 국권을 다시 찾음
眼光(안광) 눈의 정기
光陰(광음) 세월. 시간
榮光(영광) 빛나는 영예

쓰기 한자

光景(광경) 형편과 모양
光線(광선) 빛이 내쏘는 빛줄기
電光石火(전광석화) 극히 짧은 시간
光明(광명) 밝고 환함
夜光(야광) 밤에 빛나는 빛

廣

5급Ⅱ

넓을 광:

广 | 12획

비 黃(누를 황) 鑛(쇳돌 광)
동 博(넓을 박), 汎(넓을 범)
浩(넓을 호), 洪(넓을 홍)
普(넓을 보)
반 狹(좁을 협)
약 広

껴안은 팔 속에서 틈새가 생기듯이 집안(宀)이 휑하니(黃) 비어있어 넓다(廣)는 의미이다.

읽기 한자

廣範圍(광범위) 넓은 범위
廣域(광역) 넓은 구역
廣義(광의) 넓은 의미

쓰기 한자

廣告(광고) 세상에 널리 알림
廣大(광대) 넓고 큼
廣野(광야) 넓은 들
廣場(광장) 넓은 마당

校

8급

학교 교:

木 | 6획

비 交(사귈 교)

나무(木)를 엇갈리게(交) 해서 만든 도구를 의미하는 것으로 공부하는 학교(校)를 의미한다.

읽기 한자

閉校(폐교) 학교 문을 닫고 수업을 중지함
校誌(교지) 학생들이 교내에서 발행하는 잡지
校舍(교사) 학교의 건물

쓰기 한자

校訓(교훈) 학교의 교육 이념을 간명하게 표현한 표어
校則(교칙) 학교의 규칙
登校(등교) 학교에 나감
校庭(교정) 학교의 마당
愛校(애교) 학교를 사랑함

敎

8급

가르칠 교:

攵(攴) | 7획

비 效(본받을 효)
동 訓(가르칠 훈)
반 學(배울 학)
習(익힐 습)

어른(老)과 아이(子)가 뒤섞여 어른이 채찍(攵)으로 어린이를 엄격하게 가르치다(敎)는 의미이다.

읽기 한자

敎授(교수) 도덕, 학예를 학생에게 가르침
敎派(교파) 종교의 갈래
布敎(포교) 종교를 널리 폄
敎務(교무) 학교 수업에 관한 사무

쓰기 한자

敎壇(교단) 교실에서 선생이 강의하는 곳
敎理(교리) 종교상의 이치
敎習(교습) 가르쳐 익히게 함
敎育(교육) 가르쳐 기름
說敎(설교) 종교의 교의를 설명함

交

6급

사귈 교

亠 | 4획

비 校(학교 교)
동 際(즈음 제)

양손, 양발을 벌리고 서있는 사람이 다리를 교차시킨 형태에서 교차하다(交)는 의미이다.

읽기 한자

交易(교역) 물품을 서로 교환함
交際(교제) 서로 사귐
修交(수교) 나라간의 교제를 맺음
斷交(단교) 교제를 끊음
絕交(절교) 교제를 끊음

쓰기 한자

交代(교대) 서로 번갈아 들어 대신함
交感(교감) 서로 접촉하여 느낌
交流(교류) 서로 주고받음
交信(교신) 통신을 주고받음
國交(국교) 국가간의 교제

橋

5급

다리 교

木 | 12획

비 僑(더부살이 교)
矯(바로잡을 교)

높은 곳(高)에 걸려 굽어 있는 나무(木)라는 것에서 하천에 걸려 있는 다리(橋)라는 의미이다.

읽기 한자

假橋(가교) 임시 다리
飛橋(비교) 매우 높게 놓은 다리

쓰기 한자

陸橋(육교) 교통이 번잡한 도로, 철교 위에 가로질러 놓은 다리
人道橋(인도교) 사람이 다니도록 놓은 다리

九

8급

아홉 구

乙 | 1획

비 力(힘 력)

1에서 9까지의 숫자 중에서 맨 마지막 숫자로 수가 많은 것을 의미한다.

읽기 한자

九折羊腸(구절양장) 꼬불꼬불한 험한 산길
九泉(구천) 죽은 뒤, 넋이 돌아가는 곳
九官鳥(구관조) 찌르레깃과의 새
九牛一毛(구우일모) 매우 많은 것 가운데 극히 적은 수를 이르는 말

쓰기 한자

九死一生(구사일생) 꼭 죽을 경우를 당하였다가 겨우 살아남
十中八九(십중팔구) 열 가운데 여덟이나 아홉이 됨. 거의 다 됨을 이르는 말

7급

입 구(:)

口 | 0획

입의 모양을 본떴다.

읽기한자

衆口難防(중구난방) 뭇사람의 말을 이루 다 막기가 어려움. 마구 떠듦
異口同聲(이구동성) 여러 사람의 말이 한결같음
口味(구미) 입 맛
戶口(호구) 식구 수

쓰기한자

一口二言(일구이언) 한 입으로 두 가지 말을 함
耳目口鼻(이목구비) 귀, 눈, 입, 코
口傳(구전) 입으로 전함
口頭(구두) 직접 입으로 하는 말
窓口(창구) 창을 뚫어 놓은 곳

球

6급 II

공 구

王(玉) | 7획

비 求(구할 구)
救(구원할 구)

털(求)을 둥글게 해서 만든 구슬(玉)로 구슬, 둥근형의 물건, 공(球)이라는 의미이다.

읽기한자

白血球(백혈구) 혈구의 한 종류
眼球(안구) 눈알
赤血球(적혈구) 혈구의 한 종류. 혈색소 때문에 붉게 보임

쓰기한자

球技(구기) 공을 사용하는 운동 경기
球速(구속) 투수가 던지는 공의 속도
球場(구장) 구기를 하는 운동장. 야구장
地球(지구) 우리 인류가 살고 있는 천체

6급

구분할/지경 구

匸 | 9획

동 別(나눌 별)
分(나눌 분)
域(지경 역)
반 合(합할 합)
약 区

일정한 구역(匸) 안에 있는 건물, 인구(品)를 본떠서 구역(區)을 의미한다.

읽기한자

接道區域(접도구역) 법으로 지정된 도로 또는 도로 예정 경계선에서 일정 거리의 구역
區域(구역) 갈라놓은 지역

쓰기한자

區間(구간) 일정한 지점의 사이
區內(구내) 한 구역의 안
區別(구별) 종류에 따라 갈라놓음

舊

5급 II

예 구:

臼 | 12획

동 古(예 고)
故(예 고)
반 新(새 신)
약 旧

풀(艹)이나 검불을 새(隹)가 물어다가 절구(臼) 모양의 둥지를 엮어 오래(舊)되다는 의미이다.

읽기한자

舊態依然(구태의연) 옛 모양 그대로 다름이 없음
送舊迎新(송구영신) 묵은해를 보내고 새해를 맞음
舊官(구관) 옛 벼슬아치
復舊(복구) 그 전의 상태로 회복함

쓰기한자

親舊(친구) 오래 두고 가깝게 사귀는 사람
舊教(구교) 카톨릭
舊面(구면) 안 지 오래된 얼굴
舊式(구식) 옛 양식이나 방식
舊習(구습) 옛날의 풍속과 습관

具

5급 Ⅱ

갖출 구(:)

八 | 6획

비 且(또 차)
其(그 기)
동 備(갖출 비)

재물을 나타내는 조개(貝)를 양손(廾)에 든 것에서 갖춤(具)을 의미한다.

읽기 한자

寢具(침구) 잠자는 데 쓰는 물건
裝身具(장신구) 몸치장하는 데 쓰는 여러 가지 도구
具備(구비) 빠짐없이 모두 갖춤
器具(기구) 기계와 연장들

쓰기 한자

具色(구색) 여러 가지 물건을 골고루 갖춤
具體(구체) 전체를 갖춤
具現(구현) 구체적으로 나타냄
工具(공구) 공작에 쓰이는 기구
家具(가구) 집안 살림에 쓰이는 기구

救

5급

구원할 구:

攵(攴) | 7획

비 求(구할 구)
球(공 구)
동 護(도울 호)
濟(건널 제)
援(도울 원)
助(도울 조)
扶(도울 부)

도움을 구하는(求) 사람에게 손을 써서(攵) 구원한다(救)는 의미이다.

읽기 한자

救濟(구제) 불행이나 재해로부터 사람들을 구하는 일
救助(구조) 어려운 지경에 있는 사람을 도와 건져 줌
救援(구원) 도와 건져 줌
救護(구호) 구제하고 보호함

쓰기 한자

救急藥(구급약) 응급 치료에 필요한 약품
救國(구국) 위태한 나라를 구하여 냄
救命(구명) 목숨을 건져줌
救出(구출) 구하여 냄
自救(자구) 스스로 구함

4급 Ⅱ

구할 구

水 | 2획

비 氷(얼음 빙)
球(공 구)
救(구원할 구)

가죽 옷(求)은 좋은 의류였으므로 사람들이 갖고 싶어하는 것에서 구하다, 탐내다(求)의 의미이다.

읽기 한자

求心點(구심점) 중심으로 향하여 쏠리어 모이는 그 점
求婚(구혼) 혼처를 구함
探求(탐구) 더듬어 구함
求職(구직) 직업을 구함
要求(요구) 강력히 청하여 구함

4급 Ⅱ

연구할 구

穴 | 2획

비 空(빌 공)

동굴(穴)의 가장 깊숙한 곳(九)까지 조사하게 된다는 것에서 조사하다(究)는 의미이다.

읽기 한자

究明(구명) 깊이 연구하여 밝힘
講究(강구) 좋은 도리를 연구함
研究(연구) 일이나 사물에 대하여 조사하고 생각하여 진리를 알아냄

句

4급 Ⅱ

글귀 구

口 | 2획

비 包(쌀 포)
약 勾

입(口)에서 나오는 말로서 한 묶음으로 묶여질(勹) 수 있는 구절(句)이라는 의미이다.

읽기 한자

美辭麗句(미사여구) 아름다운 말로 꾸민, 듣기 좋은 글귀
句節(구절) 한 토막의 말이나 글
結句(결구) 문장의 끝을 맺는 어구
語句(어구) 말의 구절

構

4급

얽을 구

木 | 10획

비 講(욀 강)
동 造(지을 조)
築(쌓을 축)

나무(木)를 잘 조합시켜서(冓) 균형있게 만든 것에서 구조(構)를 의미한다.

읽기 한자

構內(구내) 주위를 둘러싼 그 안
構想(구상) 생각을 얽어 놓음
構成(구성) 얽어 만듦
構造(구조) 꾸미어 만듦
構築(구축) 얽어 만들어 쌓아 올림

局

5급 Ⅱ

판 국

尸 | 4획

비 居(살 거)
屋(집 옥)

자(尺)로 재듯이 정확한 말(口)로 법도에 따라 일을 하는 관청의 일부(局)라는 의미이다.

읽기 한자

支局(지국) 본사 외에 지방에 분재해 업무를 취급하는 곳
亂局(난국) 어지러운 판국
局限(국한) 어떤 부분에만 한정함
政局(정국) 정치의 국면
破局(파국) 판국이 결판나는 것

쓰기 한자

局面(국면) 승패를 다투는 판의 형세
形局(형국) 형세와 국면
當局(당국) 어떤 일을 담당하는 곳
時局(시국) 당면한 국내 및 국제적 정세

國

8급

나라 국

口 | 8획

비 圖(그림 도)
圓(둥글 원)
園(동산 원)
域(지경 역)
약 国

영토(口), 국방(戈), 국민(口), 주권(一)으로서 나라(國)를 의미한다.

읽기 한자

國籍(국적) 국가의 구성원이 되는 자격
國權(국권) 나라의 권력
國境(국경) 나라와 나라 사이의 경계
國益(국익) 국가의 이익
歸國(귀국) 본국으로 돌아옴
護國(호국) 나라를 수호함

쓰기 한자

國旗(국기) 나라를 상징하기 위해 정한 기
國交(국교) 국가간의 교제
強國(강국) 강한 나라
開國(개국) 새로 나라를 세움
祖國(조국) 조상 때부터 살아온 나라

가

軍
8급
군사 군
車 | 2획

비 運(옮길 운)
동 兵(병사 병)
士(선비 사)
卒(마칠 졸)
반 將(장수 장)
帥(장수 수)

전차(車)를 빙 둘러싸고(冖) 있는 형태에서 군대, 전쟁(軍)을 의미한다.

읽기 한자

軍隊(군대) 일정한 질서를 갖고 조직된 장병의 집단
軍紀(군기) 군대의 규율 및 풍기
軍備(군비) 군사상에 관한 모든 설비
敵軍(적군) 적의 군대
進軍(진군) 군대를 내어보냄

쓰기 한자

軍旗(군기) 군대의 표장이 되는 기
行軍(행군) 대열을 지어 걸어감
強行軍(강행군) 무리함을 무릅쓰고 먼 거리를 가는 행군
軍氣(군기) 군대의 사기

郡
6급
고을 군:
⻏(邑) | 7획

비 群(무리 군)
君(임금 군)
동 邑(고을 읍)
州(고을 주)
洞(골 동)

원래는 군주(君)의 영지(⻏)였지만, 지금은 행정구역(郡)의 이름이 되었다는 의미이다.

읽기 한자

郡廳(군청) 군의 행정 사무를 맡은 관청
郡守(군수) 한 군의 행정을 맡아보는 최고 책임자

쓰기 한자

郡界(군계) 군과 군 사이의 경계
郡內(군내) 고을 안
郡民(군민) 그 군에 사는 백성

群
4급
무리 군
羊 | 7획

비 郡(고을 군)
동 衆(무리 중), 等(무리 등)
徒(무리 도), 黨(무리 당)
類(무리 류)
반 獨(홀로 독)
孤(외로울 고)

전체를 통괄하는(君) 양치기에 의해 무리가 된 양(羊)들의 모습에서 무리(群)라는 의미이다.

읽기 한자

群島(군도) 모여 있는 작고 큰 여러 섬
群落(군락) 많은 부락
群衆心理(군중심리) 많은 사람들이 모여 있을 때 발생하는 특이한 심리
語群(어군) 지리적 또는 기타의 관계에 의하여 분류한 언어의 무리

君
4급
임금 군
口 | 4획

비 郡(고을 군)
동 王(임금 왕)
帝(임금 제)
皇(임금 황)
主(주인/임금 주)
반 臣(신하 신)
民(백성 민)

손(⺕)에 권력(丿)을 쥐고 입(口)으로 명령하여 나라를 다스리는 임금(君)이란 의미이다.

읽기 한자

君臣有義(군신유의) 임금과 신하의 도리는 의리에 있음
君子(군자) 학식과 덕행이 높은 사람
聖君(성군) 덕이 뛰어나고 어진 임금
暴君(폭군) 포악한 군주

屈 4급
굽힐 굴
尸 | 5획

비 屋(집 옥)
동 曲(굽을 곡)
折(꺾을 절)
반 直(곧을 직)

굴 속에서 몸(尸)이 빠져 나갈(出) 때 몸을 굽힌다(屈)는 의미이다.

읽기 한자

屈曲(굴곡) 상하 또는 좌우로 꺾이고 굽음
屈服(굴복) 굽히어 복종함
屈折(굴절) 휘어서 꺾임
百折不屈(백절불굴) 수없이 꺾여도 굽히지 않음

宮 4급 Ⅱ
집 궁
宀 | 7획

비 官(벼슬 관)
동 家(집 가)
戶(집 호)
室(집 실), 堂(집 당)
屋(집 옥), 闕(집 궐)
宇(집 우), 宙(집 주)

방(呂)의 수가 많이 있는 집(宀)에 빗대어 훌륭한 저택(宮)을 의미한다.

읽기 한자

龍宮(용궁) 바다 안에 있다고 하는 용왕의 궁전
宮女(궁녀) 궁중의 나인
宮合(궁합) 신랑, 신부의 길흉을 점치는 방술
古宮(고궁) 옛 궁전

窮 4급
다할 궁
穴 | 10획

비 射(쏠 사)
동 困(곤할 곤), 盡(다할 진)
極(다할 극)
반 富(부자 부)

굴(穴) 속으로 몸(身)을 활(弓)처럼 구부리고 피신한다는 데서 궁구하다(窮)는 의미이다.

읽기 한자

窮極(궁극) 극도에 달함. 마지막
窮狀(궁상) 곤궁한 상태
困窮(곤궁) 가난하고 구차스러움
窮理(궁리) 사리 깊이 연구함
窮色(궁색) 곤궁한 모습

權 4급 Ⅱ
권세 권
木 | 18획

비 勸(권할 권)
觀(볼 관)
歡(기쁠 환)
약 権 权

새(雚)가 나무(木)에 앉아 지저귀고 자신을 부각시켜 사물을 지배하다(權)는 의미이다.

읽기 한자

權威(권위) 권력과 위엄
權座(권좌) 권세의 자리
投票權(투표권) 투표하는 권리
權利(권리) 권세와 이익
權限(권한) 권리의 범위
敎權(교권) 스승으로서의 권위

勸

4급

권할 권:

力 | 18획

비 觀(볼 관)
歡(기쁠 환)
동 獎(장려할 장)
勉(힘쓸 면)
약 勧, 劝

기쁜(歡) 마음으로 힘껏(力) 일하라고 권(勸)한다는 의미이다.

읽기 한자

勸告(권고) 어떤 행위를 하도록 권함
勸酒(권주) 술을 권함
勸學(권학) 학문을 권면함
強勸(강권) 억지로 권함

卷

4급

책 권(:)

㔾 | 6획

비 券(문서 권)
동 冊(책 책)
篇(책 편)

두루마리(㔾) 종이에 손(拳)으로 문서를 적는 데서 두루마리, 책(卷)을 의미한다.

읽기 한자

卷頭(권두) 책의 첫머리
卷末(권말) 책의 맨 뒤
席卷(석권) 자리를 말듯이 쉽게 공략함
壓卷(압권) 가장 뛰어난 부분
通卷(통권) 책의 전체에 걸친 권수

券

4급

문서 권

刀 | 6획

비 卷(책 권)
拳(주먹 권)
동 籍(문서 적)
狀(문서 장)

옛날 약속을 한 사람들이 나무판을 칼(刀)로 새겨 나눈 후 각자 보관한 증표(券)를 의미한다.

읽기 한자

旅券(여권) 외국 여행자의 신분, 국적을 증명하고 그 보호를 의뢰하는 문서
入場券(입장권) 입장할 때 필요한 표
回數券(회수권) 승차권 등의 여러 회분을 한 뭉치로 하여 파는 표

貴

5급

귀할 귀:

貝 | 5획

비 責(꾸짖을 책)
貧(가난할 빈)
遺(남을 유)
동 重(무거울 중)
반 賤(천할 천)

재물(貝)을 양 손(臼)에 휴대하고 있는 것에서 귀중하다, 존귀하다(貴)는 의미이다.

읽기 한자

貴金屬(귀금속) 항상 아름다운 광택을 가지는 금속
貴骨(귀골) 귀하게 자란 사람
富貴榮華(부귀영화) 부귀와 영화
珍貴(진귀) 보배롭고 귀중함

쓰기 한자

貴族(귀족) 가문이나 신분이 높은 사람들
貴重(귀중) 소중히 여김
品貴(품귀) 물건이 귀함
高貴(고귀) 지위가 높고 귀함

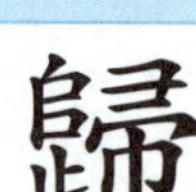

歸

4급

돌아갈 **귀:**

止 | 14획

비 婦(며느리 부)
掃(쓸 소)
반 回(돌아올 회)
약 帰

아내(婦)가 친정에 갔다가 시집(戶)을 향해 발(足)걸음을 재촉하여 돌아온다(歸)는 의미이다.

읽기 한자

歸家(귀가) 집으로 돌아감
歸京(귀경) 서울로 돌아옴
歸國(귀국) 본국으로 돌아옴
歸省(귀성) 부모를 뵈러 고향으로 돌아감

規

5급

법 **규**

見 | 4획

비 現(나타날 현)
동 式(법 식), 律(법칙 률)
法(법 법), 則(법칙 칙)
範(법 범), 度(법도 도)
例(법식 례), 典(법 전)
格(격식 격)

한 사람 몫을 해내는 어른(夫)은 사물을 보는 시각(見)이 옳아 본보기, 규범(規)을 의미한다.

읽기 한자

規律(규율) 행동의 준칙이 되는 본보기
規制(규제) 규율을 세워 제한함
規模(규모) 사물의 구조. 짜임새
規範(규범) 법. 본보기

쓰기 한자

規格(규격) 일정한 표준
規約(규약) 협의에 의해 정한 규칙
規定(규정) 규칙을 정함
規則(규칙) 지키고 따라야 할 법칙
正規(정규) 정식의 규정

均

4급

고를 **균**

土 | 4획

동 平(평평할 평)

토지(土)의 울퉁불퉁한 것을 골라서(匀) 대등하게 갈다, 고르다(均)는 의미이다.

읽기 한자

均等(균등) 고르고 가지런하여 차별이 없음
均配(균배) 고르게 나눔
均質(균질) 성질이 같음

極

4급Ⅱ

극진할/다할 **극**

木 | 9획

동 盡(다할 진)
端(끝 단)

높이 빨리(亟) 자란 나무(木)로 끝머리, 한계, 더 이상 없는 곳(極)이라는 의미이다.

읽기 한자

極祕(극비) 지극한 비밀
極端(극단) 맨 끝
極大化(극대화) 아주 크게 함
極致(극치) 극단에 이른 경지
極限(극한) 궁극의 한계

4급
심할 **극**
刂(刀) | 13획

비 據(근거 거)
동 甚(심할 심)
酷(심할 혹)

범(虍)과 멧돼지(豕)의 다툼의 격렬함을 칼(刂)로서 표현하여 연극(劇)이라는 의미이다.

읽기 한자

劇本(극본) 각본
劇藥(극약) 사용량을 지나치면 위험한 독약
劇場(극장) 연극을 연출하거나 영화를 상영하는 곳
悲劇(비극) 매우 비참한 사건

筋

4급
힘줄 **근**
竹 | 6획

비 箱(상자 상)

대나무(竹)는 줄기가 많고 알통(月)도 솟아있는(力) 팔과 같아 힘줄(筋)을 의미한다.

읽기 한자

筋力(근력) 근육의 힘
筋肉質(근육질) 근육처럼 연하면서도 질긴 성질
鐵筋(철근) 콘크리트 속에 박는 가늘고 긴 철봉

根

6급
뿌리 **근**
木 | 6획

비 板(널 판)
銀(은 은)
동 本(근본 본)

위쪽에 뻗는 나뭇가지(木)와는 반대로 땅 밑으로 뻗어가는(艮) 것에서 뿌리(根)를 의미한다.

읽기 한자

根據(근거) 사물의 토대
根源(근원) 나무뿌리와 물이 흘러나오는 곳
根絕(근절) 뿌리째 없애버림
毛根(모근) 털이 피부에 박힌 부분

쓰기 한자

事實無根(사실무근) 근거가 없는 일
根本(근본) 사물이 생겨나는 본 바탕
根性(근성) 사람의 타고난 성질

近

6급
가까울 **근:**
辶(辵) | 4획

비 折(꺾을 절)
반 遠(멀 원)

나무 자르는 도끼(斤)소리는 멀리(辶)에선 들리지 않아 가깝다(近)는 의미이다.

읽기 한자

近視眼(근시안) 먼데의 것을 잘 못 보는 눈
接近(접근) 가까이 함

쓰기 한자

最近(최근) 얼마 아니 되는 지나간 날
近代(근대) 중고와 현대 사이의 시대
近方(근방) 근처
近海(근해) 육지에 가까운 바다

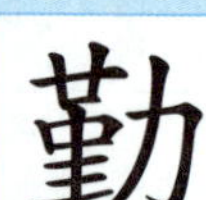

勤

4급

부지런할 근(:)

力 | 11획

동 勉(힘쓸 면)
반 怠(게으를 태)
慢(거만할 만)

진흙(堇)을 힘(力)있는 대로 잘 개어서 토기를 만들듯이, 열심히 하다(勤)는 의미이다.

읽기 한자

勤儉(근검) 부지런하고 알뜰함
勤勞(근로) 부지런히 일함
勤勉(근면) 부지런히 힘씀
勤務(근무) 일에 종사함
缺勤(결근) 출근을 않고 빠짐
轉勤(전근) 근무처를 옮김

金

8급

쇠 금
성 김

金 | 0획

비 全(온전 전)
釜(가마 부)
동 鐵(쇠 철)

산에 보석이 있는 모양에서 금, 금전(金)을 의미한다.

읽기 한자

金庫(금고) 돈, 재물 등을 넣어두는 창고
金額(금액) 돈의 액수
巨金(거금) 거액의 돈
殘金(잔금) 쓰고 남은 돈
誠金(성금) 정성으로 내는 돈

쓰기 한자

基金(기금) 어떤 목적을 위하여 모아서 준비해 놓은 자금
料金(요금) 대가로 지불하는 금전
貯金(저금) 돈을 모아 둠
賞金(상금) 상으로 주는 돈

今

6급 Ⅱ

이제 금

人 | 2획

비 含(머금을 함)
吟(읊을 음)
令(하여금 령)
반 古(예 고)
故(예 고)
舊(예 구)

사람(人)이 예부터 지금까지 계속해서 모여 있다(合)는 것에서 지금(今)을 의미한다.

쓰기 한자

今時初聞(금시초문) 이제야 비로소 처음으로 들음
古今(고금) 옛적과 지금
方今(방금) 바로 이제. 금방
昨今(작금) 어제와 오늘

禁

4급 Ⅱ

금할 금:

示 | 8획

비 礎(주춧돌 초)

신궁(示) 근처에 나무 울타리(林)를 만들어 사람들의 출입을 막아 그만두다(禁)는 의미이다.

읽기 한자

禁酒(금주) 술을 먹지 못하게 함
禁書(금서) 관청에서 출판, 판매를 금지한 책
禁食(금식) 음식을 먹지 않음
禁煙(금연) 담배를 피우지 못하게 함
禁止(금지) 못하게 함

가

急

6급 Ⅱ

급할 급

心 | 5획

비 怒(노할 노)
동 速(빠를 속)
반 緩(느릴 완)

앞 사람(人)을 붙잡는(⺕) 듯한 기분(心)으로 성급해하는 모습에서 서두르다(急)는 의미이다.

읽기 한자

急激(급격) 변화, 행동이 급하고도 격렬함
危急(위급) 위태롭고 급함
急增(급증) 갑자기 증가함
急減(급감) 급히 줆
急求(급구) 급히 구함

쓰기 한자

急落(급락) 물가나 시세가 갑자기 떨어짐
急流(급류) 급히 흐르는 물
急變(급변) 갑작스레 변함
急性(급성) 갑자기 일어난 성질의 병
急行(급행) 빨리 감

級

6급

등급 급

糸 | 4획

비 約(맺을 약)
給(줄 급)
동 等(무리/등급 등)

실(糸)의 품질이 어디까지 미치느냐(及)하는 데서 등급(級)을 의미한다.

읽기 한자

巨物級(거물급) 거물의 부류에 속하는 사람
留級(유급) 진급하지 못하고 그대로 남음
進級(진급) 학년, 등급 등이 오름

쓰기 한자

等級(등급) 신분, 품질 등의 높고 낮음의 차례를 구별한 등수
初級(초급) 맨 처음의 등급
特級(특급) 특별한 계급, 등급
級友(급우) 같은 반에서 배우는 벗
級數(급수) 기술의 우열에 의한 등급

給

5급

줄 급

糸 | 6획

비 約(맺을 약)
級(등급 급)
終(마칠 종)
동 授(줄 수) 與(줄 여)
贈(줄 증) 賜(줄 사)
需(쓰일 수)
반 受(받을 수)

실(糸)을 모아(合) 맞추면 굵게 늘어나는 것에서 부족한 것을 내다, 부여하다(給)는 의미이다.

읽기 한자

給與(급여) 봉급이나 임금의 총칭
官給(관급) 관청에서 지급함
配給(배급) 일정한 비례에 맞춰서 여러 몫으로 나누어 줌

쓰기 한자

給水(급수) 물을 공급함
給食(급식) 음식을 줌
給油(급유) 기관에 가솔린 등을 보급하는 일
發給(발급) 발행하여 줌

氣

7급 Ⅱ

기운 기

气 | 6획

비 汽(물끓는 김 기)
약 気

내뿜은 숨(气)처럼 막 지은 밥(米)에서 솟아오르는 증기(氣)를 의미한다.

읽기 한자

意氣投合(의기투합) 마음이 서로 맞음
氣壓(기압) 대기의 압력
氣絶(기절) 한때 정신을 잃음
殺氣(살기) 무섭고 거친 기운
氣勢(기세) 의기가 강한 형세

쓰기 한자

氣分(기분) 마음에 저절로 느껴지는 상태
氣力(기력) 정신과 육체의 힘
氣運(기운) 시세의 돌아가는 형편
同氣(동기) 형제 자매
人氣(인기) 사람의 기개

記

7급Ⅱ

기록할 기

言 | 3획

비 訪(찾을 방)
計(셀 계)
話(말씀 화)
동 錄(기록할 록)
識(기록할 지)
誌(기록할 지)

무릎 꿇고 사람(己)이 말(言)한 것을 받아 적고 있는 모습에서 기록하다(記)는 의미이다.

읽기 한자

記錄(기록) 남길 필요가 있는 사항을 적는 일
暗記(암기) 머릿속에 외고 잊지 않음
新記錄(신기록) 종래보다 뛰어난 새로운 기록

쓰기 한자

記號(기호) 무슨 뜻을 나타내거나 적어 보이는 표
記念(기념) 오래도록 전하여 잊지 않음
記入(기입) 적어 넣음
速記(속기) 빨리 적음
手記(수기) 체험을 손수 적음

旗

7급

기 기

方 | 10획

비 族(겨레 족)
旅(나그네 려)

지휘관이 있는 곳에 깃발을 세워서 이정표로 한 것으로 깃발을 의미한다.

읽기 한자

五輪旗(오륜기) 올림픽의 기

쓰기 한자

旗手(기수) 기를 든 사람
旗章(기장) 국기, 군기, 깃발 등의 총칭
反旗(반기) 반대의 뜻을 나타내는 행동이나 표시

己

5급Ⅱ

몸 기

己 | 0획

비 巳(뱀 사)
已(이미 이)
동 身(몸 신)
自(스스로 자)
體(몸 체)
반 心(마음 심)

상대에게 허리를 낮추고 있는 형태에서 자기, 우리 자신(己)을 의미한다.

읽기 한자

利己主義(이기주의) 남을 돌보지 않고 제 이익만 차려 멋대로 행동하는 일

쓰기 한자

知己(지기) 서로 마음이 통하는 벗

基

5급Ⅱ

터 기

土 | 8획

비 墓(무덤 묘)
其(그 기)

흙벽 등을 쌓을 때에 점토(土)와 쌓아올린 토대(其)를 말하는 것으로 토대, 터(基)를 의미한다.

읽기 한자

基調演說(기조연설) 국회에서 정당 대표나 국제회의에서 각국 대표의 기본 정책 연설
基底(기저) 기초가 되는 밑바닥
基準(기준) 기본이 되는 표준

쓰기 한자

基金(기금) 어떤 목적을 위하여 모아서 준비해 놓은 자금
基地(기지) 군대의 보급, 수송, 통신 등의 기점이 되는 곳

技
5급
재주 기
扌(手) | 4획

비 打(칠 타)
동 才(재주 재)
藝(재주 예)
術(재주 술)

대나무(支)를 여러 형태로 구부려서 죽세품을 손(扌)으로 만들어 기예, 솜씨(技)를 의미한다.

읽기 한자
技藝(기예) 기술상의 재주와 솜씨
演技(연기) 구경꾼 앞에서 연극, 곡예 등의 기예를 행동하여 보이는 일

쓰기 한자
技能(기능) 기술상의 재능
技術(기술) 기묘한 재주
競技(경기) 무술이나 운동 경기로 승부를 겨루는 일
特技(특기) 특별한 기능

汽
5급
물끓는 김 기
氵(水) | 4획

비 氣(기운 기)

물(氵)이 밑쪽에서 입김(气)처럼 뿌옇게 피어오르듯이 나오는 것에서 수증기(汽)를 의미한다.

읽기 한자
汽管(기관) 증기를 보내는 속이 빈 둥근 쇠통

쓰기 한자
汽船(기선) 증기력으로 운행하는 배
汽車(기차) 증기 기관을 원동력으로 하여 궤도 위를 운행하는 차량

期
5급
기약할 기
月 | 8획

비 其(그 기)
동 約(맺을 약)

사각형이 안정되었듯이, 달(月)그림자는 규칙이 정확하다(其)는 것에서 시기(期)를 의미한다.

읽기 한자
納期(납기) 세금 따위를 바칠 기한
婚期(혼기) 혼인하기에 적당한 나이
期限(기한) 미리 한정한 시기
早期(조기) 이른 시기

쓰기 한자
期間(기간) 일정한 시기의 사이
期約(기약) 때를 정하여 약속함
期待(기대) 어느 때로 기약하여 성취를 바람
短期(단기) 짧은 기간

器
4급 II
그릇 기
口 | 13획

비 哭(울 곡)
동 具(갖출 구)
약 噐

음식물을 넣는 그릇을 나타낸다.

읽기 한자
器具(기구) 세간, 그릇, 연장 등의 총칭
武器(무기) 전쟁에 쓰이는 온갖 기구
容器(용기) 물건을 담는 그릇
祭器(제기) 제사 때 쓰는 그릇
銃器(총기) 소총, 권총 등의 병기

起 4급Ⅱ
일어날 기
走 | 3획

반 伏(엎드릴 복)
結(맺을 결)
寢(잘 침)
동 立(설 립)
發(필 발)

뱀이 들어와, 자고 있던 사람(己)이 일어나 달려(走) 도망가는 것에서 깨다(起)는 의미이다.

起源(기원) 사물이 생긴 근원
起動(기동) 몸을 일으켜 움직임
起用(기용) 어떤 사람을 높은 자리에 올려 씀
提起(제기) 의견을 붙여 의논할 것을 내놓음

奇 4급
기특할 기
大 | 5획

비 寄(부칠 기)

크게(大) 좋은(可) 일은 드물게 나타나는 기이한(奇) 일이라는 의미이다.

읽기 한자

奇想天外(기상천외) 보통 사람이 생각할 수 없는 엉뚱한 생각
奇異(기이) 기괴하고 이상함
奇智(기지) 기발하고 특출한 지혜
好奇心(호기심) 새롭고 기이한 것을 좋아하는 마음

機 4급
틀 기
木 | 12획

비 幾(몇 기)

나무(木)를 짜서 만든 베틀도구(幾)에서 기계, 장치(機)를 의미한다.

읽기 한자

機構(기구) 얽혀 세운 구조
機種(기종) 기계의 종류
機會(기회) 어떤 일을 해 나아가는 데 가장 알맞은 고비
動機(동기) 직접적인 원인. 계기
危機(위기) 위험한 고비

紀 4급
벼리 기
糸 | 3획

비 紅(붉을 홍)
동 綱(벼리 강)
維(벼리 유)

헝클어진 실(糸)의 끝머리(己)를 찾아서 순서대로 잘 들어가는 것에서 조리(紀)를 의미한다.

읽기 한자

紀念(기념) 오래도록 사적을 전하여 잊지 아니하게 함
紀行文(기행문) 여행 중 보고 듣고 느낀 바를 기술한 문장
軍紀(군기) 군대의 규율 및 풍기

寄 4급
부칠 기
宀 | 8획

비 奇(기특할 기)
동 着(붙을 착)
付(부칠 부)

때를 못 만나(奇) 다른 집(宀)에 잠시 동안 기거하기 위해 몸을 의탁한다(寄)는 의미이다.

읽기 한자

寄宿舍(기숙사) 학교나 공장 같은 기관에 딸려 있어 그 소속원이 기숙하는 곳
寄與(기여) 이바지하여 줌

5급
길할 길
口 | 3획

반 凶(흉할 흉)

선비(士)의 입(口)에서는 길한(吉) 말이 나온다는 의미이다.

읽기 한자

吉鳥(길조) 사람에게 어떤 길할 일이 생김을 미리 알려 준다는 새

쓰기 한자

吉運(길운) 좋은 운수
吉日(길일) 좋은 날
吉凶(길흉) 좋은 일과 언짢은 일
不吉(불길) 길하지 않음
立春大吉(입춘대길) 입춘을 맞이하여 길운을 기원하는 글

暖 4급 Ⅱ
따뜻할 난:
日 | 9획

비 援(구원할 원)
동 溫(따뜻할 온)
반 寒(찰 한)
冷(찰 랭)

해(日)가 나오면 어깨가 축 늘어질(爰) 정도로 추위가 풀어져 따뜻하다(暖)는 의미이다.

읽기 한자

暖帶(난대) 온대 지방 가운데에서 열대에 가까운, 비교적 온난한 지대
暖流(난류) 온도가 높고 염분이 많은 해류
暖房(난방) 방을 덥게 함

難 4급 Ⅱ
어려울 난(:)
隹 | 11획

비 漢(한나라 한)
歎(탄식할 탄)
반 易(쉬울 이)

진흙(堇)도, 꽁지가 짧고 재빠른 새(隹)도 다 같이 취급하기 어렵다(難)는 의미이다.

읽기 한자

難易度(난이도) 어려움과 쉬움의 정도
難局(난국) 어려운 판국
非難(비난) 남의 잘못이나 흠을 책잡음
苦難(고난) 괴로움과 어려움
受難(수난) 재난을 당함

반 北(북녘 북)

다행하고(幸) 좋은 방향(冂)이 남쪽(南)이라는 의미이다.

읽기 한자

南侵(남침) 남쪽을 침략함
指南鐵(지남철) 자석

쓰기 한자

南行(남행) 남쪽으로 감
南向(남향) 남쪽으로 향함
南男北女(남남북녀) 남쪽 지방은 남자가 잘나고 북쪽 지방은 여자가 아름답다는 말

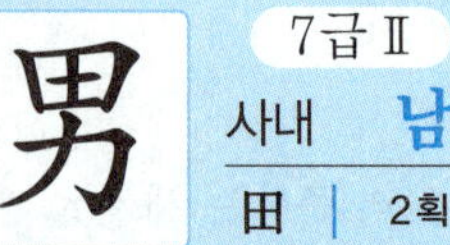

동 郞(사내 랑)
반 女(계집 녀)

논농사는 힘든 것으로 남자 일이기에 논(田)과 힘(力)을 합쳐 사나이(男)라는 의미이다.

읽기 한자

男妹(남매) 오빠와 누이
得男(득남) 아들을 낳음

쓰기 한자

長男(장남) 맏아들
美男(미남) 얼굴이 썩 잘 생긴 남자
男女老少(남녀노소) 남자와 여자와 늙은이와 젊은이

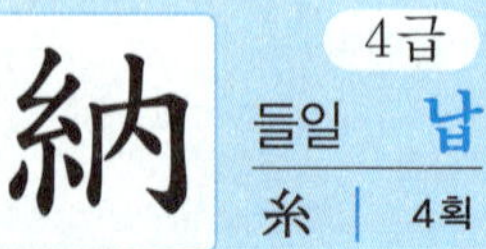

비 結(맺을 결)
終(마칠 종)
동 入(들 입)

예쁜 색으로 물들여 말린 실(糸)을 집안(內)에 보관한다는 것에서 넣다(納)는 의미이다.

읽기 한자

納得(납득) 남의 말이나 행동을 잘 알아 이해함
納稅(납세) 나라에 세금을 바침
完納(완납) 남김없이 완전히 납부함
容納(용납) 너그러운 마음으로 남의 언행을 받아들임

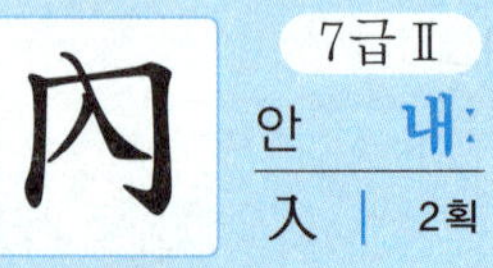

반 外(바깥 외)

밖에서 건물 안(內)으로 들어오는 것에서 들어가다, 안, 속(內)을 의미한다.

읽기 한자

內勤(내근) 관청, 회사 등의 안에서 하는 근무
內簡(내간) 부녀자의 편지
內助(내조) 내부에서 돕는 일
內容(내용) 사물의 속내. 시속
內包(내포) 어떤 뜻을 그 속에 포함 함

쓰기 한자

內患(내환) 국내의 환란
內科(내과) 내장의 기관에 생기는 병을 다스리는 의술
內戰(내전) 나라 안의 전쟁
內陸(내륙) 바다에서 멀리 떨어져 있는 육지

나

女

8급

계집 녀

女 | 0획

비 安(편안 안)
동 娘(계집 랑)
姬(계집 희)
반 男(사내 남)
郎(사내 랑)

손을 앞으로 끼고 무릎 꿇고 있는 부드러운 모습에서 여자, 처녀를 의미한다.

읽기 한자

烈女(열녀) 죽음을 무릅쓰고 남편에 대한 정성과 절개가 곧은 여자

쓰기 한자

養女(양녀) 수양딸
有夫女(유부녀) 남편이 있는 여자
男女有別(남녀유별) 남자와 여자 사이에는 분별이 있어야 한다는 말

年

8급

해 년

干 | 3획

비 牛(소 우)
午(낮 오)
동 歲(해 세)

벼가 결실해서 사람에게 수확되기까지의 기간을 뜻하는 것으로 한해, 세월을 의미한다.

읽기 한자

年輪(연륜) 전통적인 기예나 작품에서 볼 수 있는 여러 해 동안의 노력에 의한 숙련도의 높이
豊年(풍년) 곡식이 잘 되고 잘 여문 해
送年(송년) 한 해를 보냄
往年(왕년) 지나간 해

쓰기 한자

老年(노년) 늙은 나이
今年(금년) 올해
明年(명년) 내년
新年(신년) 새해

念

5급 II

생각 념:

心 | 4획

비 怒(성낼 노)
동 考(생각할 고)
思(생각 사)
想(생각 상)
慮(생각할 려)
憶(생각할 억)
惟(생각할 유)

지금(今) 마음(心)에 있다는 것에서 쭉 계속해서 생각하고 있다(念)는 의미이다.

읽기 한자

念慮(염려) 마음을 놓지 못함
專念(전념) 오로지 한 가지 일에만 마음을 씀
斷念(단념) 생각을 아주 끊어버림
想念(상념) 마음 속에 품은 여러 가지 생각

쓰기 한자

記念(기념) 어떤 일을 오래도록 잊지 아니함
信念(신념) 굳게 믿어 의심하지 않는 마음
念願(염원) 마음으로 생각하고 바람
念頭(염두) 생각의 시초

努

4급 II

힘쓸 노

力 | 5획

비 怒(성낼 노)
동 勉(힘쓸 면)
務(힘쓸 무)
勵(힘쓸 려)
力(힘 력)
勤(부지런할 근)

인내력 강한 여자(女)처럼 끈질기게(又) 힘(力)을 쓰는 것에서 노력하다(努)는 의미이다.

읽기 한자

努力(노력) 힘을 들이어 애를 씀
努肉(노육) 굳은 살

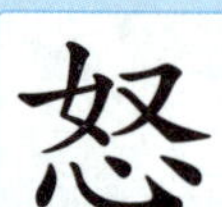

怒 4급Ⅱ

성낼 노:

心 | 5획

비 努(힘쓸 노)
急(급할 급)
念(생각 념)
동 憤(분할 분)

종(奴)은 일은 많고 사람 대접은 제대로 못받아 마음(心)이 늘 성내어(怒) 있다는 의미이다.

읽기 한자

激怒(격노) 격렬하게 노함
怒氣(노기) 성이 난 얼굴 빛
怒發大發(노발대발) 대단히 성을 냄
天人共怒(천인공노) 하늘과 사람이 함께 노함. 누구나 분노할 만큼 증오스러움을 뜻함

農 7급Ⅱ

농사 농

辰 | 6획

비 濃(짙을 농)
豊(풍년 풍)

아침 일찍(辰)부터 논에 나가 도구(曲)를 갖고 일하는 것에서 농사를 짓다(農)는 의미이다.

읽기 한자

勸農(권농) 농사를 널리 장려함
歸農(귀농) 다른 직업을 버리고 농사를 지으려고 농사터로 돌아감
營農(영농) 농업을 경영함

쓰기 한자

農家(농가) 농업으로 생계를 유지하는 집
農産物(농산물) 농업에 의하여 생산된 물건
農作物(농작물) 논밭에서 재배되는 곡물

能 5급Ⅱ

능할 능

月(肉) | 6획

비 態(모양 태)

곰(熊)의 모양으로 곰은 재주가 여러 가지라는 데서 능하다(能)는 의미이다.

읽기 한자

機能(기능) 어떠한 기관이 그 권한 안에서 활동할 수 있는 능력

쓰기 한자

能力(능력) 일을 감당해내는 힘
能通(능통) 사물에 환히 통달함
才能(재능) 어떤 개인의 일정한 소질
效能(효능) 효험의 능력

多 6급

많을 다

夕 | 3획

반 少(적을 소)
寡(적을 과)

저녁(夕)때를 두 개 중첩(多)시켜 오늘의 저녁때와 어제의 저녁때, 많다(多)는 의미이다.

읽기 한자

多樣(다양) 여러 가지 모양 또는 양식
多多益善(다다익선) 많을수록 더 좋음
多事多難(다사다난) 여러 가지로 일이 많은데다 어려움도 많음
博學多識(박학다식) 학문이 넓고 식견이 많음

쓰기 한자

多産(다산) 물품을 많이 생산함
千萬多幸(천만다행) 매우 다행스러움
多讀(다독) 많이 읽음
過多(과다) 너무 많음

6급 Ⅱ

짧을 **단(:)**

矢 | 7획

반 長(긴 장)

화살(矢)은 활보다 짧고, 콩(豆)은 감자나 오이보다 짧다(短)는 의미이다.

읽기 한자

短點(단점) 낮고 모자라는 점
短篇(단편) 짧은 시문. 짤막하게 끝을 낸 글

쓰기 한자

短期(단기) 짧은 기간. 단시간
短時日(단시일) 짧은 시일
短身(단신) 키가 작음
一長一短(일장일단) 장점도 있고 단점도 있어 완전하지 않음

團

5급 Ⅱ

둥글 **단**

口 | 11획

비 傳(전할 전)
園(동산 원)
동 圓(둥글 원)
약 团

오로지(專) 같은 목적으로 둥글게(口) 모이다(團)라는 의미이다.

읽기 한자

大團圓(대단원) 연극 같은 것에서 사건의 엉킨 실마리를 풀어 결말을 짓는 마지막 장면

쓰기 한자

團結(단결) 많은 사람이 한데 뭉침
團束(단속) 경계를 단단히 하여 다잡음
入團(입단) 어떤 단체에 가입함
財團(재단) 일정한 목적을 위하여 결합된 재산의 집단

5급

단 **단**

土 | 13획

비 檀(박달나무 단)

여럿이 제사지낼 수 있도록 흙(土)으로 높고 크게(亶) 쌓아 만든 제단(壇)을 의미한다.

읽기 한자

講壇(강단) 강의나 강연 등을 하기 위해 올라서게 만든 자리
祭壇(제단) 제사를 지내게 만들어 놓은 단

쓰기 한자

壇上(단상) 교단이나 강단 등의 단위
登壇(등단) 연단, 교단에 오름
文壇(문단) 문인들의 사회
花壇(화단) 꽃을 심기 위해 마련한 단처럼 된 꽃밭

斷

4급 Ⅱ

끊을 **단:**

斤 | 14획

비 繼(이을 계)
동 絕(끊을 절)
切(끊을 절)
반 連(이을 련)
續(이을 속)
承(이을 승)
약 断

선반 위의 실들을(𢇍) 도끼(斤)로 끊는다(斷)는 의미이다.

읽기 한자

判斷力(판단력) 판단하는 힘
斷交(단교) 교제를 끊음
斷念(단념) 생각을 아주 끊어버림
斷言(단언) 주저하지 않고 딱 잘라 말함
中斷(중단) 중도에서 끊어짐

端

4급 Ⅱ

끝 **단**

立 | 9획

동 末(끝 말)
正(바를 정)
終(마칠 종)
卒(마칠 졸)
반 初(처음 초)
始(비로소 시)

산(山) 꼭대기에 서(立) 있다, 그러나 떨어지지 않을 정도로 끝(端)에 서 있다는 의미이다.

읽기 한자

極端(극단) 맨 끄트머리
末端(말단) 사물의 끄트머리
發端(발단) 일의 첫머리가 처음으로 일어남
事端(사단) 일의 실마리. 사건의 단서

單

4급 Ⅱ

홑 **단**

口 | 9획

비 彈(탄알 탄)
동 獨(홀로 독)
반 複(겹칠 복)
약 单

부채의 모양을 본떴다.

읽기 한자

簡單(간단) 간략함. 간편하고 단출함
單價(단가) 각 단위마다의 값
單色(단색) 한 가지 빛깔
單純(단순) 단일하고 잡것이 섞여 있지 아니함

檀

4급 Ⅱ

박달나무 **단**

木 | 13획

비 壇(단 단)

단군 임금이 박달나무(木) 밑에 제단(亶)을 쌓고 제사를 지냈기에 박달나무(檀)를 의미한다.

읽기 한자

檀紀(단기) 단군기원. 단군이 즉위한 해인 기원전 2333년을 원년으로 치는 한국의 기원
檀君(단군) 한국의 국조로 받드는 태초의 임금

段

4급

층계 **단**

殳 | 5획

비 投(던질 투)
동 階(계단 계)
層(층 층)

손(又)에 도구(几)를 들어 계단(段)을 쌓는다는 데서 층계, 계단(段)을 뜻한다.

읽기 한자

段階(단계) 일이 차례를 따라 나아가는 과정
段落(단락) 일이 다 된 끝
階段(계단) 층층대. 일을 이루는 데 밟아야 할 순서
手段(수단) 목적을 이루기 위한 방법

達

4급Ⅱ

통달할 **달**

辶(辵) | 9획

비 送(보낼 송)
동 通(통할 통)
成(이룰 성)

양(幸)의 출산은 쉬워서(辶) 쉽게 아기양이 태어나 달하다, 다다르다(達)는 의미이다.

읽기 한자

達觀(달관) 활달하여 세속을 벗어난 높은 견식
達成(달성) 뜻한 바를 이룸
未達(미달) 어떤 한도에 이르지 못함
傳達(전달) 전하여 이르게 함
速達(속달) 속히 배달함

다

談

5급

말씀 **담**

言 | 8획

비 誠(정성 성)
동 話(말씀 화)
語(말씀 어)
言(말씀 언)
說(말씀 설)
詞(말씀 사)
辭(말씀 사)
辯(말씀 변)

불(炎)이 훤히 타오르듯이 입에서 말(言)이 계속 나오는 것, 즉 얘기하다(談)는 의미이다.

읽기 한자

談判(담판) 쌍방이 서로 의논하여 옳고 그른 것을 판단함
談笑(담소) 웃으면서 이야기함
餘談(여담) 용건 밖의 이야기
俗談(속담) 예부터 전해져 내려오는 민간의 격언

쓰기 한자

對談(대담) 마주 대하여 말함
德談(덕담) 잘되기를 비는 말
相談(상담) 대책 따위를 세우기 위하여 상의함

擔

4급Ⅱ

멜 **담**

扌(手) | 13획

비 膽(쓸개 담)
동 任(맡길 임)
약 担

사람(人)이 위태하다(危)는 말(言)을 듣고 손(扌)에 들것을 들고 가 메고(擔) 온다는 의미이다.

읽기 한자

負擔(부담) 어떠한 일을 맡아서 의무나 책임을 짐
擔當(담당) 어떤 일을 넘겨 맡음
擔保(담보) 맡아서 보증함
擔任(담임) 어떤 일을 책임지고 맡아봄
全擔(전담) 어떤 일의 전부를 담당함

答

7급Ⅱ

대답 **답**

竹 | 6획

반 問(물을 문)

대쪽(竹)에 써 온 편지 내용에 합당하게(合) 답(答)을 써 보낸다는 의미이다.

읽기 한자

答辯(답변) 어떠한 물음에 대답하여 변명함
誤答(오답) 잘못된 대답을 함
應答(응답) 물음에 응하여 하는 대답

쓰기 한자

答案(답안) 시험 문제의 해답
對答(대답) 묻는 말에 대하여 말, 소리로써 자기의 뜻을 나타냄
問答(문답) 물음과 대답
自問自答(자문자답) 자기가 묻고 자기가 대답함

堂

6급 Ⅱ

집 당

土 | 8획

비 當(마땅 당)
동 家(집 가) 庫(곳집 고)
室(집 실) 屋(집 옥)
舍(집 사) 宅(집 택)
宇(집 우) 宙(집 주)
院(집 원) 宮(집 궁)
戶(집 호)

토대(土)위에 세운 높은(尙) 건물에서 어전, 큰 건물(堂)을 의미한다.

읽기 한자

堂叔(당숙) 아버지의 사촌형제
聖堂(성당) 천주교의 교회당

쓰기 한자

明堂(명당) 아주 좋은 묏자리
食堂(식당) 식사를 하도록 설비되어 있는 집
正正堂堂(정정당당) 태도나 수단이 공정하고 떳떳함

當

5급 Ⅱ

마땅 당

田 | 8획

비 堂(집 당)
黨(무리 당)
반 落(떨어질 락)
否(아닐 부)
약 当

논(田)을 교환할 때 두 개의 넓이가 딱 맞도록(尙) 한 것에서 맞다(當)는 의미이다.

읽기 한자

適當(적당) 어떤 성질, 상태, 요구 따위에 꼭 알맞음
配當(배당) 적당하게 별러 나눔
至當(지당) 이치에 맞고 지극히 적당함

쓰기 한자

當然(당연) 이치로 보아 마땅히 그러할 것임
當場(당장) 무슨 일이 일어난 바로 그곳
充當(충당) 모자라는 것을 채워 메움　當面(당면) 일이 바로 눈앞에 당함

黨

4급 Ⅱ

무리 당

黑 | 8획

비 裳(치마 상)
동 群(무리 군), 徒(무리 도)
衆(무리 중), 隊(무리 대)
等(무리 등), 類(무리 류)
반 獨(홀로 독)
약 党

어두운(黑) 현실을 개척하려고 높은(尙) 뜻을 가지고 모인 무리(黨)라는 의미이다.

읽기 한자

與黨(여당) 정당정치에서 정권을 담당하고 있는 정당
黨員(당원) 당파를 이룬 사람
黨爭(당쟁) 당파를 이루어 서로 싸움
作黨(작당) 떼를 지음. 무리를 지음

大

8급

큰 대(:)

大 | 0획

비 犬(개 견) 太(클 태)
동 巨(클 거) 泰(클 태)
偉(클 위) 碩(클 석)
弘(클 홍)
반 小(작을 소)
微(작을 미)

사람이 크게 손과 다리를 벌리고 있는 모습에서 크다(大)는 의미이다.

읽기 한자

大規模(대규모) 일의 범위가 넓고 큼
大同小異(대동소이) 거의 같고 조금 다름
大勢(대세) 세상이 돌아가는 형편
大衆(대중) 수가 많은 여러 사람
大破(대파) 심한 파손
盛大(성대) 성하고 큼. 아주 성함

쓰기 한자

大敗(대패) 일의 큰 실패
大路(대로) 폭이 넓은 길
遠大(원대) 뜻, 계획 등의 규모가 큼
偉大(위대) 업적이 뛰어나고 훌륭함

6급 Ⅱ

대신할 대:

亻(人) | 3획

비 伐(칠 벌)

국경에 세워두었던 말뚝 대신(弋) 사람(亻)을 당번병으로 세워둔 것에서 대신하다(代)는 의미이다.

읽기 한자

代納(대납) 남을 대신하여 납부함
代辯人(대변인) 어떤 기관이나 단체를 대신하여 책임지고 그의 의견이나 태도를 밝혀 말하는 사람

쓰기 한자

代價(대가) 물건을 산 대신의 값
代身(대신) 남을 대리함
代用(대용) 대신으로 씀
歷代(역대) 지내 내려온 여러 대
交代(교대) 서로 번갈아 들어서 대신함

對

6급 Ⅱ

대할 대:

寸 | 11획

비 業(업 업)
약 対

작업하는 일(業)과 손(寸)이 서로 마주 대한다(對)는 의미이다.

읽기 한자

對抗(대항) 서로 맞서서 버티어 겨룸
對應(대응) 마주 대함
對敵(대적) 적과 마주 대함
對人關係(대인관계) 사람에 대한 관계

쓰기 한자

對決(대결) 두 사람이 서로 맞서서 우열을 결정함
對比(대비) 서로 맞대어 비교함
對談(대담) 서로 마주 보고 말함
對等(대등) 양쪽이 서로 비슷함
相對(상대) 서로 마주 봄

6급

기다릴 대:

彳 | 6획

비 時(때 시)
持(가질 지)
特(특별할 특)

중요한 일로 관청(寺)에 갔지만(彳) 사람이 많아서 순번을 기다린다(待)는 의미이다.

읽기 한자

待遇(대우) 예의를 갖추어 대함
招待(초대) 사람을 불러서 대접함
優待(우대) 특별히 잘 대우함
歡待(환대) 반기어 후하게 대접함
接待(접대) 손님을 맞아서 접대함

쓰기 한자

待期(대기) 약속한 시기를 기다림
期待(기대) 어느 때로 기약하여 성취를 바람
下待(하대) 낮게 대우함
待望(대망) 바라고 기다림

4급 Ⅱ

무리 대

阝(阜) | 9획

동 群(무리 군)
衆(무리 중)
類(무리 류)
等(무리 등)
徒(무리 도)
黨(무리 당)
반 獨(홀로 독)

언덕(阝)의 좌우로 나뉘어서(八) 멧돼지(豕)들이 떼(隊)를 지어 달려온다는 의미이다.

읽기 한자

原隊復歸(원대복귀) 본래 속해 있던 부대로 돌아감
隊列(대열) 대를 지어서 죽 늘어선 행렬
軍隊(군대) 일정한 질서를 가지고 조직 편제된 장병의 집단
部隊(부대) 한 단위의 군대
先發隊(선발대) 먼저 출발한 부대
入隊(입대) 군대에 들어가 군인이 됨

帶 4급Ⅱ
띠 대(:)
巾 | 8획

천을 겹쳐 장식을 붙인 허리띠의 모양을 본떴다.

읽기 한자

革帶(혁대) 가죽으로 만든 띠
暖帶(난대) 열대와 온대의 중간에 걸쳐 있어 그 기후가 따뜻한 지대
眼帶(안대) 눈병에 걸렸을 때나 눈을 가릴 때 이용하는 천 조각
地帶(지대) 한정된 일정한 구역

德 5급Ⅱ
큰 덕
彳 | 12획

약 徳

올바른 마음을 가진(悳) 사람은 가서(彳)도 신임을 받아 올바른 행위(德)를 의미한다.

읽기 한자

厚德(후덕) 생김새나 하는 짓이 두텁고 덕스러움
恩德(은덕) 은혜로 입은 신세
公衆道德(공중도덕) 공중을 위하는 사람으로서 마땅히 지켜야할 도덕상의 의리

쓰기 한자

德談(덕담) 잘되기를 비는 말
美德(미덕) 아름다운 덕행

道 7급Ⅱ
길 도:
辶(辵) | 9획

비 導(인도할 도)
동 路(길 로)
途(길 도)
程(길 정)

사람(首)이 왔다갔다(辶)하고 있는 곳은 자연히 길(道)이 된다는 의미이다.

읽기 한자

道廳(도청) 道(도)의 행정을 맡아 처리하는 지방 관청
得道(득도) 도를 깨달음
報道(보도) 나라 안이나 밖에서 생긴 일을 전하여 알려줌

쓰기 한자

道具(도구) 일에 쓰이는 여러 가지 연장
道德(도덕) 인간으로서 마땅히 지켜야 할 도리 및 그에 준한 행위
正道(정도) 올바른 길. 정당한 도리

圖 6급Ⅱ
그림 도
口 | 11획

비 圓(둥글 원)
園(동산 원)
團(둥글 단)
동 畫(그림 화)
약 図

논밭에 있는 장소를 도면에 표시한 것에서 그리다, 생각하다는 의미이다.

읽기 한자

縮圖(축도) 원형보다 작게 줄여 그린 그림
圖解(도해) 글로 된 설명을 보충하기 위하여 그림을 끼워 넣어서 풀이함
風俗圖(풍속도) 그 시대의 세정과 풍속을 그린 그림

쓰기 한자

圖式(도식) 그림으로 그린 양식
圖表(도표) 그림과 표
圖形(도형) 그림의 형상
意圖(의도) 장차 하려고 하는 계획

度

6급

법도 도(:)
헤아릴 탁

广 | 6획

비 席(자리 석)
동 例(법식 례)
律(법칙 률), 典(법 전)
法(법 법), 式(법 식)
則(법칙 칙), 憲(법 헌)

집(广)의 크기를 손가락(廿)을 벌려 재는 것(又)에서 재다, 자, 눈금(度)을 의미한다.

읽기 한자

態度(태도) 속이 드러나 보이는 겉모양
程度(정도) 알맞은 정도
密度(밀도) 빽빽이 들어선 정도
進度(진도) 일의 진행 속도
制度(제도) 제정된 법규. 마련된 법도

쓰기 한자

角度(각도) 한 점에서 갈리어 나간 두 선이 벌어진 크기
度量(도량) 너그러운 마음과 깊은 생각
強度(강도) 강렬한 정도
溫度(온도) 덥고 찬 정도

到

5급 II

이를 도:

刂(刀) | 6획

동 達(통달할 달)
着(붙을 착)
至(이를 지)
致(이를 치)

무사가 칼(刀)을 가지고 소집 장소에 이른다(至)는 데서 도착하다(到)는 의미이다.

읽기 한자

用意周到(용의주도) 마음의 준비가 두루 미쳐 빈틈이 없음
到達(도달) 정한 곳에 다다름. 목적한 데에 미침
到處(도처) 가는 곳. 이르는 곳

쓰기 한자

到來(도래) 이르러서 옴. 닥쳐 옴
到着(도착) 목적한 곳에 다다름
當到(당도) 어떠한 곳이나 일에 닿아서 이름

島

5급

섬 도

山 | 7획

비 鳥(새 조)
烏(까마귀 오)

바다에 떠있는 산(山)에서 철새(鳥)가 쉬거나 살기도 하는 것에서 섬(島)을 의미한다.

읽기 한자

群島(군도) 떼를 지은 많은 섬
列島(열도) 줄을 지은 모양으로 죽 늘어선 여러 개의 섬

쓰기 한자

落島(낙도) 외따로 떨어져 있는 섬
半島(반도) 세 면이 바다에 싸이고 한 면은 육지에 연한 땅
三多島(삼다도) 제주도를 일컫는 말

都

5급

도읍 도

阝(邑) | 9획

비 者(놈 자)
동 京(서울 경)
반 農(농사 농)

사람들(者)이 많이 모여서 사는 고을(阝)이니 도읍, 도회지(都)를 의미한다.

읽기 한자

都散賣(도산매) 도매와 산매
港都(항도) 항구도시

쓰기 한자

都市(도시) 일정 지역의 정치, 경제, 문화상의 중심을 이룬 인구의 집중지역
都邑地(도읍지) 서울로 정한 곳
古都(고도) 옛 도읍
首都(수도) 한 나라의 중앙정부가 있는 도시

導

4급Ⅱ

인도할 도:

寸 | 13획

비 道(길 도)
동 引(끌 인)

머리가 보일듯이 계속되는 길(道)을 손(寸)을 끌어 걷는 것에서 인도하다(導)는 의미이다.

읽기한자

導入(도입) 끌어들임. 인도하여 들임
導出(도출) 결론 등을 논리적으로 이끌어 냄
引導(인도) 가르쳐 이끎. 길을 안내함
主導(주도) 주장이 되어 이끎

徒

4급

무리 도

彳 | 7획

비 待(기다릴 대)
동 群(무리 군) 衆(무리 중)
黨(무리 당) 類(무리 류)
隊(무리 대) 等(무리 등)
반 獨(홀로 독)
孤(외로울 고)

탈 것에 의지하지 않고 흙을 밟아서(彳) 걸어가는(走) 것에서 걸어가다(徒)는 의미이다.

읽기한자

徒黨(도당) 떼를 지은 무리
徒步(도보) 타지 아니하고 걸어감
無爲徒食(무위도식) 아무 하는 일 없이 먹기만 함
信徒(신도) 일정한 종교를 신앙하며 그 교단에 속해 있는 사람

盜

4급

도둑 도(:)

皿 | 7획

비 溫(따뜻할 온)
동 賊(도둑 적)

그릇(皿)에 담긴 음식을 보고 침(次)을 흘리다가(氵) 몰래 집어 먹는다에서 도둑(盜)을 의미한다.

읽기한자

盜難(도난) 도둑을 맞는 재난
盜聽(도청) 남의 이야기 등을 몰래 엿듣거나 녹음하는 일
盜用(도용) 남의 물건이나 명의를 몰래 씀
强盜(강도) 강제로 물건을 빼앗는 도둑

逃

4급

도망할 도

辶(辵) | 6획

동 避(피할 피)
北(달아날 배)
亡(망할 망)

망할 조짐(兆)이 있는 사람이 길(辶)을 따라 도망간다(逃)는 의미이다.

읽기한자

逃亡(도망) 피하여 달아남
逃走(도주) 피하거나 쫓겨서 달아남
逃避(도피) 도망하여 몸을 피함

讀

6급 Ⅱ

읽을 독:
구절 두:

言 | 15획

비 續(이을 속)
賣(팔 매)
약 読

물건을 팔(賣) 때 가락에 맞추어 손님을 불러(言), 소리를 내어 읽는다(讀)는 의미이다.

읽기 한자

讀解力(독해력) 글을 읽고서 이해하고 소화할 수 있는 능력
讀破(독파) 글을 막힘 없이 죽 읽음　解讀(해독) 풀어 읽음. 읽어서 알아냄
精讀(정독) 자세히 살피어 읽음

쓰기 한자

讀者(독자) 책, 신문 따위의 출판물을 읽는 사람
讀後感(독후감) 책을 읽고 난 뒤의 소감
速讀(속독) 책 따위를 빨리 읽음　訓讀(훈독) 한자(漢字)의 뜻을 새기어 읽음

獨

5급 Ⅱ

홀로 독

犭(犬) | 13획

동 孤(외로울 고)
單(홑 단)
반 徒(무리 도) 類(무리 류)
群(무리 군) 衆(무리 중)
等(무리 등)
약 独

개(犭)가 곤충(虫)처럼 몸을 둥글게(勹)하고, 가만있는 것(罒)을 즐기기에 홀로(獨)라는 의미이다.

읽기 한자

獨斷(독단) 남과 의논하지 않고 자기 혼자의 의견대로 처리함
獨步的(독보적) 남이 따를 수 없을 만큼 홀로 뛰어난 모양
獨走(독주) 경주 상대를 앞질러 혼자 달림

쓰기 한자

獨食(독식) 혼자서 먹음. 이익을 혼자 차지함
獨特(독특) 특별나게 다름
獨學(독학) 스승이 없이 또는 학교에 다니지 않고 혼자서 배움

督

4급 Ⅱ

감독할 독

目 | 8획

동 監(볼 감)

아재비(叔)가 눈(目)을 부릅뜨고 일꾼들을 감독한다(督)는 의미이다.

읽기 한자

監督(감독) 보살피어 단속함
提督(제독) 해군의 장관
總督(총독) 어떤 관할 구역 안의 모든 정부, 군무를 통괄하는 벼슬

毒

4급 Ⅱ

독 독

毋 | 4획

비 靑(푸를 청)
약 毒

모친(母)이 자식을 낳듯이 잡초가 생겨 논의 작물(主)에 피해를 준다는 것에서 독(毒)을 의미한다.

읽기 한자

毒性(독성) 독기가 있는 성분
解毒(해독) 독기를 풀어 없애 버림
旅毒(여독) 여행에 의해 생긴 병이나 피로
消毒(소독) 사람에게 해가 되는 박테리아를 박멸시키는 일

東

8급

동녘 동

木 | 4획

비 束(묶을 속)
반 西(서녘 서)

나뭇가지(木) 사이에서 태양(日)이 나오는 형태로 해가 뜨는 방향 동녘(東)을 의미한다.

읽기 한자

東宮(동궁) 황태자 또는 왕세자의 궁전
東壁(동벽) 동쪽에 있는 벽

쓰기 한자

馬耳東風(마이동풍) 남의 비평이나 의견을 귀담아 듣지 않고 곧 흘려버림
東問西答(동문서답) 어떤 물음에 대하여 엉뚱한 대답을 함
東向(동향) 동쪽을 향함

7급Ⅱ

움직일 동:

力 | 9획

반 靜(고요할 정)
止(그칠 지)

아무리 무거운(重) 것이라도 힘(力)을 가하면 움직인다는 것에서 움직인다(動)는 의미이다.

읽기 한자

動機(동기) 일을 발동시키는 계기
移動(이동) 움직여서 자리를 바꿈
激動(격동) 급격하게 움직임
動態(동태) 움직이는 상태
制動(제동) 운동을 제지함

쓰기 한자

動作(동작) 어떤 일을 하기 위해서 몸을 움직이는 일
感動(감동) 깊이 느끼어 마음이 움직임
可動(가동) 움직이게 할 수 있음
變動(변동) 변하여 움직임

7급

골 동:
밝을 통:

氵(水) | 6획

비 同(한가지 동)
동 里(마을 리) 明(밝을 명)
谷(골 곡)
반 暗(어두울 암)

같은(同) 우물이나 시냇물(氵)을 사용하는 동네(洞)란 의미이다.

읽기 한자

洞事務所(동사무소) 행정구역의 하나인 洞(동)안의 여러 가지 행정 사무를 맡아 보는 곳

쓰기 한자

洞口(동구) 동네로 들어오는 길목의 첫머리
洞里(동리) 마을
空洞(공동) 아무 것도 없이 텅 빈 굴

7급

한가지 동

口 | 3획

비 洞(골 동)
동 共(한가지 공)
一(한 일)
等(무리 등)
반 異(다를 이)

동굴 크기가 처음부터 끝까지 어디나 같다는 것에서 같다(同)는 의미이다.

읽기 한자

同甲(동갑) 나이가 같은 사람
同胞(동포) 한 나라, 한 민족에 속하는 사람
同名異人(동명이인) 이름은 같으나 사람이 다름
同鄕(동향) 같은 고향

쓰기 한자

同感(동감) 같은 느낌
同席(동석) 자리를 같이함
同窓(동창) 같은 학교에서 공부를 한 관계
共同(공동) 둘 이상의 사람이 같은 일을 함

7급

겨울 동(:)

冫 | 3획

비 夕(저녁 석)
반 夏(여름 하)

샘물 입구(夂)가 얼어(冫) 물이 나오지 않게 된 추운 계절을 의미하여 겨울(冬)을 의미한다.

읽기 한자

嚴冬雪寒(엄동설한) 눈이 오고 몹시 추운 겨울
冬季(동계) 겨울철
冬至(동지) 해가 가장 짧고 밤이 가장 긴 절기

쓰기 한자

冬服(동복) 겨울철에 입는 옷
冬節(동절) 겨울철

다

6급 Ⅱ

아이 동(:)

立 | 7획

비 里(마을 리)
동 兒(아이 아)
반 長(긴 장)
丈(어른 장)

마을(里)에 들어가면 서서(立) 노는 것은 아이(童)라는 의미이다.

읽기 한자

童謠(동요) 어린이들의 생활 감정이나 심리를 나타낸 노래
牧童(목동) 말과 소에 풀을 뜯기는 아이

쓰기 한자

童心(동심) 어린이의 마음
童話(동화) 어린이를 상대로 동심을 기본으로 해서 지은 이야기
神童(신동) 재주와 슬기가 남달리 썩 뛰어난 아이

4급 Ⅱ

구리 동

金 | 6획

비 銘(새길 명)
針(바늘 침)

금(金)과 같이(同) 값어치 있는 붉은 광채가 있는 금속을 가리켜 동, 붉은 쇠(銅)를 의미한다.

읽기 한자

銅鏡(동경) 구리를 재료로 해서 만든 거울
靑銅器(청동기) 구리와 주석의 합금으로 주조한 기구

斗

4급 Ⅱ

말 두

斗 | 0획

용량을 되는 그릇의 하나인 말의 모양을 본뜬 글자이다.

읽기 한자

斗酒不辭(두주불사) 말술도 사양하지 않는다는 뜻으로, 술을 매우 잘 마심을 이르는 말
北斗七星(북두칠성) 큰곰자리에서 국자 모양을 이루며 가장 뚜렷하게 보이는 일곱 개의 별

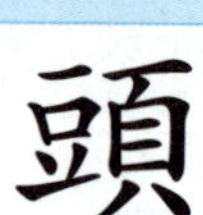

頭

6급

머리 **두**

頁 | 7획

비 顔(얼굴 안)
額(이마 액)
동 首(머리 수)
頁(머리 혈)

사람 머리(頁)의 위치가 이 용기(豆)처럼 몸 위쪽에 있는 것에서 머리(頭)를 의미한다.

읽기 한자

接頭辭(접두사) 어떤 단어의 앞에 붙어서 의미를 첨가하여 한 다른 단어를 이루는 말
頭痛(두통) 머리가 아픈 증세
街頭(가두) 시가지의 길거리

쓰기 한자

頭角(두각) 짐승 따위의 머리에 있는 뿔. 뛰어난 학식, 재능, 기예
頭目(두목) 여러 사람 중 그 우두머리가 되는 사람
口頭(구두) 마주 대하여 입으로 전하는 말

豆

4급Ⅱ

콩 **두**

豆 | 0획

비 豈(어찌 기)

옛날 중국에서 고기를 신(神)에게 공양한 그릇이 '두' 인데, 콩과 같은 발음이기에 '두' 라 한다.

읽기 한자

豆太(두태) 콩과 팥
綠豆(녹두) 콩과에 속하는 일년초
大豆(대두) 콩

得

4급Ⅱ

얻을 **득**

彳 | 8획

동 獲(얻을 획)
반 失(잃을 실)

길(彳)에서 재물(旦)을 손(寸)으로 주워서 얻는다(得)는 의미이다.

읽기 한자

得點(득점) 점수를 얻음
得失(득실) 얻음과 잃음
不得不(부득불) 마음이 내키지 아니하나 마지못하여
利得(이득) 이익을 얻음
體得(체득) 몸소 체험하여 얻음

登

7급

오를 **등**

癶 | 7획

비 燈(등 등)
동 昇(오를 승)
騰(오를 등)
陟(오를 척)
반 降(내릴 강)
落(떨어질 락)

양발을 벌리고(癶) 디딤대(豆)에 오르는 것에서 오르다(登)는 의미이다.

읽기 한자

登龍門(등용문) 사회에서 자기의 지반을 확립하는데 연결되는 어려운 관문
登極(등극) 임금의 지위에 오름
登錄(등록) 문서에 올림

쓰기 한자

登校(등교) 학교에 감
登山(등산) 산에 오름
登場(등장) 무슨 일에 어떤 사람이 나타남

6급 Ⅱ
무리 **등:**
竹 | 6획

비 待(기다릴 대)
동 衆(무리 중) 級(등급 급) 徒(무리 도) 群(무리 군) 隊(무리 대) 類(무리 류)
반 孤(외로울 고)

관청(寺)에서 글자를 쓰는 죽간(竹)의 길이를 맞춘 데서 같은 크기(等)를 갖추다는 의미이다.

읽기한자

均等(균등) 고르고 가지런하여 차별이 없음
降等(강등) 등급이나 계급을 내림
優等(우등) 훌륭하게 빼어나 등급이나 성적이 높은 등급
差等(차등) 차이가 나는 등급

쓰기한자

等級(등급) 위, 아래를 구별한 등수
對等(대등) 양쪽 사이에 낫고 못함 또는 높고 낮음이 없음
平等(평등) 치우침이 없이 고르고 한결같음

4급 Ⅱ
등 **등**
火 | 12획

비 登(오를 등) 證(증거 증)
약 灯

불(火)을 켜서 높은 데 올려(登) 놓는다는 데서 등불, 등잔(燈)을 의미한다.

읽기한자

燈火可親(등화가친) 가을밤은 등불을 가까이 하여 글 읽기에 마음으로 느끼는 기분이 좋다는 뜻
街路燈(가로등) 길거리에 달아 놓은 등
消燈(소등) 불을 끔

4급 Ⅱ
벌릴 **라**
罒(网) | 14획

비 離(떠날 리)
동 列(벌릴 렬)

새(隹)를 잡기 위해서는 실(糸)로 짠 그물(罒)을 벌린다(羅)는 의미이다.

읽기한자

羅列(나열) 죽 벌이어 놓음
新羅(신라) 우리나라 삼국 시대의 한 나라

6급 Ⅱ
즐길 **락**
노래 **악**
좋아할 **요**
木 | 11획

비 藥(약 약)
동 喜(기쁠 희) 娛(즐길 오) 謠(노래 요) 歌(노래 가)
반 悲(슬플 비) 哀(슬플 애) 苦(쓸 고)
약 楽

나무(木) 틀에 실(絲)이나 북(白)을 달아 악기를 만들어 풍악을 즐긴다(樂)는 의미이다.

읽기한자

快樂(쾌락) 기분이 좋고 즐거움
樂器(악기) 음악을 연주하는 데 쓰이는 기구의 총칭
聲樂(성악) 사람의 목소리로 이루어지는 음악상의 분야

쓰기한자

樂觀(낙관) 사물의 발달과 발전을 밝고 희망적으로 바라봄
行樂(행락) 잘 놀고 즐겁게 지냄
同苦同樂(동고동락) 괴로움과 즐거움을 함께 함
樂山樂水(요산요수) 산수를 즐기고 좋아함

落
5급
떨어질 락
艹(艸) | 9획

비 路(길 로)
동 零(떨어질 령)
墮(떨어질 타)

물(氵)이 퐁당퐁당 끝없이 떨어지듯이(各), 잎새(艹)가 지는 것에서 떨어지다(落)는 의미이다.

읽기 한자

落傷(낙상) 높은 곳에서 떨어지거나 넘어져서 다침
脫落(탈락) 빠져 버림
暴落(폭락) 물가 따위가 갑자기 큰 폭으로 떨어짐

쓰기 한자

落書(낙서) 장난으로 아무데나 함부로 글자나 그림을 그림
落望(낙망) 희망이 없어짐
落第(낙제) 시험에 떨어짐
落葉(낙엽) 잎이 말라서 나뭇잎이 떨어짐
下落(하락) 값이 떨어짐

亂
4급
어지러울 란:
乙 | 12획

비 辭(말씀 사)
동 紊(어지러울 문)
紛(어지러울 분)
약 乱

실패의 실이 두 손(爪/又)으로 구불구불(乙) 엉키는 데서 어지럽다(亂)는 의미이다.

읽기 한자

亂世(난세) 어지러운 세상
亂打(난타) 함부로 마구 때림
亂鬪(난투) 서로 치고 받으며 어지럽게 싸움
亂暴(난폭) 거칠고 사나움
散亂(산란) 흩어져 어지러움

卵
4급
알 란:
卩 | 5획

비 卯(토끼 묘)

둥글게 엮여있는 계란 모형에서 새나 곤충 등의 모든 알(卵)을 의미한다.

읽기 한자

鷄卵(계란) 달걀
明卵(명란) 명태의 알
産卵(산란) 알을 낳음
無精卵(무정란) 암탉이 교미하지 않고 낳은 알

覽
4급
볼 람
見 | 14획

비 賢(어질 현)
동 見(볼 견)
觀(볼 관)
視(볼 시)
監(볼 감)
약 覧, 覽

큰 그릇에 물을 담아 물거울(監)로 자기 모습을 보는(見) 것에서 보다(覽)는 의미이다.

읽기 한자

觀覽(관람) 연극, 영화, 운동경기 등을 구경함
回覽(회람) 여러 사람이 차례로 돌려봄
一覽表(일람표) 여러 가지 사항을 한 번에 알 수 있도록 꾸며 놓은 표

5급 Ⅱ

밝을 **랑:**

月 | 7획

비 良(어질 량)
동 明(밝을 명)
洞(밝을 통)
반 暗(어두울 암)

태양이 빛을 내며 움직이듯이(良), 달(月)이 빛나서 밝다, 명랑하다(朗)는 의미이다.

읽기 한자

朗報(낭보) 반가운 소식

쓰기 한자

朗讀(낭독) 소리를 내어 읽음
朗朗(낭랑) 빛이 매우 밝은 모양. 소리가 매우 흥겹고 명랑한 모양
明朗(명랑) 밝고 쾌활함

라

7급

올 **래(:)**

人 | 6획

반 往(갈 왕) 去(갈 거)
進(나아갈 진)
就(나아갈 취)
약 来

옛날 보리를 하늘이 내려주신 것이라 하여 보리(麥) 형태를 써서 오다(來)라고 한 의미이다.

읽기 한자

招來(초래) 불러옴. 그렇게 되게 함
從來(종래) 이전부터 최근까지 내려온 그대로
來往(내왕) 오고 감
將來(장래) 앞으로 닥쳐올 때. 앞날
未來(미래) 아직 오지 아니한 앞날

쓰기 한자

來週(내주) 다음 주
來韓(내한) 외국인이 한국에 옴
來歷(내력) 겪어 온 자취
傳來(전래) 전하여 내려 옴

5급

찰 **랭:**

冫 | 5획

비 令(하여금 령)
동 寒(찰 한)
반 溫(따뜻할 온)
暖(따뜻할 난)
熱(더울 열)

군주가 부하에게 명령(令)할 때와 같이, 냉소적이며 차가운(冫) 것에서 차갑다(冷)는 의미이다.

읽기 한자

冷房(냉방) 방 안을 차게 하는 일
冷笑(냉소) 쌀쌀한 태도로 업신여겨 비웃음

쓰기 한자

冷氣(냉기) 찬 기운. 찬 공기
冷水(냉수) 데우지 아니한 맹물
冷待(냉대) 푸대접
冷情(냉정) 매정하고 쌀쌀함

略

4급

간략할/약할 **략**

田 | 6획

비 路(길 로)
동 計(셀 계)
簡(간략할 간)

수확을 늘리기 위해서 논(田)의 경계를 각자(各) 자기 멋대로 넓히려고 하는 계략(略)을 의미한다.

읽기 한자

略稱(약칭) 생략해서 일컬음
簡略(간략) 단출하고 복잡하지 아니함
省略(생략) 간단하게 덜어서 줄임
略圖(약도) 간단하게 대충 그린 도면
智略(지략) 슬기로운 꾀

5급 Ⅱ

어질 **량**

艮 | 1획

비 食(먹을 식)
동 賢(어질 현)
好(좋을 호)
仁(어질 인)
반 否(아닐 부)

원래는 됫박으로 잰다는 것이었는데 잰 분량이 정확했다고 한 것에서 좋다(良)는 의미이다.

읽기 한자

閑良(한량) 돈 잘 쓰고 잘 노는 사람
良好(양호) 매우 좋음

쓰기 한자

善良(선량) 착하고 어짊
改良(개량) 나쁜 점을 고치어 좋게 함
良家(양가) 선량한 백성의 집
良心(양심) 참되고 변하지 않는 본성을 닦음

5급

헤아릴 **량**

里 | 5획

비 重(무거울 중)
동 商(장사 상)
料(헤아릴 료)

쌀이나 조 같은 것의 무게나 부피를 재다(量)는 의미이다.

읽기 한자

降雨量(강우량) 일정한 기간, 일정한 곳에 내린 비의 양
酒量(주량) 술을 마시는 분량
減量(감량) 분량을 줄임
容量(용량) 용기 안에 들어갈 수 있는 분량

쓰기 한자

力量(역량) 어떤 일을 해낼 수 있는 힘
定量(정량) 일정한 분량
質量(질량) 물체가 갖는 고유한 양
分量(분량) 부피, 무게 등의 많고 적음과 크고 작은 정도

4급 Ⅱ

두 **량:**

入 | 6획

비 雨(비 우)
동 再(두 재)
雙(두 쌍)
二(두 이)
약 両

수레의 두 바퀴의 형태처럼 좌우 같은 형태의 사물에서 두 개 또는 갖춘 것(兩)을 의미한다.

읽기 한자

兩極(양극) 북극과 남극. 음극과 양극
兩面(양면) 양쪽의 면. 사물의 겉과 안
兩立(양립) 둘이 함께 맞섬
兩分(양분) 둘로 나눔
兩親(양친) 아버지와 어머니

4급

양식 **량**

米 | 12획

비 精(정할 정)
동 穀(곡식 곡)

쌀(米)을 헤아리어(量) 양식(糧)으로 한다는 의미이다.

읽기 한자

糧穀(양곡) 식량으로 쓰는 곡식
糧食(양식) 먹고 살 거리. 먹을거리
食糧(식량) 양식

5급 Ⅱ

나그네 **려**

方 | 6획

비 族(겨레 족)
旋(돌 선)
동 客(손 객)
賓(손 빈)
반 主(주인 주)

깃발(方) 아래 모여서 대열을 지어 전진하는(㐆) 군대의 모습에서 여행을 하다(旅)는 의미이다.

읽기 한자

旅券(여권) 외국에 여행하는 사람의 신분, 국적을 증명하고 보호를 의뢰하는 문서
旅裝(여장) 길 떠날 차림
旅毒(여독) 여행에 의해 생긴 병이나 피로

쓰기 한자

旅行(여행) 볼일이나 유람의 목적으로 다른 고장이나 외국에 가는 일
旅費(여비) 여행하는 데 드는 비용
旅客(여객) 여행하는 손님

라

4급 Ⅱ

고울 **려**

鹿 | 8획

비 鹿(사슴 록)
동 鮮(고울 선)
약 麗

사슴(鹿)들이 나란히 짝을 짓고(丽) 무리를 지어 다니는 모습이 곱고 아름답다(麗)는 의미이다.

읽기 한자

美辭麗句(미사여구) 아름다운 말로 꾸민, 듣기 좋은 글귀
秀麗(수려) 다른 것보다 뛰어나고 아름다움
華麗(화려) 번화하고 고움

4급

생각할 **려:**

心 | 11획

동 思(생각 사)
想(생각 상)
念(생각 념)
考(생각할 고)
憶(생각할 억)
惟(생각할 유)

산길 가는 나그네가 범(虍)을 만나면 두렵게 생각한다(思)는 것에서 염려한다(慮)는 의미이다.

읽기 한자

考慮(고려) 생각하여 봄
配慮(배려) 이리저리 마음을 씀
心慮(심려) 마음 속의 근심
念慮(염려) 마음을 놓지 못함

歷

5급 Ⅱ

지날 **력**

止 | 12획

비 曆(책력 력)
동 過(지날 과)
經(지날 경)

벼(禾)를 순서 있게 늘어놓듯이 차례로 걸어 지나가는(止) 것에서 지나다(歷)는 의미이다.

읽기 한자

略歷(약력) 간략하게 적은 이력
歷程(역정) 경과하여 온 노정
經歷(경력) 겪어 지내 온 일들

쓰기 한자

歷代(역대) 지내 내려 온 여러 대
戰歷(전력) 전쟁에 참가한 경력
歷史(역사) 인류 사회의 과거에 있어서의 변천과 흥망의 과정. 또는 기록
歷任(역임) 거듭하여 여러 벼슬을 차례로 지냄
來歷(내력) 겪어 온 자취

力

7급 Ⅱ

힘 **력**

力 | 0획

비 刀(칼 도)
九(아홉 구)

팔에 힘을 넣었을 때에 생기는 알통에 빗대어 힘 또는 효능(力)을 의미한다.

읽기 한자

威力(위력) 사람을 복종시키는 강한 강제력
力走(역주) 힘껏 달림
武力(무력) 군사상의 힘
權力(권력) 남을 강제로 복종시키는 힘
努力(노력) 힘을 들이어 애를 씀

쓰기 한자

力量(역량) 어떤 일을 해낼 수 있는 힘
無氣力(무기력) 기운이 없음
思考力(사고력) 생각하고 궁리하는 힘
力說(역설) 자기 뜻을 힘써 말함
全力(전력) 모든 힘. 온 힘

練

5급 Ⅱ

익힐 **련:**

糸 | 9획

동 習(익힐 습)
약 練

나무를 쪼개 장작(柬)을 만들 듯이, 실(糸)을 나눠 불에 걸어 광채를 내어 단련하다(練)는 의미이다.

읽기 한자

修練(수련) 수양하고 단련함. 인격, 기술, 학문 등을 닦아서 단련함
調練師(조련사) 동물에게 곡예 따위를 훈련시키는 사람

쓰기 한자

練習(연습) 학문, 기예 등을 연마하는 일
洗練(세련) 깨끗이 씻고 불림
訓練(훈련) 일정한 목표, 기준에 도달하기 위해 실천시키는 실제적 활동

連

4급 Ⅱ

이을 **련**

⻌(辵) | 7획

비 運(옮길 운)
동 繼(이을 계)
絡(이을 락) 續(이을 속)
承(이을 승) 接(이을 접)
반 絕(끊을 절) 切(끊을 절)
斷(끊을 단)

길(⻌)에 수레(車)가 잇달아(連) 달린다는 의미이다.

읽기 한자

連結(연결) 서로 이어 맺음
連勝(연승) 잇따라 이김
連續(연속) 끊이지 아니하고 죽 이음
連打(연타) 연속하여 치거나 때림
連休(연휴) 휴일이 이틀 이상 겹쳐서 연달아 노는 일

列

4급 Ⅱ

벌릴 **렬**

刂(刀) | 4획

비 別(다를 별)
동 羅(벌릴 라)

짐승의 뼈(歹)를 칼(刂)로 끊어내어 고기만을 늘어놓아 열, 늘어서다(列)라는 의미이다.

읽기 한자

列強(열강) 여러 강한 나라들
羅列(나열) 죽 벌이어 놓음
分列(분열) 각각 나눠서 벌려 놓음
序列(서열) 순서를 좇아 늘어놓음
列擧(열거) 하나씩 들어 말함
配列(배열) 차례로 늘어놓음

4급

매울 **렬**

灬(火) | 6획

비 列(벌릴 렬)
동 辛(매울 신)

불(灬)이 줄지어(列) 일어나니 불길이 세차고, 빛나며 연기가 맵다(烈)는 의미이다.

읽기 한자

強烈(강렬) 세차고 맹렬함
熱烈(열렬) 주의, 주장, 애정, 실행 등이 매우 맹렬함
先烈(선열) 정의를 위해 싸우다가 죽은 열사
壯烈(장렬) 씩씩하고 열렬함

5급

거느릴 **령**

頁 | 5획

비 頂(정수리 정)
동 統(거느릴 통)
率(거느릴 솔)
御(거느릴 어)

사람(頁)들을 무릎 꿇려 중요한 것을 명령하는(令) 것에서 지배하다(領)는 의미이다.

읽기 한자

占領(점령) 무력으로 타국의 영토를 자국의 지배 하에 두는 일
領導者(영도자) 앞장서서 지도하는 사람
受領(수령) 받아들임

쓰기 한자

領空(영공) 영토나 영해 위의 하늘
首領(수령) 한 당파나 무리의 우두머리
要領(요령) 사물의 요긴하고 으뜸 되는 줄거리

5급

하여금 **령(:)**

人 | 3획

비 今(이제 금)
동 命(목숨 명)
使(하여금 사)

사람을 모아서(亼) 무언가 명령(卩)하여 따르게 하는(令) 것에서 명령하다(令)라는 의미이다.

읽기 한자

假令(가령) 무엇을 보충할 때 假定(가정)의 뜻으로 쓰는 접속 부사
設令(설령) 그렇다하더라도
指令(지령) 지휘 명령

쓰기 한자

命令(명령) 윗사람이 아랫사람에게 내리는 분부
法令(법령) 법률과 명령의 통칭
發令(발령) 법령이나 사령을 발포하거나 공포함

例

6급

법식 **례:**

亻(人) | 6획

비 列(벌릴 렬)
동 式(법 식)
規(법 규)
律(법칙 률)
範(법 범)
法(법 법)
則(법칙 칙) 典(법 전)

사람(人)이 물건을 늘어놓는다(列)고 하는 것에서 늘어져 있는 것(例)과 같은 의미이다.

읽기 한자

常例(상례) 보통의 사례
次例(차례) 순서 있게 벌여 나가는 관계나 또는 그 관계에서의 절차

쓰기 한자

例示(예시) 예를 들어 보임
先例(선례) 이미 있었던 사례
實例(실례) 실제의 예
例事(예사) 보통으로 있는 평범한 일
前例(전례) 그 전부터 있던 사례

禮

6급

예도 례:

示 | 13획

비 豊(풍성할 풍)
약 礼

제단에(示) 제물을 풍성하게(豊) 차려놓고 제사 지내는 것이 예(禮)의 근본이라는 의미이다.

읽기 한자

禮遇(예우) 예의를 다하여 정중히 대우함
禮訪(예방) 인사차 방문함
禮拜(예배) 경의를 나타내어 절함
缺禮(결례) 예의범절에서 벗어나는 짓을 함

쓰기 한자

禮服(예복) 의식 때에 입는 옷
失禮(실례) 언행이 예의에서 벗어남
無禮(무례) 예의가 없는 일
禮節(예절) 예의와 범절

老

7급

늙을 로:

老 | 0획

비 孝(효도 효)
동 長(긴 장)
반 少(젊을 소)
童(아이 동)

늙은이의 모양에서 늙다, 쇠퇴하다(老)는 의미이다.

읽기 한자

老松(노송) 늙은 소나무
老益壯(노익장) 늙었어도 의욕이나 기력은 젊은이 못지않게 강하고 왕성함
百戰老將(백전노장) 수많은 싸움을 치른 장수. 온갖 풍파를 겪은 사람

쓰기 한자

老患(노환) 노인들이 늙어 걸리는 병의 존칭
老後(노후) 늙은 뒤
敬老(경로) 노인을 공경함
不老草(불로초) 먹으면 늙지 않는 풀
老弱者(노약자) 늙은이와 약한 사람

路

6급

길 로:

⻊(足) | 6획

비 略(간략할 략)
동 道(길 도)
途(길 도)
程(길 정)

갈림길까지 와서(足) 어디로 갈 것인가 누구나(各)가 서성이니 길(路)을 의미한다.

읽기 한자

經路(경로) 일이 되어가는 형편, 순서
航路(항로) 선박이 통행하는 바닷길
路邊(노변) 길가
進路(진로) 앞으로 나아가는 길

쓰기 한자

路面(노면) 길바닥
通路(통로) 통행하는 길
路線(노선) 한 지점에서 다른 지점에 이르는 도로, 선로, 자동차의 교통선
活路(활로) 힘들고 어려운 일을 헤치고 살아갈 수 있는 길

勞

5급 Ⅱ

일할 로

力 | 10획

비 榮(영화 영)
동 務(힘쓸 무)
勤(부지런할 근)
반 使(하여금 사)
약 労

농사일의 처음에는 불(火)을 피워 신에게 감사드려 매일(一) 진력(力)해서 일하다(勞)는 의미이다.

읽기 한자

勤勞(근로) 마음과 몸을 수고롭게 하여 일에 힘씀
勞困(노곤) 피곤하고 고단함
不勞所得(불로소득) 열심히 일하지 아니하고 얻는 소득

쓰기 한자

勞力(노력) 힘을 들이어 일을 함
勞使(노사) 노동자와 사용자
功勞(공로) 일에 애쓴 공적
過勞(과로) 지나치게 일하여 고달픔

6급
푸를 록
糸 | 8획

비 錄(기록할 록)
동 靑(푸를 청)
碧(푸를 벽)
蒼(푸를 창)

작은 칼(彔)로 표피를 벗긴 대나무 같은 색으로 염색한 실(糸)에서 녹색(綠)을 의미한다.

읽기 한자

綠豆(녹두) 콩과의 일년초로 암녹색의 팥보다 작은 콩
綠陰(녹음) 푸른 잎이 우거진 나무의 그늘
常綠樹(상록수) 가을, 겨울에도 떨어지지 않고 일년 내내 잎이 푸른 나무

쓰기 한자

綠地(녹지) 초목이 무성한 땅
綠化(녹화) 산이나 들에 나무를 심고 잘 길러서 푸르게 함
草綠同色(초록동색) 같은 종류끼리 어울린다는 뜻

라

錄

4급 Ⅱ
기록할 록
金 | 8획

비 綠(푸를 록)
동 記(기록할 기)
識(기록할 지)
誌(기록할 지)
약 录

금(金)이나 청동의 표면을 조각칼(彔)로 깎아 문자를 새겨 넣어 표시하다(錄)는 의미이다.

읽기 한자

錄音(녹음) 소리를 필름이나 레코드 같은 데에 기계로 기록하여 놓는 일
登錄(등록) 문서에 올리는 일
收錄(수록) 기록해서 담아 놓음
實錄(실록) 사실을 있는 그대로 적은 기록

論

4급 Ⅱ
논할 론
言 | 8획

비 倫(인륜 륜)
輪(바퀴 륜)
동 議(의논할 의)
評(평할 평)

책을 모아서 정연히 정리하듯이(侖) 말(言)을 정리해서 사리를 세워서 말한다(論)는 의미이다.

읽기 한자

論據(논거) 논설이나 논쟁의 근거
激論(격론) 격렬한 논쟁
論題(논제) 논의할 문제
論爭(논쟁) 말이나 글로 논하여 싸움
反論(반론) 남의 논설이나 비난에 대하여 반박함

料

5급
헤아릴 료(:)
斗 | 6획

비 科(과목 과)
精(정할 정)
동 量(헤아릴 량)
測(헤아릴 측)
度(헤아릴 탁)

곡물(米)의 부피를 재는 되(斗)에 빗대어 재다, 재료(料)를 의미한다.

읽기 한자

資料(자료) 바탕이 되는 재료
調味料(조미료) 음식의 맛을 맞추는 데 쓰는 재료
香料(향료) 식품이나 화장품 등을 만드는 데 섞어 향내를 내는 물질의 총칭

쓰기 한자

無料(무료) 요금이 필요 없음
思料(사료) 생각하여 헤아림
手數料(수수료) 어떠한 일을 돌보아 준 데에 대한 보수
食料品(식료품) 음식의 재료가 되는 물품

龍

4급

용 **룡**

龍 | 0획

약 竜

서(立) 있는 몸(月)으로 위(上)을 향하여 꿈틀거리며(己) 하늘로 올라가는 용(龍)이다.

읽기한자

龍宮(용궁) 전설에서 말하는, 바다 속에 있다고 하는 용왕의 궁전
登龍門(등용문) 입신출세에 연결되는 어려운 관문. 운명을 결정짓는 중요한 시험을 비유
土龍(토룡) 지렁이

類

5급 Ⅱ

무리 **류(:)**

頁 | 10획

비 題(제목 제)
동 群(무리 군)
衆(무리 중)
徒(무리 도)
等(무리 등)
반 孤(외로울 고)
獨(홀로 독)

쌀알(米)이나 사람(頁)도 같은 종류의 것은 모두(大) 얼굴이 닮아 동류(類)라는 의미이다.

읽기한자

類推(유추) 어떤 사물에서 다른 사물의 성질 · 상태를 미루어 짐작함
類類相從(유유상종) 같은 부류끼리 서로 오고가며 사귐

쓰기한자

類別(유별) 종류에 따라 나눈 갈래
分類(분류) 종류를 따라서 나눔
種類(종류) 성질, 형태 등에서 공통점을 가진 것끼리 나눈 저마다의 갈래

流

5급 Ⅱ

흐를 **류**

氵(水) | 7획

아이가 머리를 하천(川)밑을 향해 물(氵)에 떠내려가는 것(去)에서 흘러가다(流)는 의미이다.

읽기한자

流域(유역) 강물이 흐르는 언저리의 지역
流配(유배) 죄인을 귀양 보냄
流布(유포) 널리 퍼짐
逆流(역류) 물이 거슬러 흐름
支流(지류) 본류로 흘러가는 물줄기

쓰기한자

流動(유동) 액체 같은 것이 흘러 움직임
交流(교류) 다른 관할 계통 등이 서로 교체되고 바뀜
流水(유수) 흐르는 물
急流(급류) 물이 급하게 흐름

留

4급 Ⅱ

머무를 **류**

田 | 5획

비 番(차례 번)
동 停(머무를 정)
泊(머무를 박)
駐(머무를 주)
住(살 주)

토끼(卯)가 풀밭(田)에 머물러(留) 풀을 뜯어 먹는다는 의미이다.

읽기한자

殘留(잔류) 남아서 처져 있음
留念(유념) 기억해 두고 생각함
留宿(유숙) 남의 집에서 묵음
留學(유학) 외국에 머물면서 공부함
保留(보류) 일이나 안건의 결정을 미루어서 머물러 둠

柳 4급
버들 류(:)
木 | 5획

동 楊(버들 량)

나무(木) 잎이 토끼(卯) 털처럼 부드러운 나무가 버드나무(柳)라는 의미이다.

읽기 한자

柳器(유기) 고리, 버들가지로 만든, 옷 같은 것을 담아 두는 그릇
花柳界(화류계) 기생 등 노는 계집의 사회

六 8급
여섯 륙
八 | 2획

비 大(큰 대)

무궁화 꽃잎 5개와 꽃술 1개를 이어서 여섯(六)을 나타낸다.

읽기 한자

六十甲子(육십갑자) 天干과 地支를 순차로 배합하여 예순 가지로 늘어놓은 것

쓰기 한자

死六臣(사육신) 조선 세조 원년에 단종의 복귀를 꾀하다가 잡혀 죽은 여섯 충신
六面體(육면체) 여섯 개의 면을 가진 다면체

陸 5급 II
뭍 륙
阝(阜) | 8획

동 地(따 지)
반 海(바다 해)

솟아오른 언덕(阝)이 이어지는 넓은 토지(坴)의 모습에서 뭍, 육지(陸)를 의미한다.

읽기 한자

離陸(이륙) 비행기가 날기 위해 육지에서 떠오름

쓰기 한자

陸橋(육교) 보행자를 위하여 가설한 도로 회단 전용의 다리
陸路(육로) 육상의 길
上陸(상륙) 배에서 육지로 오름
陸地(육지) 물에 덮이지 않은 땅
着陸(착륙) 비행기가 육지에 내림
大陸(대륙) 광대한 육지

輪 4급
바퀴 륜
車 | 8획

비 論(논할 론)

책(侖)과 같이 중심축이 제대로 갖추어진 수레(車)의 모습에서 수레바퀴(輪)를 의미한다.

읽기 한자

輪番(윤번) 돌아가는 차례
輪作(윤작) 일정한 토지에 여러 가지 작물을 돌아가며 재배함
年輪(연륜) 여러 해 동안의 노력에 의한 숙련도의 높이
五輪旗(오륜기) 올림픽기

律

4급 Ⅱ

법칙 **률**

彳 | 6획

동 法(법 법)
規(법 규)
式(법 식)
則(법칙 칙)
憲(법 헌)

법률은 문장으로 쓰여져(聿), 퍼져나가는(彳) 것으로서 법률(律)을 의미한다.

읽기한자

律法(율법) 지켜야 할 규율
自律(자율) 스스로 자기를 억제함
調律(조율) 악기의 음을 표준음에 맞추어 고르는 일
他律(타율) 자기의 본성에서가 아니고 다른 힘에 의해 행동하는 일

里

7급

마을 **리:**

里 | 0획

비 理(다스릴 리)
동 洞(골 동)
村(마을 촌)
府(마을 부)

논(田)과 흙(土)이 보이는 경치에서 시골, 촌(里)을 의미한다.

읽기한자

里程標(이정표) 주로 도로상에서 어느 곳까지의 거리 및 방향을 알려주는 표지
千里眼(천리안) 먼 데서 일어난 일을 감지하는 능력
萬里長城(만리장성) 중국의 북쪽에 있는 긴 성

쓰기한자

不遠千里(불원천리) 천리를 멀다 여기지 아니함
海里(해리) 해상의 이정을 나타내는 단위

理

6급 Ⅱ

다스릴 **리:**

王(玉) | 7획

비 里(마을 리)
동 治(다스릴 치)
攝(다스릴 섭)
반 亂(어지러울 란)

임금의(王) 명령을 받아 마을(里)을 다스린다(理)는 의미이다.

읽기한자

窮理(궁리) 좋은 도리를 발견하려고 곰곰이 생각함
理想(이상) 이성에 의하여 생각할 수 있는 최선의 상태
理解(이해) 깨달아 알아들음 眞理(진리) 참된 도리

쓰기한자

理致(이치) 사물의 정당한 조리
合理(합리) 이치에 합당함
道理(도리) 사람이 마땅히 행하여야 할 바른 길
理性(이성) 사물의 이치를 생각하는 능력

利

6급 Ⅱ

이할 **리:**

刂(刀) | 5획

비 和(화할 화)
科(과목 과)
동 益(더할 익)
반 害(해할 해)
損(덜 손)

칼(刂)날이 벼(禾)잎 끝과 같이 날카롭게 잘 베어지는 것에서
날카롭다(利)는 의미이다.

읽기한자

利點(이점) 이로운 점
利得(이득) 이익을 얻음
利益(이익) 물질적으로나 정신적으로 보탬이 된 것
權利(권리) 어떤 일을 행하거나 행하지 않을 수 있는 자격 또는 능력

쓰기한자

利子(이자) 채무자가 화폐 이용의 대가로서 채권자에게 지급하는 금전

6급

오얏/성 **리:**

木 | 3획

비 季(계절 계)
秀(빼어날 수)

나무(木)의 열매(子)란 뜻인데 특히 오얏나무(李)의 열매를 가리킨다.

읽기 한자

張三李四(장삼이사) 신분이 뚜렷하지 못한 평범한 사람들

쓰기 한자

行李(행리) 여행할 때 쓰는 모든 도구

離

4급

떠날 **리:**

隹 | 11획

비 羅(벌릴 라)
동 散(흩어질 산)
別(나눌 별)
반 結(맺을 결) 會(모일 회)
合(합할 합)
약 难

날짐승(禽)인 꼬리 짧은 철새(隹)가 계절이 바뀌면 둥지를 버리고 떠난다(離)는 의미이다.

읽기 한자

離陸(이륙) 비행기가 날려고 육지에서 떠오름
離脫(이탈) 떨어져 나감
分離(분리) 서로 나뉘어 떨어짐
會者定離(회자정리) 만나는 자는 반드시 헤어질 운명에 있음

林

7급

수풀 **림**

木 | 4획

비 材(재목 재)
동 森(수풀 삼)

나무(木)가 많이 심어져 있는 모습에서 수풀(林)을 의미한다.

읽기 한자

松林(송림) 소나무로 이룬 숲. 솔숲
密林(밀림) 빽빽하게 들어선 수풀
防風林(방풍림) 바람의 피해를 방지하기 위하여 가꾸어 놓은 숲

쓰기 한자

原始林(원시림) 자연 그대로의 상태로 무성한 삼림
林野(임야) 나무가 무성한 들
林業(임업) 山林(산림)을 경영하는 사업

立

7급 II

설 **립**

立 | 0획

동 建(세울 건)
起(일어날 기)

사람이 서 있는 모양을 본떴다.

읽기 한자

立證(입증) 증거를 제시하고 정당성을 증명함
確立(확립) 사물의 내용을 굳게 세움
起立(기립) 일어나 섬
亂立(난립) 난잡하게 늘어섬
設立(설립) 만들어 세움

쓰기 한자

獨立(독립) 남의 힘을 입지 아니하고 홀로 섬
立場(입장) 당면하고 있는 처지
立案(입안) 안을 세움
對立(대립) 둘이 서로 대치하여 버팀
樹立(수립) 사업, 공을 이룩하여 세움

5급

말 마:

馬 | 0획

비 篤(도타울 독)

말의 옆 모양을 본떴다.

읽기 한자

走馬看山(주마간산) 달리는 말 위에서 산천을 구경함
竹馬故友(죽마고우) 어릴 때부터 같이 놀며 자란 벗

쓰기 한자

馬力(마력) 동력의 단위. 말 한 필의 힘에 해당하는 힘
馬耳東風(마이동풍) 남의 의견을 귀담아 듣지 않고 곧 흘려버림
競馬(경마) 일정한 거리를 두 사람 이상이 각각 말을 타고 경주하는 일
落馬(낙마) 탔던 말에서 떨어짐
鐵馬(철마) 기차를 말에 비유하여 이름

8급

일만 만:

艹(艸) | 9획

약 万

벌의 모양을 본뜬 글자로 그 수가 많다는 데서 만(萬)의 뜻을 의미한다.

읽기 한자

千差萬別(천차만별) 여러 가지 사물이 모두 차이가 있고 구별이 있음
千態萬象(천태만상) 여러 가지 사물이 모두 차이가 있고 구별이 있는 상태
萬病通治(만병통치) 약이 모든 병에 효력이 있음

쓰기 한자

萬感(만감) 온갖 느낌
萬能(만능) 모든 일에 다 능통함
萬物(만물) 세상에 있는 온갖 물건
千萬多幸(천만다행) 매우 다행함

滿

4급Ⅱ

찰 만(:)

氵(水) | 11획

동 充(채울 충)
반 干(방패 간)
空(빌 공)
虛(빌 허)
약 満

이십(十十) 명이 두(兩) 손으로 물(氵)을 길어다 부으니 독 속에 물이 가득찬다(滿)는 의미이다.

읽기 한자

滿點(만점) 규정한 최고의 점수에 달함
滿開(만개) 꽃이 활짝 핌
滿船(만선) 배에 가득 차 있음
滿員(만원) 사람이 꽉 차서 그 이상 더 들어갈 수 없음
充滿(충만) 가득하게 참

末

5급

끝 말

木 | 1획

비 未(아닐 미)
동 端(끝 단)
終(마칠 종)
반 始(비로소 시)
初(처음 초)

나뭇가지(木)의 끝을 표시한 모형으로 나무의 세로봉보다 길게(一) 써서 끝(末)을 의미한다.

읽기 한자

端末機(단말기) 전자계산기에 쓰이는 입출력 기기의 총칭
卷末(권말) 책의 맨 끝
末端(말단) 맨 끄트머리

쓰기 한자

末期(말기) 어떤 시기의 끝 무렵
末世(말세) 정치, 도덕, 풍속 등이 아주 쇠퇴한 시대. 망해가는 세상
結末(결말) 일을 마무리 하는 끝
終末(종말) 맨 나중의 끝

望

5급 Ⅱ

바랄 **망:**

月 | 7획

동 希(바랄 희)

달(月)을 쳐다보고 서서(壬) 객지에 나간(亡) 사람이 돌아오길 바란다(望)는 의미이다.

읽기 한자

怨望(원망) 남이 한 일을 못마땅하게 여겨 탓함
望鄕(망향) 고향을 그리워함
絕望(절망) 희망을 버리고 체념함
希望(희망) 어떤 일을 이루고자 바람

쓰기 한자

物望(물망) 여러 사람이 우러러보는 드러난 명망
熱望(열망) 열렬하게 바람
可望性(가망성) 가능성이 있는 정도
望月(망월) 보름달
要望(요망) 꼭 이루어지기를 바람
觀望(관망) 형세를 바라봄

亡

5급

망할 **망**

亠 | 1획

비 忘(잊을 망)
동 逃(도망할 도)
滅(멸할 멸)
반 興(일 흥)
存(있을 존)
盛(성할 성)

죽은 사람을 매장하여 사람 눈에 띄지 않도록 한 것에서 없다, 없어지다(亡)는 의미이다.

읽기 한자

逃亡(도망) 쫓겨 달아남
未亡人(미망인) 남편이 죽고 홀로 사는 여인
敗家亡身(패가망신) 가산을 탕진하고 몸을 망침

쓰기 한자

亡國(망국) 망하여 없어진 나라
亡者(망자) 죽은 사람

每

7급 Ⅱ

매양 **매(:)**

毋 | 3획

비 海(바다 해)
梅(매화 매)

풀(𠂉)은 어머니(母)처럼 차례로 아이를 늘리므로, 그때마다, 매번(每)이라는 의미이다.

읽기 한자

每樣(매양) 번번이. 언제든지. 늘

쓰기 한자

每年(매년) 해마다
每番(매번) 번번이
每事(매사) 일마다. 모든 일

賣

5급

팔 **매(:)**

貝 | 8획

동 販(팔 판)
반 買(살 매)
購(살 구)
약 売

사들인(買) 물건이 나간다(士)는 데서 팔다(賣)는 의미이다.

읽기 한자

賣盡(매진) 남김없이 다 팔림
豫賣(예매) 물건을 주기 전에 미리 값을 쳐서 팖
非賣品(비매품) 팔지 않는 물품
賣官賣職(매관매직) 돈이나 재물을 받고 벼슬을 시킴

쓰기 한자

賣買(매매) 물건을 팔고 사는 일
賣出(매출) 물건을 내어 팖
發賣(발매) 팔기 시작함
強賣(강매) 강제로 팖

5급

살 **매:**

貝 | 5획

동 購(살 구)
반 賣(팔 매)
販(팔 판)

물고기를 어망(罒)으로 잡아온 뒤에 물품(貝)을 모아 돈을 지불하고 물건을 손에 넣는다(買)는 의미이다.

읽기 한자

買收(매수) 비밀히 금품이나 그 밖의 수단으로 남을 꾀어 제 편을 만듦
買票(매표) 표를 삼
收買(수매) 거두어 사들임

쓰기 한자

買上(매상) 관공서 같은 데서 민간으로부터 물건을 사들임
買入(매입) 사들임
不買(불매) 사지 아니함

4급

누이 **매**

女 | 5획

반 男(사내 남)
姉(누이 자)

여자(女)형제 중에 아직 뻗지 못한 나뭇가지(未) 같은, 나이 어린 여동생(妹)을 나타낸다.

읽기 한자

妹夫(매부) 누이의 남편
妹兄(매형) 손위 누이의 남편
男妹(남매) 오라비와 누이
姉妹(자매) 손위 누이와 손아래 누이

4급 II

줄기 **맥**

月(肉) | 6획

비 派(갈래 파)

피가 몸(月) 속에서 몇 갈래파(派)로 나뉘어 흐르는 것에서 혈관, 맥(脈)을 의미한다.

읽기 한자

鑛脈(광맥) 광물의 줄기
氣盡脈盡(기진맥진) 기운과 정력이 다함
命脈(명맥) 목숨과 맥. 목숨을 이어가는 근본
文脈(문맥) 문장의 줄거리. 글의 맥락

7급

낯 **면:**

面 | 0획

동 顔(낯 안)
容(얼굴 용)

얼굴 주위에 여기부터 여기까지 얼굴이라고 표시한 것에서 낯짝, 얼굴(面)을 의미한다.

읽기 한자

喜色滿面(희색만면) 기쁜 빛이 얼굴에 가득함
斷面(단면) 베어낸 면
面接(면접) 서로 대하여 만나 봄
假面(가면) 나무, 흙, 종이 등으로 만든 얼굴의 형상
眞面目(진면목) 본래의 모습

쓰기 한자

面談(면담) 서로 만나서 이야기함
面會(면회) 직접 얼굴을 대하여 만나 봄
書面(서면) 글씨를 쓴 지면
面識(면식) 얼굴을 서로 앎

4급

힘쓸 **면:**

力 | 7획

비 晩(늦을 만)
동 勞(일할 로)
務(힘쓸 무)
勵(힘쓸 려)

토끼(免)는 재빨리 뛰는 힘(力)이 있어서 잡는 데에 시간이 걸려 힘이 들다(勉)는 의미이다.

읽기 한자

勉學(면학) 배움에 힘씀
勸勉(권면) 알아듣도록 타일러서 힘쓰게 함
勤勉(근면) 부지런하게 힘씀

名

7급 Ⅱ

이름 **명**

口 | 3획

비 各(각각 각)
동 號(이름 호)
稱(일컬을 칭)

어두워지면(夕) 얼굴이 보이지 않으므로 큰소리(口)로 이름을 서로 불러 이름(名)을 의미한다.

읽기 한자

大義名分(대의명분) 사람이 지켜야 할 절의와 분수
名聲(명성) 세상에 널리 떨친 이름
名稱(명칭) 사물을 부르는 이름
除名(제명) 명부에서 성명을 빼어 버림
名將(명장) 뛰어난 장수

쓰기 한자

名曲(명곡) 뛰어나게 잘 된 악곡
作名(작명) 이름을 지음
名筆(명필) 글씨를 썩 잘 쓰는 사람
名所(명소) 경치나 고적 등으로 이름난 곳

7급

목숨 **명:**

口 | 5획

비 令(하여금 령)
동 壽(목숨 수)
令(하여금 령)

모여든(亼) 사람들에게 명령(叩)하고 있는 형태에서 명령하다(命)는 의미이다.

읽기 한자

致命傷(치명상) 죽음의 원인이 되는 상처
革命(혁명) 급격한 변혁. 어떤 상태가 급격하게 발전, 변동하는 일
命脈(명맥) 목숨을 이어가는 근본
救命(구명) 사람의 목숨을 구함

쓰기 한자

命令(명령) 윗사람이 아랫사람에게 내리는 분부
宿命(숙명) 날 때부터 정해진 운명
命題(명제) 제목을 정함
任命(임명) 관직에 명함. 직무를 맡김
特命(특명) 특별한 명령

鳴

4급

울 **명**

鳥 | 3획

비 鳥(새 조)
동 哭(울 곡)
泣(울 읍)
반 笑(웃음 소)

새는 잘 지저귀어 입 구(口)와 새 조(鳥)로 운다(鳴)는 의미이다.

읽기 한자

共鳴(공명) 남의 세상이나 의견 파워에 동감함
悲鳴(비명) 위험, 공포 등을 느낄 때에 갑자기 외마디 소리를 지름
自鳴鐘(자명종) 때가 되면 저절로 울려서 시간을 알리는 시계

6급 Ⅱ

밝을 명

日 | 4획

동 朗(밝을 랑) 白(흰 백) 昭(밝을 소) 洞(밝을 통)

반 暗(어두울 암) 冥(어두울 명) 昏(어두울 혼)

창문(日)으로 비쳐드는 달빛(月)에서 밝다(明)는 의미이다.

읽기 한자

證明(증명) 어떤 사항, 판단, 이유 등의 진위를 증거를 들어 밝힘
解明(해명) 해석하여 분명하게 함
未明(미명) 날이 샐 무렵
明快(명쾌) 밝고 말끔하여 기분이 좋음
明暗(명암) 밝음과 어둠
賢明(현명) 어질고 사리에 밝음

쓰기 한자

明示(명시) 분명하게 가리킴
說明(설명) 풀어서 밝힘
表明(표명) 드러내 보여서 명백히 함
明朗(명랑) 밝고 쾌활함
鮮明(선명) 산뜻하고 밝음

8급

어미 모:

毋 | 1획

비 毋(말 무)

반 父(아비 부) 子(아들 자)

여인이 성장하여 성인이 되면 젖무덤이 붙는 형태가 되어 엄마, 어머니(母)를 의미한다.

읽기 한자

繼母(계모) 의붓어머니
母乳(모유) 제 어머니의 젖
母系(모계) 어머니 쪽의 혈족 계통
早失父母(조실부모) 어려서 부모를 여읨

쓰기 한자

母性愛(모성애) 자식에 대한 선천적이고 본능적인 어머니의 사랑
母校(모교) 자기가 졸업한 학교
母國(모국) 자기가 출생한 나라
母子(모자) 어머니와 아들
母情(모정) 어머니의 정

4급 Ⅱ

터럭 모

毛 | 0획

비 手(손 수)

동 髮(터럭 발) 毫(터럭 호)

새털이나 사람의 머리털 등을 포함하는 동물의 모든 털의 모양을 본떴다.

읽기 한자

毛織(모직) 털실로 짠 피륙
毛布(모포) 담요
不毛地(불모지) 초목이 나지 않는 거친 땅
純毛(순모) 아무 것도 섞이지 않은 순수한 털실

4급

본뜰 모

木 | 11획

동 範(법 범) 倣(본뜰 방)

나무(木) 모양의 손매무새로 토기를 만든다(莫)는 것에서 모형, 표본(模)을 의미한다.

읽기 한자

模範(모범) 본받아 배울 만 함. 본보기
模寫(모사) 모방하여 그림
模造品(모조품) 딴 물건을 모방하여 만든 물건
模唱(모창) 남의 노래를 흉내내어 부름
規模(규모) 본보기. 물건의 짜임새

木 8급

나무 목

木 | 0획

비 才(재주 재)
동 樹(나무 수)

나무의 모양을 본떴다.

읽기 한자

木造(목조) 나무로 만듦
巨木(거목) 거대한 나무
伐木(벌목) 나무를 벰
接木(접목) 나무를 접붙임

쓰기 한자

原木(원목) 가공하거나 톱질하지 않은 나무
木石(목석) 나무와 돌. 감정이 없는 사람을 비유하는 말
木材(목재) 나무로 된 재료
植木(식목) 나무를 심음

6급

눈 목

目 | 0획

비 日(날 일)
曰(가로 왈)
동 眼(눈 안)

눈의 모양을 본떴다.

읽기 한자

目擊(목격) 눈으로 직접 봄
目標(목표) 어떤 일을 완수하거나 어떤 지점까지 도달하기 위한 대상
眼目(안목) 사물을 보고 분별하는 견식

쓰기 한자

目的(목적) 하고자 하거나 또는 도달하려는 목표
耳目(이목) 귀와 눈. 남들의 주의
面目(면목) 얼굴, 사물의 생김새
注目(주목) 눈을 한 곳에 쏟음
多目的(다목적) 여러 목적이 있음
目禮(목례) 눈짓으로 하는 인사

4급 Ⅱ

칠 목

牛 | 4획

비 物(물건 물)

소(牛)를 초원에서 방목하고 채찍(攵)으로 몰아 가축을 기르는 것(牧)을 의미한다.

읽기 한자

牧童(목동) 마소에 풀을 뜯기는 아이
牧者(목자) 목축을 업으로 삼는 사람
牧草(목초) 소, 말, 양 등을 먹이는 풀
放牧(방목) 소, 말, 양 등의 가축을 목장에 놓아서 기름

4급

묘할 묘:

女 | 4획

비 妨(방해할 방)

여자(女)는 젊을수록(少) 묘하고 예쁘다(妙)는 의미이다.

읽기 한자

妙技(묘기) 교묘한 기술과 재주
妙味(묘미) 미묘한 풍취. 묘한 맛
妙案(묘안) 좋은 생각. 뛰어난 고안
奇妙(기묘) 기이하고 묘함
絶妙(절묘) 아주 기묘함

4급

무덤 **묘:**

土 | 11획

비 慕(그릴 모)
동 墳(무덤 분)

흙(土) 속에 묻혀 햇빛이 없다(莫)는 데서 무덤(墓)을 의미한다.

읽기 한자

墓碑(묘비) 무덤 앞에 세우는 지석
墓所(묘소) 산소
墓域(묘역) 묘소로서의 구역
墓地(묘지) 무덤이 있는 땅
省墓(성묘) 조상의 산소를 찾아가서 살피어 돌봄

5급

없을 **무**

灬(火) | 8획

비 舞(춤출 무)
동 莫(없을 막) 罔(없을 망)
반 有(있을 유) 存(있을 존) 在(있을 재)

집이 화재로 타버려 모든 것이 없어졌다는 것에서 없다(無)는 의미이다.

읽기 한자

無感覺(무감각) 감각이 없음
無意味(무의미) 아무 뜻이 없음
無作爲(무작위) 꾸민 일이 아님
無難(무난) 어렵지 아니함
無差別(무차별) 차별이 없음

쓰기 한자

無責任(무책임) 책임 관념이 없음
無關心(무관심) 관심이 없음
無料(무료) 요금이 필요 없음
無數(무수) 이루다 셀 수 없는 많은 수효
無記名(무기명) 이름을 적지 않음

4급 Ⅱ

호반 **무:**

止 | 4획

반 文(글월 문)

쌍날 창(戈)을 들고 씩씩하게 전진(止)하는 것에서 강하고 씩씩하다, 싸움(武)을 의미한다.

읽기 한자

非武裝(비무장) 군대나 경찰이 갖추어야 할 무기 등의 장비를 갖추지 않음
武力(무력) 군사상의 힘
武術(무술) 무도에 관한 기술
武勇談(무용담) 싸움에서 용감하게 활약하여 무공을 세운 이야기

務

4급 Ⅱ

힘쓸 **무:**

力 | 9획

동 勞(일할 로) 勉(힘쓸 면)

채찍(攵), 창(矛)을 이용해 힘(力)으로 일을 시켜 힘써(務) 책임을 다하라는 의미이다.

읽기 한자

業務(업무) 맡아서 하는 일
任務(임무) 맡은 사무 또는 업무
實務者(실무자) 실지로 사무를 담당하는 사람
急先務(급선무) 무엇보다 먼저 서둘러 해야 할 일
始務式(시무식) 어떤 일을 맡아보기 시작할 때 행하는 의식
用務(용무) 볼 일. 필요한 임무
休務(휴무) 직무를 하루나 한동안 쉼

舞

4급

춤출 무:

舛 | 8획

비 無(없을 무)

여럿이 손을 잡고(血) 왼발, 오른발(舛)을 움직여 춤을 춘다(舞)는 뜻이다.

읽기한자

舞曲(무곡) 춤과 악곡. 춤추기 위한 악곡
歌舞(가무) 노래와 춤. 노래하고 춤춤
群舞(군무) 여러 사람이 무리를 지어 춤을 춤
亂舞(난무) 어지럽게 춤춤

8급

문 문

門 | 0획

비 問(물을 문)
　 間(사이 간)
동 戶(집 호)

두 개의 개폐문의 형태에서 집의 출입구, 문(門)이라는 의미이다.

읽기한자

閉門(폐문) 문을 닫음
登龍門(등용문) 입신출세에 연결되는 어려운 관문
砲門(포문) 화포의 알이 나가는 구멍
門間房(문간방) 대문간 바로 곁에 있는 방

쓰기한자

部門(부문) 갈라놓은 부류
入門(입문) 어떤 학문에 처음으로 들어감
門下生(문하생) 문하에서 배우는 제자
同門(동문) 같은 학교 또는 같은 선생에게서 배우는 일

7급

글월 문

文 | 0획

비 木(나무 목)
동 章(글 장)
　 書(글 서)
반 武(호반 무)
　 言(말씀 언)

몸에 문신을 한 것에서 문양이라든가 쓴 것(서문)을 의미한다.

읽기한자

論文(논문) 이론적으로 의견, 주장, 견해를 쓴 글
文庫(문고) 책을 넣어 두는 곳　　文段(문단) 문장상의 단락
祭文(제문) 죽은 사람을 조상하는 글

쓰기한자

文書(문서) 글로써 일정한 사상을 적어 표시한 것
序文(서문) 머리말　　古文(고문) 옛 글. 옛 서적
例文(예문) 예로서 드는 문장
文化財(문화재) 문화 가치가 있는 사물

7급

물을 문:

口 | 8획

비 間(사이 간) 開(열 개)
　 閑(한가할 한)
　 閉(닫을 폐)
동 諮(물을 자)
반 聞(들을 문) 聽(들을 청)
　 答(대답 답)

문(門) 앞에서 안의 사람에게 큰소리(口)로 물어보는 것에서 묻다, 방문하다(問)는 의미이다.

읽기한자

疑問(의문) 의심스러운 점이나 문제　　檢問(검문) 검사하고 물음
問議(문의) 물어서 의논함　　訪問(방문) 남을 찾아 봄

쓰기한자

問答(문답) 물음과 대답
問安(문안) 웃어른께 안부를 여쭘
問病(문병) 앓는 사람을 찾아보고 위로함
反問(반문) 물음에 대답하지 아니하고 되받아서 물음
東問西答(동문서답) 어떤 물음에 대하여 당치도 않은 엉뚱한 대답을 함

6급 Ⅱ

들을 **문(:)**

耳 | 8획

비 間(사이 간)
開(열 개)
閑(한가할 한)
閉(닫을 폐)
동 聽(들을 청)
반 問(물을 문)

문(門) 안쪽에서 귀(耳)를 기울여서 되묻는 것에서 듣다(聞)는 의미이다.

읽기 한자

探聞(탐문) 찾아서 들음
聽聞會(청문회) 행정 및 입법 기관이 심의 · 행정처분 등을 위해 증인을 수집하는 절차의 한가지
未聞(미문) 아직 듣지 못함

쓰기 한자

今始初聞(금시초문) 이제야 비로소 처음으로 들음
見聞(견문) 보고 들음
新聞(신문) 새로운 소식
風聞(풍문) 바람결에 들리는 소문
後聞(후문) 뒷소문

物

7급 Ⅱ

물건 **물**

牛 | 4획

비 勿(말 물)
동 品(물건 품)
件(물건 건)
반 心(마음 심)

무리(勿)가 되어 움직이는 소(牛)떼는 가장 큰 재산이었다는 것에서 물건(物)이라는 의미이다.

읽기 한자

物資(물자) 경제나 생활의 바탕이 되는 물품
俗物(속물) 속된 물건. 교양이 부족하고 야비한 사람
貨物(화물) 여객, 우편물 이외의 운송 목적물의 총칭

쓰기 한자

古物(고물) 헐거나 낡은 물건
萬物(만물) 세상에 있는 온갖 물건
實物(실물) 실제로 있는 물건이나 사람
財物(재물) 돈이나 그 밖의 값나가는 물건

6급

쌀 **미**

米 | 0획

비 未(아닐 미)
末(끝 말)
光(빛 광)

숙이고 있는 벼 알의 형태에서 쌀(米)을 나타낸다.

읽기 한자

米穀(미곡) 쌀 또는 온갖 다른 곡식의 총칭

쓰기 한자

米飮(미음) 쌀이나 좁쌀을 물을 많이 붓고 끓여 체에 거른 음식
米作(미작) 벼를 심고 가꾸고 거두는 일
白米(백미) 희게 쓿은 멥쌀

6급

아름다울 **미(:)**

羊 | 3획

비 米(쌀 미)
羊(양 양)
동 麗(고울 려)
佳(아름다울 가)
반 醜(추할 추)

당당하게 서있는 사람(大)처럼 살이 찐 양(羊)의 모습에서 아름답다(美)라는 의미이다.

읽기 한자

美辭麗句(미사여구) 아름다운 말로 꾸민 듣기 좋은 글귀
美麗(미려) 아름답고 고움
美風良俗(미풍양속) 아름답고 좋은 풍속
美容(미용) 아름다운 얼굴. 용모를 아름답게 단장함

쓰기 한자

美化(미화) 아름답게 꾸며 보기 좋게 만듦
美談(미담) 아름다운 행실의 이야기
美德(미덕) 아름답고 갸륵한 덕행
美觀(미관) 아름답고 훌륭한 광경

味 4급Ⅱ
맛 미:
口 | 5획

비 未(아닐 미)

숙성한 나무열매(未)를 먹어(口) 맛보는 것에서 맛보다(味)는 의미이다.

읽기 한자

加味(가미) 음식에 다른 물건을 넣어서 맛이 더 나게 함
別味(별미) 특별히 좋은 맛
意味(의미) 사물의 뜻

未 4급Ⅱ
아닐 미(:)
木 | 1획

비 末(끝 말)
동 不(아닐 불)
否(아닐 부)
非(아닐 비)
弗(아닐 불)

과일이 열렸지만 아직 익지 않은 상태에서 아직 …이 아니다(未)라는 의미이다.

읽기 한자

未婚(미혼) 아직 결혼을 하지 아니함
未達(미달) 어떤 한도에 이르지 못함
未來(미래) 아직 오지 않은 앞날
未滿(미만) 정한 수효나 정도에 차지 못함
未完成(미완성) 끝을 다 맺지 못함

民 8급
백성 민
氏 | 1획

비 斤(도끼 근)
반 君(임금 군)
主(임금 주)
王(임금 왕)
帝(임금 제)
皇(임금 황)

여인(女)이 시초(氏)가 되어 많은 사람이 태어나는 것에서 백성, 사람(民)을 의미한다.

읽기 한자

民俗(민속) 민간의 풍속
貧民(빈민) 가난한 백성
民衆(민중) 국가나 사회를 구성하고 있는 많은 사람들
失鄕民(실향민) 고향을 잃고 타향살이를 하는 백성

쓰기 한자

原住民(원주민) 본디부터 살고 있었던 사람들
民間(민간) 일반 국민들의 사회
民生苦(민생고) 일반 백성의 생활고
市民(시민) 도시의 주민
住民(주민) 그 땅에 사는 백성

密 4급Ⅱ
빽빽할 밀
宀 | 8획

반 疎(드물 소)
顯(나타날 현)

산(山) 속의 저택(宀)을 엄중하게(必) 겹겹으로 둘러싼 것에서 은밀하다(密)는 의미이다.

읽기 한자

密閉(밀폐) 꼭 막음
密告(밀고) 남몰래 넌지시 일러바침
密度(밀도) 빽빽이 들어선 정도
精密(정밀) 아주 잘고 자세함
密接(밀접) 사이가 뜨지 않고 가까이 맞닿음

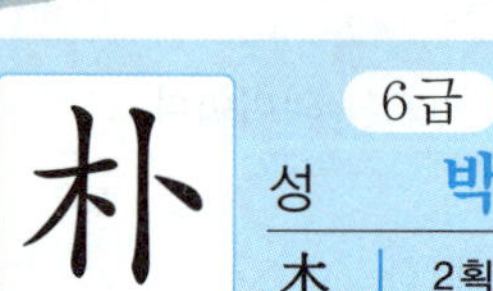

비 材(재목 재)

나무(木)의 껍질(卜)이 자연 그대로 꾸밈이 없다는 데서 순박하다(朴)는 의미이다.

읽기 한자

素朴(소박) 꾸밈이나 거짓없이 생긴 그대로임

쓰기 한자

質朴(질박) 꾸민 데가 없이 수수함

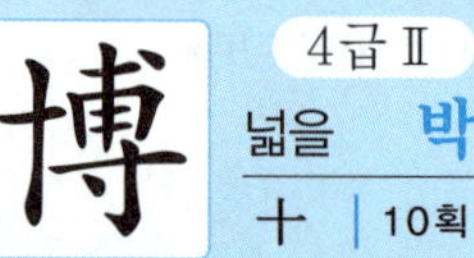

동 廣(넓을 광)
普(넓을 보)
洪(넓을 홍)
浩(넓을 호)
漠(넓을 막)

모내기 때에 못자리의 모를 묶어서(十) 널리 늘어놓은(尃) 것에서 넓히다(博)는 의미이다.

읽기 한자

博識(박식) 학식이 많음. 견문이 넓음
博愛主義(박애주의) 전 인류가 모두 평등하게 서로 사랑해야 한다는 주의
博學多識(박학다식) 학문이 넓고 식견이 많음

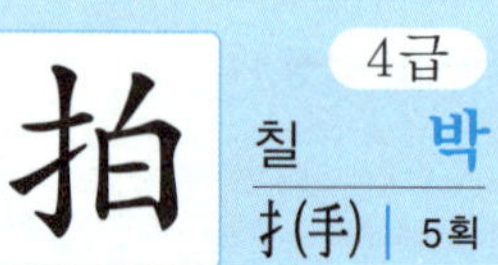

동 打(칠 타) 擊(칠 격)
攻(칠 공) 伐(칠 벌)
征(칠 정) 討(칠 토)
반 守(지킬 수)
防(막을 방)

밝은(白) 마음을 갖고 손(扌)으로 손뼉치다, 장단을 맞추다(拍)는 의미이다.

읽기 한자

拍手(박수) 두 손뼉을 마주 침
拍子(박자) 곡조의 진행하는 시간을 헤아리는 단위
拍車(박차) 어떤 일의 촉진을 위하여 더하는 힘

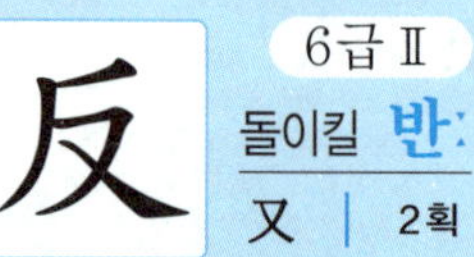

비 友(벗 우)
동 回(돌아올 회)
還(돌아올 환)
返(돌이킬 반)
반 贊(도울 찬)

손(又)에 밀려 굽어진 판자(厂)는 손을 떼면 원래 되돌아오기에 돌아오다(反)는 의미이다.

읽기 한자

反亂(반란) 반역하여 난리를 꾸밈
反映(반영) 반사하여 비침
反應(반응) 어떤 자극에 의하여 어떤 현상이 생기는 일
背反(배반) 믿음과 의리를 저버리고 돌아섬
反復(반복) 같은 일을 되풀이함

쓰기 한자

反則(반칙) 법칙이나 규정에 어그러짐 正反對(정반대) 전적으로 반대되는 일
反感(반감) 불쾌하게 생각하여 반항하는 감정

6급Ⅱ
반 **반:**
十 | 3획

비 羊(양 양)
美(아름다울 미)

소는 농가의 재산으로 소(牛)를 2등분(八)한 한쪽을 의미하여 반쪽분(半)이라는 의미이다.

읽기 한자

半信半疑(반신반의) 반쯤은 믿고 반쯤은 의심함
半額(반액) 원가의 절반
半減(반감) 절반으로 줆. 절반을 덞
一言半句(일언반구) 극히 짧은 말

쓰기 한자

過半數(과반수) 반이 넘는 수
上半身(상반신) 아래위로 절반 나눈 그 윗몸
半球(반구) 구의 절반
半月(반월) 반달

班

6급Ⅱ
나눌 **반**
王(玉) | 6획

동 分(나눌 분)
配(나눌 배)
別(나눌 별)
반 合(합할 합)
常(떳떳할 상)

구슬(玉)을 구별하여 전체를 몇 개인가로 나누어(刂) 각각을 조직한 반, 그릇(班)을 의미한다.

읽기 한자

班常會(반상회) 국민 조직의 최하 단위인 반의 구성원이 가지는 월례회
兩班(양반) 조선 중엽 지체나 신분이 높은 상류 계급의 사람

쓰기 한자

班長(반장) 반의 통솔자

4급
터럭 **발**
髟 | 5획

동 毛(터럭 모)
毫(터럭 호)

긴(長) 터럭(彡)이 개꼬리(犮)처럼 늘어졌다는 데서 머리털(髮)을 의미한다.

읽기 한자

金髮(금발) 금빛 나는 누런 머리털
頭髮(두발) 머리털
理髮所(이발소) 이발하는 집
散髮(산발) 머리를 풀어헤침
危機一髮(위기일발) 조금도 여유가 없이 위급한 고비에 다다른 순간

6급Ⅱ
필 **발**
癶 | 7획

비 廢(폐할 폐)
동 展(펼 전) 射(쏠 사)
演(펼 연)
반 着(붙을 착)
약 発

활(弓)이나 손에 든 창(殳)을 두 손(癶)으로 쏜다(發)는 의미이다.

읽기 한자

發送(발송) 물건이나 편지, 서류 등을 보냄
發覺(발각) 숨겨 있던 일이 드러남
滿發(만발) 많은 꽃이 활짝 다 핌
發射(발사) 총포나 활 같은 것을 내쏨
先發隊(선발대) 먼저 출발한 부대

쓰기 한자

發見(발견) 남이 미처 보지 못한 사물을 먼저 찾아냄
發生(발생) 일이 비롯하여 일어남
發展(발전) 매우 번영하여짐
開發(개발) 개척하여 발전시킴

方

7급 Ⅱ

모 **방**

方 | 0획

비 防(막을 방)

두 척의 배를 나란히 붙인 모양을 본뜬 것으로 모나다(方)는 의미이다.

읽기 한자

方程式(방정식) 미지수를 품은 등식에 있어 그 미지수에 특정의 수치를 줄 때에만 성립되는 등식
方針(방침) 앞으로 일을 치러나갈 방향과 계획
祕方(비방) 비밀한 방법

쓰기 한자

方便(방편) 목적을 위하여 이용되는 일시적인 수단
方案(방안) 방법에 관한 고안
方面(방면) 어떤 방향의 지방
方今(방금) 바로 이제
近方(근방) 근처

防

4급 Ⅱ

막을 **방**

阝(阜) | 4획

비 妨(방해할 방)
동 守(지킬 수) 衛(지킬 위) 障(막을 장)
반 攻(칠 공) 擊(칠 격) 打(칠 타) 伐(칠 벌) 討(칠 토)

흙(阝)을 많이 쌓아올려서 연결하고(方) 넘치는 물을 막아 지키다(防)는 의미이다.

읽기 한자

防犯(방범) 범죄를 방지함
防風(방풍) 바람을 막아냄
防火(방화) 불이 나지 않도록 미리 단속함
衆口難防(중구난방) 뭇사람의 말을 이루 다 막기가 어려움

放

6급 Ⅱ

놓을 **방(:)**

攵(攴) | 4획

비 政(정사 정) 故(연고 고) 效(본받을 효)
동 釋(풀 석)
반 操(잡을 조) 防(막을 방)

손(方)에 채찍(攴)을 들고 죄인을 때려 유배하는 것에서 떼내다(放)는 의미이다.

읽기 한자

放射(방사) 중앙의 한 점에서 그 주위 사방에 직선으로 내뻗침
放映(방영) 텔레비전으로 방송하는 일
放置(방치) 내버려 둠
放牧(방목) 소, 말, 양 등의 가축을 목장에 놓아서 기름

쓰기 한자

放流(방류) 가두어 놓은 물을 터놓아 흘려보냄
放心(방심) 마음을 다잡지 아니하고 풀어놓아 버림
放任(방임) 통 상관하지 않고 되는대로 맡겨 둠

房

4급 Ⅱ

방 **방**

戶 | 4획

비 屋(집 옥)

집(戶)에 들어 가면 네모진(方) 방(房)이 있다는 의미이다.

읽기 한자

冊房(책방) 서점
房門(방문) 방으로 출입하는 문
文房四友(문방사우) 문방에 꼭 있어야 할 네 벗. 종이, 붓, 먹, 벼루
藥房(약방) 약국

妨

4급

방해할 **방**

女 | 4획

비 防(막을 방)
放(놓을 방)

동 害(해할 해)

여자(女)가 한쪽 모서리(方)에서 떠들어 공부에 방해(妨)가 된다는 의미이다.

읽기 한자

妨害(방해) 남의 일에 헤살을 놓아 못하게 함
無妨(무방) 방해될 것이 없음. 지장이 없음

4급 Ⅱ

찾을 **방:**

言 | 4획

비 計(셀 계)
記(기록할 기)

동 尋(찾을 심)
探(찾을 탐)
索(찾을 색)
搜(찾을 수)

두 사람이 늘어서(方) 대화(言)를 나누기 위해 외출하는 것에서 방문하다(訪)는 의미이다.

읽기 한자

探訪(탐방) 탐문하여 찾아봄
訪問(방문) 남을 찾아 봄
訪韓(방한) 한국을 방문함
來訪(내방) 남이 찾아와 봄

倍

5급

곱 **배(:)**

亻(人) | 8획

비 培(북돋울 배)
部(떼 부)

사람(人)이 물건(口)을 세워서(立) 계속 쌓아 수효가 몇 갑절(倍)이나 많아진다는 의미이다.

읽기 한자

倍達民族(배달민족) 우리나라 민족을 역사상으로 또는 예스럽게 일컫는 말

쓰기 한자

倍加(배가) 갑절로 늘림
倍數(배수) 갑절이 되는 수
勇氣百倍(용기백배) 씩씩하고 굳센 기운을 백 갑절이 되게 함

配

4급 Ⅱ

나눌/짝 **배:**

酉 | 3획

비 酌(따를 작)

동 分(나눌 분)
班(나눌 반)
別(나눌 별)
伴(짝 반)
偶(짝 우)
匹(짝 필)

술(酉)을 사람(己)들에게 나누는 것에서 나누다, 할당하다(配)는 의미이다.

읽기 한자

配慮(배려) 이리저리 마음을 씀
均配(균배) 고르게 나눔
配達(배달) 물건을 가져다가 돌려 줌
配置(배치) 할당하고 분배하여 저마다의 자리에 둠
配布(배포) 널리 배부하는 일

拜

4급Ⅱ

절 **배:**

手 | 5획

비 非(아닐 비)
약 拝

양손(手)을 치고 머리 숙여 인사를 하고 합장하는 모습에서 배려하다, 인사하다(拜)는 의미이다.

읽기한자

崇拜(숭배) 우러러 공경함
拜上(배상) 절하고 올림. 삼가 올림
禮拜(예배) 신이나 부처 앞에 경배하는 의식
再拜(재배) 두 번 절함
參拜(참배) 신이나 부처에게 배례함

背

4급Ⅱ

등 **배:**

月(肉) | 5획

비 肯(즐길 긍)
반 腹(배 복)
向(향할 향)

인체(月)의 앞쪽에 대해서 등지(北)는 쪽, 즉 등(背)을 의미한다.

읽기한자

背水陣(배수진) 강이나 호수, 바다 같은 것을 등지고 치는 진
背景(배경) 뒷 경치
背信(배신) 신의를 저버림
二律背反(이율배반) 서로 모순 되는 두 개의 명제

白

8급

흰 **백**

白 | 0획

비 百(일백 백)
曰(가로 왈)
伯(맏 백)
日(날 일)
반 黑(검을 흑)
玄(검을 현)

햇빛(日)이 비치면 번쩍번쩍 빛나서(ノ) 밝게 보이는 것에서 희다(白)는 의미이다.

읽기한자

白衣從軍(백의종군) 벼슬이 없는 사람으로 군대를 따라 전장으로 감
白髮(백발) 하얗게 센 머리
白玉(백옥) 흰 빛깔의 옥
純白(순백) 섞임이 없이 순수하게 흼
餘白(여백) 글씨를 쓰고 남은 빈자리

쓰기한자

白雪(백설) 흰 눈
白紙(백지) 흰 빛깔의 종이
告白(고백) 숨김없이 사실대로 말함
獨白(독백) 혼자서 중얼거림

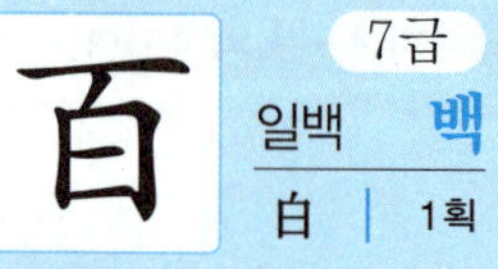

百

7급

일백 **백**

白 | 1획

비 白(흰 백)
自(스스로 자)

하나(一)에서 일백까지 세면 크게 외쳐(白) 일단락 지은 데서 그 의미가 된 글자이다.

읽기한자

百折不屈(백절불굴) 수없이 꺾어도 결코 굽히지 아니함
五穀百果(오곡백과) 온갖 곡식과 여러 가지 과실
百害無益(백해무익) 해는 되어도 이로울 것은 전혀 없음

쓰기한자

百方(백방) 여러 방향 또는 방면
百姓(백성) 일반 국민의 예스러운 말
百年大計(백년대계) 먼 뒷날까지의 걸친 큰 계획
百發百中(백발백중) 총, 활 같은 것이 겨눈 곳에 꼭꼭 맞음

番

6급

차례 **번**

田 | 7획

비 留(머무를 류)
동 第(차례 제)
序(차례 서)
秩(차례 질)
次(버금 차)

손(爫)으로 벼(禾)를 논(田)에 차례차례(番) 심는다는 의미이다.

읽기 한자

不寢番(불침번) 밤에 잠을 자지 않고 번을 서는 일
輪番制(윤번제) 돌아가며 차례로 일을 담당하는 제도

쓰기 한자

番外(번외) 차례나 순서와는 별도
番號(번호) 차례를 나타내는 호수
軍番(군번) 군인에게 매기는 일련 번호
每番(매번) 번번이
週番(주번) 한 주일마다 바꿔서 하는 근무

伐

4급 Ⅱ

칠 **벌**

亻(人) | 4획

비 任(임할 임)
동 打(칠 타)
擊(칠 격)
攻(칠 공)
반 防(막을 방)
守(지킬 수)

사람(人)이 창(戈)을 들고 찌른다는 데서 치다, 베다(伐)는 의미이다.

읽기 한자

伐木(벌목) 나무를 벰
伐草(벌초) 무덤의 잡초를 베어서 깨끗이 함
北伐(북벌) 북쪽을 토벌하는 일
殺伐(살벌) 거동이 거칠고 무시무시함

罰

4급 Ⅱ

벌할 **벌**

罒(网) | 9획

비 罪(허물 죄)
반 賞(상줄 상)

법망(罒)에 걸린 사람을 말(言)로 심문하여 칼(刂)로 베듯이 벌(罰)을 준다는 의미이다.

읽기 한자

罰點(벌점) 잘못한 일이 있어 벌로 따지는 점수
刑罰(형벌) 범죄에 대한 법률상의 효과로서 행위자에게 가해지는 제재
罰金(벌금) 범죄의 처벌로 부과하는 돈
處罰(처벌) 형벌에 처함

範

4급

법 **범:**

竹 | 9획

비 節(마디 절)
동 規(법 규)
律(법칙 률)
法(법 법)
式(법 식)
則(법칙 칙)

대나무(竹)에는 마디가, 수레(車)에는 축이, 몸(㔾)에는 예절이 있기에 법(範)을 의미한다.

읽기 한자

範圍(범위) 한정된 구역의 언저리. 어떤 힘이 미치는 한계
規範(규범) 본보기. 모범
模範(모범) 본받아 배울만함. 본보기
示範(시범) 모범을 보임

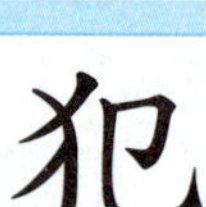

犯

4급

범할 **범:**

犭(犬) | 2획

개(犭)가 주인을 물었다(㔾)고 하는 것에서 범하다, 어기다(犯)는 의미이다.

읽기 한자

犯法(범법) 법에 어그러지는 짓을 함
共犯(공범) 두 사람 이상이 공모하여 죄를 범하는 일
防犯(방범) 범죄를 방지함
眞犯(진범) 어떤 범죄의 실제 범인

法

5급 Ⅱ

법 **법**

氵(水) | 5획

비 注(부을 주)
동 規(법 규) 律(법칙 률)
範(법 범) 式(법 식)
憲(법 헌) 則(법칙 칙)
度(법도 도)

물(氵)이 높은 곳에서 낮은 곳으로 흐르는(去) 것에서 규칙, 법(法)을 의미이다.

읽기 한자

法治(법치) 법에 의거하여 다스림
法律(법률) 지켜야 할 규율
稅法(세법) 조세의 부과 및 징수에 관한 법
解法(해법) 문제의 답을 풀어나가는 방법

쓰기 한자

法院(법원) 국가의 사법권을 행사하는 기관
用法(용법) 사용하는 방법
作法(작법) 글 같은 것을 짓는 법

壁

4급 Ⅱ

벽 **벽**

土 | 13획

비 碧(푸를 벽)

몸(尸)에 돌(口)을 지고 매운(辛) 고생을 하며 날라 흙(土)위에 벽(壁)을 쌓는다는 의미이다.

읽기 한자

壁報(벽보) 종이에 써서 벽에 붙여 여러 사람에게 알리는 글
防壁(방벽) 공격을 방어하기 위한 벽
絶壁(절벽) 썩 험한 낭떠러지
壁畫(벽화) 벽에 그린 그림

變

5급 Ⅱ

변할 **변:**

言 | 16획

비 戀(그릴 련)
蠻(오랑캐 만)
동 改(고칠 개)
更(고칠 경)
易(바꿀 역)
약 変

실(絲)처럼 약한 아이를 말(言)로 가르쳐서(攵) 옳은 방향으로 변하게(變) 한다는 의미이다.

읽기 한자

變裝(변장) 옷차림이나 모양을 고쳐서 다르게 꾸밈
變更(변경) 바꿔서 고침
變移(변이) 변화하여 다른 상태로 옮김
變革(변혁) 바꿔 새롭게 함
變聲(변성) 목소리가 변함

쓰기 한자

變質(변질) 성질이나 물질이 변함
變速(변속) 속도를 바꿈
變調(변조) 말이나 행동이 먼저와 달라짐
急變(급변) 갑자기 달라짐

邊 4급Ⅱ
가 **변**

辶(辵) | 15획

반 中(가운데 중)
약 辺, 边

자기(自) 집(宀)을 지을 때 팔(八) 방(方)으로 뛰어다니며(辶) 주변(邊)을 본다는 의미이다.

읽기 한자

周邊(주변) 주위의 가장자리
邊境(변경) 나라의 경계가 되는 변두리의 땅
邊方(변방) 가장자리가 되는 쪽. 변경
街路邊(가로변) 도시의 큰길가

辯 4급
말씀 **변:**

辛 | 14획

비 辨(분별할 변)
동 言(말씀 언)
語(말씀 어)
說(말씀 설)
辭(말씀 사)
詞(말 사)

두 죄인(辛辛)이 서로 자기에게 유리하게 말한다(言)는 데서 말을 잘하다(辯)는 의미이다.

읽기 한자

言辯(언변) 말재주
達辯(달변) 썩 능숙한 말솜씨
辯論(변론) 사리를 밝혀 옳고 그름을 말함
雄辯(웅변) 힘차고 거침없는 변설
抗辯(항변) 서로 대항하여 변론함

別 6급
다를/나눌 **별**

刂(刀) | 5획

비 列(벌릴 렬)
동 分(나눌 분) 區(나눌 구)
配(나눌 배) 異(다를 이)
差(다를 차) 他(다를 타)
반 同(한가지 동)
共(한가지 공)
如(같을 여)

잡아온 동물의 뼈와 고기를 칼(刂)로 끊어 나누는(另) 것에서 나누다(別)는 의미이다.

읽기 한자

送別(송별) 헤어지거나 멀리 여행을 떠나는 사람을 보내는 일
別居(별거) 따로 떨어져 삶
別個(별개) 서로 다른 것
判別(판별) 판단하여 구별함
別味(별미) 특별히 좋은 맛

쓰기 한자

選別(선별) 가려서 따로 나눔
別表(별표) 따로 붙인 표시나 도표
別世(별세) 세상을 떠남
別種(별종) 다른 종류
告別(고별) 작별을 고함
作別(작별) 서로 헤어짐

病 6급
병 **병:**

疒 | 5획

동 疾(병 질)
患(근심 환)

아궁이의 불(丙)처럼 열이 나는 병(疒)이란 데서 병들다(病)는 의미이다.

읽기 한자

看病(간병) 환자를 간호함
病缺(병결) 병으로 인한 결석, 결근
鬪病(투병) 적극적으로 질병과 싸움
病勢(병세) 병의 형세
病床(병상) 병자가 눕는 침상

쓰기 한자

病苦(병고) 병으로 인한 고통
病席(병석) 병자가 눕는 자리
發病(발병) 병이 생김
問病(문병) 앓는 사람을 찾아보고 위로함

兵

5급 Ⅱ

병사 **병**

八 | 5획

동 軍(군사 군)
卒(마칠 졸)
士(선비 사)
반 將(장수 장)
帥(장수 수)

전쟁무기인 도끼(斤)를 양손(廾)에 들고, 사람을 치는 것에서 군대, 전쟁(兵)을 의미한다.

읽기 한자

伏兵(복병) 적을 불시에 내치기 위해 요긴한 목에 군사를 숨겨 둠
私兵(사병) 개인이 사사로이 길러 부리는 병사
敗殘兵(패잔병) 싸움에서 진 군대의 병사 가운데 살아남은 병사

쓰기 한자

新兵(신병) 새로 입영한 병정
勇兵(용병) 용감한 군사
用兵術(용병술) 군사를 부리는 기술

報

4급 Ⅱ

갚을/알릴 **보:**

土 | 9획

비 服(옷 복)
동 償(갚을 상)
告(고할 고)

다행한(幸) 소식을 재빨리 몸(卩)과 손(又)을 써서 알린다(報)는 의미이다.

읽기 한자

通報(통보) 통지하여 보고함
報答(보답) 남의 호의나 은혜를 갚음
報告(보고) 알리어 바침
悲報(비보) 슬픈 기별
誤報(오보) 잘못 보도함

寶

4급 Ⅱ

보배 **보:**

宀 | 17획

비 實(열매 실)
동 珍(보배 진)
약 宝

대리석(缶) 같은 보물(玉)이나 재산(貝)을 집안(宀)에 보관하는 것에서 보물(寶)을 의미한다.

읽기 한자

寶庫(보고) 귀중한 재화를 넣어 두는 창고
寶物(보물) 금은, 주옥같이 썩 드물고 귀한 물건
家寶(가보) 한 집안의 보배

普

4급

넓을 **보:**

日 | 8획

비 晋(나아갈 진)
譜(족보 보)
동 廣(넓을 광)
洪(넓을 홍)
博(넓을 박)
浩(넓을 호)
반 狹(좁을 협)

해(日)가 동, 남, 서로 계속 서서(並) 두루 넓게(普) 비친다는 의미이다.

읽기 한자

普通(보통) 널리 일반에게 통함. 특별하지 않고 예사로움

保 4급Ⅱ
지킬 보(:)
亻(人) | 7획

비 條(가지 조)
반 拍(칠 박)
討(칠 토)
攻(칠 공)
打(칠 타)

아기를 안고 있는 모습에서 사람(亻)이 아이(呆)를 키우다, 보살피다(保)는 뜻이다.

읽기 한자

保存(보존) 잘 지니어 잃지 않도록 함
保健(보건) 건강을 보전함
保安(보안) 안전을 유지함
保溫(보온) 일정한 온도를 보전함
保全(보전) 보호하여 안전하게 함
留保(유보) 뒷날로 미루어 둠

步 4급Ⅱ
걸음 보:
止 | 3획

비 涉(건널 섭)

왼발과 오른발을 서로 다르게 내딛는 것에서 걷다(步)는 의미이다.

읽기 한자

徒步(도보) 타지 않고 걸어서 감
散步(산보) 바람을 쐬기 위해 이리저리 거닒
進步(진보) 사물이 점차 발달하는 일
初步(초보) 보행의 첫걸음. 학문, 기술 등의 첫걸음

伏 4급
엎드릴 복
亻(人) | 4획

비 代(대신 대)
仗(무기 장)
반 起(일어날 기)

사람(人) 옆에 개(犬)가 엎드려 주인의 말을 따르는 데서, '엎드리다, 굴복하다'는 의미이다.

읽기 한자

屈伏(굴복) 머리를 굽혀 꿇어 엎드림
起伏(기복) 일어났다 엎드렸다 함
伏地不動(복지부동) 땅 위에 엎드려 움직이지 않음

服 6급
옷 복
月 | 4획

비 報(알릴 보)
동 衣(옷 의)

몸(月)의 신분(卩)에 알맞도록 손(又)으로 골라서 입은 옷(服)을 의미한다.

읽기 한자

屈服(굴복) 힘이 미치지 못하여 복종함
制服(제복) 제정된 복장
服裝(복장) 신분, 직업을 좇아서 차려 입는 일정한 옷차림
服從(복종) 남의 명령 또는 의사에 좇음

쓰기 한자

着服(착복) 옷을 입음
服用(복용) 약을 먹음
感服(감복) 마음에 깊이 느껴 충심으로 복종함
說服(설복) 알아듣도록 말해 수긍하게 함

福

5급 Ⅱ

복 **복**

示 | 9획

비 副(버금 부)
富(부자 부)
반 禍(재앙 화)
災(재앙 재)

물건이 쌓여있는(畐) 창고처럼 신(示)의 혜택이 풍부한 것에 행복, 복(福)을 의미한다.

읽기 한자

福券(복권) 번호를 기입하였거나 어떤 표시를 해 놓은 표를 팔아서 제비를 뽑아 맞은 표에 대해 표의 값보다 훨씬 많은 상금을 주는 표찰

쓰기 한자

福音(복음) 기쁜 소식
福利(복리) 행운과 이익
祝福(축복) 앞길의 행복을 빎
萬福(만복) 온갖 복록
幸福(행복) 복된 좋은 운수

複

4급

겹칠 **복**

衤(衣) | 9획

비 復(다시 부)
腹(배 복)
반 單(홑 단)

계단을 오르듯이(复) 의복(衤)을 몇 장이나 겹쳐 입는 것에서 겹치다(複)는 의미이다.

읽기 한자

複寫(복사) 같은 것을 두 장 이상 베껴 만듦
複數(복수) 둘 이상의 수
複雜(복잡) 일이나 물건의 갈피가 뒤섞여 어수선함
複製(복제) 본래의 것과 똑같게 만듦

本

6급

근본 **본**

木 | 1획

비 木(나무 목)
未(아닐 미)
동 原(근원 원)
반 末(끝 말)

나무 뿌리 가운데 굵은 뿌리를 표시한 것에서 근본(本)을 의미한다.

읽기 한자

本錢(본전) 본래의 액수
本籍(본적) 그 사람의 호적이 있는 처소
本論(본론) 언론, 저서의 주장되는 부분

쓰기 한자

本然(본연) 본디 생긴 그대로의 상태
本位(본위) 기본으로 삼는 표준
本國(본국) 자기의 국적이 있는 나라
本文(본문) 문서 중의 주장되는 글
本色(본색) 본디의 면목
本流(본류) 강이나 내의 흐르는 원줄기

奉

5급 Ⅱ

받들 **봉:**

大 | 5획

비 春(봄 춘)
동 仕(섬길 사)

세(三) 사람(人)이 손(扌)으로 받든다(奉)는 의미이다.

읽기 한자

奉祝(봉축) 공경하는 마음으로 축하함
奉唱(봉창) 엄숙한 마음으로 노래를 부름
奉仕(봉사) 남을 위하여 자기를 돌보지 않고 노력함
奉養(봉양) 부모나 조부모를 받들어 모심
信奉(신봉) 믿고 받듦

父

8급

아비 부

父 | 0획

비 交(사귈 교)
반 母(어미 모)
子(아들 자)

도끼를 갖고 짐승을 잡으러가는 어른의 모습에서, 그 집의 주인인 아버지를 의미한다.

읽기 한자

父系(부계) 아버지 쪽의 혈연관계를 기준으로 하여 전해 내려오는 계통
叔父(숙부) 작은 아버지
父權(부권) 남자가 가족의 통제를 위해 가지는 가장권

쓰기 한자

父子有親(부자유친) 아버지와 아들 사이의 도는 친애에 있음
父傳子傳(부전자전) 대대로 아버지가 아들에게 전함
家父長(가부장) 가장권의 주체가 되는 사람

夫

7급

지아비 부

大 | 1획

비 大(큰 대)
반 婦(며느리 부)
妻(아내 처)

갓을 쓴 사내의 모양으로 지아비, 사내(夫)를 의미한다.

읽기 한자

夫君(부군) 남편의 높임말
女必從夫(여필종부) 아내는 반드시 남편에게 순종해야 한다
夫婦有別(부부유별) 부부 사이에는 서로 침범하지 못한 인륜의 구별이 있음

쓰기 한자

令夫人(영부인) 남의 부인에 대한 경칭
兄夫(형부) 언니의 남편
士大夫(사대부) 문무 양반의 일반적인 총칭

部

6급 Ⅱ

떼 부

阝(邑) | 8획

비 郞(사내 랑)
동 隊(무리 대)
類(무리 류)
반 單(홑 단)
獨(홀로 독)

나라(阝)를 작게 구획(咅)한 마을에서 나누다, 부분(部)을 의미한다.

읽기 한자

部屬(부속) 어떤 부류나 부문에 속함
部隊(부대) 군대의 한 단위
部員(부원) 부를 구성하는 사람
部處(부처) 정부 조직체로서의 부와 처

쓰기 한자

部類(부류) 종류에 따라 나눈 갈래
全部(전부) 사물의 모두
部分(부분) 전체를 몇 개로 나눈 것의 하나
部門(부문) 갈라놓은 부류

婦

4급 Ⅱ

며느리 부

女 | 8획

비 掃(쓸 소)
歸(돌아올 귀)
반 夫(지아비 부)
姑(시어미 고)

빗자루(帚)를 갖고 청소를 하는 여인(女)의 모습에서 부인, 아내(婦)를 의미한다.

읽기 한자

派出婦(파출부) 출장하여 가사 따위를 돌봐주는 시간제 가정부
接待婦(접대부) 요리집 같은 곳에서 손님을 접대하는 여자
夫婦(부부) 남편과 아내
新婦(신부) 새로 시집온 색시
主婦(주부) 한 집안의 주인인 여성
孝婦(효부) 효성스러운 며느리

4급Ⅱ

부자 부:

宀 | 9획

비 副(버금 부)
동 裕(넉넉할 유)
반 貧(가난할 빈)
困(곤할 곤)
窮(궁할 궁)
약 冨

집안(宀)에 물건이 많이 차 있는(畐) 것에서 재산이 많은 것, 늘다(富)는 의미이다.

읽기 한자

甲富(갑부) 첫째가는 부자
巨富(거부) 썩 큰 부자
富國強兵(부국강병) 나라를 부유하게 하고 군대를 강하게 함
富貴(부귀) 재산이 많고 지위가 높음
豊富(풍부) 넉넉하고 많음

復

4급Ⅱ

회복할 복
다시 부:

彳 | 9획

비 腹(배 복)
複(겹칠 복)
동 更(다시 갱)

사람(人)들이 계단(日)을 천천히(夊) 오르고 내리는(彳) 일을 다시 되풀이 한다(復)는 의미이다.

읽기 한자

復歸(복귀) 본디의 자리나 상태로 다시 돌아감
復舊(복구) 그 전의 상태로 회복함
復習(복습) 배운 것을 다시 익혀 공부함
反復(반복) 같은 일을 되풀이함
復生(부생) 없어졌던 것이 다시 생겨남
復活(부활) 죽었다가 다시 살아남
復興(부흥) 쇠퇴하였던 것이 다시 일어남

4급Ⅱ

버금 부:

刂(刀) | 9획

비 福(복 복)
동 次(버금 차)
亞(버금 아)
仲(버금 중)

칼(刂)로 신령의 공양물(畐)인 동물의 배를 갈라내는 것에서 도와주다(副)는 의미이다.

읽기 한자

副産物(부산물) 주산물을 만드는 데 따라서 생기는 물건
副賞(부상) 상장, 상패, 상금 등 정식의 상 이외에 덧붙여 주는 상
副食(부식) 주식에 곁들여 먹는 음식
副業(부업) 본업 외에 갖는 직업

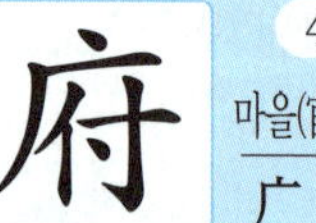

4급Ⅱ

마을(官廳) 부(:)

广 | 5획

동 廳(관청 청)
村(마을 촌)
里(마을 리)
署(마을 서)

옛날 관가의 창고(广)에는 물건을 틈새 없이 딱 붙여(付) 넣어 관청(府)을 의미한다.

읽기 한자

議政府(의정부) 조선 왕조 행정부의 최고 기관
政府(정부) 국가의 통치권을 행사하는 기관

否

4급

아닐 부:

口 | 4획

비 不(아니 부)
告(알릴 고)
동 非(아닐 비)
未(아닐 미)
不(아닐 불)
반 可(옳을 가)

날아가버린 새는 소리 내어 불러도 오지 않아 〈그러하지 않다〉라고 부정하는 의미를 나타낸다.

읽기 한자

否認(부인) 인정하지 않음
否定(부정) 그렇지 않다고 단정함
拒否(거부) 승낙하지 않고 물리침
安否(안부) 편안함과 편안하지 않음. 일상의 동정이나 소식을 말함
與否(여부) 그러함과 그렇지 않음

負

4급

질 부:

貝 | 2획

비 員(인원 원)
賀(하례할 하)
동 敗(질 패)
반 勝(이길 승)

사람이 쪼그리고 앉아 자신의 돈과 재산을 짊어지려고 하는 것에서 짊어지다(負)는 의미이다.

읽기 한자

負傷(부상) 몸에 상처를 입음
勝負手(승부수) 판국의 운명을 좌우하는 경우에 결단을 내려 두는 수
自負心(자부심) 스스로 자기의 가치 또는 능력을 믿는 마음
請負(청부) 도급으로 일을 맡음

北

8급

북녘 북
달아날 배

匕 | 3획

비 比(견줄 비)
반 南(남녘 남)

두 사람이 서로 등을 지고 있는 모양을 본떴다.

읽기 한자

北斗七星(북두칠성) 큰곰자리에서 가장 뚜렷하게 보이는 국자 모양으로 생긴 일곱 개의 별
北端(북단) 북쪽 끝

쓰기 한자

北上(북상) 북쪽을 향해 올라감
敗北(패배) 겨루어서 짐
北風(북풍) 북쪽에서 불어오는 바람
以北(이북) 어떤 지점을 한계로 한 그 북쪽
北向(북향) 북쪽을 향함

分

6급 II

나눌 분(:)

刀 | 2획

비 今(이제 금)
동 區(구분할 구)
配(나눌 배)
別(나눌 별)
班(나눌 반)
반 合(합할 합)

한 자루의 막대봉을 칼(刀)로서 두 개로 나누는(八) 것에서 나누다(分)는 의미이다.

읽기 한자

分散(분산) 갈라져서 이리저리 흩어짐
分斷(분단) 여러 개로 나누어 끊음
細分(세분) 세밀하고 자세하게 분류함
分離(분리) 서로 나뉘어 떨어짐
分配(분배) 몫을 고르게 나눔
職分(직분) 마땅히 해야 할 본분

쓰기 한자

充分(충분) 분량이 넉넉해 모자람이 없음
分明(분명) 흐리지 않고 똑똑함
分野(분야) 몇으로 나눈 각각의 범위
養分(양분) 영양이 되는 성분
區分(구분) 따로따로 갈라 나눔

바

4급

분할 분:

忄(心) | 12획

마음(忄) 속으로 크게(賁) 못마땅하여 성을 낸다(憤)는 의미이다.

읽기 한자

憤怒(분노) 분하여 성냄
憤痛(분통) 몹시 분개하여 마음이 쓰리고 아픔
憤敗(분패) 이길 수 있는 것을 분하게 짐
激憤(격분) 몹시 분개함

4급

가루 분(:)

米 | 4획

비 紛(어지러울 분)
동 末(가루 말)

쌀(米) 등의 곡물을 가루처럼 부수는(分) 것에서 가루, 잘게 부순 것(粉)을 의미한다.

읽기 한자

粉末(분말) 가루
粉筆(분필) 칠판에 쓰는 물건
花粉(화분) 꽃가루
粉食(분식) 가루 음식
製粉(제분) 가루를 만듦

7급 Ⅱ

아닐 불

一 | 3획

비 否(아닐 부)
동 非(아닐 비)
弗(아닐 불)
未(아닐 미)
否(아닐 부)
반 正(바를 정)

새가 내려오지 않으며 〈~하지 않다. ~이 아니다〉라고 말하는 것처럼 말을 부정하는 의미이다.

읽기 한자

不屈(불굴) 뻗대고 굽히지 않음
不義(불의) 의롭지 못함
不斷(부단) 꾸준하게 잇대어 끊임없음
不況(불황) 경기가 좋지 못한 일
不滿(불만) 만족하지 않음
不快(불쾌) 마음이 상쾌하지 못함

쓰기 한자

不合理(불합리) 도리에 맞지 않음
不吉(불길) 좋지 않음
不利(불리) 해로움
不當(부당) 이치에 맞지 않음
不安(불안) 마음이 편안하지 않음

佛

4급 Ⅱ

부처 불

亻(人) | 5획

비 拂(떨칠 불)
약 仏

마음속에 선악에 관한 것을 고민하는데, 그런 걱정을 초월한 사람, 부처(佛)를 의미한다.

읽기 한자

佛家(불가) 불교를 믿는 사람. 절
佛經(불경) 불교의 경전
佛堂(불당) 부처를 모신 대청
佛心(불심) 자비로운 부처의 마음
空念佛(공염불) 말만 앞세우고 실제가 없음

5급

견줄 비:

比 | 0획

비 北(북녘 북)
동 較(견줄 교)

북(北)자와는 달리 같은 쪽을 향해서 두 사람이 늘어선 형태에서 비교하다(比)는 의미이다.

읽기 한자

比境(비경) 영지가 나란히 계속됨

쓰기 한자

比等(비등) 비교해 보건대 서로 비슷비슷함
對比(대비) 서로 맞대어 비교함
比例(비례) 두 수, 두 양의 비가 다른 두 수, 두 양의 비와 같은 일
比重(비중) 물질의 질량과 그와 같은 부피의 표준 물질의 질량과의 비
反比例(반비례) 어떤 양이 다른 양의 역수에 비례되는 관계

5급

코 비:

鼻 | 0획

공기를 빨아들여 몸 속에 저장하는 곳이라는 것에서 코(鼻)를 의미한다.

읽기 한자

鼻笑(비소) 코웃음

쓰기 한자

耳目口鼻(이목구비) 귀, 눈, 입, 코

費

5급

쓸 비:

貝 | 5획

비 資(재물 자)
동 用(쓸 용)
需(쓸 수)

돈(貝)을 모으려고 생각해도 뜨거운 물처럼 자꾸자꾸 튕겨나가는(弗) 것에서 소비하다(費)는 의미이다.

읽기 한자

雜費(잡비) 여러 가지 자질구레하게 드는 비용
私費(사비) 개인이 부담하고 지출하는 비용
經費(경비) 일을 하는 데 드는 돈
虛費(허비) 헛되이 써 버림

쓰기 한자

過消費(과소비) 지나친 소비
費用(비용) 물건을 사거나 어떤 일을 하는 데에 드는 돈
旅費(여비) 여행하는 데에 드는 비용　　車費(차비) 차를 타는 비용

悲

4급 Ⅱ

슬플 비:

心 | 8획

비 非(아닐 비)
동 哀(슬플 애)
嗚(슬플 오)
반 喜(기쁠 희)
歡(기쁠 환)
樂(즐길 락)

상대 사람과 기분이 잘 맞지 않고(非), 마음(心) 아파하는 것에서 슬프다(悲)는 의미이다.

읽기 한자

喜悲(희비) 기쁨과 슬픔
悲壯(비장) 비참하면서도 장대함
悲痛(비통) 몹시 슬퍼서 마음이 아픔
悲歌(비가) 슬프고 애절한 노래
悲運(비운) 슬픈 운명
悲話(비화) 슬픈 이야기

備

4급Ⅱ

갖출 **비:**

亻(人) | 10획

동 具(갖출 구)

물건을 넣어둔다는 것에서 사람(人)이 여러 가지를 마련해(備)서 준비해두다(備)는 의미이다.

읽기 한자

備考(비고) 참고하기 위해 준비해 놓음
對備(대비) 어떤 일에 대응할 준비를 함
設備(설비) 베풀어서 갖춤
完備(완비) 빠짐 없이 완전히 구비함
準備(준비) 미리 마련해 갖춤

非

4급Ⅱ

아닐 **비(:)**

非 | 0획

비 北(북녘 북)
동 否(아닐 부)
未(아닐 미)
不(아닐 불)
반 是(옳을 시)
可(옳을 가)

날개를 펼친 새의 깃털이 좌우로 펴져서(非), 반대쪽으로 향한 것에서 ~이 아니다(非)는 의미이다.

읽기 한자

非難(비난) 남의 잘못이나 결점을 책잡음
非理(비리) 이치에 어그러짐
非命(비명) 뜻밖의 재난으로 죽음
非一非再(비일비재) 한두 번이 아님
非行(비행) 그릇된 행위. 나쁜 짓

飛

4급Ⅱ

날 **비**

飛 | 0획

새가 나는 모습에서 하늘을 날다는 의미이다.

읽기 한자

飛行機(비행기) 양력을 이용하여 하늘을 날게 하는 기계
飛上(비상) 날아오름
飛行(비행) 공중으로 날아감
雄飛(웅비) 기운차고 용기 있게 활동함

秘

4급

숨길 **비:**

示 | 5획

비 祈(빌 기)

귀신(示)은 반드시(必) 숨어 있다(祕)는 의미이다.

읽기 한자

祕境(비경) 신비스러운 경치
祕密(비밀) 숨겨 남에게 공개하지 않는 일
祕話(비화) 드러나지 않는 이야기
極祕(극비) 극도로 보안을 필요로 하는 비밀

批

4급

비평할 비:

扌(手) | 4획

비 比(견줄 비)
동 評(평할 평)

물건을 늘어놓고 손(扌)으로 평평히 하여 비교하는(比) 것에서 좋고 나쁨을 비평한다(批)는 의미이다.

읽기 한자

批判(비판) 비평하여 판단함
批評(비평) 사물의 선악, 시비, 미추를 평가하여 논하는 일

4급

비석 비

石 | 8획

비 婢(계집종 비)
卑(천할 비)

돌(石)로 하여금(卑) 성명, 업적 등을 후세에까지 알리려 한다는 데서 비석(碑)을 의미한다.

읽기 한자

碑文(비문) 비에 새긴 글
口碑文學(구비문학) 문자의 힘을 빌지 않고 입으로 전해온 문학
記念碑(기념비) 어떠한 일을 기념하기 위해 세운 비
墓碑(묘비) 무덤 앞에 세우는 비석

4급 Ⅱ

가난할 빈

貝 | 4획

비 貪(탐할 탐)
동 窮(궁할 궁)
困(곤할 곤)
반 富(부자 부)
裕(넉넉할 유)

돈과 재산(貝)이 산산이 떨어져나가(分) 적어지는 것에서 가난하다, 부족하다(貧)는 의미이다.

읽기 한자

貧困(빈곤) 가난하여 살림이 군색함
貧民(빈민) 가난한 백성
貧益貧(빈익빈) 가난한 자일수록 더욱 가난하게 됨
淸貧(청빈) 청렴하고 결백하여 가난함

5급

얼음 빙

水 | 1획

비 永(길 영)
水(물 수)
반 炭(숯 탄)

물(水)이 얼어(冫) 단단해지는 것으로 얼음, 얼다(氷)는 의미이다.

읽기 한자

氷點(빙점) 물이 얼기 시작할 때 또는 얼음이 녹기 시작할 때의 온도
氷壁(빙벽) 얼음이나 눈으로 덮인 낭떠러지
製氷(제빙) 물을 얼려 얼음을 만듦
解氷(해빙) 얼음이 풀림

쓰기 한자

氷板(빙판) 얼음이 깔린 길바닥
氷河(빙하) 얼어붙은 큰 강
結氷(결빙) 물이 얼어서 얼음이 됨

絲 4급
실 사
糸 | 6획

타래실(絲)의 모양을 본떴다.

읽기 한자

原絲(원사) 가공하지 않은 실
一絲不亂(일사불란) 질서정연하여 조금도 어지러움이 없음
鐵絲(철사) 쇠로 길고 가늘게 만든 줄

四 8급
넉 사:
口 | 2획

비 西(서녘 서)
匹(짝 필)

막대기 넷을 세로로 놓고 모양을 보기 좋게 변형하였다.

읽기 한자

四季(사계) 봄, 여름, 가을, 겨울의 총칭
四通八達(사통팔달) 길이나 교통망, 통신망 등이 사방으로 막힘없이 통함

쓰기 한자

三寒四溫(삼한사온) 겨울에 사흘 가량 춥고, 나흘 가량 따뜻한 날씨가 계속하는 주기적인 기후 현상
四寸(사촌) 아버지의 친형제의 아들 딸
四方(사방) 동, 서, 남, 북 네 방위

事 7급 Ⅱ
일 사:
亅 | 7획

동 務(힘쓸 무)
業(일 업)

역술사는 여러 가지를 점치는 것이 직업이라고 하여 일(事)을 의미한다.

읽기 한자

婚事(혼사) 혼인에 관한 일
事態(사태) 일이 되어 가는 형편
虛事(허사) 헛일
事故(사고) 평시에 있지 아니하는 뜻밖의 사건
從事(종사) 어떤 일을 일삼아서 함
慶事(경사) 치하할만한 기쁜 일

쓰기 한자

事件(사건) 뜻밖에 일어난 일
事後(사후) 일을 끝낸 뒤
例事(예사) 보통으로 있는 평범한 일
事實(사실) 실제로 있었던 일 또는 있는 일

社 6급 Ⅱ
모일 사
示 | 3획

비 祈(빌 기)
祀(제사 사)
동 會(모일 회)
集(모일 집)
반 散(흩을 산)

물건을 낳아주는 흙(土)을 공경해 제사하는(示) 것에서 토지신, 동료, 사회(社)를 의미한다.

읽기 한자

支社(지사) 본사에서 분리하여 지방이나 외국 등지에 설치한 사업소
退社(퇴사) 회사의 직원이 그 회사를 그만두고 물러남
社員(사원) 회사의 종업원

쓰기 한자

社規(사규) 회사의 규칙
社會(사회) 같은 무리끼리 모여 이루는 집단
結社(결사) 많은 사람이 공동의 목적을 이루기 위해 상설 단체를 결성함

使

6급

하여금/부릴 사:

亻(人) | 6획

비 吏(사기 사)
吏(관리 리)
동 令(하여금 령)
반 勞(일할 로)

상관인 웃어른(人)이 아전(吏)으로 하여금(使) 어떤 일을 하도록 부린다(使)는 의미이다.

읽기 한자

密使(밀사) 비밀히 보내는 사자
設使(설사) 설령

쓰기 한자

使命(사명) 사자로서 받은 명령
勞使(노사) 노동자와 사용자
使臣(사신) 임금이나 국가의 명령으로 외국에 심부름 가는 신하
使用(사용) 물건을 씀

仕

5급 Ⅱ

섬길 사(:)

亻(人) | 3획

비 士(선비 사)
任(맡길 임)
동 奉(받들 봉)

사람(人)이 공부를 하여 선비(士)가 되어야 벼슬(仕)을 하고 임금을 섬긴다(仕)는 의미이다.

읽기 한자

仕官(사관) 관리가 되어 종사함. 부하가 다달이 상관에게 뵈는 일

쓰기 한자

給仕(급사) 사환. 잔심부름을 시키기 위해 관청이나 사사집에서 고용하여 부리는 사람
奉仕(봉사) 자신의 이해를 돌보지 아니하고 몸과 마음을 다하여 일함

5급 Ⅱ

사기 사:

口 | 2획

비 使(하여금/부릴 사)

종이에 글자를 쓰는 것에서 어느 쪽으로도 기울지 않고(中) 기록하다(史)는 의미이다.

읽기 한자

史劇(사극) 사실에서 취재하여 만든 극
略史(약사) 간단히 줄여서 기록한 역사

쓰기 한자

史觀(사관) 역사적 현상을 파악하고 해석하는 입장
史書(사서) 역사에 관한 책
史話(사화) 역사에 관한 이야기
歷史(역사) 인류 사회의 과거에 있어서의 변천과 흥망의 과정

死

6급

죽을 사:

歹 | 2획

동 殺(죽일 살)
반 生(날 생)
活(살 활)

사람이 죽으면(歹) 살이 떨어지고 뼈(匕)가 되는 것에서 죽다, 죽이다(死)는 의미이다.

읽기 한자

死鬪(사투) 죽을 힘을 다해 싸움
死守(사수) 목숨을 걸고 지킴
死境(사경) 죽음에 임박한 경지

쓰기 한자

死體(사체) 사람이나 생물의 죽은 몸뚱이
死別(사별) 여의어 이별함
死線(사선) 죽을 고비
急死(급사) 갑자기 죽음
變死(변사) 뜻밖의 재난으로 죽음

士

5급 Ⅱ

선비 사:

士 | 0획

비 土(흙 토)
仕(섬길 사)
동 兵(병사 병)
軍(군사 군)
卒(마칠 졸)
반 將(장수 장)

하나(一)를 들으면 열(十)을 아는 것이 가능한 지혜있는 사람, 선비(士)를 의미한다.

읽기 한자

天下壯士(천하장사) 세상에 드문 장사
講士(강사) 강연회에서 강연을 하는 사람
志士(지사) 국가, 사회를 위해 일신을 바쳐 봉사하려는 뜻을 가진 사람

쓰기 한자

士氣(사기) 사람이 단결하여 무슨 일을 할 때의 기세
士大夫(사대부) 문무(文武) 양반의 일반적인 총칭
名士(명사) 세상에 널리 알려진 사람
勇士(용사) 용맹스러운 사람

思

5급

생각 사(:)

心 | 5획

비 恩(은혜 은)
동 想(생각 상)
念(생각 념)
考(생각할 고)
慮(생각 려)
憶(생각할 억)
惟(생각할 유)

뇌하수의 머리(田)와 마음(心)은 생각하는 역할을 하는 곳이기에 생각하다(思)는 의미이다.

읽기 한자

思慮(사려) 여러 가지 일에 대한 생각과 근심
思潮(사조) 사상의 흐름
不可思議(불가사의) 사람의 생각으로는 헤아릴 수 없이 기이함
思想(사상) 생각, 의견, 판단, 추리를 거쳐서 생긴 의식 내용

쓰기 한자

思考方式(사고방식) 어떠한 문제를 생각하여 해석, 구명하는 방식
意思(의사) 마음먹은 생각

舍

4급Ⅱ

집 사

舌 | 2획

동 家(집 가)
屋(집 옥)
堂(집 당)
宅(집 댁)
室(집 실)
宇(집 우)
宙(집 주)

정자 형태의 이것은 원래 잠시 쉬어가는 건물로서 임시로 머무르는 곳, 건물(舍)을 의미한다.

읽기 한자

舍監(사감) 기숙사의 감독자
舍宅(사택) 거주하는 집
廳舍(청사) 관청의 건물
寄宿舍(기숙사) 학교나 공장에 딸려 학생이나 직원에게 숙식을 제공하는 시설

寫

5급

베낄 사

宀 | 12획

동 謄(베낄 등)
약 写, 宊, 寫

까치(舄)는 집(宀)에 들어와 곤란하므로, 집안사람이 물건을 옮긴다(寫)는 의미이다.

읽기 한자

靑寫眞(청사진) 간단한 선도 등의 복사에 쓰는 사진의 한 가지. 미래의 계획이나 구상
試寫會(시사회) 영화를 공개하기 앞서 심사원, 비평가, 관계자 등에게 영사하기 위해 모인 회
複寫(복사) 같은 것을 두 장 이상 베껴 만듦　　轉寫(전사) 옮겨 베낌

쓰기 한자

寫本(사본) 옮기어 베낌
寫生(사생) 실물과 실경을 있는 그대로 본떠 그리는 일

査

5급

조사할 사

木 | 5획

동 探(찾을 탐)
察(살필 찰)

자른 나무(木)를 이리저리 쪼개서 어느(且) 나무가 재료로서 좋은가를 조사하다(査)는 의미이다.

읽기 한자

査察(사찰) 조사하여 살핌
檢査(검사) 사실을 조사하여 옳고 그름과 낫고 못함을 판단함

쓰기 한자

査正(사정) 조사하여 그릇된 것을 바로잡음
內査(내사) 비밀히 조사함
調査(조사) 사물의 내용을 자세히 살펴 봄

謝

4급Ⅱ

사례할 사:

言 | 10획

비 射(쏠 사)

활시위를 당겨 화살을 쏜(射) 후 느슨해지듯이 정직한 말(言)로 사죄하여 빌다(謝)는 의미이다.

읽기 한자

厚謝(후사) 후하게 사례함
謝過(사과) 잘못에 대해 용서를 빎
謝絕(사절) 사양하고 받지 않음
謝恩(사은) 받은 은혜를 감사히 여겨 사례함
感謝(감사) 고맙게 여겨 사의를 표함

師

4급Ⅱ

스승 사

巾 | 7획

비 帥(장수 수)
동 傅(스승 부)
반 弟(아우 제)
약 师

원래 언덕 위에 깃발을 세워 모여살고 있는 군대였는데, 부하를 가르치는 사람(師)을 의미한다.

읽기 한자

師道(사도) 남의 스승된 사람으로서의 도리
師弟(사제) 스승과 제자
師表(사표) 학식과 덕행이 높아 남의 모범이 될 만한 사람
恩師(은사) 은혜를 입은 스승

寺

4급Ⅱ

절 사

寸 | 3획

비 待(기다릴 대)
동 刹(절 찰)

사람이 모여서 작업하는 관청의 의미가 되고 거기에 스님이 머물러 절(寺)이라는 의미이다.

읽기 한자

寺院(사원) 절이나 암자
山寺(산사) 산 속에 있는 절

4급

말씀 사

辛 | 12획

비 亂(어지러울 난)
동 言(말씀 언)
語(말씀 어)
談(말씀 담)
話(말씀 화)
說(말씀 설)
약 辞

실패(冂)의 실을 두 손(爪又)으로 풀듯이 죄인(辛)이 자기의 행위를 말하다(辭)는 의미이다.

읽기 한자

辭意(사의) 사퇴할 의사
讚辭(찬사) 찬미하는 글이나 말
修辭(수사) 말이나 문장을 꾸며서 보다 묘하고 아름답게 하는 일
答辭(답사) 회답하는 말
祝辭(축사) 축하하는 뜻의 글이나 말

4급

사사 사

禾 | 2획

비 秋(가을 추)
松(소나무 송)
반 公(공평할 공)

수확한 벼(禾)를 끌어안고 자신의 것(厶)으로 하는 것에서 저, 나, 자기 일(私)을 의미한다.

읽기 한자

私見(사견) 자기 개인의 의견
私席(사석) 사사로이 만난 자리
私服(사복) 관복, 제복이 아닌 보통 옷
私心(사심) 사욕을 채우려는 마음
先公後私(선공후사) 공적인 일을 먼저 하고 사적인 일을 뒤로 미룸

4급

쏠 사(:)

寸 | 7획

비 謝(사례할 사)
동 發(필 발)

몸(身)을 법도(寸)에 맞게 움직여 활을 쏜다(射)는 의미이다.

읽기 한자

射手(사수) 대포, 총, 활 등을 쏘는 사람
反射(반사) 파동이 진행의 방향을 반대 방향으로 바꾸는 현상
投射(투사) 빛의 상과 그림자를 스크린 등에 비춰 나타냄

8급

메 산

山 | 0획

반 江(강 강)
川(내 천)
河(물 하)

멀리서 본 산의 모양을 본떴다.

읽기 한자

山脈(산맥) 여러 산악이 연하여 길게 뻗쳐 줄기를 이룬 지대
山勢(산세) 산의 생긴 형세
山城(산성) 산 위에 쌓은 성
鑛山(광산) 유용한 광물을 캐어내는 산

쓰기 한자

登山(등산) 산에 오름
山林(산림) 산과 숲
山行(산행) 산에 놀러 가는 일
人山人海(인산인해) 사람이 헤아릴 수 없이 많이 모인 상태

算 (7급)

셈 산:

竹 | 8획

동 計(셀 계) 數(셈 수)

조개(貝)를 양손(廾)에 갖고 조개 장난을 하듯이 대나무(竹) 막대로 수를 센다(算)는 의미이다.

읽기 한자

利害打算(이해타산) 이해관계를 따져 셈함
豫算(예산) 미리 비용을 계산함
減算(감산) 빼서 감함
誤算(오산) 잘못 셈함
暗算(암산) 마음으로 셈함
推算(추산) 짐작으로 미루어서 셈함

쓰기 한자

算出(산출) 계산을 해냄
勝算(승산) 꼭 이길만한 가망성
加算(가산) 더하여 셈함
定算(정산) 예정한 계산

産 (5급Ⅱ)

낳을 산:

生 | 6획

동 生(날 생)

벼랑(厂)에서 물이 솟거나(立) 풀이 나거나(生) 여러 광물이 채집되는 것에서 생기다(産)는 의미이다.

읽기 한자

資産(자산) 개인 또는 법인이 소유하고 있는 토지, 건물, 기계, 금전의 총칭
遺産(유산) 사후에 남겨 놓은 재산
增産(증산) 생산을 늘림
減産(감산) 생산 감소
破産(파산) 가산을 모두 잃어버림

쓰기 한자

財産(재산) 인간의 경제적, 사회적 욕망을 만족시키는 유형, 무형의 수단
量産(양산) 대량 생산
國産(국산) 우리나라에서 생산함
産地(산지) 물건이 생산된 곳
産油國(산유국) 원유를 생산하는 나라

散 (4급)

흩을 산:

攵(攴) | 8획

비 肯(즐길 긍)
동 解(풀 해) 分(나눌 분)
반 集(모일 집) 會(모일 회) 社(모일 사) 蓄(모을 축)

여러 모여 있는(共) 사람이나 짐승(月)을 손에 채찍(攵)을 들어 흩어지게(散) 한다는 의미이다.

읽기 한자

散發(산발) 때때로 일어남
散在(산재) 여기저기 흩어져 있음
離合集散(이합집산) 헤어졌다가 모였다가 하는 일
閑散(한산) 한가하고 적적함
解散(해산) 모인 사람이 헤어짐

殺 (4급Ⅱ)

죽일 살
감할 쇄:

殳 | 7획

동 死(죽을 사)
반 生(날 생) 加(더할 가) 活(살 활) 益(더할 익) 增(더할 증)
약 殺

나뭇가지(木)를 다발로 해서 끝을 묶어 나온 동물을 때려(殳) 죽이다(殺)는 의미이다.

읽기 한자

殺氣(살기) 무섭고 거친 기운
降殺(강쇄) 등급을 깎아 내림
毒殺(독살) 독약을 먹이거나 써서 죽임
殺害(살해) 남의 생명을 해침
暗殺(암살) 몰래 사람을 죽임
驚殺(경쇄) 몹시 놀람
自殺(자살) 스스로 자기의 생명을 끊음
等殺(등쇄) 줄이거나 깎아냄
減殺(감쇄) 줄어없어짐
相殺(상쇄) 상반되는 것이 서로 영향을 주어 효과가 없어지는 일
殺到(쇄도) 어떤 곳을 향하여 세차게 달려듦

三

8급

석 삼

一 | 2획

동 參(석 삼)

막대기 셋(三)을 가로로 놓은 모양을 본떴다.

읽기한자

張三李四(장삼이사) 성명이나 신분이 뚜렷하지 못한 평범한 사람들
三角關係(삼각관계) 세 남녀 사이의 연애 관계

쓰기한자

三冬(삼동) 겨울의 석달
三族(삼족) 부모와 형제와 처자
作心三日(작심삼일) 결심이 삼일을 가지 못함
三流(삼류) 사물의 부류에 있어서 가장 낮은 층

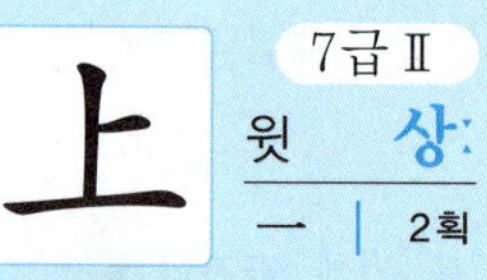

上

7급Ⅱ

윗 상:

一 | 2획

비 土(흙 토)
반 下(아래 하)

중앙에 선을 한(一) 줄 쓰고 그 위에 표시한 점(卜)의 모양에서 위(上)를 의미한다.

읽기한자

上演(상연) 연극을 무대 위에서 실연함
上端(상단) 위 끝
飛上(비상) 날아오름
上限(상한) 위쪽의 한계
引上(인상) 물건값 등을 올림

쓰기한자

賣上(매상) 물건을 판 수량이나 대금의 총계
上陸(상륙) 배에서 육지로 오름
紙上(지상) 신문이나 잡지의 기사면
格上(격상) 자격, 등급, 지위 등의 격을 올림

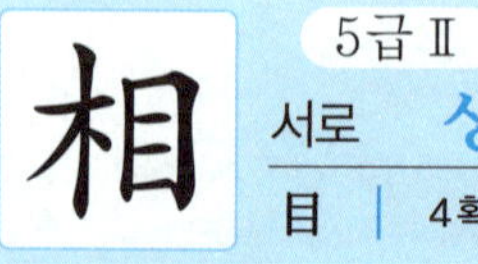

相

5급Ⅱ

서로 상

目 | 4획

비 想(생각 상)
동 互(서로 호)

나무(木)의 무성한 모습을 보는(目) 것에서 모습, 상태, 형태(相)를 의미한다.

읽기한자

相從(상종) 서로 따르며 친하게 교제함
相異(상이) 서로 다름
相應(상응) 서로 맞아 어울림
樣相(양상) 생김새
相好(상호) 서로 좋아함
一脈相通(일맥상통) 솜씨나 성격 등이 서로 통함
骨肉相殘(골육상잔) 친족간에 서로 해치고 죽이고 함

쓰기한자

相對(상대) 서로 마주 봄
相當(상당) 대단한 정도에 가까움

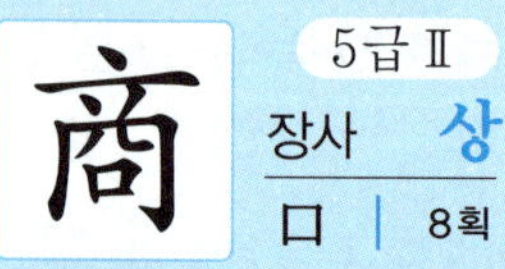

商

5급Ⅱ

장사 상

口 | 8획

비 適(갈 적)
동 量(헤아릴 량)
賈(장사 고)

사들인(亣) 가격보다 높은(冏) 가격으로 매매하는 것에서 장사(商)를 의미한다.

읽기한자

商標(상표) 상공업자가 구매자에게 인식시키기 위해 상품에 붙이는 표지
商街(상가) 상점이 죽 늘어서 있는 거리
協商(협상) 협의하여 계획함

쓰기한자

商術(상술) 장사하는 수단이나 솜씨
商店(상점) 여러 가지 물건을 파는 가게
通商(통상) 외국과 교통하여 서로 상업을 영위함

5급

상줄 상

貝 | 8획

비 償(갚을 상)
반 罰(벌할 벌)

수훈을 세운 사람에게 높이 오르는(尙) 연기처럼 상(貝)을 가득 주는 것에서 칭찬하다(賞)는 의미이다.

읽기 한자

信賞必罰(신상필벌) 상을 줄만한 자에게는 반드시 상을 주고 벌할 자에게는 반드시 벌을 주는 일
論功行賞(논공행상) 공적의 유무, 대소를 논결하여 알맞은 상을 주는 일
受賞(수상) 상을 받음
賞罰(상벌) 상과 벌
賞狀(상장) 상 주는 뜻으로 주는 증서
施賞(시상) 상품이나 상금을 줌

쓰기 한자

賞金(상금) 상으로 주는 돈

狀

4급 Ⅱ

형상 상
문서 장:

犬 | 4획

비 壯(장할 장)
동 券(문서 권)
簿(문서 부)
籍(문서 적)
약 状

개(犬)가 나뒹구는 모습이 긴 침대(爿)와 같이 보인다는 것에서 모습, 형태(狀)를 의미한다.

읽기 한자

狀況(상황) 일이 되어 가는 형편이나 모양
招待狀(초대장) 초대하는 뜻의 편지
形狀(형상) 물건이나 사람의 형태와 생긴 모양
答狀(답장) 회답하여 보내는 편지

4급 Ⅱ

상 상

广 | 4획

동 案(책상 안)

집(广)에서 쓰는 나무(木)로 만든 평상, 책상, 마루 바닥(床) 등을 의미한다.

읽기 한자

冊床(책상) 책을 읽거나 글을 쓰는 데 받치고 쓰는 상
起床(기상) 잠자리에서 일어남
病床(병상) 병자가 눕는 침상

4급 Ⅱ

떳떳할 상

巾 | 8획

비 當(마땅 당)
堂(집 당)
동 恒(항상 항)
반 班(양반 반)

옛날 길게 뻗어가는 연기처럼 옷자락(巾)이 긴 의복을 평소(尙)에도 입어 평소(常)를 의미한다.

읽기 한자

常勤(상근) 매일, 일정한 시간 동안 그 직무에 종사함
常設(상설) 늘 설비하여 둠
常識(상식) 보통 사람이 가지고 있거나 가지고 있어야 할 표준 지식
常用(상용) 일반적으로 사용함

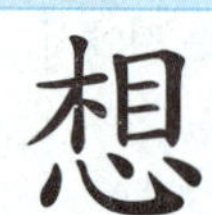

4급 Ⅱ

생각 **상:**

心 | 9획

비 相(서로 상)
동 思(생각 사)
念(생각 념)
考(생각할 고)
慮(생각 려)
憶(생각할 억)
惟(생각할 유)

나무(木)의 발육 상태로 조사하는(目) 듯이 생각해(心) 보는 것에서 생각하다(想)는 의미이다.

읽기 한자

想念(상념) 마음 속에 품는 여러 가지 생각
空想(공상) 이루어질 수 없는 헛된 생각
發想(발상) 어떤 생각이 떠오름
回想(회상) 지나간 일을 돌이켜 생각함

4급

코끼리 **상**

豕 | 5획

비 像(형상 상)

코끼리 형태를 흉내내 만든 글자이므로 코끼리 모습과 형태를 흉내내다(象) 등을 의미한다.

읽기 한자

對象(대상) 목표가 되는 것
印象(인상) 깊이 느껴 잊혀지지 않는 일

傷

4급

다칠 **상**

亻(人) | 11획

비 場(마당 장)
陽(볕 양)

화살(矢)로 생긴 상처(昜)라는 의미를 나타내는 글자가 변한 것이다.

읽기 한자

傷處(상처) 부상을 입은 자리
傷害(상해) 상처를 내서 해를 입힘
感傷(감상) 마음에 느끼어 슬퍼함
負傷(부상) 몸에 상처를 입음
損傷(손상) 떨어지고 상함
火傷(화상) 높은 열에 데어서 상함

7급

빛 **색**

色 | 0획

비 邑(고을 읍)
동 彩(채색 채)
光(빛 광)

눈표적은 안색이나 의복의 색깔이라는 것에서 색(色)을 의미한다.

읽기 한자

大驚失色(대경실색) 크게 놀라서 얼굴빛이 변함
色素(색소) 물체에 빛깔을 나타내게 하는 물감 등의 성분
各樣各色(각양각색) 여러 가지
脫色(탈색) 들인 물색을 뺌

쓰기 한자

具色(구색) 여러 가지 물건을 고루 갖춤
物色(물색) 생김새나 복색에 의해 사람을 찾아봄
本色(본색) 본디의 형태나 형체
和色(화색) 얼굴에 드러난 환한 빛

生

8급

날 생

生 | 0

동 産(낳을 산)
活(살 활)
出(날 출)

반 死(죽을 사)
殺(죽일 살)

흙 속에서 눈이 나오는 모습에서 싹이 트다, 태어나다(生)는 의미이다.

읽기 한자

死生決斷(사생결단) 죽고 삶을 돌보지 않고 끝장을 냄
厚生(후생) 생활을 건강하고 넉넉하게 함
餘生(여생) 앞으로 남은 일생
殺生(살생) 짐승이나 사람을 죽임

쓰기 한자

生育(생육) 낳아서 기름
生食(생식) 익히지 않고 날로 먹음
苦生(고생) 어렵고 괴로운 가난한 생활
生活(생활) 살아서 활동함

西

8급

서녘 서

襾 | 0획

반 東(동녘 동)

해가 서쪽에서 기울 무렵 새가 집으로 들어가는 것에서 서쪽(西)을 의미한다.

읽기 한자

西紀(서기) 서력 기원
紅東白西(홍동백서) 붉은 과실은 동쪽, 흰 과실은 서쪽에 차리는 격식

쓰기 한자

西洋(서양) 동양에서 유럽과 아메리카주의 여러 나라
西風(서풍) 서쪽에서 불어오는 바람
東問西答(동문서답) 묻는 말에 당치도 않은 대답을 함
東西古今(동서고금) 동양이나 서양에 있어서의 예나 지금. 어디서나

書

6급 Ⅱ

글 서

日 | 6획

비 晝(낮 주)
畫(그림 화)

동 章(글 장)
文(글월 문)
冊(책 책)
籍(문서 적)

붓(聿)으로 종이(曰)에 글자를 쓰고 있는 형태에서 쓰다, 서적(書)을 의미한다.

읽기 한자

書簡(서간) 편지
證書(증서) 어떤 사실을 증명하는 문서
指針書(지침서) 지침이 될 만한 서적
書藝(서예) 붓으로 글씨를 맵시 있게 쓰는 기술

쓰기 한자

書記(서기) 기록을 맡아 보는 사람
四書(사서) 유교의 경전인 논어, 맹자, 중용, 대학
書類(서류) 어떤 내용을 적은 문서
親書(친서) 몸소 글씨를 씀

序

5급

차례 서:

广 | 4획

비 字(글자 자)

동 第(차례 제)
番(차례 번)
秩(차례 질)

집이나 관청(广)에서 하는 사업은 미리(予) 정해 놓은 차례(序)가 있다는 의미이다.

읽기 한자

序列(서열) 차례를 정하여 늘어놓음
序論(서론) 서문으로 쓴 논설

쓰기 한자

序曲(서곡) 가극, 성극에서 개막 전에 연주하는 기악곡
序頭(서두) 어떤 차례의 첫머리
順序(순서) 정해 놓은 차례
序言(서언) 머리말

사

7급

夕 저녁 석

夕 | 0획

비 多(많을 다)
반 朝(아침 조)
旦(아침 단)

해가 저물고 달이 뜨기 시작할 무렵의 모습에서 저녁(夕) 무렵을 의미한다.

읽기 한자

夕陰(석음) : 땅거미. 해질 무렵

쓰기 한자

夕陽(석양) 저녁때의 해
朝夕(조석) 아침과 저녁
秋夕(추석) 우리나라 명절의 하나. 한가위

6급

石 돌 석

石 | 0획

비 古(예 고)
右(오른 우)

벼랑(厂) 밑에 흩어져 있는 돌(口)의 모양으로 돌(石)을 나타냈다.

읽기 한자

碑石(비석) 석조로 된 비
投石(투석) 돌을 던짐
採石(채석) 바위에서 석재를 떠냄
石造(석조) 돌로 물건을 만드는 일

쓰기 한자

石炭(석탄) 화석 연료
石材(석재) 다른 제작 재료로 쓰는 돌
望夫石(망부석) 남편을 기다리다가 죽어서 되었다는 돌
電光石火(전광석화) 극히 짧은 시간

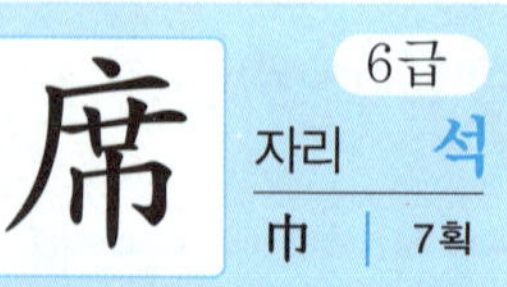

6급

席 자리 석

巾 | 7획

비 度(법도 도)
동 座(자리 좌)
位(자리 위)

풀(艹)로 짠 깔개에 면포(巾)를 씌운 방석을 집안(广)에 두고 자리, 앉는 곳(席)을 의미한다.

읽기 한자

席卷(석권) 자리를 말듯이 쉽게 공략함
缺席(결석) 출석하지 않음
末席(말석) 맨 끝의 자리
座席(좌석) 앉는 자리
酒席(주석) 술자리

쓰기 한자

空席(공석) 빈 좌석
同席(동석) 자리를 같이 함
着席(착석) 자리에 앉음
合席(합석) 한자리에 같이 앉음

8급

先 먼저 선

儿 | 4획

비 洗(씻을 세)
동 前(앞 전)
반 後(뒤 후)

풀 눈이 쭉쭉 뻗치는 것(生)과 사람이 걸어서(儿) 앞으로 나가기에 먼저(先)라는 의미이다.

읽기 한자

先覺者(선각자) 남달리 앞서 깨달은 사람
先納(선납) 기한 전에 미리 바침
優先(우선) 딴 것에 앞섬
先攻(선공) 먼저 공격하는 일
先取(선취) 남보다 먼저 얻거나 가짐

쓰기 한자

先約(선약) 먼저 약속함
先任(선임) 먼저 그 임무를 맡음
行先地(행선지) 떠나가는 목적지

線 6급 Ⅱ

줄 선

糸 | 9획

비 終(마칠 종)
동 絃(줄 현)

샘물(泉)이 솟아올라 실(糸)처럼 가늘고 길게 이어져 실처럼 가늘고 긴 선(線)을 의미한다.

읽기 한자

點線(점선) 점을 줄지어 찍어서 된 선
導火線(도화선) 사건 발생의 직접 원인
複線(복선) 겹으로 된 줄
脫線(탈선) 선로를 벗어남
單線(단선) 외줄
接線(접선) 줄을 댐

쓰기 한자

曲線(곡선) 부드럽게 구부러진 선
直線(직선) 곧은 줄
光線(광선) 빛의 줄기
合線(합선) 선이 합침

仙 5급 Ⅱ

신선 선

亻(人) | 3획

비 化(될 화)
동 神(귀신 신)

사람(人)이 산(山)에서 도를 닦으면 신선(仙)이 된다는 의미이다.

읽기 한자

仙風道骨(선풍도골) 신선의 풍채와 도인의 골격
仙境(선경) 속세를 떠난 깨끗한 곳

쓰기 한자

仙女(선녀) 선경에 사는 여자 신선
仙人(선인) 신선
神仙(신선) 선도를 닦아 도를 통한 사람

鮮 5급 Ⅱ

고울 선

魚 | 6획

비 漁(고기잡을 어)
동 麗(고울 려)
美(아름다울 미)

양(羊)고기처럼 맛있는 물고기(魚)는 생선(鮮)인데, 맛있는 생선은 싱싱하다(鮮)는 의미이다.

읽기 한자

鮮血(선혈) 생생한 피

쓰기 한자

鮮明(선명) 산뜻하고 밝음
鮮度(선도) 신선한 정도
生鮮(생선) 말리거나 절이지 아니한 물고기

善 5급

착할 선:

口 | 9획

비 美(아름다울 미)
동 良(어질 량)
반 惡(악할 악)

양(羊)처럼 얌전하고, 아름답다는 말에서 유래하여 좋다(善)라는 의미이다.

읽기 한자

善導(선도) 올바른 길로 인도함
善政(선정) 바르고 착한 정치
善處(선처) 사안에 따라 적절하게 처리함
多多益善(다다익선) 많을수록 더욱 좋음

쓰기 한자

獨善(독선) 자기 혼자만 옳다고 생각하고 행동하는 일
親善(친선) 서로 친하여 사이가 좋음
善戰(선전) 잘 싸움
善行(선행) 착하고 어진 행실
善良(선량) 착하고 어짊

사

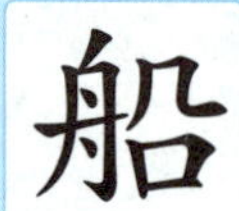

船

5급

배 선

舟 | 5획

동 舟(배 주)
航(배 항)
舶(배 박)
艇(배 정)
艦(큰 배 함)

약 舡

구비를 따라 흐르는 계곡물(㕣)을 헤쳐 가는 배(舟)의 모습에서 배(船)를 의미한다.

읽기한자

貨物船(화물선) 화물을 실어 나르는 배
救助船(구조선) 파선을 당한 사람을 구조하는 배
船積(선적) 선박에 화물을 적재함
造船(조선) 선박을 건조함

쓰기한자

旅客船(여객선) 여객의 운반을 주요 목적으로 한 배
船長(선장) 선원의 우두머리
下船(하선) 배에서 내림
漁船(어선) 고기잡이 하는 배
商船(상선) 상업상 목적에 쓰이는 선박

宣

4급

베풀 선

宀 | 6획

동 設(베풀 설)
張(베풀 장)
陳(베풀 진)

긴 복도(亘)를 지나 안 쪽에 큰 대청(宀)이 있었다는 것에서 넓히다, 알리다(宣)는 의미이다.

읽기한자

宣告(선고) 공표하여 널리 알림
宣明(선명) 분명히 밝혀 선언함
宣言(선언) 널리 펴서 말함
宣傳(선전) 말하여 전함
宣布(선포) 세상에 널리 알림

選

5급

가릴 선:

辶(辵) | 12획

비 遺(남길 유)

동 拔(뽑을 발)
擇(가릴 택)

상대를 공경(巽)하여 선물을 보낼 때 가지고 가기(辶)에 좋은 물건만을 고르다(選)는 의미이다.

읽기한자

精選(정선) 특히 뛰어난 것을 골라 뽑음
選擇(선택) 골라 가림
豫選(예선) 본선에 앞서 미리 뽑음
嚴選(엄선) 엄정히 가려 냄
選好(선호) 여럿 중에서 가려서 좋아함

쓰기한자

選曲(선곡) 많은 곡 가운데서 몇 곡을 고름
選出(선출) 여럿 가운데서 가려 냄
當選(당선) 선거에 뽑힘
選別(선별) 가려서 따로 나눔
入選(입선) 응모한 것이 심사에 뽑힘

雪

6급 Ⅱ

눈 설

雨 | 3획

비 雲(구름 운)
電(번개 전)

비(雨)처럼 하늘에서 내려와서, 손바닥(ヨ)에 올릴 수 있는 눈(雪)을 가리키는 말이다.

읽기한자

積雪(적설) 쌓인 눈
嚴冬雪寒(엄동설한) 눈이 오고 몹시 추운 겨울
降雪量(강설량) 일정한 시간, 장소에 내린 눈의 분량
暴雪(폭설) 갑자기 내리는 눈

쓰기한자

雪景(설경) 눈 내리는 경치
大雪(대설) 많은 눈
白雪(백설) 흰 눈

說

5급Ⅱ

말씀 설

달랠 세:

言 | 7획

비 設(베풀 설)
脫(벗을 탈)

동 談(말씀 담)
話(말씀 화)
語(말씀 어)
言(말씀 언)
辯(말씀 변)

사람들이 이해하고 기뻐(兌)하도록 말한다(言)는 데서 말씀, 설명하다(說)는 의미이다.

읽기 한자

假說(가설) 임시로 세우거나 설치함
說破(설파) 사물의 내용을 밝혀서 말함
說得(설득) 여러 가지로 설명하여 납득시킴

쓰기 한자

說教(설교) 종교의 교의를 설명함
說服(설복) 알아듣도록 말하여 수긍하게 함
力說(역설) 힘써 말함

設

4급Ⅱ

베풀 설

言 | 4획

비 說(말씀 설)
話(말씀 화)

동 建(세울 건)
施(베풀 시)
宣(베풀 선)
張(베풀 장)

제례 장소를 설치(殳)하기 위해 명령(言)하거나, 도구를 사용하게 하여 사물을 정리하다(設)는 의미이다.

읽기 한자

設備(설비) 어떤 목적에 필요한 기계, 기구 등을 설치함
改設(개설) 새로 수리하거나 기구를 변경하여 설치함
增設(증설) 더 늘려 설치함
創設(창설) 처음으로 베풂

舌

4급

혀 설

舌 | 0획

비 古(예 고)
活(살 활)

음식물을 맛볼 때 입술을 제치고 밖으로 튀어나온 혀의 모양에서 혀(舌)를 나타낸다.

읽기 한자

口舌數(구설수) 남에게 구설을 들을 운수
舌端(설단) 혀 끝
舌戰(설전) 말다툼
毒舌(독설) 악독하게 혀를 놀려 남을 해치는 말

姓

7급Ⅱ

성 성:

女 | 5획

비 性(성품 성)

동 氏(성 씨)

여자(女)가 아기를 낳으면(生) 그 아기에게 성(姓)이 붙는다는 의미이다.

읽기 한자

姓系(성계) 姓氏(성씨)와 家系(가계)
姓氏(성씨) 성과 씨(氏)

쓰기 한자

他姓(타성) 다른 성
姓名(성명) 성과 이름
同姓同本(동성동본) 성, 본관이 같음
百姓(백성) 일반 국민의 예스러운 말
通姓名(통성명) 서로 성명을 통함

成

6급Ⅱ

이룰 성

戈 | 3획

비 城(재 성)
동 就(나아갈 취)
達(통달할 달)
반 敗(패할 패)

도끼(戊)로 몇 번이고 나무를 깎아(丁)서 물건을 만드는 것에서 충분히 완성되다(成)는 의미이다.

읽기 한자

構成員(구성원) 어떤 조직을 이루고 있는 인원
殺身成仁(살신성인) 옳은 일을 위해 목숨을 버림
成就(성취) 목적한 바를 이룸
造成(조성) 만들어서 이룸

쓰기 한자

門前成市(문전성시) 집 앞이 방문객으로 시장을 이루다시피 함
成功(성공) 목적을 이룸
成長(성장) 자라서 점점 커짐
結成(결성) 단체의 조직을 형성함
形成(형성) 어떠한 모양을 이룸

省

6급Ⅱ

살필 성
덜 생

目 | 4획

비 看(볼 간) 劣(못할 렬)
동 察(살필 찰) 審(살필 심)
略(줄일 략) 減(덜 감)
損(덜 손) 除(덜 제)
반 益(더할 익) 增(더할 증)
加(더할 가)

눈(目)을 가늘게(少) 뜨고 잘 본다는 것에서 주의해서 잘 본다, 잘 생각한다(省)는 의미이다.

읽기 한자

省墓(성묘) 조상의 산소를 찾아 돌봄
省察(성찰) 반성하여 살핌
省略(생략) 덜어서 줄임
歸省(귀성) 객지에서 부모를 뵈러 고향에 돌아감

쓰기 한자

反省(반성) 자기의 과거의 행위에 대하여 스스로 그 선악, 가부를 고찰함
人事不省(인사불성) 정신을 잃고 의식을 모름
自省(자성) 스스로 반성함

性

5급Ⅱ

성품 성:

忄(心) | 5획

비 姓(성 성)

자연스럽게 흙 위에 자라나는(生) 식물 같은 마음(心)이라는 것에서 성품(性)을 의미한다.

읽기 한자

當爲性(당위성) 마땅히 하여야 할 성질
屬性(속성) 사물의 특징, 성질
適性(적성) 알맞은 성질
個性(개성) 개체의 특성
毒性(독성) 독한 성질

쓰기 한자

性格(성격) 사물에 구비된 고유의 성질
流動性(유동성) 흘러 움직이는 성질
性能(성능) 기계의 성질과 능력
性別(성별) 남녀, 암수의 구별

誠

4급Ⅱ

정성 성

言 | 7획

비 城(재 성)
試(시험 시)

성(成)은 도끼(戈)나 칼(刀) 등을 사용해 '잘하는 것', 거기에 언(言)을 붙여서 성심(誠)을 의미한다.

읽기 한자

孝誠(효성) 마음을 다해 부모를 섬기는 정성
誠實(성실) 거짓이 없고 참됨
誠意(성의) 참되고 정성스러운 뜻
至誠(지성) 지극한 정성
熱誠(열성) 열렬한 정성

聖

4급 Ⅱ

성인 성:

耳 | 7획

비 最(가장 최)

사람의 말(口)을 잘 듣고(耳), 그대로 실천하는(壬) 사람의 모습에서 성인(聖)을 의미한다.

읽기 한자

聖君(성군) 덕이 뛰어난 어진 임금
神聖(신성) 신과 같이 성스러움
聖恩(성은) 임금의 거룩한 은혜
聖職(성직) 거룩한 직분
太平聖代(태평성대) 어진 임금이 다스리는 태평한 세상

城

4급 Ⅱ

재 성

土 | 7획

비 成(이룰 성)
誠(정성 성)

흙(土) 담의 안이 무성한 나무로 성황을 이루고(成) 있는 번화한 도읍, 성(城)을 의미한다.

읽기 한자

城壁(성벽) 성의 담벼락
都城(도성) 서울
不夜城(불야성) 등불이 많아 밤에도 대낮처럼 밝은 곳
築城(축성) 성을 쌓음
土城(토성) 흙으로 쌓아 올린 성루

聲

4급 Ⅱ

소리 성

耳 | 11획

비 擊(칠 격)
穀(곡식 곡)
동 音(소리 음)
약 声

돌로 만든 악기를(声) 봉으로 두들겨(殳) 소리를 내어 귀(耳)에 울리는 음(聲)을 의미한다.

읽기 한자

聲優(성우) 라디오 방송국 전문 배우
怨聲(원성) 원망하는 소리
歎聲(탄성) 감탄하는 소리
歡呼聲(환호성) 기뻐서 부르짖는 소리
聲量(성량) 목소리의 울리는 양
名聲(명성) 세상에 널리 떨친 이름

星

4급 Ⅱ

별 성

日 | 5획

비 皇(임금 황)
是(이 시)
易(쉬울 이)
동 辰(별 진)
庚(별 경)

여러 사물의 정령(日)이 하늘에 올라가 다시 태어나(生) 흩어졌다는 것에서 별(星)을 의미한다.

읽기 한자

星座(성좌) 별자리
占星術(점성술) 별로써 점치는 복술
衛星(위성) 행성의 주위를 운행하는 별
流星(유성) 별똥별
將星(장성) 장군

盛

4급 Ⅱ
성할 성:
皿 | 7획

비 成(이룰 성)
동 興(일 흥)
茂(무성할 무)
隆(높을 륭)
반 亡(망할 망)
衰(쇠할 쇠)

음식물을 그릇(皿)에 산처럼 괴어 굳혔다(成)는 것에서 그릇을 채우다(盛)는 의미이다.

읽기한자

盛況(성황) 어떤 일에 많은 사람이 관여하여 활기에 찬 모양
盛大(성대) 푸짐함
盛業(성업) 사업이 번창함
盛行(성행) 매우 성하게 유행함
豊盛(풍성) 넉넉하고 많음

世

7급 Ⅱ
인간 세:
一 | 4획

비 也(이끼/어조사 야)
동 代(대신 대)
界(지경 계)

옛날 30년을 '일세' 라 하여, 년 수가 긴 것을 나타내고, 〈세월의 단락〉의 의미로 사용했다.

읽기한자

經世濟民(경세제민) 세상을 다스리고 백성을 구제함
亂世(난세) 어지러운 세상
世俗(세속) 이 세상
世態(세태) 세상의 형편
末世(말세) 망해가는 세상

쓰기한자

世上(세상) 모든 사람이 살고 있는 사회의 통칭
世習(세습) 세상의 풍습
別世(별세) 세상을 떠남
出世(출세) 입신하여 훌륭하게 됨
後世(후세) 뒤의 세상

歲

5급 Ⅱ
해 세:
止 | 9획

비 威(위엄 위)
동 年(해 년)
약 岁, 嵗

도끼(戌), 농기구를 들고 걸으면서(步) 농사를 지으며 세월(歲)을 보낸다는 의미이다.

읽기한자

歲拜(세배) 섣달 그믐이나 정초에 하는 인사

쓰기한자

歲時(세시) 일년 중의 때때
歲月(세월) 흘러가는 시간
過歲(과세) 설을 쇰
年歲(연세) 나이의 높임말
萬歲(만세) 영원한 삶

洗

5급 Ⅱ
씻을 세:
氵(水) | 6획

비 先(먼저 선)
流(흐를 류)
동 濯(씻을 탁)

냇가(氵)에 맨발이 되어 다리(先)의 더러움을 씻어 내려 씻다, 깨끗이 하다(洗)는 의미이다.

읽기한자

洗髮(세발) 머리를 감음
洗眼(세안) 눈을 씻음

쓰기한자

洗手(세수) 낯을 씻음
洗車(세차) 차체에 묻은 먼지나 흙을 씻음

勢

4급 Ⅱ
형세 세:
力 | 11획

비 熱(더울 열)
藝(재주 예)
동 權(권세 권)

손에 괭이(丸)를 들고 흙(坴)을 파면, 작물은 힘(力)을 받아 잘 성장하여 기세(勢)를 의미한다.

읽기 한자

優勢(우세) 세력, 형세 등이 남보다 나음
勢力(세력) 남을 복종시키는 기세와 힘
大勢(대세) 세상이 돌아가는 형편
實勢(실세) 실제의 세력
虛勢(허세) 실상이 없는 기세

細

4급 Ⅱ
가늘 세:
糸 | 5획

동 微(작을 미)
纖(가늘 섬)
반 大(큰 대)

뇌 속의 혈관(田)은 실(糸)날 같이 매우 가늘고 예민하기 때문에 가늘다(細)는 의미이다.

읽기 한자

細密(세밀) 세세하고 꼼꼼함
細分(세분) 여럿으로 잘게 나눔
細則(세칙) 자세한 규칙
明細書(명세서) 숫자적으로 자세하게 적은 문서

稅

4급 Ⅱ
세금 세:
禾 | 7획

비 脫(벗을 탈)
동 租(조세 조)

공물을 거둬들이는 관리도 쌀(禾)을 보면 기뻐한다(兌)는 것에서 세금, 세(稅)를 의미한다.

읽기 한자

納稅(납세) 나라에 세금을 바침
脫稅(탈세) 납세자가 납세액의 전부 또는 일부를 내지 않음
課稅(과세) 세금을 부과함
所得稅(소득세) 개인의 소득에 대하여 부과되는 국세

小

8급
작을 소:
小 | 0획

비 少(적을 소)
동 微(작을 미)
반 大(큰 대) 偉(클 위)
太(클 태)
巨(클 거)

칼(亅)로 나누면(八) 크기가 작아진다(小)는 의미이다.

읽기 한자

小規模(소규모) 일의 범위가 좁고 작은 규모
大同小異(대동소이) 거의 같고 조금 다름
縮小(축소) 줄여서 작아짐
極小(극소) 아주 작음

쓰기 한자

小心(소심) 담력이 없고 겁이 많음
小數(소수) 적은 수효
小食(소식) 음식을 적게 먹음
過小(과소) 너무 작음
弱小(약소) 약하고 작음

사

掃

4급 Ⅱ

쓸 소(:)

扌(手) | 8획

비 婦(며느리 부)
歸(돌아올 귀)

수건(巾)을 머리(冖)에 쓰고서 비(彐)를 손(扌)에 들고 쓴다(掃)는 의미이다.

읽기한자

掃除(소제) 떨고 쓸고 닦아서 깨끗하게 함
一掃(일소) 모조리 쓸어버림
淸掃(청소) 깨끗하게 소제함

少

7급

적을 소:

小 | 1획

비 小(작을 소)
동 寡(적을 과)
반 多(많을 다)
老(늙을 로)
衆(무리 중)

작은 것(小)을 나누면(丿) 더욱 작아진다는 것에서 적다(少)는 의미이다.

읽기한자

少額(소액) 적은 액수
減少(감소) 줄여서 적어짐

쓰기한자

少量(소량) 적은 분량
多少(다소) 많음과 적음
靑少年(청소년) 청년과 소년

所

7급

바 소:

戶 | 4획

나무를 자르는(斤) 곳(戶)이 소리가 나는 곳을 말하는 것에서 장소(所)를 의미한다.

읽기한자

所管(소관) 어떤 사무를 맡아 관리함
所持(소지) 가지고 있음
所得(소득) 자기 몸에 얻음
處所(처소) 사람이 살거나 임시로 머물러 있는 곳

쓰기한자

所見(소견) 사물을 보고 살펴 인식하는 생각
所感(소감) 느낀 바
所任(소임) 맡은 바 직책
名所(명소) 경치, 고적으로 이름난 곳
所要(소요) 요구되는 바

素

4급 Ⅱ

본디/흴 소(:)

糸 | 4획

비 累(여러 루)
紊(어지러울 문)
동 元(으뜸 원)
質(바탕 질)
朴(성 박)
반 黑(검을 흑)

삼나무의 섬유를 삼아 삼베를 만드는 실(糸)을 실의 근본, 원래 근본(素)을 의미한다.

읽기한자

素朴(소박) 꾸밈이나 거짓이 없는 순수하고 순박함
素材(소재) 예술 작품의 근본이 되는 재료
平素(평소) 평상시
活力素(활력소) 활동의 힘이 되는 바탕

消

6급 Ⅱ

사라질 소

氵(水) | 7획

반 顯(나타날 현)
現(나타날 현)

물(氵)이 점점 줄어가는 것(肖)에서 사라지다, 없어지다(消)라는 의미이다.

읽기 한자

消盡(소진) 사라져 다 없어짐
消毒(소독) 감염, 예방 등을 위해 병원균을 죽이는 일
消燈(소등) 등불을 끔
消息(소식) 상황이나 동정을 알리는 보도 같은 것

쓰기 한자

消火(소화) 불을 끔
消日(소일) 하는 일없이 세월을 보냄

笑

4급 Ⅱ

웃음 소:

竹 | 4획

비 答(대답 답)
반 泣(울 읍)
哭(울 곡)

대나무(竹)가 휘날리면(夭) 사람이 배를 움켜쥐고 웃고 있는 형태와 닮아 웃다(笑)는 의미이다.

읽기 한자

苦笑(고소) 쓴웃음
談笑(담소) 웃으면서 이야기 함
失笑(실소) 자기도 모르게 나오는 웃음

사

速

6급

빠를 속

辶(辵) | 7획

비 束(묶을 속)
동 急(급할 급)
반 緩(느릴 완)
徐(천천히 서)

땔감을 단단히 꿰매듯이(束), 마음을 꼭 매고 걸어가는(辶) 것에서 빠르다(速)는 의미이다.

읽기 한자

速攻(속공) 재빠른 동작으로 빨리빨리 공격함
速斷(속단) 빨리 판단함
速達(속달) 속히 배달함
速報(속보) 빨리 알림
快速(쾌속) 속도가 매우 빠름

쓰기 한자

過速(과속) 일정한 표준에서 벗어난 더 빠른 속도
速讀(속독) 빨리 읽음
時速(시속) 한 시간에 닫는 속도

束

5급 Ⅱ

묶을 속

木 | 3획

비 速(빠를 속)
東(동녘 동)
동 結(맺을 결)
約(맺을 약)
반 解(풀 해)
釋(풀 석)

나뭇가지(木) 등을 모아 끈으로 말아서 묶은(口) 모양의 다발로 묶다(束)는 의미이다.

읽기 한자

檢束(검속) 자유 행동을 못 하도록 단속함

쓰기 한자

結束(결속) 덩이가 되게 묶음
團束(단속) 잡도리를 단단히 함
約束(약속) 장래에 할 일에 관해 상대방과 서로 언약하여 정함

4급 Ⅱ

풍속 **속**

亻(人) | 7획

비 浴(목욕할 욕)

사람(亻)이 사는 골짜기(谷)마다 나름대로의 풍속(俗)이 있다는 의미이다.

읽기 한자

俗談(속담) 옛적부터 내려오는 민간의 격언
俗語(속어) 통속적인 저속한 말
美風良俗(미풍양속) 아름답고 좋은 양식
土俗(토속) 그 지방 특유의 풍속

4급 Ⅱ

이을 **속**

糸 | 15획

비 讀(읽을 독)
동 繼(이을 계) 接(이을 접)
連(이을 련) 承(이을 승)
반 絕(끊을 절) 切(끊을 절)
斷(끊을 단)
약 続

물건을 팔아서(賣) 조금씩 벌듯이 실(糸)이 조금씩 길어지는 것에서 계속되다(續)는 의미이다.

읽기 한자

續篇(속편) 이미 펴낸 책에 잇대어 편찬한 책
存續(존속) 계속 존재함
持續(지속) 계속 지녀 나감
續行(속행) 계속하여 행함
連續(연속) 끊이지 않고 죽 이음

4급

붙일 **속**

尸 | 18획

비 囑(부탁할 촉)
獨(홀로 독)
동 附(붙을 부)
着(붙을 착)
약 属

꼬리(尾)에 한(蜀) 마리의 벌레가 붙었다(屬)는 의미이다.

읽기 한자

貴金屬(귀금속) 항상 아름다운 광택을 가지는 금속
歸屬(귀속) 돌아가 붙음
部屬(부속) 어떤 부류, 부문에 부속됨
所屬(소속) 어떤 기관, 단체에 딸림
從屬(종속) 주되는 것에 딸려 붙음

孫

6급

손자 **손(:)**

子 | 7획

비 係(이을 계)
반 祖(할아비 조)

인간(子)은 수없이 연결된 실다발처럼 다음에서 다음으로 이어진다(系)는 의미이다.

읽기 한자

宗孫(종손) 종가의 맏손자

쓰기 한자

孫子(손자) 아들의 아들
外孫(외손) 딸이 낳은 자식
子子孫孫(자자손손) 자손의 여러 대
後孫(후손) 몇 대가 지난 후의 자손

損

4급

덜 손:

扌(手) | 10획

비 投(던질 투)
동 減(덜 감) 除(덜 제)
省(덜 생) 失(잃을 실)
害(해할 해) 傷(다칠 상)
반 益(더할 익) 加(더할 가)
增(더할 증) 得(얻을 득)

손(扌)에 넣은(口) 재산(貝)을 밖으로 들고 나가면 적어진다는 것에서 줄다(損)라는 의미이다.

읽기 한자

損傷(손상) 떨어지고 상함
損害(손해) 손상함. 해를 봄
缺損(결손) 축이 남
破損(파손) 깨어져 못쓰게 됨

送

4급Ⅱ

보낼 송:

⻍(辵) | 6획

비 逆(거스릴 역)
동 遣(보낼 견)
輸(보낼 수)
반 迎(맞을 영)
受(받을 수)

주인 뒤를 따르면서(⻍) 물건을 갖고(关) 가는 것에서 보내다, 배송하다(送)는 의미이다.

읽기 한자

送舊迎新(송구영신) 묵은 해를 보내고 새해를 맞음
歡送(환송) 기쁘게 보냄
送別(송별) 사람을 이별하여 보냄
運送(운송) 물품을 나르고 보내는 일
虛送(허송) 헛되이 보냄

松

4급

소나무 송

木 | 4획

비 私(사사 사)
秋(가을 추)

나무(木) 가운데 가장 널리 분포되어(公) 있으며 사철 푸른 나무가 소나무(松)라는 의미이다.

읽기 한자

松花(송화) 소나무의 꽃
落落長松(낙락장송) 가지가 길게 늘어지고 키가 큰 소나무
老松(노송) 늙은 소나무
青松(청송) 푸른 솔

頌

4급

칭송할/기릴 송:

頁 | 4획

비 領(거느릴 령)
동 讚(기릴 찬)
譽(기릴 예)

공덕이 큰 어른(公)의 머리(頁) 모양을 본뜬 초상화, 동상으로 공덕을 기린다(頌)는 의미이다.

읽기 한자

頌辭(송사) 공덕을 기리는 말
頌祝(송축) 경사를 기리고 축하함
讚頌(찬송) 미덕을 칭찬함
稱頌(칭송) 공덕을 일컬어 기림

사

8급

물 수

水 | 0획

비 氷(얼음 빙)
永(길 영)
동 河(물 하)
반 火(불 화)
陸(뭍 륙)

냇물의 움직이는 모양을 나타낸다.

읽기한자

脫水(탈수) 물질 속에 있는 수분을 제거함
水深(수심) 물의 깊이
水壓(수압) 물의 압력
浸水(침수) 물에 젖거나 잠김
水準(수준) 사물의 표준

쓰기한자

給水(급수) 물을 공급함
水平(수평) 잔잔한 수면처럼 평평한 상태
水溫(수온) 물의 온도
食水(식수) 식용으로 쓰는 물
生水(생수) 샘에서 나오는 맑은 물

手

7급Ⅱ

손 수(:)

手 | 0획

반 足(발 족)

다섯 개의 손가락과 손바닥과 팔의 형태에서 손(手)을 의미한다.

읽기한자

妙手(묘수) 절묘한 수
手續(수속) 일의 순서나 방법
敵手(적수) 재주나 힘이 맞서는 사람
助手(조수) 일의 보조를 하는 사람

쓰기한자

着手(착수) 어떤 일에 손을 대어 시작함
擧手(거수) 손을 위로 들어 올림
失手(실수) 부주의로 잘못함
入手(입수) 수중에 들어 옴
手記(수기) 체험을 손수 적음
手相(수상) 손금

7급

셈 수:

攵(攴) | 11획

비 樓(다락 루)
동 算(셈 산)
計(셀 계)
약 数

드문드문 흩어져 있는(婁) 물건을 막대기를 들고, 돌아다니며 치면서(攵) 하나 둘 셈하는 데서, '셈 세다(數)'는 의미이다.

읽기한자

複數(복수) 둘 이상의 수
回數券(회수권) 승차권 등 여러 회분을 한 뭉치로 하여 파는 표

쓰기한자

倍數(배수) 갑절이 되는 수
手數料(수수료) 어떤 일을 돌보아 준 보수
等數(등수) 차례를 매겨 붙인 번호
變數(변수) 변할 수 있는 수

6급

나무 수

木 | 12획

동 木(나무 목)
林(수풀 림)

북(鼓)을 치듯이 나무(木)가 바람에 흔들리면서 나무, 수목, 세우다(樹) 등의 의미이다.

읽기한자

針葉樹(침엽수) 잎이 침엽으로 된 나무
街路樹(가로수) 길을 따라 줄지어 심은 나무
常綠樹(상록수) 가을, 겨울에도 잎이 떨어지지 않고 일년 내내 푸른 나무

쓰기한자

樹林(수림) 나무가 우거진 숲
植樹(식수) 나무를 심음
樹立(수립) 사업이나 공(功)을 이룩하여 세움
有實樹(유실수) 유용한 열매를 맺는 나무

首

5급 Ⅱ

머리 수

首 | 0획

비 眞(참 진)
동 頭(머리 두)
반 尾(꼬리 미)

얼굴과 머리털의 모양을 본떠서 목이나 머리(首)를 의미한다.

읽기 한자

黨首(당수) 한 당의 우두머리

쓰기 한자

首都(수도) 나라나 한 지방의 정치적 중심지
首席(수석) 맨 윗자리
部首(부수) 한자 사전에서 글자를 찾는 길잡이가 되는 글자의 한 부분

收

4급 Ⅱ

거둘 수

攵(攴) | 2획

비 攻(칠 공) 改(고칠 개)
동 穫(거둘 확)
撤(거둘 철)
반 支(지탱할 지)
給(줄 급)
약 収

손에 낫(攵)을 들어 이삭이 달린 곡식(丩)을 베어 거둔다(收)는 의미이다.

읽기 한자

領收證(영수증) 돈이나 물건을 받아들인 표로 쓰는 증서
收監(수감) 옥에 가두어 감금함
收錄(수록) 기록하여 넣음
收集(수집) 거두어 모음
未收(미수) 아직 다 거두지 못함

授

4급 Ⅱ

줄 수

扌(手) | 8획

비 受(받을 수)
동 給(줄 급)
與(줄 여)
賜(줄 사)
贈(줄 증)
반 受(받을 수)

화물을 건네받는 것(受)에서 또 다른 손 수(手)자를 붙여서 강화하여 하사하다(授)는 의미이다.

읽기 한자

授與(수여) 상장이나 훈장을 줌
授乳(수유) 어린아이에게 젖을 먹임
授賞(수상) 상을 줌
授業(수업) 학예를 가르쳐 줌
傳授(전수) 전하여 줌

受

4급Ⅱ

받을 수(:)

又 | 6획

비 授(줄 수)
반 授(줄 수) 給(줄 급)
與(줄 여) 賜(줄 사)
贈(줄 증)
領(거느릴 령)

배로 날라 온 화물을 물가에서 건네받는 것에서 받다(受)는 의미이다.

읽기 한자

受難(수난) 재난을 당함
受益(수익) 이익을 얻거나 받음
受惠(수혜) 은혜를 입음
收受(수수) 거두어서 받음

4급Ⅱ

닦을 수

亻(人) | 3획

비 條(가지 조)
동 習(익힐 습)

바가지(攵)의 물을 부어(丨) 사람(亻)이 머리털(彡)과 몸을 닦고, 꾸민다(修)는 의미이다.

읽기 한자

修交(수교) 나라 간에 교제를 맺음
修養(수양) 심신을 닦아 지덕을 기름
修正(수정) 바로 잡아서 고침
研修(연수) 연구하고 닦음

4급Ⅱ

지킬 수

宀 | 3획

비 宇(집 우)
동 防(막을 방)
衛(지킬 위)
保(지킬 보)
반 攻(칠 공) 擊(칠 격)
伐(칠 벌) 打(칠 타)
討(칠 토)

집(宀)을 손(寸)으로 지키고 일하는 것에서 지키다, 대비하다(守)는 의미이다.

읽기 한자

嚴守(엄수) 엄격히 지킴
守備(수비) 지키어 방비함
守衛(수위) 지킴
守則(수칙) 행동, 절차 등에 관하여 지켜야할 사항을 정한 규칙
固守(고수) 굳게 지킴

4급

빼어날 수

禾 | 2획

비 季(계절 계)
李(오얏 리)
동 優(넉넉할 우)
俊(준걸 준)
傑(뛰어날 걸)

모든 곡식의 이삭 중에서 벼(禾)의 이삭(乃)이 가장 빼어나다(秀)는 의미이다.

읽기 한자

秀麗(수려) 빼어나게 아름다움
秀才(수재) 뛰어난 재주
優秀(우수) 뛰어나고 빼어남

5급Ⅱ

잘 숙
별자리 수:

宀 | 8획

비 縮(줄일 축)
동 寢(잘 침)
眠(잠잘 면)

집(宀)에 많은(百) 수의 사람(亻)이 와서 묵고 나가는 모습에서 숙소(宿)를 의미한다.

읽기 한자

投宿(투숙) 여관에 듦
留宿(유숙) 남의 집에 묵음
宿敵(숙적) 오래 전부터의 원수

쓰기 한자

宿命(숙명) 선천적으로 타고난 운명
宿願(숙원) 오랜 소원
宿患(숙환) 오래 묵은 병
宿食(숙식) 자고 먹음
宿所(숙소) 머물러 묵는 곳

肅 4급
엄숙할 **숙**
聿 | 7획

약 肃, 粛

못(淵)가에서 붓(聿)을 들고 글씨를 쓸 때는 조심해야 한다는 데서 엄숙하다(肅)는 의미이다.

읽기한자

肅然(숙연) 고요하고 엄숙함
嚴肅(엄숙) 장엄하고 정숙함
自肅(자숙) 몸소 삼감
靜肅(정숙) 고요하고 엄숙함

叔 4급
아재비 **숙**
又 | 6획

비 淑(맑을 숙)
寂(고요할 적)
반 姪(조카 질)

손(又) 위(上)의 작은(小)아버지이니 아재비(叔)라는 의미이다.

읽기한자

叔父(숙부) 아버지의 동생
堂叔(당숙) 아버지의 사촌 형제
外叔母(외숙모) 외삼촌의 아내

順 5급 Ⅱ
순할 **순:**
頁 | 3획

반 逆(거스를 역)

냇물(川)이 흘러가는 방향으로 순수히 머리(頁)를 돌리는 것에서 따르다(順)는 의미이다.

읽기한자

順應(순응) 경우에 따라 이에 적응함
順從(순종) 순순히 복종함
順次(순차) 돌아오는 차례
逆順(역순) 거꾸로 된 순서

쓰기한자

順序(순서) 정해 놓은 차례
不順(불순) 온순하지 못함
順風(순풍) 순하게 부는 바람
式順(식순) 의식 진행의 순서
溫順(온순) 온화하고 단순함

純 4급 Ⅱ
순수할 **순**
糸 | 4획

동 潔(깨끗할 결)

누에고치에 많은 실(糸)이 생사로, 삼베실이 안 섞인(屯) 실이기에 거짓이 없다(純)는 의미이다.

읽기한자

純潔(순결) 마음과 몸이 깨끗함
純度(순도) 품질의 순수한 정도
純眞(순진) 마음이 순박하고 진실함
純化(순화) 불순한 것을 덜어 버림
淸純(청순) 맑고 순박함

6급 Ⅱ

재주 **술**

行 | 5획

비 述(펼 술)
동 技(재주 기)
藝(재주 예)
才(재주 재)

차조(朮)줄기처럼 쭉 뻗어있는 길(行)에서, 길의 뜻이다.
여기에서 '꾀, 재주(術)'의 뜻이 나왔다.

읽기 한자

武術(무술) 무도에 관한 기술
護身術(호신술) 몸을 보호하기 위한 무술
施術(시술) 의술, 최면술 등을 베풂
處世術(처세술) 처세하는 방법과 수단

쓰기 한자

讀心術(독심술) 남의 생각을 알아내는 법술
戰術(전술) 전쟁 실시의 방책
話術(화술) 말재주

4급

높을 **숭**

山 | 8획

비 宗(마루 종)
동 高(높을 고)
隆(높을 륭)
尊(높을 존)
卓(높을 탁)
반 低(낮을 저)

가묘, 종묘(宗)를 산(山)처럼 높인다(崇)는 의미이다.

읽기 한자

崇高(숭고) 숭엄하고 고상함
崇拜(숭배) 우러러 공경함

6급

익힐 **습**

羽 | 5획

동 練(익힐 련)

날개(羽)를 퍼덕이면 옆구리의 흰(白)털이 보인다는 데서 익히다,
배우다(習)는 의미이다.

읽기 한자

豫習(예습) 앞으로 배울 것을 미리 학습함
習得(습득) 배워 얻음
復習(복습) 배운 것을 다시 익히어 공부함

쓰기 한자

因習(인습) 이전부터 전해 내려오는 습관
惡習(악습) 나쁜 습관
風習(풍습) 풍속과 습관
敎習(교습) 가르쳐서 익히게 함
習性(습성) 버릇이 되어 버린 성질

勝

6급

이길 **승**

力 | 10획

동 克(이길 극)
반 敗(패할 패)
負(질 부)

배(舟)에 스며드는 물을 퍼내는 힘(券)의 모습에 위험상태를 이겨내어
견디다(勝)는 의미이다.

읽기 한자

勝負(승부) 이김과 짐
優勝(우승) 가장 뛰어남
逆轉勝(역전승) 처음에 지다가 나중에 이김

쓰기 한자

名勝地(명승지) 경치 좋기로 이름난 곳
完勝(완승) 완전하게 승리함
勝利(승리) 겨루어 이김
必勝(필승) 꼭 이김
決勝(결승) 최후의 승패를 결정함

4급 Ⅱ
이을 승
手 | 4획

동 繼(이을 계) 連(이을 련)
續(이을 속) 接(이을 접)
반 斷(끊을 단) 切(끊을 절)
絕(끊을 절)

무릎을 꿇고 양손으로 물건을 받는 중요한 벼슬을 받는 것이 되어 받아들이다(承)는 의미이다.

읽기 한자

承繼(승계) 뒤를 이어 받음
承服(승복) 납득함
承認(승인) 사실임을 인정함
傳承(전승) 계통을 전하여 계승함

試

4급 Ⅱ
시험 시(:)
言 | 6획

비 誠(정성 성)
評(평할 평)
동 驗(시험할 험)

사람에게 일을 시키면서(言) 방식(式)대로 하는지 보는 것에서 시험해 보다(試)라는 의미이다.

읽기 한자

試圖(시도) 시험 삼아 꾀하여 봄
試食(시식) 맛이나 요리솜씨를 시험하기 위해 먹어 봄
應試(응시) 시험에 응함
入試(입시) 입학시험

7급 Ⅱ
저자 시:
巾 | 2획

비 布(베 포)

천(巾)을 사러 가는(亠) 곳이니 저자, 시장(市)이라는 의미이다.

읽기 한자

證市(증시) 증권 시장
市廳(시청) 시의 행정 사무를 맡아보는 곳
市街(시가) 도시의 큰 길거리
市勢(시세) 시의 인구, 사업, 재정, 시설 등의 종합적인 상태

쓰기 한자

市價(시가) 시장 가격
市立(시립) 시의 경비로 설립, 유지하는 일
市場(시장) 상인이 모여 상품을 매매하는 곳
市長(시장) 시의 대표자

時

7급 Ⅱ
때 시
日 | 6획

비 詩(시 시)
待(기다릴 대)
特(특별할 특)
동 期(기약할 기)

태양(日)이 일한다(寺)는 것은 시간이 경과한다는 것으로 시간(時)을 의미한다.

읽기 한자

時點(시점) 시간의 흐름 위의 어떤 한 점
適時(적시) 마침 알맞은 때
時論(시론) 한 시대의 여론
時期(시기) 일이 진행되는 시점
平常時(평상시) 보통 때

쓰기 한자

時急(시급) 시간이 절박하여 몹시 급함
時期(시기) 일이 진행되는 시점
時間(시간) 어떤 시각과 시각의 사이
當時(당시) 일이 생긴 그 때
同時(동시) 같은 때나 시기
不時(불시) 뜻하지 아니한 때

始

6급 Ⅱ

비로소 시:

女 | 5획

동 初(처음 초)
반 末(끝 말)
終(마칠 종)
端(끝 단)
了(마칠 료)
卒(마칠 졸)

인간은 여인(女)으로부터 태어나 길러(台)지게 되니 시초(始)라는 의미이다.

읽기 한자

始務式(시무식) 새해 들어 다시 업무를 시작하면서 치르는 식

쓰기 한자

始終(시종) 처음과 끝
始動(시동) 처음으로 움직임
始作(시작) 처음으로 함
始祖(시조) 한 겨레의 맨 처음 되는 조상
開始(개시) 처음으로 함

示

5급

보일 시:

示 | 0획

동 視(볼 시)
看(볼 간)
監(볼 감)
見(볼 견)
觀(볼 관)
覽(볼 람)
閱(볼 열)

제단에 올려서 기도하는 것과 신령의 마음이 표시된 것에서 보여주다(示)는 의미이다.

읽기 한자

示範(시범) 모범을 보임
暗示(암시) 넌지시 깨우쳐 줌
指示(지시) 가리켜 보임
提示(제시) 어떤 의사를 글이나 말로 드러내어 보임

쓰기 한자

例示(예시) 예를 들어 보임
告示(고시) 관청에서 일반 국민에게 알릴 것을 글로 써서 게시함
公示(공시) 일반에게 널리 알림
表示(표시) 겉으로 드러내 보임
明示(명시) 분명하게 가리킴
訓示(훈시) 가르쳐 보임

視

4급 Ⅱ

볼 시:

見 | 5획

비 親(친할 친)
동 監(볼 감)
見(볼 견)
觀(볼 관)
覽(볼 람)
察(살필 찰)
示(보일 시)

신령(示)에 공양하며 눈(見)을 크게 뜨고 진지하게 기원하는 모습에서 응시하다(視)는 의미이다.

읽기 한자

視點(시점) 시력의 중심이 가 닿는 점
視線(시선) 눈의 방향
視野(시야) 눈의 보는 힘이 미치는 범위
監視(감시) 경계하여 살펴 봄
無視(무시) 눈여겨보지 않음

詩

4급 Ⅱ

시 시

言 | 6획

비 時(때 시)

손발(寺)을 움직이듯이 마음 속에 간직하고 있는 사물을 말(言)로 표현하여 시(詩)를 의미한다.

읽기 한자

詩評(시평) 시에 대한 비평
詩想(시상) 시의 구상
詩題(시제) 시의 제목
詩風(시풍) 한 시인의 작품에 나타나는 독특한 기풍
童詩(동시) 어린이를 위한 시

施

4급 Ⅱ

베풀 시:

方 | 5획

비 族(겨레 족)
旅(나그네 려)
동 設(베풀 설)
宣(베풀 선)
張(베풀 장)
陳(베풀 진)

둘둘 말아두었던(也) 깃발(㫃)을 매달아 펼치는 데서, '펴다, 베풀다'는 의미이다.

읽기한자

施工(시공) 공사를 시행함
施賞(시상) 상품이나 상금을 줌
施設(시설) 어떤 목적을 위해 건물 따위의 설비를 하는 일
施行(시행) 실지로 행함
實施(실시) 실시로 시행함

是

4급 Ⅱ

이/옳을 시:

日 | 5획

비 定(정할 정)
반 非(아닐 비)

해(日)와 같이 광명정대(疋)하다는 데서 바르다, 옳다(是)는 의미이다.

읽기한자

或是(혹시) 만일에
是認(시인) 옳다고 인정함
是日(시일) 이 날
是正(시정) 잘못된 것을 바로 잡음
必是(필시) 그리될 수밖에 다른 도리가 없음

食

7급 Ⅱ

밥/먹을 식

食 | 0획

비 良(어질 량)
동 飯(밥 반)

밥(皀)을 그릇에 모아(亼) 담은 모양에서 밥, 먹다(食)는 의미이다.

읽기한자

食傷(식상) 같은 음식이나 사물의 되풀이로 물림
食單(식단) 음식의 종목, 값을 적은 표
缺食(결식) 끼니를 거름
禁食(금식) 음식을 먹지 않음
斷食(단식) 음식 먹기를 끊음

쓰기한자

食料品(식료품) 음식 재료가 되는 물품
過食(과식) 지나치게 많이 먹음
食口(식구) 한 집안에서 같이 살며 끼니를 함께 하는 사람

植

7급

심을 식

木 | 8획

비 直(곧을 직)
동 栽(심을 재)

나무(木)를 똑바로(直) 세워서 키우는 것에서 심다(植)는 의미이다.

읽기한자

移植(이식) 옮겨 심음

쓰기한자

植木日(식목일) 국가에서 산림녹화를 위해 정한, 나무 심는 날
植民地(식민지) 본국 외에 있어 본국의 특수 통치를 받는 지역
植樹(식수) · 植木(식목) 나무를 심는 것

6급

법 식

弋 | 3획

비 必(반드시 필)
동 規(법 규) 法(법 법) 律(법칙 률) 則(법칙 칙) 範(법 범) 例(법식 례) 典(법 전) 憲(법 헌)

도구(弋)를 사용해서 작업(工)을 하는 것에서 작업의 정해진 방식, 방법(式)을 의미한다.

읽기 한자

複式(복식) 이중 이상으로 된 방식
略式(약식) 정식 절차를 생략한 의식
式辭(식사) 식장에서 그 식에 대해 인사로 하는 말
始務式(시무식) 새해 들어 다시 업무를 시작하면서 치르는 식

쓰기 한자

式順(식순) 의식 진행의 순서
式場(식장) 식을 올리는 장소
格式(격식) 격에 맞는 법식
舊式(구식) 옛 양식이나 방식
圖式(도식) 그림으로 그린 양식

識

5급 Ⅱ

알 식
기록할 지

言 | 12획

비 職(직분 직) 織(짤 직)
동 知(알 지) 認(알 인) 誌(기록할 지)

소리(音)를 내어 말하는(言) 것에 확실히 새기(戈)고 깨닫게 하는 것에서 표시(識)라 한다.

읽기 한자

智識(지식) 안다는 의식의 작용
博學多識(박학다식) 학문이 넓고 재주가 많음
常識(상식) 일반 사람으로서 가져야 할 일반적인 지식

쓰기 한자

識別(식별) 알아서 구별함
自意識(자의식) 자기 자신에 관한 의식
有識(유식) 학문이 있어 견식이 높음
學識(학식) 학문으로 얻은 지식

4급 Ⅱ

쉴 식

心 | 6획

비 惡(악할 악)
동 休(쉴 휴) 憩(쉴 게)

호흡으로 마음(心)이 온화할 때, 코(自)로 숨쉬는 것에서 편안한 호흡(息)을 의미한다.

읽기 한자

歎息(탄식) 한숨을 쉬며 한탄함
安息處(안식처) 편안하게 쉬는 곳
自強不息(자강불식) 스스로 힘써 쉬지 않음
子息(자식) 아들과 딸의 총칭
休息(휴식) 잠깐 쉼

6급 Ⅱ

믿을 신:

亻(人) | 7획

비 計(셀 계) 訃(부고 부)
동 仰(우러를 앙)
반 疑(의심할 의) 否(아닐 부)

사람(人) 말(言)에는 거짓말이 없어야 하는데, 신령에게 맹세한다고 해서 믿다(信)라는 의미이다.

읽기 한자

信徒(신도) 종교를 믿는 사람들
信條(신조) 굳게 믿고 있는 생각
送信(송신) 통신을 보내는 일
威信(위신) 위엄과 신용
確信(확신) 확실히 믿음
回信(회신) 편지나 전화 등의 회답

쓰기 한자

自信(자신) 자기의 능력이나 가치를 확신함
信念(신념) 굳게 믿는 마음
信任(신임) 믿고 일을 맡기는 일
交信(교신) 통신을 주고받음
過信(과신) 지나치게 믿음

身

6급 Ⅱ

몸 신

身 | 0획

동 體(몸 체) 己(몸 기)
반 心(마음 심)

아기를 갖게 되면 몸을 소중히 보살피는 것에서 몸, 알맹이(身)를 의미한다.

읽기한자

裝身具(장신구) 몸치장하는 데 쓰는 기구
投身(투신) 어떤 일에 몸을 던져 관계함
避身(피신) 몸을 숨겨 피함

쓰기한자

出身(출신) 어떤 지방, 파벌, 학교, 직업 등으로부터 나온 신분
身分(신분) 개인의 사회적 지위
身長(신장) 사람의 키
代身(대신) 남을 대리함
變身(변신) 몸의 모양을 바꿈
身元(신원) 일신상의 관계되는 자료

新

6급 Ⅱ

새 신

斤 | 9획

비 親(친할 친)
반 舊(예 구) 古(예 고) 故(예 고)

도끼(斤)로 막 자른(立) 생나무(木)의 모양에서 새롭다, 처음(新)을 의미한다.

읽기한자

新記錄(신기록) 종전보다 뛰어난 새로운 기록
更新(갱신) 다시 새로워 짐
新婦(신부) 갓 결혼한 여자
新築(신축) 새로 건축함
新製品(신제품) 새로 제작한 물건

쓰기한자

新人(신인) 사회에 새로 나타난 신진의 사람
新規(신규) 새로운 규정 또는 규모
新式(신식) 새로운 형식
新聞(신문) 새로운 소식
新鮮(신선) 새롭고 깨끗함

神

6급 Ⅱ

귀신 신

示 | 5획

비 祖(할아비 조)
동 鬼(귀신 귀)

번개처럼 일어나는(申) 힘을 두려워해 신령님을 제사하는(示) 것에서 신(神)을 의미한다.

읽기한자

神經(신경) 사물을 감각하거나 생각하는 힘
神奇(신기) 신묘하고 기이함
精神(정신) 마음이나 생각
神聖(신성) 신과 같이 성스러움

쓰기한자

神童(신동) 재주와 슬기가 남달리 썩 뛰어난 아이
神技(신기) 매우 뛰어난 기술이나 재주
失神(실신) 정신을 잃음
神通(신통) 신기하게 깊이 통달함

臣

5급 Ⅱ

신하 신

臣 | 0획

비 巨(클 거)
반 君(임금 군) 王(임금 왕) 帝(임금 제) 皇(임금 황) 民(백성 민) 主(임금 주)

눈을 들어 위를 보는 모양으로 주인 앞에 부복하고 있는 사람, 부하(臣)를 의미한다.

읽기한자

君臣(군신) 임금과 신하
忠臣(충신) 충성된 신하
君臣有義(군신유의) 군신간의 도리는 의리에 있음

쓰기한자

功臣(공신) 국가에 공로가 있는 신하
小臣(소신) 신분이 낮은 신하
臣下(신하) 임금을 섬기어 벼슬하는 사람
使臣(사신) 임금이나 국가의 명령으로 외국에 심부름 가는 신하

4급Ⅱ

납 **신**

田 | 0획

비 田(밭 전)
甲(갑옷 갑)
伸(펼 신)
동 告(알릴 고)

양손(臼)을 허리(丨)에 대고 몸을 펴는 모양에서 펴다(申)는 의미이다.

읽기 한자

申告(신고) 국민이 법률상의 의무로서 행정 관청에 일정한 사실을 진술, 보고하는 일
申請(신청) 신고하여 청구함
甲申(갑신) 육십갑자의 스물한째

8급

집 **실**

宀 | 6획

비 空(빌 공)
동 家(집 가) 堂(집 당)
屋(집 옥) 宅(집 택)
宇(집 우) 宙(집 주)
戶(집 호)

사람이 잠자는 침실은 집(宀) 안쪽에 있는(至) 것에서 방, 거처(室)를 의미한다.

읽기 한자

暗室(암실) 밀폐하여 광선이 들어가지 않도록 설비한 방
應接室(응접실) 손님을 응접하려고 특별히 정하여 놓은 방
居室(거실) 거처하는 방
密室(밀실) 비밀한 방

쓰기 한자

客室(객실) 손님이 거처하게 하거나 응접하는 방
室內(실내) 방 안
別室(별실) 딴 방
溫室(온실) 난방 장치가 된 방
入室(입실) 방에 들어감

6급

잃을 **실**

大 | 2획

비 矢(화살 시)
夫(지아비 부)
동 過(지날 과)
喪(잃을 상)
敗(패할 패)
반 得(얻을 득)

사람(人)이 큰(大) 실수를 하여 물건을 잃었다(失)는 의미이다.

읽기 한자

失笑(실소) 자기도 모르게 나오는 웃음
失權(실권) 권리나 권세를 잃음
早失父母(조실부모) 어려서 부모를 여윔

쓰기 한자

失敗(실패) 일을 잘못하여 그르침
失格(실격) 자격을 잃음
失禮(실례) 언행이 예의에 벗어남
過失(과실) 잘못. 허물
失望(실망) 희망을 잃어버림
流失(유실) 떠내려가 없어짐
失言(실언) 실수로 잘못 말함

實

5급Ⅱ

열매 **실**

宀 | 11획

동 果(실과 과)
반 虛(빌 허)
空(빌 공)
약 実

집(宀) 안에 보물(貝)이 가득 채워 있는(毌) 것에서 가득차다, 정말, 알맹이(實)를 의미한다.

읽기 한자

實積(실적) 실제의 업적
實存(실존) 실제로 존재함
實錄(실록) 사실을 그대로 적은 기록
實態(실태) 있는 그대로의 상태
誠實(성실) 거짓이 없고 참됨
確實(확실) 틀림이 없음

쓰기 한자

實話(실화) 실지로 있는 사실의 이야기
實感(실감) 실제의 느낌
實利(실리) 실지로 얻은 이익
實現(실현) 실제로 나타남
結實(결실) 열매가 맺힘

心

7급

마음 심

心 | 0획

반 身(몸 신)
己(몸 기)
體(몸 체)
동 情(뜻 정)
性(성품 성)

옛날 사람은 무언가를 생각하는 마음의 활용이 심장에 있다고 생각하여 마음(心)을 나타낸다.

읽기 한자

自尊心(자존심) 제 몸을 굽히지 않고 스스로 높이는 마음
心證(심증) 마음에 받는 인상
心血(심혈) 가지고 있는 최대의 힘
求心點(구심점) 중심으로 쏠리는 힘
心境(심경) 마음의 상태

쓰기 한자

作心三日(작심삼일) 결심이 삼일을 가지 못함
都心(도심) 도회의 중심
童心(동심) 어린이의 마음
心理(심리) 마음의 움직임

4급 Ⅱ

깊을 심

氵(水) | 8획

비 探(찾을 탐)
반 淺(얕을 천)

물(氵)을 가득(罙) 채운 깊은(深) 곳이라는 의미이다.

읽기 한자

深刻(심각) 아주 중대하고 절실함
深層(심층) 속의 깊은 층
深度(심도) 깊은 정도
深海(심해) 깊은 바다
深化(심화) 깊이 되어 감
水深(수심) 물의 깊이

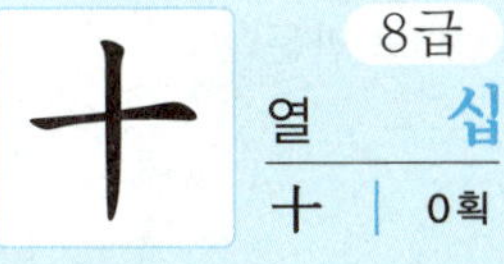

8급

열 십

十 | 0획

동 拾(열 십)

1에서 10까지의 전부를 한 자루에 쥔 모양을 본떴다.

읽기 한자

十二支(십이지) 60갑자의 아래 단위를 이루는 요소. (子(자), 丑(축), 寅(인), 卯(묘), 辰(진), 巳(사), 午(오), 未(미), 申(신), 酉(유), 戌(술), 亥(해))

쓰기 한자

十長生(십장생) 장생불사한다는 열 가지의 물건
十中八九(십중팔구) 열 가운데 여덟이나 아홉이 됨. 거의 다 됨.

4급

각시/성씨 씨

氏 | 0획

비 民(백성 민)
동 姓(성 성)

나무 뿌리를 본떴으며, 같은 뿌리를 가진 성씨(氏)를 의미한다.

읽기 한자

氏族社會(씨족사회) 씨족 제도를 근거로 하는 원시 사회
創氏改名(창씨개명) 일제가 한국인의 성명을 일본식 이름으로 강제 변경시킨 일

사

兒

5급 Ⅱ

아이 **아**

儿 | 6획

동 童(아이 동)
반 長(긴 장)
丈(어른 장)
약 児

아이(兒)의 머리(臼)와 다리(儿)의 모양을 합친 글자이다.

읽기한자

孤兒(고아) 부모를 여의어 외로운 아이
乳兒(유아) 젖먹이
優良兒(우량아) 태어날 때 발육이 뛰어나게 좋은 아이
快男兒(쾌남아) 시원하고 쾌활한 사내

쓰기한자

兒童(아동) 어린아이
育兒(육아) 어린아이를 기름
幸運兒(행운아) 좋은 운수를 만난 사람
風雲兒(풍운아) 좋은 기운을 타고 세상에 두각을 나타낸 사람

惡

5급 Ⅱ

악할 **악**
미워할 **오**

心 | 8획

비 恩(은혜 은) 悲(슬플 비)
동 憎(미워할 증)
반 善(착할 선) 愛(사랑 애)
好(좋아할 호)
약 悪

비뚤어진 마음은 보기 싫은(亞) 마음(心)으로 좋지 않다, 나쁘다, 악하다(惡)는 의미이다.

읽기한자

惡評(악평) 나쁜 평판
惡戰苦鬪(악전고투) 죽을 힘을 다하여 몹시 싸움
暴惡(포악) 사납고 악함
惡黨(악당) 악한 무리

쓰기한자

惡談(악담) 남의 일을 나쁘게 말하는 것
害惡(해악) 해가 되는 나쁜 일

案

5급

책상 **안:**

木 | 6획

비 安(편안 안)
동 床(상 상)

음식을 먹을 때 편한(安) 자세로 먹을 수 있도록 나무(木)로 만든 탁자(案)를 의미한다.

읽기한자

妙案(묘안) 좋은 생각
創案(창안) 처음으로 생각해 냄
提案(제안) 의안을 제출함

쓰기한자

案內(안내) 인도하여 일러줌
答案(답안) 시험 문제의 해답
法案(법안) 법률의 안건
考案(고안) 어떠한 안을 생각해 냄
代案(대안) 어떤 안에 대신할 안
立案(입안) 안을 세움

安

7급 Ⅱ

편안 **안**

宀 | 3획

비 案(책상 안)
동 寧(편안할 녕)
全(온전 전)
康(편안 강)
便(편할 편)
반 危(위태할 위)

집안(宀)에 여인(女)이 있어 집을 지키면 가정이 평화롭다는 데서 편안하다(安)는 의미이다.

읽기한자

安否(안부) 편안 여부를 묻는 인사
安置(안치) 안전하게 잘 둠
治安(치안) 나라를 편안하게 다스림

쓰기한자

便安(편안) 몸과 마음이 거북하지 않고 한결같이 좋다
安心(안심) 마음을 편안히 가라앉힘
安全(안전) 평안하여 위험이 없음
安着(안착) 무사히 도착함
安住(안주) 자리 잡고 편히 삶
問安(문안) 웃어른께 안부를 여쭘

眼

4급 Ⅱ

눈 안:

目 | 6획

비 眠(잠잘 면)
동 目(눈 목)

눈이 두 개 늘어서 있는 것, 즉 양쪽의 눈(眼)을 의미한다.

읽기 한자

眼目(안목) 사물을 보고 분별하는 견식
開眼(개안) 눈을 뜨게 함
肉眼(육안) 안경을 쓰지 않고 직접 보는 눈
主眼(주안) 주되는 목표
血眼(혈안) 기를 쓰고 덤벼 충혈된 눈

暗

4급 Ⅱ

어두울 암:

日 | 9획

비 音(소리 음)
동 冥(어두울 명)
 昏(어두울 혼)
반 明(밝을 명)
 朗(밝을 랑)
 昭(밝을 소)

입술과 혀 사이에 나오는 소리(音)처럼 햇빛(日)이 틈새에 어둡다(暗)는 의미이다.

읽기 한자

暗記(암기) 머릿속에 외고 잊지 않음
暗算(암산) 기구를 쓰지 않고 머릿속으로 계산함
暗殺(암살) 몰래 사람을 죽임
暗示(암시) 넌지시 깨우쳐 줌
明暗(명암) 밝음과 어두움

壓

4급 Ⅱ

누를 압

土 | 14획

비 厭(싫을 염)
동 抑(억누를 억)
 押(누를 압)
반 解(풀 해)
약 圧

땅(土)을 싫어할(厭) 정도로 세게 누른다(壓)는 의미이다.

읽기 한자

壓卷(압권) 가장 뛰어난 부분
壓縮(압축) 눌러서 오그려 뜨림
壓死(압사) 무거운 것에 눌려서 죽음
強壓(강압) 강한 힘으로 내려 누름
制壓(제압) 제어하여 누름

愛

6급

사랑 애(:)

心 | 9획

동 慈(사랑 자)
반 惡(미워할 오)
 憎(미울 증)

상대방의 마음(心)을 가슴으로 받는(受) 것이 사랑(愛)이란 의미이다.

읽기 한자

愛犬(애견) 개를 사랑함
愛稱(애칭) 친한 사이에 다정하게 부르는 이름
求愛(구애) 이성의 사랑을 구함

쓰기 한자

愛着(애착) 사랑하고 아껴서 단념할 수가 없음
愛唱曲(애창곡) 즐겨 부르는 곡
愛用(애용) 즐겨 씀
友愛(우애) 형제 사이의 사랑
愛國(애국) 자기 나라를 사랑함
敬愛(경애) 공경하고 사랑함

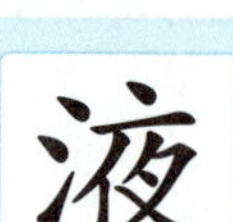

4급 Ⅱ
진 **액**
氵(水) | 8획

비 夜(밤 야)

밤(夜)이 되고 나서 마시는 물(氵), 즉 술, 지금은 진액(液)을 의미한다.

읽기한자

液化(액화) 기체가 액체로 변하는 현상
樹液(수액) 나무껍질에서 분비하는 액
液體(액체) 물, 기름처럼 일정한 체적은 있으나 일정한 형상이 없는 유동성 물질

4급
이마 **액**
頁 | 9획

사람(客)의 머리(頁) 앞부분의 훤한 이마(額)를 의미한다.

읽기한자

額面(액면) 표면에 내세운 사물의 가치
額數(액수) 돈의 머릿수
巨額(거액) 많은 액수의 금액
殘額(잔액) 나머지 액수
總額(총액) 전체의 액수

6급
들 **야:**
里 | 4획

비 豫(미리 예)
동 坪(들 평)
반 與(더불 여)

사람이 살고 있는 마을(里)에서 쭉 뻗어간(子) 곳의 풍경에서 넓은 들판(野)이란 의미이다.

읽기한자

野營(야영) 야외에 천막을 치고 잠
野俗(야속) 박정하고 쌀쌀함
視野(시야) 눈의 보는 힘이 미치는 범위

쓰기한자

野望(야망) 분에 훨씬 넘치는 희망
廣野(광야) 너른 들
野生(야생) 동식물이 산이나 들에서 저절로 남
在野(재야) 벼슬길에 오르지 않고 민간에 있음

6급
밤 **야:**
夕 | 5획

비 液(진 액)
반 晝(낮 주)
午(낮 오)

사람(人)들이 집(亠)에서 휴식하는 것은 달(月)이 뜨는 밤(夜)이라는 의미이다.

읽기한자

不夜城(불야성) 등불이 많아 밤에도 대낮처럼 밝은 곳
前夜祭(전야제) 축제일 등의 전날 밤에 행하는 축제
夜勤(야근) 야간 근무
夜景(야경) 밤의 경치
除夜(제야) 섣달 그믐날 밤
深夜(심야) 깊은 밤

쓰기한자

夜光(야광) 밤에 빛나는 빛
夜行(야행) 밤에 길을 감
晝夜(주야) 밤낮

弱

6급 Ⅱ

약할 약

弓 | 7획

비 羽(깃 우)
반 強(강할 강)

새끼 새가 날개를 펼친 모양을 본떠서 약하다, 어리다(弱)는 의미이다.

읽기 한자

弱骨(약골) 몸이 약한 사람
弱勢(약세) 세력이 약함
虛弱(허약) 힘이나 기운이 약함
弱肉強食(약육강식) 약한 사람은 강한 사람에게 먹힘

쓰기 한자

強弱(강약) 강함과 약함
老弱者(노약자) 늙은이와 약한 사람
弱化(약화) 세력이 약하여 짐

6급 Ⅱ

약 약

艹(艸) | 15획

비 樂(즐거울 락)
약 薬

병으로 열이 날 때 먹이면 편해지는(樂) 풀(艹)에서 약(藥)을 의미한다.

읽기 한자

藥酒(약주) 술의 높임말
投藥(투약) 병에 알맞은 약제를 투여함
爆藥(폭약) 화약, 작약 및 폭파약의 총칭
製藥(제약) 약을 제조함

쓰기 한자

藥果(약과) 감당하기 어렵지 않은 일
藥物(약물) 약재가 되는 물질
藥材(약재) 약을 짓는 재료
藥用(약용) 약으로 씀
韓藥(한약) 한방에서 쓰는 의약

約

5급 Ⅱ

맺을 약

糸 | 3획

비 給(줄 급)
級(등급 급)
동 束(묶을 속)
結(맺을 결)
契(맺을 계)
반 解(풀 해)

실(糸)을 꾸러미(丶)에 감아(勹) 묶는다(約)는 의미이다.

읽기 한자

條約(조약) 조목을 세워 약정한 언약
約婚(약혼) 혼인의 약속
豫約(예약) 미리 약속함
制約(제약) 조건을 붙임
儉約(검약) 검소하게 절약함
密約(밀약) 비밀히 약속함

쓰기 한자

約束(약속) 장래의 할 일에 관해 상대방과 서로 언약하여 정함
期約(기약) 때를 정하여 약속함
節約(절약) 아껴 씀
約定(약정) 일을 약속하여 정함
集約(집약) 한데 모아서 요약함

洋

6급

큰바다 양

氵(水) | 6획

비 羊(양 양)
注(물댈 주)
동 滄(큰바다 창)

양(羊) 몸에 나 있는 털처럼 강(氵)이 갈래갈래 나뉘었다가 흘러가는 넓은 바다(洋)를 의미한다.

읽기 한자

洋酒(양주) 서양에서 들어온 술

쓰기 한자

洋屋(양옥) 서양식으로 지은 집
輕洋食(경양식) 간단한 서양식 일품요리
洋洋(양양) 바다가 한없이 넓음
大洋(대양) 큰 바다

아

6급

별 **양**

阝(阜) | 9획

비 揚(날릴 양)
동 景(볕 경)
반 陰(그늘 음)

절벽(阝)에 온화한 해(日)가 비추고 있는 것(勿)에서 양지, 양달(陽)을 의미한다.

읽기 한자

陽極(양극) 서로 대립되는 두 개의 전극 중 전위(電位)가 높은 쪽의 극
陰陽(음양) 천지 만물을 만들어내는 상반하는 성질의 두 가지 기운

쓰기 한자

陽氣(양기) 만물이 움직이거나 또는 살아나려고 하는 기운
陽性(양성) 적극적인 성질
夕陽(석양) 저녁때의 해

5급 Ⅱ

기를 **양:**

食 | 6획

동 育(기를 육)
飼(기를 사)

양(羊)은 풀을 먹여(食) 기른다(養)는 의미이다.

읽기 한자

營養(영양) 생물체가 활동, 존속하는 데 불가결한 양분
養鷄(양계) 닭을 침
修養(수양) 심신을 닦아 지덕을 계발함
保養(보양) 몸과 마음을 휴양하여 건강을 보전하고 활력을 기름

쓰기 한자

入養(입양) 양친과 양자로서의 친자 관계를 맺는 법률 행위
養成(양성) 길러 냄
養育(양육) 부양하여 기름
敎養(교양) 가르쳐 기름

4급Ⅱ

양 **양**

羊 | 0획

비 美(아름다울 미)
洋(큰바다 양)

양(羊)의 머리를 본떴다.

읽기 한자

九折羊腸(구절양장) 산길 따위가 양의 창자처럼 꼬불꼬불하고 험함
羊毛(양모) 양의 털

4급

모양 **양**

木 | 11획

동 相(서로 상)
態(모습 태)
形(모양 형)
貌(모양 모)
像(모양 상)
姿(모양 자)

양(羊)처럼 모양이 오랫동안(永) 좋은 나무(木)의 모습에서 형태, 있는 모습(樣)을 의미한다.

읽기 한자

樣相(양상) 생김새
各樣各色(각양각색) 여러 가지
多樣(다양) 모양이나 양식이 여러 가지로 많음
模樣(모양) 사람이나 물건의 겉에 나타나는 형태

5급

고기/물고기 **어**

魚 | 0획

비 漁(고기잡을 어)

물고기의 모습을 본떴다.

읽기 한자

緣木求魚(연목구어) 나무에 올라 고기를 구하듯 불가능한 일을 하려고 함

쓰기 한자

魚類(어류) 물고기의 무리
魚物(어물) 가공하여 말린 해산물
人魚(인어) 상반신은 인체, 하반신은 물고기와 같다는 상상의 동물
活魚(활어) 살아 있는 물고기

語

7급

말씀 **어:**

言 | 7획

동 言(말씀 언)
談(말씀 담)
話(말씀 화)
說(말씀 설)
辯(말씀 변)
辭(말씀 사)

너와 내(吾)가 서로 입으로 말(言)을 나눈다는 것에서 얘기하다, 말(語)을 의미한다.

읽기 한자

語源(어원) 단어가 성립된 근원
俗語(속어) 통속적인 저속한 말
標準語(표준어) 한 나라의 표준이 되는 말

쓰기 한자

敬語(경어) 공경하는 뜻을 나타내는 말
流行語(유행어) 어떤 기간 동안 여러 사람들에게 많이 쓰이는 말
語感(어감) 말이 주는 느낌
語法(어법) 말의 조직에 관한 법칙
口語(구어) 일상 회화에서 쓰는 말
外來語(외래어) 국어화한 외국어

아

5급

고기잡을 **어**

氵(水) | 11획

비 魚(고기 어)

물(氵) 속에 숨어버린 물고기(魚)를 잡는 것에서 고기잡이, 사냥(漁)을 의미한다.

읽기 한자

漁港(어항) 물고기를 기르는 데 쓰는 유리로 만든 항아리

쓰기 한자

漁船(어선) 고기잡이하는 배
漁場(어장) 고기잡이를 하는 곳
漁夫(어부) 물고기 잡이를 업으로 하는 사람
出漁(출어) 물고기를 잡으러 나감

5급

억 **억**

亻(人) | 13획

비 意(뜻 의)

옛날 사람(人)들이 생각할(意) 수 있는 가장 큰 수가 억(億)이란 의미이다.

쓰기 한자

億恨(억한) 몹시 많은 원한

쓰기 한자

億萬長者(억만장자) 몇 억대의 재산을 가진 사람

言

6급

말씀 **언**

言 | 0획

동 語(말씀 어)
談(말씀 담)
話(말씀 화)
說(말씀 설)
辯(말씀 변)
辭(말씀 사)

마음(忄)에 있는 바를 입(口)으로 말한다(言)는 의미이다.

읽기한자

言辯(언변) 말솜씨나 말재주
豫言(예언) 미래의 일을 미리 말함
極言(극언) 극단적으로 말함
證言(증언) 사실을 증명함
遺言(유언) 죽음에 임해서 남기는 말

쓰기한자

有口無言(유구무언) 입은 있으나 할 말이 없음
言約(언약) 말로 약속함
格言(격언) 교훈이 될 만한 짧은 말
過言(과언) 지나친 말
形言(형언) 형용하여 말함

嚴

4급

엄할 **엄**

口 | 17획

동 肅(엄숙할 숙)
약 厳

벼랑(厂)에 서 있는 사람의 손을 당기며 위험하다고 굳세게(敢) 외치는(口口)것에 위엄있다(嚴)는 의미이다.

읽기한자

嚴格(엄격) 언행이 엄숙하고 딱딱함
嚴禁(엄금) 엄하게 금함
嚴守(엄수) 엄격히 지킴
尊嚴(존엄) 높고 엄숙함
嚴選(엄선) 엄정히 가려 냄
嚴重(엄중) 엄격하고 정중함

業

6급 Ⅱ

업 **업**

木 | 9획

동 務(힘쓸 무)

북을 올려놓은 받침대를 본떴는데, 받침대를 조각하는 것을 일삼는다 하여 일(業)을 의미한다.

읽기한자

業績(업적) 일의 공적
副業(부업) 본업 외에 갖는 직업
殘業(잔업) 정해진 시간 외의 노동
遺業(유업) 고인이 남긴 사업
業務(업무) 직업으로 행하는 직무
創業(창업) 사업을 시작함

쓰기한자

業體(업체) 사업이나 기업의 주체
分業(분업) 손을 나누어서 일함
課業(과업) 배당된 업무 또는 학과
生業(생업) 살아가기 위해 하는 일

餘

4급 Ⅱ

남을 **여**

食 | 7획

비 除(덜 제)
徐(천천히 서)
동 裕(넉넉할 유)
暇(틈 가) 遺(남길 유)
剩(남을 잉) 殘(남을 잔)
약 余

밥(食)을 먹다가 남긴다(余)는 데서 남다, 나머지(餘)을 의미한다.

읽기한자

餘暇(여가) 겨를
殘餘(잔여) 남아 있는 것
餘波(여파) 주위나 후세에 끼치는 영향
餘念(여념) 딴 생각
餘生(여생) 나머지의 목숨
餘力(여력) 일을 하고 난 나머지의 힘

如 4급Ⅱ
같을 여
女 | 3획

동 若(같을 약)
반 異(다를 이)
差(다를 차)
他(다를 타)

부인(女)의 말(口)은 그의 남편과 같다(如)는 의미이다.

읽기 한자

如干(여간) 보통으로
如前(여전) 전과 같다
缺如(결여) 빠져서 없음

4급
더불/줄 여:
臼 | 7획

비 興(홍할 홍)
동 給(줄 급)
賜(줄 사)
與(줄 여)
授(줄 수) 贈(줄 증)
반 野(들 야) 受(받을 수)
약 与

물건을 함께 맞들어(舁) 올려 준다(与)는 데서 더불다, 주다(與)는 의미이다.

읽기 한자

與件(여건) 주어진 조건
關與(관여) 관계하여 참여함
給與(급여) 봉급이나 임금 등의 총칭
寄與(기여) 이바지하여 줌
賞與金(상여금) 보너스

4급Ⅱ
거스를 역
辶(辵) | 6획

반 順(순할 순)

물구나무 선 형태(屰)에서 가야(辶)만 할 사람이 거꾸로 된 모양(逆)을 의미한다.

읽기 한자

拒逆(거역) 명령을 항거하여 거스름
逆境(역경) 일이 뜻대로 되지 않는 불행한 처지
逆流(역류) 물이 거슬러 흐름
逆順(역순) 거꾸로 된 순서
逆風(역풍) 거슬러 부는 바람

易 4급
바꿀 역
쉬울 이:
日 | 4획

비 場(마당 장)
동 替(바꿀 체)
換(바꿀 환)
반 難(어려울 난)

해(日)가 사라졌다(勿) 나타났다 하듯 인간의 운명은 쉽게 바뀐다(易)는 의미이다.

읽기 한자

易經(역경) 주역
交易(교역) 물품을 서로 교환하여 장사함
簡易(간이) 간단하고 쉬움
安易(안이) 근심이 없고 편안함
容易(용이) 어렵지 않음

4급

지경 역

土 | 8획

비 或(혹 혹)
동 區(구분할 구)
界(지경 계)
境(지경 경)

전쟁이 일어났을 때 국경(土)에서 병사들이 무기를 들고(或) 대치하는 경계(域)를 의미한다.

읽기 한자

廣域(광역) 넓은 구역
區域(구역) 갈라놓은 지역
聖域(성역) 신성한 장소
領域(영역) 일국의 주권이 미치는 범위
異域(이역) 이국의 땅
全域(전역) 구역의 전부

7급

그럴 연

灬(火) | 8획

비 燃(탈 연)
반 否(아닐 부)

불(灬)로 개(犬)고기(肉)를 그을려 태워(然) 먹는 일은 당연(然)하기에 그러하다(然)는 의미이다.

읽기 한자

隱然中(은연중) 남모르는 가운데
依然(의연) 전과 다름없음
未然(미연) 아직 그렇게 되지 아니함
斷然(단연) 굳게 마음먹어 움직이지 않는 모양

쓰기 한자

必然(필연) 그리 되는 수밖에 다른 도리가 없음
當然(당연) 이치로 보아 마땅함
本然(본연) 본디 그대로의 자연
果然(과연) 빈말이 아니라 정말로

4급 Ⅱ

연기 연

火 | 9획

불(火)을 때면 흙(土) 위에 세운 굴뚝(覀)에서 연기(煙)가 나온다는 의미이다.

읽기 한자

煙氣(연기) 물건이 탈 때에 나는 기체
禁煙(금연) 담배를 피우지 못하게 함
無煙炭(무연탄) 태워도 연기가 안 나는 석탄
愛煙家(애연가) 담배를 즐기는 사람
黑煙(흑연) 시꺼먼 연기

4급 Ⅱ

펼 연ː

氵(水) | 11획

비 寅(호랑이 인)
동 展(펼 전)
伸(펼 신)

흐르는 물(氵)의 형상에서 생각한 후에 작업을 한다(寅)고 하여 해보다(演)는 의미이다.

읽기 한자

演技(연기) 연극, 곡예 등의 기예를 보이는 일
講演(강연) 일정한 주제로 청중 앞에서 이야기함
熱演(열연) 열렬하게 연기함
助演(조연) 주연의 연기를 보조함

研

4급Ⅱ

갈 연:

石 | 6획

동 磨(갈 마)
修(닦을 수)
究(연구할 구)

약 研

돌(石)의 울퉁불퉁한 것을 없애기 위해 평평하게(幵) 깎은 것에서 연마하다(硏)는 의미이다.

읽기 한자

研究(연구) 일이나 사물에 대하여 조사하고 생각하여 진리를 알아냄
研修(연수) 연구하고 닦음

延

4급

늘일 연

廴 | 4획

비 廷(조정 정)
반 縮(죽일 축)

멈춘(止) 것을 일으켜 세워서(丿) 멀리 가게 한다(廴)는 데서 끌다, 늘리다(延)는 의미이다.

읽기 한자

延期(연기) 기한을 물려서 늘림
延命(연명) 목숨을 이어감
延人員(연인원) 어떤 일에 동원된 인원을 일수를 인수로 환산한 총인원수
延長(연장) 길게 늘임
延着(연착) 정한 시간보다 늦게 도착함

緣

4급

인연 연

糸 | 9획

비 綠(푸를 록)

실(糸)로 끊긴(彖) 곳을 묶는다는 데서 사람을 서로 이어 인연(緣)을 맺어 준다는 의미이다.

읽기 한자

緣故(연고) 사유
結緣(결연) 인연을 맺음
緣由(연유) 무슨 일이 거기에서 비롯됨
血緣(혈연) 같은 핏줄로 연결된 인연
緣分(연분) 하늘에서 베푼 인연
惡緣(악연) 좋지 못한 인연

鉛

4급

납 연

金 | 5획

비 沿(물따라갈 연)
약 鈆

산 속의 늪(㕣)처럼 검푸른 빛이 나는 쇠(金)가 납(鉛)이라는 의미이다.

읽기 한자

鉛筆(연필) 필기 도구 중의 하나
黑鉛(흑연) 연필심

아

燃

4급

탈 **연**

火 | 12획

비 然(그럴 연)

然이라는 글자가 火를 하나 더 붙여서 〈태우다〉는 의미이다.

읽기한자

燃燈(연등) 등을 달고 불을 켜는 명절의 뜻. 사월 초파일에 행함
燃料(연료) 가열용의 장작, 석탄 등의 총칭
可燃性(가연성) 불에 타기 쉬운 성질

熱

5급

더울 **열**

灬(火) | 11획

비 勢(세력 세)
　藝(재주 예)
동 暑(더울 서)
반 寒(찰 한)
　冷(찰 냉)

토지(坴)에 심은 작물이 잘 자라듯이, 불(灬)이 기세좋게(丸) 뜨겁다(熱)는 의미이다.

읽기한자

熱誠(열성) 열렬한 정성
熱演(열연) 열렬하게 연기함
斷熱(단열) 열의 전도를 막음
以熱治熱(이열치열) 열은 열로써 다스림

쓰기한자

熱氣(열기) 뜨거운 기운
熱量(열량) 열을 에너지의 양으로 나타낸 것
熱望(열망) 열렬히 바람

葉

5급

잎 **엽**

艹(艸) | 9획

나뭇가지(木)에 붙어 떨어지면 또 생겨나는(世) 풀(艹)의 잎(葉)을 나타내는 의미이다.

읽기한자

葉錢(엽전) 놋으로 만든 옛날의 돈
官製葉書(관제엽서) 정부에서 만들어 파는 엽서
末葉(말엽) 맨 끝 무렵의 시대

쓰기한자

觀葉植物(관엽식물) 보고 즐기기 위하여 재배하는 식물
秋風落葉(추풍낙엽) 가을바람에 흩어져 떨어지는 낙엽

英

6급

꽃부리 **영**

艹(艸) | 5획

동 特(특별할 특)

풀(艹)이 성장하여 한복판(央)에 멋있는 꽃이 피는 형상에서 꽃부리(英)라는 의미이다.

읽기한자

英傑(영걸) 영웅 호걸
英略(영략) 뛰어난 계략

쓰기한자

英雄(영웅) 지력과 재능이 뛰어나 대업을 성취한 사람
英才(영재) 탁월한 재주
英特(영특) 영걸스럽고 특별함
育英(육영) 영재를 가르쳐 기름

6급

길 영:

水 | 1획

비 水(물 수)
氷(얼음 빙)
동 長(긴 장)
遠(멀 원)
반 短(짧을 단)

강물의 흐름이 지류에 합치기도 하면서 흘러내려 바다로 가는 형태에서 길다(永)는 의미이다.

읽기 한자

永續(영속) 오래 계속함
永住權(영주권) 그 나라에 영주할 수 있는 권리

쓰기 한자

永生(영생) 영원토록 삶
永遠(영원) 한없이 오래 계속 되는 일

4급Ⅱ

영화 영

木 | 10획

비 營(경영할 영)
동 華(빛날 화)
반 辱(욕될 욕)
약 栄

빛(炏)이 주위를 밝게 감싸듯이(冖) 안개꽃이 나무(木)에 피어 있어 번영(榮)을 의미한다.

읽기 한자

榮華(영화) 귀하게 되어 몸이 세상에 드러나고 이름이 빛남
榮光(영광) 빛나는 영예
榮達(영달) 지위가 높고 귀하게 됨
虛榮(허영) 필요 이상의 겉치레

4급

경영할 영

火 | 13획

비 榮(영화 영)
勞(일할 로)
약 営

화려한(炏) 집(宮)을 짓는다(營)는 의미에서 경영하다(營)는 의미도 있다.

읽기 한자

營利(영리) 재산상의 이익을 도모함
營爲(영위) 일을 경영함
國營(국영) 나라에서 경영함
運營(운영) 조직, 기구 따위를 운용하여 경영함
直營(직영) 직접적인 경영

4급

맞을 영

辶(辵) | 4획

비 仰(우러를 앙)
抑(누를 억)
반 送(보낼 송)
遣(보낼 견)
輸(보낼 수)

길(辶)을 따라 오는 손님을 존경하는(卬) 마음으로 맞이한다(迎)는 의미이다.

읽기 한자

迎入(영입) 환영하여 맞아들임
迎接(영접) 손님을 맞아서 응접함
送舊迎新(송구영신) 묵은 해를 보내고 새해를 맞음
歡迎(환영) 호의를 표하여 즐거이 맞음

아

映

4급

비칠 영(:)

日 | 5획

동 照(비칠 조)

햇빛(日)이 한가운데서(央) 밝게 비친다(映)는 의미이다.

읽기 한자

反映(반영) 반사하여 비침
放映(방영) 텔레비전으로 방송하는 일
上映(상영) 영화를 영사하여 공개함
終映(종영) 영화가 끝남

藝

4급 Ⅱ

재주 예:

艹(艸) | 15획

비 熱(더울 열)
勢(세력 세)
동 技(재주 기)
才(재주 재)
術(재주 술)
약 芸, 藝

식물(艹)을 심고 가꾸는 데는 기술이 필요하다 하여 재주, 기예(藝)라는 의미이다.

읽기 한자

藝能(예능) 예술과 기능
工藝(공예) 공작에 관한 예술
技藝(기예) 기술상의 재주와 솜씨
文藝(문예) 학문과 기예
園藝(원예) 채소, 과수 등을 집약적으로 재배하는 일

豫

4급

미리 예:

豕 | 9획

반 決(결단할 결)
약 予

코끼리(象)가 죽기 전에 미리(予) 정해진 곳에 죽음을 기다린다는 데서 미리(豫)를 의미한다.

읽기 한자

豫見(예견) 어떤 일이 있기 전에 미리 앎
豫買(예매) 시기가 되기 전에 미리 삼
豫算(예산) 미리 비용을 계산함
豫行(예행) 연습으로서 행함
豫言(예언) 미래의 일을 미리 말함

五

8급

다섯 오:

二 | 2획

한쪽 손의 손가락을 전부 편 모양을 본떴다.

읽기 한자

五穀(오곡) 다섯 가지 곡식
五味子(오미자) 오미자나무의 열매

쓰기 한자

五感(오감) 다섯 가지 감각
五福(오복) 다섯 가지 복

午

7급 Ⅱ

낮 오:

十 | 2획

비 牛(소 우)
동 晝(낮 주)
반 夜(밤 야)

열두(十二) 시를 가리키는 시계 바늘 모양으로 정오의 낮(午)을 의미한다.

읽기 한자

端午(단오) 음력 5월 5일의 명절

쓰기 한자

午前(오전) 밤 0시부터 낮 12시까지의 사이
子午線(자오선) 어떤 지점에서 정북과 정남을 통해 천구에 상상으로 그은 선
正午(정오) 낮의 열두 시

4급 Ⅱ

그르칠 오:

言 | 7획

동 過(지날 과)
謬(그르칠 류)

큰소리(吳)로 호언장담하는 말(言)일수록 그릇되기(誤) 쉽다는 의미이다.

읽기 한자

誤差(오차) 참값과 근사값의 차이
誤判(오판) 그릇된 판단
誤答(오답) 잘못된 대답을 함
誤算(오산) 잘못 셈함
誤認(오인) 잘못 보거나 생각함
誤解(오해) 그릇 해석함

5급

집 옥

尸 | 6획

비 居(살 거)
동 家(집 가) 館(집 관)
堂(집 당) 室(집 실)
宅(집 택) 院(집 원)

사람(尸)이 찾아오면 머무는(至) 곳, 즉 침식하는 것에서 집, 주거(屋)를 의미한다.

읽기 한자

屋舍(옥사) 집, 가옥
屋除(옥제) 집의 입구의 층층대

쓰기 한자

屋上(옥상) 지붕의 위
屋外(옥외) 집의 밖
家屋(가옥) 사람이 사는 집
社屋(사옥) 회사의 건물
洋屋(양옥) 서양식으로 지은 집

玉

4급 Ⅱ

구슬 옥

玉 | 0획

비 王(임금 왕)
主(주인 주)
동 珠(구슬 주)

세 개의 구슬을 끈으로 꿴 모양을 본뜬 글자로, 王자와 구별하기 위하여 점을 찍었다.

읽기 한자

玉座(옥좌) 임금이 앉은 자리
玉篇(옥편) 자전(字典)
白玉(백옥) 흰 빛깔의 옥
玉童子(옥동자) 옥같이 예쁜 어린 아들
玉體(옥체) 임금의 몸

6급

따뜻할 **온**

氵(水) | 10획

동 暖(따뜻할 난)
반 冷(찰 냉)
寒(찰 한)
凍(얼 동)
약 温

찬 음식을 쪄서 따뜻이(昷) 하듯이 물(氵)을 데우는 것에서 따뜻하다(溫)는 의미이다.

읽기한자

溫厚(온후) 온화하고 차분함
保溫(보온) 일정한 온도를 보전함
常溫(상온) 늘 일정한 온도
溫故知新(온고지신) 옛 것을 연구해 새 지식이나 견해를 찾아냄

쓰기한자

溫順(온순) 성질, 마음씨가 온화하고 양순함
溫氣(온기) 따뜻한 기운
溫度(온도) 덥고 찬 정도
溫情(온정) 따뜻한 인정
氣溫(기온) 대기의 온도

5급

완전할 **완**

宀 | 4획

비 宗(마루 종)
宅(집 택)
동 全(온전할 전)

담의 토대(元)를 잘 하여 쌓고 지붕(宀)을 해 씌운다는 데서 완전하다(完)는 의미이다.

읽기한자

完納(완납) 남김없이 완전히 납부함
完製品(완제품) 완전히 만들어진 물품
完治(완치) 병을 완전히 고침
完快(완쾌) 병이 완전히 나음
完備(완비) 빠짐없이 완전히 구비함
未完(미완) 끝을 다 맺지 못함

쓰기한자

完結(완결) 완전하게 끝을 맺음
完勝(완승) 완전하게 승리함
完全(완전) 부족함이 없음
完敗(완패) 완전하게 패배함

8급

임금 **왕**

王 | 0획

비 玉(구슬 옥)
동 君(임금 군)
帝(임금 제)
皇(임금 황)
반 臣(신하 신)

하늘과 땅과 인간(三)을 통치하는(丨) 임금(王)을 의미한다.

읽기한자

帝王(제왕) 황제와 국왕
王權(왕권) 국왕의 권력
王宮(왕궁) 임금의 궁전

쓰기한자

王家(왕가) 왕의 집안
王國(왕국) 왕을 통치자로 하는 나라
王道(왕도) 왕이 마땅히 지켜야 할 일
王命(왕명) 임금의 명령
王朝(왕조) 왕이 직접 다스리는 조정

往

4급Ⅱ

갈 **왕:**

彳 | 5획

비 住(살 주)
동 去(갈 거)
반 來(올 래)
復(회복할 복)

풀이 자라듯이(主) 기세 좋게 쑥쑥 앞으로 나아가(彳)는 것에서 지나가다(往)는 의미이다.

읽기한자

往來(왕래) 오고 감
往復(왕복) 갔다가 돌아옴
說往說來(설왕설래) 서로 변론하여 옥신각신 함
右往左往(우왕좌왕) 이랬다 저랬다 갈팡질팡 함

外

8급

바깥 외:

夕 | 2획

반 內(안 내)

저녁(夕)때 거북이 등을 두드려서 점(卜)을 치면 줄금이 바깥쪽에 생겨 바깥(外)을 의미한다.

읽기 한자

外勤(외근) 회사, 관청 등에서 외부의 일에 종사함
外樣(외양) 겉모습
外貨(외화) 외국의 화폐
列外(열외) 늘어선 줄의 밖
除外(제외) 어떤 범위 밖에 둠

쓰기 한자

外面(외면) 보기를 꺼려 얼굴을 돌려 버림
外界(외계) 바깥 세계
外出(외출) 밖에 나감
意外(의외) 뜻밖
野外(야외) 들판

要

5급 Ⅱ

요긴할 요(:)

襾 | 3획

동 緊(긴할 긴)
求(구할 구)

여자(女)가 두 손으로 허리(腰)를 잡고 있는 모양을 본 뜬 글자로 중요하다(要)는 의미이다.

읽기 한자

要素(요소) 사물의 성립에 필요 불가결한 성분
要點(요점) 가장 중요한 점
要求(요구) 강력히 청하여 구함
要員(요원) 필요한 인원
要職(요직) 중요한 직위

쓰기 한자

要件(요건) 중요한 용건
要望(요망) 구하여 바람
要注意(요주의) 주의가 필요함
強要(강요) 강제로 요구함
主要(주요) 주되고 중요함
必要(필요) 꼭 소용이 있음

曜

5급

빛날 요:

日 | 14획

동 華(빛날 화)
熙(빛날 희)

새(隹)가 날아오를 때의 날개(羽)의 아름다움처럼 햇빛(日)이 높이 빛나다(曜)는 의미이다.

읽기 한자

顯曜(현요) 드러나 빛나고 있음

쓰기 한자

曜日(요일) 일, 월, 화, 수, 목, 금, 토의 각 날을 이르는 말
火曜日(화요일) 7요일의 하나. 일요일로부터 셋째 날

謠

4급Ⅱ

노래 요

言 | 10획

동 歌(노래 가)
曲(굽을 곡)
樂(노래 악)

약 謡

고기(月)와 술독의 질그릇(缶)을 앞에 놓고 말(言)을 길게 하면서 노래한다(謠)는 의미이다.

읽기 한자

歌謠(가요) 악가와 속요
童謠(동요) 어린이의 정서를 표현한 노래
民謠(민요) 민중 속에서 오랫동안 전해 내려온 노래의 총칭

5급

목욕할 **욕**

氵(水) | 7획

비 谷(골 곡)
俗(풍속 속)
동 沐(목욕할 목)

옛날 계곡(谷) 사이를 흘러내리는 물(氵)로 씻어 정화한 것에서 맞다, 씻다(浴)는 의미이다.

읽기 한자

浴佛日(욕불일) 석가탄신일

쓰기 한자

浴室(욕실) 목욕실
日光浴(일광욕) 온 몸을 햇빛에 쬐어 건강을 증진시키는 일

6급 Ⅱ

날랠 **용:**

力 | 7획

비 男(사내 남)
동 猛(사나울 맹)
敢(감히 감)

힘(力)이 용솟음(甬) 쳐서 행동이 날래고 용감하다(勇)는 의미이다.

읽기 한자

勇敢(용감) 용기가 있어 사물에 임하여 과감함
勇斷(용단) 용기를 가지고 결단함
武勇談(무용담) 싸움에서 용감하게 공을 세운 이야기

쓰기 한자

勇氣(용기) 씩씩한 의기
勇士(용사) 용맹스러운 사람

6급 Ⅱ

쓸 **용:**

用 | 0획

동 費(쓸 비)
需(쓸 수)

무엇인가 물건을 만들 때 산산히 흩어지지 않도록 못을 사용하여 이용하다(用)는 의미이다.

읽기 한자

盜用(도용) 남의 명의나 물건을 몰래 씀
適用(적용) 쓰기에 알맞음
常用(상용) 일상적으로 사용함
起用(기용) 어떠한 사람을 높은 벼슬에 씀

쓰기 한자

使用(사용) 물건을 쓰거나 사람을 부림
用法(용법) 사용하는 방법
通用(통용) 일반에 두루 사용함
公用(공용) 공적인 용무
活用(활용) 이리저리 잘 응용함

容

4급 Ⅱ

얼굴 **용**

宀 | 7획

동 顔(낯 안)
面(낯 면)

계곡(谷)물이 넓은 강물에 합쳐지는 여울목처럼 집(宀) 앞이 넓어 넣다(容)는 의미이다.

읽기 한자

容易(용이) 어렵지 않음
許容(허용) 허락하고 용납함
容器(용기) 물건을 담는 그릇
受容(수용) 받아들임
內容(내용) 사물의 속내 또는 실속
美容(미용) 용모를 아름답게 단장함

7급 Ⅱ

오를/오른(쪽) **우:**

口 | 2획

비 古(예 고)
石(돌 석)
반 左(왼 좌)

밥을 먹을 때 음식물을 입(口)으로 나르는(𠂇) 손의 모습에서 오른쪽(右)을 의미한다.

읽기 한자

右派(우파) 한 단체, 정파 등의 내부에 있어서의 보수파
右往左往(우왕좌왕) 이랬다 저랬다 갈팡질팡 함
極右(극우) 극단적인 우익 사상

쓰기 한자

左右(좌우) 왼편과 오른편

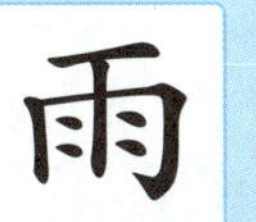

5급 Ⅱ

비 **우:**

雨 | 0획

비 兩(두 량)

드리워져 있는 구름에서 비(雨)가 내리는 모양을 나타낸다.

읽기 한자

降雨量(강우량) 일정한 기간 동안 일정한 곳에 내린 비의 분량
雨備(우비) 비를 가리는 여러 도구
暴雨(폭우) 갑자기 쏟아지는 비

쓰기 한자

雨期(우기) 일 년 중에서 비가 가장 많이 오는 시기
雨量(우량) 비가 온 분량
雨天(우천) 비가 오는 날

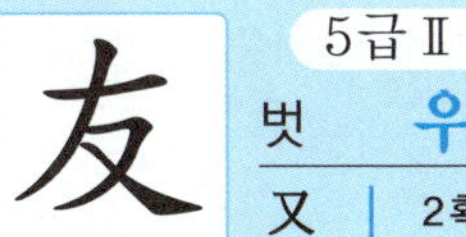

5급 Ⅱ

벗 **우:**

又 | 2획

비 反(돌이킬 반)
동 朋(벗 붕)

두 사람이 손(𠂇)을 서로 잡고 서로(又) 돕는 것에서 벗(友)을 의미한다.

읽기 한자

友好條約(우호조약) 국가간의 우의를 위한 조약
竹馬故友(죽마고우) 어렸을 때부터의 친한 벗

쓰기 한자

友情(우정) 벗 사이의 정
級友(급우) 같은 학급에서 배우는 벗
社友(사우) 한 회사에서 함께 일하는 동료
校友(교우) 동창의 벗

5급

소 **우**

牛 | 0획

비 午(낮 오)
年(해 년)
동 丑(소 축)

소의 머리 모양을 본떴다.

읽기 한자

牛乳(우유) 암소의 젖
鬪牛(투우) 싸움을 잘하는 소
牛耳讀經(우이독경) 쇠귀에 경 읽기
九牛一毛(구우일모) 많은 가운데서 가장 적은 것의 비유

쓰기 한자

牛黃(우황) 소의 쓸개에 병적으로 뭉친 덩어리

4급

만날 우:

⻌(辵) | 9획

동 逢(만날 봉)

원숭이(禺)가 이리저리 다니다가(⻌) 서로 만난다(遇)는 의미이다.

읽기 한자

境遇(경우) 부닥친 형편이나 사정
待遇(대우) 예의를 갖추어 대함
不遇(불우) 좋은 때를 못 만남
處遇(처우) 조처하여 대우함

4급

넉넉할 우

亻(人) | 15획

비 憂(근심 우)
동 秀(빼어날 수)
裕(넉넉할 유)
반 劣(못할 렬)

손, 발, 몸 등을 조용히(憂) 움직이며 행동하는 사람(亻)을 비유해서 품위있다(優)는 의미이다.

읽기 한자

優待(우대) 특별히 잘 대우함
優等(우등) 훌륭하게 빼어난 등급
優勢(우세) 세력, 형세 등이 남보다 나음
優良(우량) 뛰어나게 좋음
優秀(우수) 뛰어나고 빼어남

4급

우편 우

阝(邑) | 8획

꽃나무(垂)와 사람(阝)을 합성하여 먼 국경 전령의 중계소, 편지중계소(郵)를 의미한다.

읽기 한자

郵送(우송) 우편으로 보냄
郵便(우편) 서신 기타의 물품을 전국, 전 세계에 송달하는 통신 제도
郵票(우표) 우편 요금을 낸 표시로 우편물에 붙이는 증표

6급 Ⅱ

옮길 운:

⻌(辵) | 9획

비 連(이을 련)
동 移(옮길 이)
動(움직일 동)
遷(옮길 천)

병사(軍)들이 전차를 끌면서 걸어가(⻌)는 모습에서 나르다, 옮기다(運)는 의미이다.

읽기 한자

運轉(운전) 기계나 수레 따위를 움직여 굴림
試運轉(시운전) 시험적으로 운전함
悲運(비운) 슬픈 운명
運航(운항) 배나 항공기가 항로를 운항함

쓰기 한자

運動(운동) 돌아다니며 움직임
氣運(기운) 시세가 돌아가는 형편
通運(통운) 물건을 실어서 운반함
運行(운행) 운전하며 진행함
國運(국운) 나라의 운명

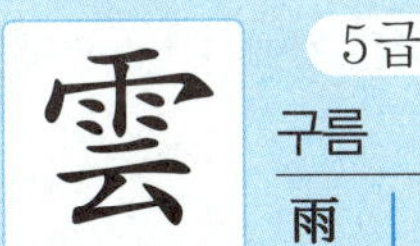

5급 Ⅱ

구름 운

雨 | 4획

비 雪(눈 설)
電(번개 전)

비(雨)를 내리게 하는 뭉게뭉게 구름(云)의 형태에서 구름(雲)을 의미한다.

읽기 한자

暗雲(암운) 이내 비가 내릴 것 같은 검은 구름
星雲(성운) 엷은 구름같이 보이는 별

쓰기 한자

雲集(운집) 구름처럼 많이 모임
青雲(청운) 푸른 빛깔의 구름
雲海(운해) 구름이 덮인 바다
戰雲(전운) 전쟁이 일어나려는 험악한 병세
風雲兒(풍운아) 좋은 기운을 타고 세상에 두각을 나타낸 사람

5급

수컷 웅

隹 | 4획

반 雌(암컷 자)

큰(大) 부리(厶)가 있는 새(隹)란 데서 수컷(雄)을 의미한다.

읽기 한자

雄辯(웅변) 힘차고 거침이 없는 변설
雄壯(웅장) 으리으리하게 크고도 장함
雄飛(웅비) 기세 좋고 씩씩하게 활동함

쓰기 한자

雄大(웅대) 웅장하고 규모가 큼
英雄(영웅) 지력과 재능이 뛰어나 대업을 성취한 사람

6급

동산 원

口 | 10획

비 圓(둥글 원)
團(둥글 단)

밭의 과일(袁)을 품안에 감추려는 듯한 기분으로 울타리(口)를 하여 정원(園)을 의미한다.

읽기 한자

遊園地(유원지) 유람이나 오락을 위하여 여러 가지 설비를 한 곳
園藝(원예) 채소, 과일, 화초 따위를 심어서 가꾸는 일이나 기술
田園(전원) 논밭과 동산. 시골

쓰기 한자

園兒(원아) 유치원에 다니는 아이
庭園(정원) 집안의 뜰
花園(화원) 꽃을 심은 동산
果樹園(과수원) 과수를 기업적으로 재배하는 곳

6급

멀 원:

⻍(辵) | 10획

동 遼(멀 요)
悠(멀 유)
반 近(가까울 근)
약 逺

품안에 물건을 넣고(袁) 멀리에 보내는(⻍) 것에서 멀다(遠)는 의미이다.

읽기 한자

深遠(심원) 내용이 쉽게 헤아릴 수 없이 깊고 오묘함
遠視(원시) 먼 곳까지 보임

쓰기 한자

遠景(원경) 멀리서 보는 경치
遠近(원근) 멀고 가까움
遠洋(원양) 육지에서 멀리 떨어진 넓은 바다
永遠(영원) 한없이 오래 지속되는 일

아

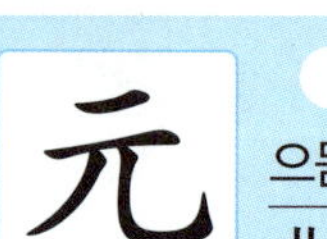

5급 Ⅱ

으뜸 **원**

儿 | 2획

비 完(완전할 완)
동 霸(으뜸 패)

사람(儿)의 가장 위(二)에 있는 머리이며, 머리가 근원이라는 것에서 처음(元)을 의미한다.

읽기 한자

壯元(장원) 과거에서 갑과에 첫째로 급제한 사람을 일컬음
紀元(기원) 나라를 세운 첫 해
高次元(고차원) 차원이 높음

쓰기 한자

元來(원래) 본디
元首(원수) 국가 원수
元祖(원조) 어떤 일을 시작한 사람
元老(원로) 연령, 덕망, 관직이 높은 공신

5급

원할 **원:**

頁 | 10획

동 望(바랄 망)
希(바랄 희)

벼랑(厂) 아래를 흐르는 냇물(泉)에 얼굴(頁)을 비쳐보며 예뻐지도록 염원, 부탁(願)을 의미한다.

읽기 한자

歎願書(탄원서) 탄원의 뜻을 기록한 서면
請願(청원) 청하고 원함

쓰기 한자

願望(원망) 원하고 바람
民願(민원) 국민의 소원이나 청원
宿願(숙원) 오랜 소원
念願(염원) 내심에 생각하고 원함
願書(원서) 허가를 얻기 위하여 내는 서류

5급

언덕 **원**

厂 | 8획

비 源(근원 원)
동 丘(언덕 구)
陵(언덕 릉)
阿(언덕 아)
岸(언덕 안)

벼랑(厂) 아래의 샘물(泉) 형태로 물이 솟아 흐르는 원천, 일어남(原)을 의미한다.

읽기 한자

原論(원론) 근본이 되는 이론
復原(복원) 원래대로 회복함

쓰기 한자

原價(원가) 본디 사들일 때의 값
原料(원료) 제조, 가공의 재료
原理(원리) 사물의 근본이 되는 법칙
原色(원색) 모든 색의 기본이 되는 색
原因(원인) 어떤 사실의 근본인 까닭

院

5급

집 **원**

阝(阜) | 7획

비 完(완전할 완)
동 家(집 가) 堂(집 당)
室(집 실) 屋(집 옥)
宅(집 택) 戶(집 호)

완전히(完) 집을 둘러쌓은 흙담(阝)에서 유래하여 담장 안의 정원으로 건물(院)을 의미한다.

읽기 한자

寺院(사원) 절이나 암자
議院(의원) 국정을 심의하는 곳
支院(지원) 지방 법원, 가정 법원 등에 따로 분설된 하부 기관
退院(퇴원) 입원했던 환자가 병원에서 물러나옴

쓰기 한자

開院(개원) 학원, 병원 등을 처음으로 엶
上院(상원) 양원제 국회에 있어 하원과 함께 조직된 입법 기관
醫院(의원) 병자를 치료하기 위해 특별한 시설을 한 집

4급Ⅱ

인원 원

口 | 7획

비 音(소리 음)
약 負

옛날 조개(貝)는 돈인데 역사와 더불어 진짜 둥근(口) 돌이 생겨 돈을 세는 의미로 바뀌었다.

읽기 한자

減員(감원) 인원수를 줄임
缺員(결원) 정원에서 사람이 빠져 모자람
滿員(만원) 정한 인원이 다 참
要員(요원) 중요한 지위에 있는 임원
充員(충원) 인원을 채움

4급Ⅱ

둥글 원

口 | 10획

비 園(동산 원)
團(둥글 단)
동 團(둥글 단)
丸(둥글 환)

원래 조개(貝)가 돈인데, 진짜 돈이 생기면서 사람 손에서 돌게 된 데에서 둥글다(圓)는 의미이다.

읽기 한자

圓滿(원만) 모난 데가 없이 온화함
圓卓(원탁) 둥근 탁자
一圓(일원) 일대(一帶) 어떤 지역의 전부

4급

원망할 원(:)

心 | 5획

비 怒(성낼 노)
동 恨(한 한)

저녁(夕)에 누워있을(㔾) 때에도 언짢게 생각하는 마음(心)이니 원망하다(怨)는 의미이다.

읽기 한자

怨望(원망) 분하게 여겨 미워함
怨聲(원성) 원망하는 소리
怨恨(원한) 원통하고 한 되는 생각
民怨(민원) 국민의 원망

4급

도울 원:

扌(手) | 9획

비 暖(따뜻할 난)
동 助(도울 조)
救(구원할 구)
護(도울 호)
佐(도울 좌)
扶(도울 부)
贊(도울 찬)

함정에 빠진 사람에게 손(扌)을 내밀어 두 손으로 당겨서(爰) 구원한다(援)는 의미이다.

읽기 한자

援助(원조) 도와줌
應援(응원) 곁들어 도와 줌
增援(증원) 사람의 수를 늘려 도움
救援(구원) 도와 건져 줌
支援(지원) 지지해 도움

아

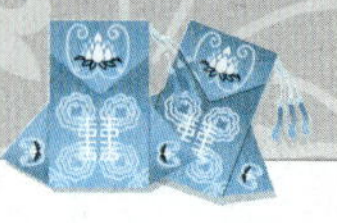

源

4급

근원 원

氵(水) | 9획

비 原(근원/언덕 원)
동 根(뿌리 근)

벼랑(厂) 아래에 물(氵)이 솟아나오는(泉) 것에서 샘물, 원천(源)을 의미한다.

읽기 한자

源流(원류) 물이 흐르는 원천
源泉(원천) 물이 흘러나오는 근원
起源(기원) 사물이 생긴 근원
語源(어원) 단어가 성립된 근원
資源(자원) 기술의 발전에 따라 생산에 이용되는 것

月

8급

달 월

月 | 0획

비 日(날 일)
目(눈 목)
반 日(날 일)

산의 저편에서 나오는 초승달의 모습을 본떴다.

읽기 한자

日就月將(일취월장) 날로 달로 진보함
月次(월차) 매달
滿月(만월) 가장 완전하게 둥근 달
虛送歲月(허송세월) 하는 일 없이 세월만 헛되이 보냄

쓰기 한자

月給(월급) 다달이 받는 정해진 봉급
月例(월례) 매월 행하는 정례(定例)
月食(월식) 지구가 태양과 달의 사이에 들어가 달의 일부 또는 전부가 지구의 그림자에 가려 안 보이게 되는 현상

偉

5급Ⅱ

클 위

亻(人) | 9획

동 大(큰 대)
巨(클 거)
太(클 태)
弘(클 홍)
반 小(작을 소)

사람(人)들이 둘레에 모여드니(韋) 뛰어난(偉) 사람이란 의미이다.

읽기 한자

偉容(위용) 훌륭하고 뛰어난 용모나 모양

쓰기 한자

偉大(위대) 뛰어나고 훌륭함
偉力(위력) 위대한 힘
偉業(위업) 위대한 사업이나 업적
偉人(위인) 위대한 사람

位

5급

자리 위

亻(人) | 5획

비 他(다를 타)
동 座(자리 좌)
席(자리 석)

옛날은 신분(亻)에 의해서 서(立)는 장소가 정해져 있었다는 데서 위치(位)를 의미한다.

읽기 한자

優位(우위) 남보다 유리한 위치나 입장
位置(위치) 자리
單位(단위) 수량을 계산할 때 비교, 기준이 되는 표준

쓰기 한자

地位(지위) 신분에 따르는 어떠한 자리나 계급
高位(고위) 높고 귀한 지위
同位(동위) 같은 위치
部位(부위) 전체에 대한 부분의 위치
方位(방위) 어떠한 방향의 위치

4급 Ⅱ

하/할 위(:)

爪 | 8획

비 僞(거짓 위)
약 為

손(爪)과 몸(尸)을 새(鳥)처럼 움직여 나라를 위하여(爲) 어떤 일을 한다(爲)는 의미이다.

읽기 한자

營爲(영위) 일을 경영함
爲政者(위정자) 정치를 하는 사람
當爲(당위) 마땅히 있어야 할 것
無作爲(무작위) 선택의 의지를 가하지 않는 일
行爲(행위) 사람이 행하는 짓

4급 Ⅱ

지킬 위

行 | 9획

동 防(막을 방)
守(지킬 수)
護(보호할 호)
保(지킬 보)

성 주위(韋)를 빙빙돌며(行) 경계를 하는 병사에 비유해서 지키는 사람(衛)을 의미한다.

읽기 한자

衛生(위생) 건강의 보전, 증진을 도모하고 질병의 예방, 치유에 힘쓰는 일
衛星(위성) 행성의 주위를 운행하는 별
防衛(방위) 막아서 지킴
護衛(호위) 따라다니며 보호하여 지킴

圍

4급

에워쌀 위

口 | 9획

비 園(동산 원)
동 包(쌀 포)
약 囲

샘 주위(韋)에 울타리(口)를 치는 것에서 둘러싸다, 주위(圍)를 의미한다.

읽기 한자

範圍(범위) 어떤 힘이 미치는 한계
周圍(주위) 어떤 곳의 둘레
包圍(포위) 빵 둘러 에워 쌈

4급

위태로울 위

卩 | 4획

동 險(험할 험)
반 安(편안 안)

산비탈(厂)에서 굴러 떨어진 위태한 사람(㔾)을 위에 있는 사람(⺈)이 걱정스럽게 내려다보는 모양에서, '위태하다'는 의미이다.

읽기 한자

危急(위급) 위태롭고 급함
危機(위기) 위험한 고비
危重(위중) 병세가 무겁고 위태로움
安危(안위) 안전함과 위태함

아

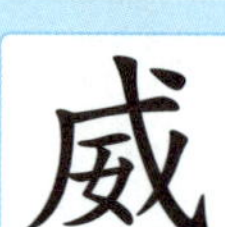

威 4급
위엄 위
女 | 6획

비 戌(이룰 성)
동 嚴(엄할 엄)

도끼(戉)를 든 듯이 무서운 시어머니(女)란 데서 위엄(威)을 의미한다.

읽기 한자

威力(위력) 위풍 있는 강대한 권세
威勢(위세) 맹렬한 기세
示威(시위) 위력이나 기세를 드러내어 보임
權威(권위) 권력과 위엄
威信(위신) 위엄과 신용

委 4급
맡길 위
女 | 5획

비 季(계절 계)
秀(빼어날 수)
동 任(맡길 임)
托(맡길 탁)
預(맡길 예)

벼(禾) 이삭이 바람에 휘어지듯이, 여인(女)이 물건을 만들어 맡기다(委)는 의미이다.

읽기 한자

委員會(위원회) 위원들이 모여 하는 회의
委任(위임) 사무의 처리를 타인에게 위탁하는 일

慰 4급
위로할 위
心 | 11획

상관(尉)들은 마음(心) 속으로 부하들을 위로한다(慰)는 의미이다.

읽기 한자

慰勞(위로) 수고를 치하하여 마음을 즐겁게 해 줌
慰問(위문) 위로하기 위해 문안함
慰安(위안) 위로하여 마음을 편안하게 함

有 7급
있을 유:
月 | 2획

비 右(오른 우)
동 存(있을 존)
在(있을 재)
반 無(없을 무)

손(𠂇)에 고기(月)를 가지고 있다(有)는 의미이다.

읽기 한자

專有物(전유물) 자기 개인 소유의 물건
占有(점유) 자기의 소유로 함
有權者(유권자) 선거권을 가진 사람
保有(보유) 가지고 있음
有益(유익) 이롭거나 이익이 있음

쓰기 한자

有事時(유사시) 비상한 일이 생겼을 때
有實樹(유실수) 유용한 열매를 맺는 나무
有能(유능) 재능이 있음
有力(유력) 힘이 있음

6급
말미암을 유
田 | 0획

비 田(밭 전)
申(펼 신)
甲(갑옷 갑)

나무 가지에 달린 열매의 모양으로, 열매가 나무 가지로 말미암아(由) 달린다는 의미이다.

읽기 한자

緣由(연유) 무슨 일이 거기에서 비롯됨
經由(경유) 거치어 지나감

쓰기 한자

由來(유래) 사물의 연유하여 온 바
事由(사유) 일의 까닭
自由(자유) 남에게 구속을 받거나 무엇에 얽매이지 않고 제 마음대로 행동함

6급
기름 유
氵(水) | 5획

비 由(말미암을 유)
동 脂(기름 지)

나무 열매를 짜내 받은 액체(由)로 물(氵)보다 진하고 끈끈한 상태인 기름(油)을 의미한다.

읽기 한자

油印物(유인물) 등사한 물건
豆油(두유) 콩기름
燈油(등유) 등불을 켜는 데 쓰는 기름
精油(정유) 석유를 정제함

쓰기 한자

原油(원유) 정제하지 않은 석유
産油國(산유국) 원유를 생산하는 나라
注油(주유) 자동차 등에 휘발유 따위를 주입함

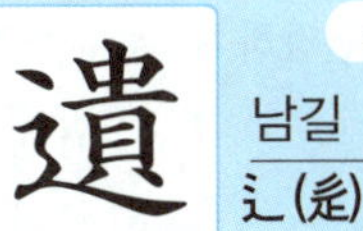

4급
남길 유
辶(辵) | 12획

동 失(잃을 실)

길(辶)을 가다가 귀(貴)한 물건을 떨어뜨리는 데서, '잃어버리다, 남기다'는 의미이다.

읽기 한자

遺物(유물) 사후(死後)에 남겨진 물건
遺言(유언) 죽음에 임해서 남기는 말
遺傳(유전) 끼치어 내려옴
遺族(유족) 죽은 사람의 뒤에 남은 가족

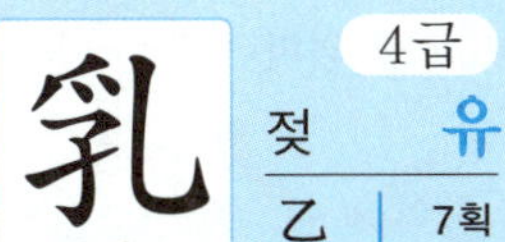

4급
젖 유
乙 | 7획

비 孔(구멍 공)

어머니가 어린 아기(子)를 안고(爫) 입에 젖(乚)을 물리는 것에서 젖(乳)을 의미이다.

읽기 한자

乳兒(유아) 젖먹이
乳業(유업) 우유, 유제품을 생산 또는 판매하는 사업
乳製品(유제품) 우유를 가공한 제품
授乳(수유) 어린아이에게 젖을 먹임

아

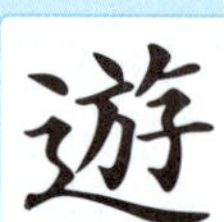

遊 4급
놀 유
辶(辵) | 9획

어린이(子)가 깃발(㫃)을 들고 뛰어다니며(辶) 논다는 데서, '놀다'는 의미이다.

읽기 한자

遊說(유세) 자기 의견 또는 자기 소속 정당 등의 주장을 설파하며 돌아다님
野遊會(야유회) 들놀이를 하는 모임
外遊(외유) 외국에 여행함

儒 4급
선비 유
亻(人) | 14획

동 士(선비 사)

이 시대에 사람(亻)에게 각별히 요구되는(需) 것은 선비(儒)정신이란 의미이다.

읽기 한자

儒敎(유교) 공자를 원조로 하는 교학
儒林(유림) 유도를 닦는 학자들
儒生(유생) 유도를 닦는 선비
儒學(유학) 공자를 시조로 하는 중국 고래의 정교(政敎) 일치의 학문

育 7급
기를 육
月(肉) | 4획

비 骨(뼈 골)
동 養(기를 양)
飼(기를 사)

물구나무선 어린이(子)는 약한 아이로, 고기(肉)를 먹여서 건강하게 키운다(育)는 의미이다.

읽기 한자

保育(보육) 어린애를 돌봐 기름

쓰기 한자

育成(육성) 길러 냄
生育(생육) 낳아서 기름
訓育(훈육) 가르쳐 기름
發育(발육) 발달하여 크게 자람
養育(양육) 부양하여 기름

肉 4급 II
고기 육
肉 | 0획

비 內(안 내)
동 身(몸 신)
體(몸 체)
반 骨(뼈 골)

새와 짐승의 고기 한 조각의 형태에서 고기, 몸, 육체(肉)를 의미한다.

읽기 한자

骨肉相殘(골육상잔) 가까운 친족끼리 서로 해치고 죽이고 함
肉類(육류) 먹을 수 있는 고기 종류
肉聲(육성) 사람의 입으로부터 직접 나오는 소리
血肉(혈육) 피와 살

6급

은 **은**

金 | 6획

비 根(뿌리 근)

금(金)에 비교해 조금 값어치가 떨어지는 금속을 가르켜 은, 흰금(銀)을 의미한다.

읽기 한자

銀貨(은화) 은돈
金銀房(금은방) 금은을 가공 매매하는 가게

쓰기 한자

銀河水(은하수) 수억 이상의 별들이 희미하게 띠 모양의 강처럼 보이는 것
銀行(은행) 저축자로부터 예금을 맡아 관리하는 금융기관

4급Ⅱ

은혜 **은**

心 | 6획

비 思(생각 사)
동 惠(은혜 혜)
반 怨(원망할 원)

큰 도움으로 말미암아(因) 감사하는 마음(心)이 생긴다는 데서 은혜(恩)를 의미한다.

읽기 한자

恩德(은덕) 은혜로 입은 신세
恩人(은인) 신세 진 사람
恩惠(은혜) 베풀어 주는 혜택
結草報恩(결초보은) 죽어 혼령이 되어도 은혜를 잊지 않고 갚음

4급

숨을 **은**

阝(阜) | 14획

반 現(나타날 현) 見(볼 견)
顯(나타날 현)
동 秘(숨길 비)
약 隠

산언덕(阝) 밑에서 조심스레(㥯) 피해 산다는 데서 숨어산다(隱)는 의미이다.

읽기 한자

隱居(은거) 세상을 피해 숨어 삶
隱密(은밀) 숨어 있어 형적이 나타나지 않음
隱士(은사) 벼슬을 않고 숨은 선비
隱身(은신) 몸을 숨김
隱然中(은연중) 남모르는 가운데

6급Ⅱ

소리 **음**

音 | 0획

비 意(뜻 의)
동 聲(소리 성)
반 義(옳을 의)
訓(가르칠 훈)

해(日)가 뜨면(立) 사람들이 일어나서 소리(音)를 내기 시작한다는 의미이다.

읽기 한자

雜音(잡음) 시끄러운 소리
音階(음계) 일정한 음정 사이에 표준음의 계단
音聲(음성) 목소리
防音(방음) 실외의 잡음이나 실내에서 생기는 소리의 반사를 막음

쓰기 한자

福音(복음) 기쁜 소식
音節(음절) 소리마디
和音(화음) 둘 이상의 음이 함께 울리는 소리
發音(발음) 소리를 냄

4급Ⅱ

그늘 음

阝(阜) | 8획

반 陽(볕 양)
景(볕 경)
약 陰

언덕(阝) 위에 지금(今) 구름(云)이 있어서 그늘(陰)이 져 있다는 의미이다.

읽기 한자

陰散(음산) 날씨가 조금 흐릿하고 쓸쓸하게 추움
陰德(음덕) 숨은 덕행
陰地(음지) 그늘진 곳
陰凶(음흉) 마음이 음침하고 흉악함
寸陰(촌음) 얼마 안 되는 시간

6급Ⅱ

마실 음(:)

飠(食) | 4획

비 飯(밥 반)
飾(꾸밀 식)
동 吸(마실 흡)

물이나 국(食)을 큰 입을 벌려서(欠) 마셔 넘기는 것에서 마시다(飮)는 의미이다.

읽기 한자

飮酒(음주) 술을 마심
飮毒(음독) 독약을 먹음
試飮(시음) 술이나 음료수 등을 맛보기 위하여 시험 삼아 마셔 봄
暴飮(폭음) 가리지 아니하고 함부로 많이 마심

쓰기 한자

飮料(음료) 술, 차, 사이다 등 마시는 물건의 총칭
飮食(음식) 먹고 마시는 물건
過飮(과음) 술을 지나치게 마심

7급

고을 읍

邑 | 0획

비 色(빛 색)
동 郡(고을 군)
州(고을 주)
縣(고을 현)
洞(고을 동)

인구(口)가 모여 사는 지역(巴)이란 데서 고을(邑)을 의미한다.

읽기 한자

邑誌(읍지): 한 邑(읍)의 歷史(역사)·地誌(지지)를 기록한 책

쓰기 한자

都邑(도읍) 서울
邑內(읍내) 읍의 안

4급Ⅱ

응할 응:

心 | 13획

동 諾(허락할 낙)
약 応

매(鷹)가 꿩을 잡아 주인의 마음(心)에 호응한다는 데서 '응하다'는 의미이다.

읽기 한자

應援(응원) 곁들어 도와 줌
適應(적응) 걸맞아 서로 어울림
呼應(호응) 부름에 따라 대답함
應試(응시) 시험에 응함
因果應報(인과응보) 사람이 짓는 선악의 인업에 응하여 과보가 있음
應答(응답) 물음에 응하여 대답함
應當(응당) 지극히 마땅함

6급 Ⅱ

뜻 **의:**

心 | 9획

비 章(글 장)
音(소리 음)

동 志(뜻 지) 情(뜻 정)
趣(뜻 취) 思(생각 사)
義(옳을 의)

마음(心)에 담고 있는 소리(音)와 말에서 생각하다, 생각하고 있는 것(意)을 의미한다.

읽기 한자

意志(의지) 뜻
故意(고의) 일부러 함
眞意(진의) 참뜻
謝意(사의) 감사의 뜻을 나타내는 예의
意味(의미) 말, 문장 등이 지니고 있는 내용

쓰기 한자

意圖(의도) 장차 하려는 계획
決意(결의) 뜻을 정하여 굳게 먹음
意向(의향) 무엇을 하려는 생각
任意(임의) 자기 의사대로 하는 일

6급

의원 **의**

酉 | 11획

약 医

화살(矢)과 창(殳)에 맞아 음푹 패인 상처(匚)를 술(酉)로 소독하여 고치는 사람에서, '의원, 병고치다'는 의미이다.

읽기 한자

專門醫(전문의) 어떤 한 부분만을 전문적으로 연구한 의사
醫務室(의무실) 의사(醫事)에 관한 일을 하는 곳
主治醫(주치의) 주로 그 환자의 치료를 맡아 하는 의사

쓰기 한자

醫術(의술) 병을 고치는 기술
名醫(명의) 병을 잘 고쳐 이름난 의사
醫藥品(의약품) 의료에 쓰는 약품

4급 Ⅱ

옳을 **의:**

羊 | 7획

비 儀(거동 의)

착하고 아름다운(美) 마음씨를 내(我)가 좋아하니 의롭고, 올바르다(義)는 의미이다.

읽기 한자

義理(의리) 사람으로서 지킬 바른 도리
義務(의무) 맡은 직분
義士(의사) 의리와 지조를 굳게 지키는 사람
義絕(의절) 결의한 것을 끊음
主義(주의) 굳게 지키는 일정한 방침

議

4급 Ⅱ

의논할 **의(:)**

言 | 13획

비 講(욀 강)

동 論(논할 론)

옳은(義) 결론을 얻기 위하여 말씀(言)으로 상담하고 의논한다(議)는 의미이다.

읽기 한자

抗議(항의) 반대의 뜻을 주장함
議決(의결) 의논하여 결정함
同議(동의) 의견이나 주의가 같은 의론
發議(발의) 회의할 때 어떠한 의안을 냄
相議(상의) 서로 의논함

衣

6급

옷 의

衣 | 0획

비 依(의지할 의)
동 服(옷 복)

의복의 형태에서 옷, 의복(衣)의 의미를 나타냈다.

읽기 한자

衣糧(의량) 의복과 양식
衣帶(의대) 옷과 띠라는 뜻으로, 갖추어 입는 옷차림을 이르는 말

쓰기 한자

衣食住(의식주) 옷과 음식과 집. 인간 생활의 세 가지 기본 요소

依

4급

의지할 의

亻(人) | 6획

비 他(다를 타)
동 據(근거 거)

사람(人)은 옷(衣)에 의지하여(依) 활동한다는 의미이다.

읽기 한자

依據(의거) 증거대로 함
依然(의연) 전과 다름이 없음
依支(의지) 몸을 기대고 있음
舊態依然(구태의연) 옛 모양 그대로 다름이 없음

疑

4급

의심할 의

疋 | 9획

비수(匕)나 화살(矢), 창(矛)이 날아올 가능성이 있는 적지에서 발걸음(疋)이 더디고 무거운 데서, '의심하다'는 의미이다.

읽기 한자

疑問(의문) 의심해서 물음
疑心(의심) 믿지 못해 이상히 여기는 마음
容疑者(용의자) 피의자
質疑(질의) 의심나는 점을 물어 밝힘

儀

4급

거동 의

亻(人) | 13획

비 義(옳을 의)

사람(人)은 올바르게(義) 거동(儀)을 하여야 한다는 의미이다.

읽기 한자

儀式(의식) 예식을 갖춘 법
禮儀(예의) 남과의 관계에 있어서 지켜야 하는 말과 몸가짐
祭天儀式(제천의식) 하늘을 숭배하고 제사 지내는 원시 종교 의식

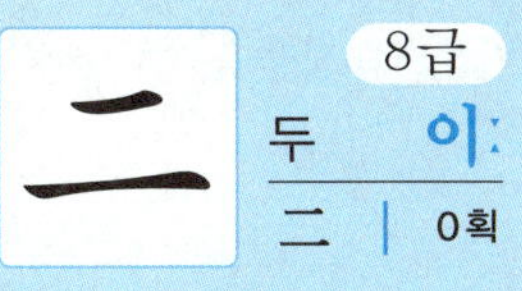

二 8급
두 이:
二 | 0획

동 再(두 재)

一에 一을 포개서 둘, 다음, 배(二)를 의미한다.

읽기 한자

不事二君(불사이군) 한 사람이 두 임금을 섬기지 아니함
二律背反(이율배반) 서로 모순 되는 두 개의 명제
一石二鳥(일석이조) 한 가지 일을 하여 두 가지 이익을 얻음

쓰기 한자

二重(이중) 두 겹
一口二言(일구이언) 한 입으로 두 가지 말을 함

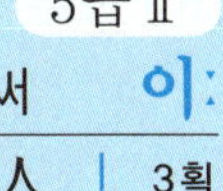

以 5급Ⅱ
써 이:
人 | 3획

쟁기를 본 뜬 글자로 밭 갈 때 쟁기를 가지고 쓰는 데서, '쓰다, 가지다(以)'는 의미이다.

읽기 한자

以熱治熱(이열치열) 열은 열로써 다스림

쓰기 한자

以實直告(이실직고) 사실 그대로 고함
以心傳心(이심전심) 마음과 마음으로 전달됨
自古以來(자고이래) 예로부터 내려오면서
所以(소이) 까닭

아

耳 5급
귀 이:
耳 | 0획

비 目(눈 목)

사람 귀의 모양을 본떴다.

읽기 한자

牛耳讀經(우이독경) 쇠귀에 경 읽기

쓰기 한자

耳目(이목) 귀와 눈
耳順(이순) 나이 예순을 일컫는 말
馬耳東風(마이동풍) 남의 말을 귀담아 듣지 않고 곧 흘려버림

移 4급Ⅱ
옮길 이
禾 | 6획

비 利(날카로울 리)
동 運(옮길 운)
轉(구를 전)
遷(옮길 천)

많은(多) 양의 벼(禾)를 창고로 옮긴다(移)는 의미이다.

읽기 한자

移轉(이전) 장소, 주소 등을 다른 데로 옮김
移動(이동) 옮겨 움직임
移民(이민) 다른 나라로 이주하는 일
移植(이식) 옮겨 심음
變移(변이) 변화하여 다른 상태로 옮김

4급

다를 **이:**

田 | 6획

비 翼(날개 익)
동 他(다를 타)
別(다를 별)
差(다를 차)
殊(다를 수)
반 同(한가지 동)
共(한가지 공)

모든 밭(田)이 한가지(共) 곡식을 심는 것이 아니고 다른(異) 작물을 심기도 한다는 의미이다.

읽기 한자

異見(이견) 서로 다른 의견
異色(이색) 다른 빛깔
異說(이설) 세상에 통용되는 설과는 다른 설
異變(이변) 예상 밖의 사태
奇異(기이) 기괴하고 이상함

4급 Ⅱ

더할 **익**

皿 | 5획

동 添(더할 첨)
加(더할 가)
增(더할 증)
반 損(덜 손)
減(덜 감)
除(덜 제)

접시(皿)안에 물(水)이 넘칠 정도 들어 있는 것에서 늘다, 도움이 된다(益)는 의미이다.

읽기 한자

權益(권익) 권리와 이익
多多益善(다다익선) 많을수록 더 좋음
百害無益(백해무익) 해는 되어도 이로울 것은 전혀 없음
收益(수익) 이익을 거둠
便益(편익) 편리하고 유익함

引

4급 Ⅱ

끌 **인**

弓 | 1획

비 弘(클 홍)
동 導(인도할 도)
牽(끌 견)
拉(끌 랍)
提(끌 제)
반 推(밀 추)

활(弓)을 댕겨(丨) 화살이 날아가는 것에서 당기다, 데려가다(引)는 의미이다.

읽기 한자

引繼(인계) 하는 일을 넘겨 줌
引出(인출) 예금, 저금을 찾아냄
引上(인상) 물건 값, 요금, 봉급 등을 올림
引用(인용) 다른 글 가운데에서 문장, 사례 등을 끌어 씀

仁

4급

어질 **인**

亻(人) | 2획

동 賢(어질 현)
慈(사랑 자)
良(어질 량)

두(二) 사람(亻)이 서로 사랑하고 생각해 준다는 것에서 배려하다, 어질다(仁)는 의미이다.

읽기 한자

仁術(인술) 사람을 살리는 어진 기술
殺身成仁(살신성인) 옳은 일을 위해 목숨을 버림을 이르는 말

認

4급 Ⅱ

알 인

言 | 7획

비 調(고를 조)
동 識(알 식)
知(알 지)

사람의 말(言)과 행위를 곰곰히 마음(心) 속에서 새겨 두는(刃) 것에서 용서하다(認)는 의미이다.

읽기 한자

認定(인정) 옳다고 믿고 정하는 일
容認(용인) 용납하여 인정함
未確認(미확인) 아직 확인되지 아니함
承認(승인) 옳다고 인정하여 승낙함
誤認(오인) 잘못보거나 그릇 인정함

人

8급

사람 인

人 | 0획

비 入(들 입)
반 天(하늘 천)

사람이 옆을 향한 모양을 본떴다.

읽기 한자

人權(인권) 인간으로서 당연히 갖는 기본적 권리
證人(증인) 증명을 하는 사람
故人(고인) 죽은 사람
人造(인조) 사람이 만듦
求人(구인) 쓸 사람을 구함

쓰기 한자

人氣(인기) 세상 사람의 좋은 평판
人情(인정) 남을 동정하는 마음씨
知性人(지성인) 지성을 지닌 사람
人才(인재) 재주가 놀라운 사람

因

5급

인할 인

口 | 3획

비 困(곤할 곤)
囚(가둘 수)
동 緣(인연 연)
반 果(결과 과)

어떤 일(口)에 크게(大) 인연(因)이 있다는 의미이다.

읽기 한자

因緣(인연) 서로의 연분
因果應報(인과응보) 사람이 짓는 선악의 인업에 응하여 과보가 있음

쓰기 한자

因果(인과) 원인과 결과
因習(인습) 이전부터 전해 내려오는 습관
要因(요인) 직접 그 원인 또는 조건이 되는 요소
火因(화인) 화재의 원인

印

4급 Ⅱ

도장 인

卩 | 4획

어진(仁) 사람임을 나타내는 표시(卩)이니 도장(印)이라는 의미이다.

읽기 한자

印象(인상) 깊이 느껴 잊혀지지 않는 일
印朱(인주) 도장을 찍는 데 쓰는 붉은 빛의 재료
刻印(각인) 도장을 새김
職印(직인) 관직을 나타내는 도장

아

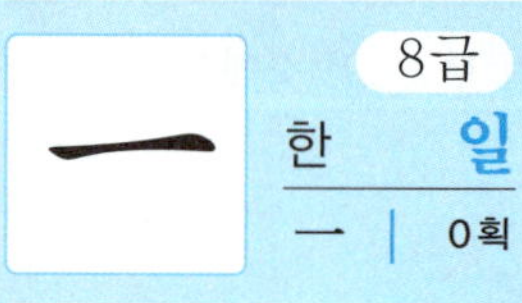

8급

한 일

一 | 0획

동 壹(한 일)

막대기 하나(一)를 가로로 놓은 모양이다.

읽기한자

一擧兩得(일거양득) 한 가지 일을 하여 두 가지 이익을 거둠
非一非再(비일비재) 한두 번이 아님
擇一(택일) 하나를 고름
進一步(진일보) 한 걸음 더 나아감
一律的(일률적) 한결같음

쓰기한자

一擧一動(일거일동) 사소한 동작
一流(일류) 첫째가는 지위
一定(일정) 하나로 고정되어 변동이 없음
一口二言(일구이언) 한 입으로 두 가지 말을 함

8급

날 일

日 | 0획

비 曰(가로 왈)
目(눈 목)
반 月(달 월)

해의 모양을 본떴다.

읽기한자

日就月將(일취월장) 날로 달로 진보함
抗日(항일) 일본 제국주의에 대한 항거
日程(일정) 그 날에 할 일
日常(일상) 날마다
擇日(택일) 좋은 날짜를 고름

쓰기한자

終日(종일) 하루 낮 동안
日課(일과) 날마다 규칙적으로 하는 일정한 일
日當(일당) 하루에 얼마씩 정해서 주는 급료
日氣(일기) 날씨

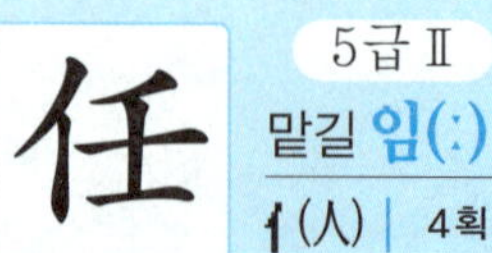

5급Ⅱ

맡길 임(:)

亻(人) | 4획

비 仕(맏길 사)
件(물건 건)
동 擔(멜 담)
委(맡길 위)
托(맡길 탁)
預(맡길 예)

사람(亻)이 중요한 물건을 등져 중요한 직책에 근무하여(壬) 근무, 직책(任)을 의미한다.

읽기한자

適任(적임) 임무에 적당함
辭任(사임) 맡아 보던 직책을 그만두고 물러남
任務(임무) 맡은 사무, 업무
留任(유임) 그냥 머물러 사무를 맡음

쓰기한자

責任(책임) 도맡아 해야 할 임무, 의무
信任(신임) 믿고 일을 맡기는 일
歷任(역임) 차례로 여러 벼슬을 지냄
任命(임명) 관직에 명함
任用(임용) 직무를 맡겨 등용함

7급

들 입

入 | 0획

비 人(사람 인)
반 出(날 출)
落(떨어질 락)

동굴에 들어가는 형태에서 입구에서 들어가다(入)는 의미이다.

읽기한자

入庫(입고) 물건, 자동차를 창고에 넣음
投入(투입) 던져 넣음
入籍(입적) 호적에 올림
入隊(입대) 군대에 들어가 군인이 됨

쓰기한자

入住(입주) 새로 지은 집 등에 들어가 삶
入門(입문) 어떤 학문에 처음으로 들어감
入室(입실) 방에 들어감
記入(기입) 적어 넣음
流入(유입) 흘러 들어옴

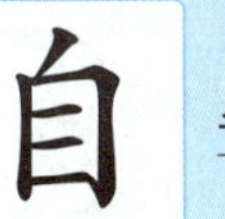

7급Ⅱ

스스로 자

自 | 0획

비 白(흰 백)
동 己(몸 기)
반 他(다를 타)

자기의 코를 가르키면서 나(自)라고 한 것에서 자기(自)를 의미한다.

읽기 한자

自治(자치) 제 일을 스스로 다스려 감
自強不息(자강불식) 스스로 힘써 쉬지 않음
自招(자초) 스스로 불러들임
自覺(자각) 스스로 깨달음
自殺(자살) 스스로 제 목숨을 끊음

쓰기 한자

自白(자백) 스스로의 죄를 고백함
自責(자책) 제 자신을 스스로 책망함
自省(자성) 스스로 반성함
自宅(자택) 자기의 집

7급

아들 자

子 | 0획

반 女(계집 녀)

갓난 아기(子)의 모양을 본떴다.

읽기 한자

四君子(사군자) 매화, 국화, 난초, 대나무
子婦(자부) 며느리

쓰기 한자

板子(판자) 나무로 만든 널조각
子孫(자손) 아들과 손자
弟子(제자) 스승의 가르침을 받는 사람
父傳子傳(부전자전) 대대로 아버지가 아들에게 전함
孝子(효자) 부모를 잘 섬기는 아들

7급

글자 자

子 | 3획

집에서(宀) 아이(子)가 차례차례 태어나듯이 글자에서 글자가 생겨나므로 문자(字)를 의미한다.

읽기 한자

字句(자구) 문자와 어구
字解(자해) 글자의 해석
誤字(오자) 잘못 쓴 글자
打字(타자) 타자기로 종이 위에 글자를 찍는 일

쓰기 한자

字典(자전) 한자를 모아 그 뜻을 풀어 놓은 책
習字(습자) 글자 쓰기를 익힘
活字(활자) 활판 인쇄에서 쓰이는 자형

6급

놈 자

耂(老) | 5획

비 老(늙을 로)
약 者

노인(耂)이 젊은 사람에게 말할(白) 때 이 놈(者) 저 놈(者)한다는 의미이다.

읽기 한자

或者(혹자) 어떤 사람
死傷者(사상자) 죽은 사람과 다친 사람
走者(주자) 달리는 사람
富者(부자) 살림이 넉넉한 사람

쓰기 한자

讀者(독자) 책 등 출판물을 읽는 사람
技術者(기술자) 기술을 가진 사람
消費者(소비자) 물건을 소비하는 사람
筆者(필자) 글을 쓴 사람
亡者(망자) 죽은 사람

姿

4급

모양 자:

女 | 6획

비 恣(방자할 자)
동 態(모양 태)
樣(모양 양)
形(모양 형)
貌(모양 모)
像(모양 상)

여자(女)에 요구되는 다음(次)의 자세도 형태도 중요하기에 자세, 형태(姿)를 의미한다.

읽기 한자

姿勢(자세) 몸을 가진 모양과 그 태도
姿態(자태) 몸가짐과 맵시
高姿勢(고자세) 거만하게 버티는 자세

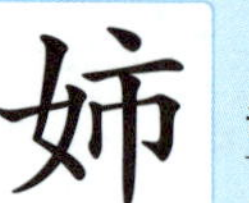

姊

4급

손위누이 자

女 | 5획

반 妹(누이 매)

시장(市)에 사람들이 슬슬 들어오듯이 차례로 태어난 가장 위의 여인(女)을 누나(姊)라 한다.

읽기 한자

姊妹(자매) 여자끼리의 언니와 아우
姊兄(자형) 손위 누이의 남편
姊妹結緣(자매결연) 어떤 지역이나 단체가 다른 지역, 단체와 서로 돕기 위해 자매의 관계를 맺는 일

資

4급

재물 자

貝 | 6획

비 質(바탕 질)
동 財(재물 재)
貨(재물 화)
質(바탕 질)

옛날 생명과 마음 다음(次)에 중요한 것은 생활 밑천인 돈과 재산(貝)으로 돈(資)을 의미한다.

읽기 한자

資料(자료) 바탕이 되는 재료
資質(자질) 타고난 성품과 바탕
資本(자본) 영업의 기본이 되는 돈
增資(증자) 자본을 더 늘림
物資(물자) 경제나 생활의 바탕이 되는 물품

昨

6급 Ⅱ

어제 작

日 | 5획

비 作(지을 작)
반 今(이제 금)

하루 해(日)가 잠깐(乍) 사이에 휙 지나가 버리니 어제(昨)란 의미이다.

읽기 한자

昨報(작보) 어제의 보도

쓰기 한자

昨今(작금) 어제와 오늘
昨年(작년) 지난해
昨日(작일) 어제

6급Ⅱ

지을 **작**

亻(人) | 5획

동 造(지을 조)
創(비롯할 창)
製(지을 제)

사람(亻)이 나뭇가지를 구부려서 담장을 만들고, 그 안에 집을 만드는(乍) 것에서 만들다(作)는 의미이다.

읽기 한자

副作用(부작용) 그 본래의 작용에 부수하여 일어나는 작용
傑作(걸작) 썩 훌륭한 작품
作故(작고) 사망의 경칭
造作(조작) 일부러 꾸밈
創作(창작) 처음으로 만듦

쓰기 한자

無作爲(무작위) 선택의 의지를 가하지 않는 일
作曲(작곡) 악곡을 창작함
凶作(흉작) 농작물의 수확이 적음
作動(작동) 기계의 운동 부분의 움직임

4급

남을 **잔**

歹 | 8획

비 錢(돈 전)
동 餘(남을 여)
遺(남길 유)
약 残

창을 마주대고(戔) 서로 싸우고 해치니 주검(歹)만 남는다(殘)는 의미이다.

읽기 한자

殘金(잔금) 쓰고 남은 돈
殘惡(잔악) 잔인하고 악독함
殘額(잔액) 나머지 액수
殘業(잔업) 정해진 시간 외의 노동
殘在(잔재) 남아 있음

雜

4급

섞일 **잡**

隹 | 10획

비 難(어려울 난)
離(떠날 리)
동 混(섞을 혼)
약 雑

온갖 빛의 새들이 나무에 모여들(集)듯 여러 빛깔의 천(衣)이 모인데서, '섞이다'는 의미이다.

읽기 한자

雜多(잡다) 갖가지가 뒤섞여 많음
雜談(잡담) 쓸데없이 지껄이는 말
雜音(잡음) 시끄러운 소리
混雜(혼잡) 한데 뒤섞여 분잡함

8급

긴 **장(:)**

長 | 0획

동 永(길 영)
반 短(짧을 단)
幼(어릴 유)

지팡이를 짚은 노인의 모습을 본떴다.

읽기 한자

長髮(장발) 길게 기른 머리털
長篇小說(장편소설) 장편으로 된 소설
機長(기장) 항공기 승무원들의 총책임자
長指(장지) 가운데 손가락

쓰기 한자

長足(장족) 빠르게 나아가는 걸음
長技(장기) 가장 능한 재주
長短(장단) 긴 것과 짧은 것
家長(가장) 집안의 어른
團長(단장) 단체의 우두머리

자

將

4급 Ⅱ

장수 장(:)

寸 | 8획

비 奬(장려할 장)
동 帥(장수 수)
반 兵(병사 병) 卒(마칠 졸)
軍(군사 군) 士(선비 사)
약 将

신당(爿)에 고기(月)를 바치는 행위(寸)의 주체가 일족의 장로였으므로 일족을 이끄는 사람, 이끌다(將) 등의 의미이다.

읽기 한자

日就月將(일취월장) 날로 달로 진보함
將來(장래) 앞날
老將(노장) 늙은 장수
獨不將軍(독불장군) 무엇이나 혼자 처리하는 사람
名將(명장) 이름난 장수

場

7급 Ⅱ

마당 장

土 | 9획

비 陽(볕 양)
腸(창자 장)

깃발(勿)위로 높이 해(日)가 떠오르듯이 높게 흙(土)을 돋운 장소를 빗대 곳, 장소(場)이다.

읽기 한자

劇場(극장) 연극을 연출하거나 영화를 상영하는 곳
滿場一致(만장일치) 회장에 모인 여러 사람의 뜻이 한결 같음
職場(직장) 그 사람이 근무하며 맡은 일을 하는 일터

쓰기 한자

開場(개장) 어떤 장소를 공개함
當場(당장) 일이 일어난 바로 그 곳
場面(장면) 어떠한 장소의 겉으로 드러난 면
登場(등장) 무슨 일에 어떤 인물이 나타남

章

6급

글 장

立 | 6획

비 意(뜻 의)
동 文(글월 문)
詞(글 사)
經(글 경)
書(글 서)

소리와 음(音)을 구별하여, 음악의 끝(十)이라든가 문장의 한 단락, 글(章)을 의미한다.

읽기 한자

憲章(헌장) 국가 등이 이상으로 정한 원칙
印章(인장) 도장

쓰기 한자

國章(국장) 국가의 권위를 나타내는 휘장의 총칭
旗章(기장) 국기, 군기, 깃발. 교기 등의 총칭
文章(문장) 한 줄거리의 생각이나 느낌을 글자로 기록해 나타낸 것

障

4급 Ⅱ

막을 장

阝(阜) | 11획

비 章(글 장)
陣(진칠 진)
동 拒(막을 거)
防(막을 방)

수많은 글자가 모여 글(章)을 이루듯 언덕(阝)이 모여 험한 산을 이루어 사람의 통행을 막는 데서, '막다' 는 의미이다.

읽기 한자

障壁(장벽) 밖을 가려 막은 벽
障害(장해) 거리껴서 해가 됨
故障(고장) 기계, 설비 따위의 기능에 탈이 생기는 일
保障(보장) 장애가 없도록 보증함
支障(지장) 형편이 나쁜 사정

4급

장할 장:

士 | 4획

비 莊(씩씩할 장)
동 健(건장할 건)
약 壮

나무를 조각(爿) 낼 수 있는 무사(士)이니 씩씩하다, 장하다(壯)의 의미이다.

읽기한자

壯談(장담) 확신을 갖고 자신 있게 하는 말
壯士(장사) 기개와 체질이 썩 굳센 사람
健壯(건장) 몸이 크고 굳셈
悲壯(비장) 슬프고도 장함

腸

4급

창자 장

月(肉) | 9획

비 陽(볕 양)
場(마당 장)

깃발(勿)이 아침 해(日)에 움직이듯이 몸(月) 안에서 길게 움직이는 창자(腸)를 의미한다.

읽기한자

九折羊腸(구절양장) 산길 따위가 양의 창자처럼 꼬불꼬불하고 험함
小腸(소장) 위와 대장 중간에 있는 소화기
心腸(심장) 마음의 속내

4급

꾸밀 장

衣 | 7획

동 飾(꾸밀 식)
약 装

옷(衣)을 웅장하게(壯) 꾸며(裝) 입는다는 의미이다.

읽기한자

裝置(장치) 어떤 목적에 따라 기능하도록 기계 · 도구 등을 그 장소에 장착함
服裝(복장) 옷차림
假裝(가장) 거짓으로 꾸밈
正裝(정장) 정식의 복장
武裝(무장) 전투를 할 때에 갖추는 몸차림

4급

장려할 장(:)

犬 | 11획

비 將(장수 장)
약 奨, 奬

개(犬)를 날쌔도록 훈련시키듯, 앞으로 장수(將)가 되라고 권하며 돕는 데서, '장려하다'는 의미이다.

읽기한자

奬學金(장학금) 가난하나 공부를 잘하는 학생을 위한 학자 보조금
勸奬(권장) 권하여 장려함

帳

4급

장막 장

巾 | 8획

비 張(베풀 장)

벌레방지로 침상에 달아 논 것, 또 길게(長) 매단 천(巾)을 말하는 것으로 모기장, 장막(帳)을 의미한다.

읽기 한자

日記帳(일기장) 나날이 일어나는 일을 기록하는 책
通帳(통장) 은행 등에서 예금한 사람에게 출납 상태를 기록해 주는 장부

張

4급

베풀 장

弓 | 8획

비 帳(장막 장)
동 伸(펼 신) 擴(넓힐 확)
宣(베풀 선)
設(베풀 설)
施(베풀 시)
陳(베풀 진)
반 縮(줄일 축)

당긴 활(弓)줄이 늘어나(長)는 것에서 당기다, 넓어지다(張)는 의미이다.

읽기 한자

主張(주장) 자기 의견을 굳이 내세움
冊張(책장) 책의 낱낱의 장
出張(출장) 용무를 위해 외부로 나감

才

6급Ⅱ

재주 재

才 | 0획

비 寸(마디 촌)
丈(어른 장)
동 技(재주 기)
術(재주 술)
藝(재주 예)

풀이 지면에 싹텄을 때의 형태로 소질, 지혜(才)를 의미한다.

읽기 한자

秀才(수재) 뛰어난 재주

쓰기 한자

才致(재치) 눈치 빠른 재주
才量(재량) 재주와 도량
才能(재능) 재주와 능력
多才多能(다재다능) 재주가 많고 능력이 풍부함
英才(영재) 탁월한 재주
才質(재질) 재능이 있는 자질

在

6급

있을 재:

土 | 3획

비 布(베 포)
동 有(있을 유)
存(있을 존)
반 無(없을 무)
莫(없을 막)

땅(土)이 있으면 어디서나 반드시 식물의 싹(才)이 움트는 데서 '있다'는 의미이다.

읽기 한자

在庫(재고) 창고 따위에 있음
散在(산재) 여기저기 흩어져 있음
殘在(잔재) 남아 있음
主權在民(주권재민) 국가의 주권이 국민에게 있음

쓰기 한자

在京(재경) 서울에 있음
不在者(부재자) 그 자리에 없는 사람
在中(재중) 속에 들어 있음
所在地(소재지) 있는 곳

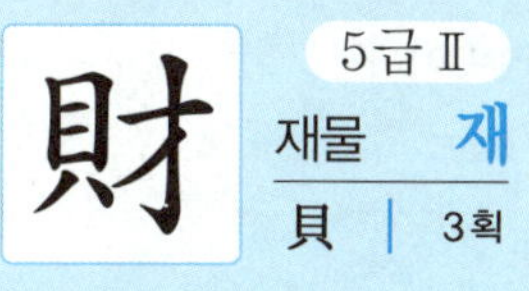

5급 Ⅱ

재물 **재**

貝 | 3획

동 資(재물 자)
貨(재물 화)

싹을 틘 식물(才)이 크게 되듯이, 값어치가 나가는 돈과 재산(貝) 등 재물(財)을 의미한다.

읽기 한자

私財(사재) 개인이 소유하고 있는 재산
財政(재정) 개인, 기업 등의 경제 사정
財貨(재화) 재물

쓰기 한자

財界(재계) 실업가 및 금융업자의 사회
財團(재단) 일정한 목적을 위해 결합된 재산의 집단
財物(재물) 돈이나 그 밖의 온갖 값나가는 물건

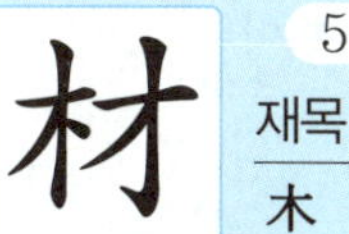

5급 Ⅱ

재목 **재**

木 | 3획

비 林(수풀 림)
村(마을 촌)

판자나 기둥으로 하기 위해 쓰러뜨린 나무(木)는 도움(才)이 되는 재목(材)이라는 의미이다.

읽기 한자

適材適所(적재적소) 마땅한 인재를 마땅한 자리에 씀
素材(소재) 예술 작품의 근본이 되는 재료
取材(취재) 작품, 기사의 재료 또는 제재를 얻음

쓰기 한자

材料(재료) 물건을 만드는 데 드는 원료
教材(교재) 가르치거나 학습하는 데 쓰이는 재료

5급

재앙 **재**

火 | 3획

동 禍(재앙 화)
殃(재앙 앙)

강물(巛)이 불고 화재(火)로 집을 태우듯 물과 불에 의한 화재, 재난(災)이라는 의미이다.

읽기 한자

災難(재난) 뜻밖의 불행한 일
官災(관재) 관가로부터 받는 재앙

쓰기 한자

災害(재해) 재앙으로 인해 받은 피해
水災(수재) 홍수의 재해
火災(화재) 불이 나는 재앙
天災地變(천재지변) 지진, 홍수 따위의 자연 재앙

5급

두 **재:**

冂 | 4획

비 用(쓸 용)
동 兩(두 량)
雙(두 쌍)

같은 것은 몇 개나 쌓은 것에서 겹쳐서, 재차(再)를 의미한다.

읽기 한자

非一非再(비일비재) 한두 번이 아님
再起(재기) 다시 일어남
再演(재연) 다시 공연함
再拜(재배) 두 번 절함
再請(재청) 거듭 청함

쓰기 한자

再建(재건) 무너진 것을 다시 건설함
再生(재생) 죽게 되었다가 다시 살아남
再考(재고) 다시 생각함
再發見(재발견) 다시 발견함
再會(재회) 다시 모이거나 만남

자

爭 5급
다툴 **쟁**
爫(爪) | 4획

동 競(다툴 경)
戰(싸움 전)
鬪(싸움 투)
반 和(화할 화)
協(화할 협)
약 争

손(爪)과 손(⺕)에 갈고리(亅)를 들고 싸운다(爭)는 의미이다.

읽기 한자
抗爭(항쟁) 대항하여 다툼
爭點(쟁점) 논쟁의 중심이 되는 중요한 점
爭取(쟁취) 다투어 빼앗아 가짐
論爭(논쟁) 말이나 글로 서로 논하여 다툼

쓰기 한자
競爭(경쟁) 같은 목적에 관하여 서로 겨루어 다툼
分爭(분쟁) 패로 갈라져 다툼
言爭(언쟁) 말다툼

貯 5급
쌓을 **저:**
貝 | 5획

동 蓄(모을 축)
築(쌓을 축)
積(쌓을 적)

재물(貝)을 고무래(丁)로 긁어 모아 집(宀)에 쌓는다(貯)는 의미이다.

읽기 한자
貯蓄(저축) 절약하여 한데 모아둠

쓰기 한자
貯金(저금) 돈을 모아 둠
貯水(저수) 물을 모아 둠
貯炭(저탄) 숯, 석탄을 저장함

低 4급Ⅱ
낮을 **저:**
亻(人) | 5획

비 底(밑 저)
동 卑(낮을 비)
반 高(높을 고)
尊(높을 존)
卓(높을 탁)

신분이 낮은(氐) 사람(亻)으로 지금은 낮다(低)는 의미이다.

읽기 한자
低價(저가) 헐한 값
低級(저급) 낮은 등급
低俗(저속) 성질, 취미 등이 낮고 속됨
低溫(저온) 낮은 온도
低地(저지) 낮은 곳
低下(저하) 낮아짐

底 4급
밑 **저:**
广 | 5획

비 低(낮을 저)

바위집(广) 아래의 낮은(氐) 곳에서, '밑'을 의미한다.

읽기 한자
底力(저력) 속에 간직한 끈기 있는 힘
底意(저의) 속으로 품은 생각
基底(기저) 기초가 되는 밑바닥
海底(해저) 바다의 밑바닥

5급 Ⅱ
과녁 적
白 | 3획

흰(白) 바탕의 과녁(勺) 모양으로 과녁, 목표(的)를 의미한다.

읽기 한자

私的(사적) 사사로운
標的(표적) 목표가 되는 물건
的確(적확) 확실함

쓰기 한자

量的(양적) 양으로 많고 적음을 따지는
的中(적중) 목표에 어김없이 들어맞음
目的(목적) 일을 이루려 하는 목표
心的(심적) 마음에 관한
知的(지적) 지식 있는

5급
붉을 적
赤 | 0획

동 丹(붉을 단)
朱(붉을 주)
紅(붉을 홍)

큰 화재일 때의 불의 색깔에서 빨갛다(赤)는 의미이다.

읽기 한자

赤潮(적조) 바닷물에 동물성의 플랑크톤이 많이 번식되어 붉게 물든 현상

쓰기 한자

赤旗(적기) 붉은 기
赤色(적색) 붉은 빛깔
赤信號(적신호) 위험신호
赤外線(적외선) 파장이 적색 가시광선보다 길고 열작용이 큰 전자기파

4급 Ⅱ
대적할 적
攵(攴) | 11획

비 鼓(북 고)

지붕에서 떨어지는 물방울(啇)이 아래 지면을 치듯이(攵) 서로 마주 보고 치는 상대를 적(敵)이라 한다는 의미이다.

읽기 한자

敵陣(적진) 적의 진영
敵對(적대) 적으로서 맞섬
敵手(적수) 재주나 힘이 맞서는 사람
強敵(강적) 강한 적수
無敵(무적) 겨룰 만한 적이 없음
宿敵(숙적) 오래 전부터의 원수

4급
맞을 적
辶(辵) | 11획

동 迎(맞을 영)

나무뿌리(啇)는 가지가 자라기에 알맞게 뻗어 나간다(辶)는 데서, '(알)맞다'는 의미이다.

읽기 한자

適格(적격) 어떤 격식이나 자격에 알맞음
適當(적당) 정도가 알맞게 적합함
適用(적용) 어디에 맞추어 씀
適應(적응) 걸맞아 서로 어울림
最適(최적) 가장 적당, 적합함

자

籍

4급

문서 적

竹 | 14획

동 券(문서 권)
簿(문서 부)
狀(문서 장)

따비(耒)질이 시작된 옛날(昔)부터 대쪽(竹)에 소유와 관련된 글을 남기기 시작한 데서, '문서'를 의미한다.

읽기 한자

國籍(국적) 국가의 구성원이 되는 자격
本籍(본적) 호적이 있는 처소
除籍(제적) 호적, 학적 따위에서 빼어 버림
戶籍(호적) 호주와 식구별로 기록한 장부

賊

4급

도둑 적

貝 | 6획

동 盜(도둑 도)

병장기(戎)를 들고 남의 재물(貝)을 훔치는 도둑(賊)이라는 의미이다.

읽기 한자

盜賊(도적) 도둑
馬賊(마적) 말을 탄 비적
逆賊(역적) 제 나라 또는 제 나라 임금에게 반역하는 사람
海賊(해적) 해상에서 선박을 위협하여 재물을 강탈하는 도둑
山賊(산적) 산 속에 근거지를 두고 출몰하는 도둑

積

4급

쌓을 적

禾 | 11획

비 績(길쌈 적)
동 蓄(모을 축)
築(쌓을 축)
貯(쌓을 저)

자기가 벤 볏단(禾)을 책임(責)지고 쌓는다는 데서, '쌓다'는 의미이다.

읽기 한자

積極的(적극적) 사물에 대한 태도가 긍정적이고 능동적인
積善(적선) 착한 일을 많이 함
面積(면적) 한정된 평면이나 구면의 크기
容積(용적) 용기 안을 채우는 부피

績

4급

길쌈 적

糸 | 11획

비 積(쌓을 적)
동 織(짤 직)
紡(길쌈 방)

가시로 콕콕 찌르듯이 붙여 콕콕 물레를 돌리면서 천을 짜는 것에서 짜다(績)는 의미이다.

읽기 한자

成績(성적) 다 마친 뒤의 결과
實績(실적) 실제의 업적, 공적
業績(업적) 업무의 성적
治績(치적) 정치상의 공적
行績(행적) 행위의 실적

前

7급 Ⅱ

앞 **전**

刂(刀) | 7획

비 刑(형벌 형)
반 後(뒤 후)

매어있는 배 끈을 칼(刂)로 자르고 배(月)가 나아가는 쪽의 뱃머리, 앞(前)을 의미한다.

읽기한자

前代未聞(전대미문) 이제까지 들은 적이 없음
風前燈火(풍전등화) 매우 위급한 자리에 놓여 있음
前職(전직) 이전의 직업
前進(전진) 앞으로 나아감

쓰기한자

前景(전경) 보는 사람의 앞에 있는 경치
前無後無(전무후무) 전에도 없었고 앞으로도 없음
事前(사전) 일이 있기 전
面前(면전) 얼굴을 마주 대함

電

7급 Ⅱ

번개 **전:**

雨 | 5획

비 雪(눈 설)
雲(구름 운)

비(雨)가 내릴 때 일어나는(电) 번개불에서 번개, 전기(電)를 의미한다.

읽기한자

電燈(전등) 전기로써 빛을 내는 등불
電源(전원) 전류의 원천
斷電(단전) 전기를 끊음
電報(전보) 전신으로 글을 보내는 통보
打電(타전) 전보를 침

쓰기한자

感電(감전) 전기가 통한 도체에 몸의 일부가 닿아 충격을 받음
電光石火(전광석화) 극히 짧은 시간
電流(전류) 전기의 흐름
充電(충전) 전기를 축적하는 일
停電(정전) 송전이 한때 그침

全

7급 Ⅱ

온전 **전**

入 | 4획

비 金(쇠 금)
동 完(완전할 완)

흠이 없는 쪽으로 넣는(入) 구슬(玉)이니 온전한(全) 구슬이란 의미이다.

읽기한자

全擔(전담) 어떤 일의 전부를 담당함
保全(보전) 보호하여 안전하게 함
全額(전액) 액수의 전부
全員(전원) 전체의 인원
全域(전역) 구역의 전부

쓰기한자

全能(전능) 어떤 일이든 하지 못하는 것이 없음
完全(완전) 부족함이 없음
全力(전력) 모든 힘
安全(안전) 평안하여 위험이 없음
全部(전부) 사물의 모두

戰

6급 Ⅱ

싸움 **전:**

戈 | 12획

비 單(홑 단)
동 爭(다툴 쟁) 競(다툴 경)
鬪(싸움 투)
반 和(화할 화) 協(화할 협)
약 戦, 战

사람마다 한명씩(單) 창(戈)을 들고 있는 데서, '싸우다(戰)'는 의미이다.

읽기한자

戰略(전략) 정치, 사회 운동에서의 책략
血戰(혈전) 생사를 헤아리지 않고 싸움
激戰(격전) 격렬한 전투
舌戰(설전) 말다툼
接戰(접전) 서로 맞부딪쳐 싸움

쓰기한자

苦戰(고전) 몹시 힘들고 괴롭게 싸움
主戰(주전) 주력이 되어 싸움
善戰(선전) 잘 싸움
作戰(작전) 싸움하는 방법을 세움

자

典

5급 Ⅱ
법 전:
八 | 6획

비 曲(굽을 곡)
동 法(법 법) 式(법 식)
律(법칙 률)
規(법 규) 範(법 범)
則(법칙 칙) 憲(법 헌)
例(법식 례)

종이가 만들어지기 전, 대나무에 쓰인 형태에서 서책, 가르침, 본보기(典)를 의미한다.

읽기 한자

辭典(사전) 낱말들을 모아 일정한 순서로 벌여 싣고 낱낱이 그 발음, 뜻, 용법 등을 해설한 책
經典(경전) 일정 불변의 법식과 도리
祭典(제전) 제사의 의식
佛典(불전) 불경

쓰기 한자

古典(고전) 옛날의 의식이나 법식
法典(법전) 특정한 사항에 관한 법규를 체계를 세워서 편별로 조직한 성문법규
字典(자전) 한자를 모아 그 뜻을 풀어 놓은 책

傳

5급 Ⅱ
전할 전
亻(人) | 11획

비 專(오로지 전)
약 伝

고지식한 사람(人)은 오로지(專) 자기가 들은 대로만 전한다(傳)는 의미이다.

읽기 한자

宣傳(선전) 널리 전함
遺傳(유전) 끼치어 내려옴
傳受(전수) 전하여 받음
傳達(전달) 전하여 이르게 함

쓰기 한자

傳來(전래) 전해 내려옴
口傳(구전) 입으로 전함
傳說(전설) 예로부터 전해 내려오는 이야기
父傳子傳(부전자전) 대대로 아버지가 아들에게 전함
以心傳心(이심전심) 마음에서 마음으로 전달됨

展

5급 Ⅱ
펼 전:
尸 | 7획

비 屋(집 옥)
동 演(펼 연)
伸(펼 신)

사람(尸)이 옷(衣)을 입고 누우면 옷이 흐트러지는 것에서 펴지다, 열리다(展)는 의미이다.

읽기 한자

展覽會(전람회) 여러 가지 물품을 진열해 놓고 여러 사람에게 관람시키는 모임
進展(진전) 진보하여 발전함

쓰기 한자

展示(전시) 물품 따위를 펴서 봄
展望(전망) 멀리 바라봄
展開(전개) 눈 앞에 벌어짐
發展(발전) 널리 뻗어 나감

田

4급 Ⅱ
밭 전
田 | 0획

반 畓(논 답)

넓은 전원을 멀리에서 본 모양을 본떴다.

읽기 한자

田園(전원) 논밭과 동산
田地(전지) 전답
火田民(화전민) 화전을 일구어 농사짓는 사람

4급

오로지 전

寸 | 8획

비 傳(전할 전)
惠(은혜 혜)

손(寸)으로 물레(車)를 돌리는 모양을 나타낸 글자로, 물레는 한쪽으로만 돈다는 데서, '오로지'라는 의미이다.

읽기 한자

專攻(전공) 어떤 학문이나 학과를 전문적으로 연구함
專門(전문) 오로지 한 가지 일을 함
專任(전임) 어떤 일을 오로지 맡김
專屬(전속) 오직 한 곳에만 속함
專用(전용) 오로지 그것만 씀

4급

구를 전:

車 | 11획

약 転

수레(車)가 하는 일은 오로지(專) 구르는(轉)일 뿐이라는 의미이다.

읽기 한자

轉勤(전근) 근무처를 옮김
轉業(전업) 직업을 바꿈
轉用(전용) 다른 데로 돌려서 씀
逆轉(역전) 형세가 뒤집혀 짐
自轉(자전) 스스로 회전함
回轉(회전) 빙빙 돌아서 구름

4급

돈 전:

金 | 8획

비 賤(천할 천)
약 銭

물건(金)을 잘라 작고 조각 난(戔) 듯이 작은 단위의 화폐를 말하여, 동전(錢)을 의미한다.

읽기 한자

金錢(금전) 쇠붙이로 만든 돈
銅錢(동전) 구리로 만든 돈
無錢旅行(무전여행) 여비 없이 하는 여행
本錢(본전) 이자를 붙이지 않은 본래의 액수

5급 Ⅱ

마디 절

竹 | 9획

비 範(법 범)
동 寸(마디 촌)
약 節

대나무(竹)가 자라면서(卽) 마디마디로 나누어져 있는 것에서 마디, 일단락(節)을 의미한다.

읽기 한자

季節(계절) 일 년을 춘, 하, 추, 동의 넷으로 나눈 그 한 동안
節減(절감) 절약하고 줄임
節制(절제) 알맞게 조절함
守節(수절) 정절을 지킴
節次(절차) 일의 순서나 방법

쓰기 한자

節度(절도) 일이나 행동을 똑똑 끊어 맺는 마디
調節(조절) 사물을 정도에 맞추어 잘 고르게 함
節電(절전) 전기를 아껴 씀
時節(시절) 철, 때

切

5급Ⅱ

끊을 절
온통 체

刀 | 2획

동 斷(끊을 단) 絕(끊을 절) 全(온전 전)
반 繼(이을 계) 續(이을 속) 連(이을 련) 結(맺을 결) 接(이을 접)

칼(刀)로 막대봉(七)을 자르는 것에서 자르다, 새기다(切)는 의미이다.

읽기 한자

切切(적절) 꼭 알맞음
切斷(절단) 끊어 냄
切除(절제) 잘라 버림

쓰기 한자

切感(절감) 절실히 느낌
切實(절실) 아주 긴요함
一切(일체) 모든 것
親切(친절) 매우 정답고 고분고분함
品切(품절) 물건이 다 팔려 없음

絶

4급Ⅱ

끊을 절

糸 | 6획

동 斷(끊을 단) 切(끊을 절)
반 繼(이을 계) 續(이을 속) 連(이을 련) 結(맺을 결) 接(이을 접)

실(糸)을 묶은 것이 마치 뱀이 똬리를 튼 모양의 매듭(巴)을 칼(刀)로 자른다는 데서, '끊다'는 의미이다.

읽기 한자

絶交(절교) 교제를 끊음
絶望(절망) 희망을 버리고 단념함
絶壁(절벽) 험한 낭떠러지
根絶(근절) 아주 뿌리 채 없애 버림
斷絶(단절) 관계를 끊음
謝絶(사절) 사양하고 받지 아니함

折

4급

꺾을 절

扌(手) | 4획

동 屈(굽을 굴) 曲(굽을 곡)
반 直(곧을 직)

손(扌)에 도끼(斤)를 쥐고 절단하는 것에서 꺾다, 부러뜨리다(折)는 의미이다.

읽기 한자

折半(절반) 하나를 반으로 가름
曲折(곡절) 자세한 사연과 내용
骨折(골절) 뼈가 부러짐
斷折(단절) 꺾음
百折不屈(백절불굴) 수없이 꺾어도 굽히지 않음

店

5급Ⅱ

가게 점:

广 | 5획

비 底(밑 저)

점(占)칠 때 여러 것을 얘기하듯이 집안(广)에 물품을 진열해 파는 가게(店)를 의미한다.

읽기 한자

店員(점원) 상점에 근무하는 사람
支店(지점) 본점에서 갈린 가게
百貨店(백화점) 일상생활에 필요한 온갖 상품을 각 부문으로 나누어 진열 판매하는 대규모의 종합 소매점

쓰기 한자

賣店(매점) 어떤 기관, 단체 안에서 물건을 파는 작은 가게
開店(개점) 새로 가게를 엶
書店(서점) 책을 파는 가게
本店(본점) 영업의 본거지가 되는 점포

點 4급
점 점(:)
黑 | 5획

약 点, 奌

점(占)술로 병을 맞추고 거기에 검은(黑) 표시를 붙인 것에서 표시(點)를 의미한다.

읽기 한자

點檢(점검) 낱낱이 검사함
強點(강점) 남보다 우세한 점
缺點(결점) 완전하지 못한 점
失點(실점) 점수를 잃음
要點(요점) 가장 중요한 점
採點(채점) 점수를 매김

占 4급
점령할 점:
점칠 점
卜 | 3획

비 古(예 고)

입(口)으로 중얼대며 길흉을 점치는(卜) 데서, '점치다'는 뜻이다.
또, 땅(口)을 차지하려고 깃대(卜)를 꽂는 데서, '점령하다'는 의미이다.

읽기 한자

占據(점거) 어떤 장소를 차지해 있음
占術(점술) 점을 치는 술법
占有(점유) 자기의 소유로 함
獨占(독점) 독차지
先占(선점) 남보다 앞서서 차지함

接 4급 II
이을 접
扌(手) | 8획

동 着(붙을 착)
繼(이을 계)
連(이을 련)
續(이을 속)
絡(이을 락)

옛날 여자(女) 죄인을 표시하는(立) 문신을 하기 위해, 손(扌)으로 끌어서 접근하다(接)는 의미이다.

읽기 한자

接境(접경) 경계가 서로 접함
接近(접근) 가까이 함
接待(접대) 손님을 맞아 대접함
接着(접착) 달라붙음
面接(면접) 서로 대면하여 만나 봄
應接(응접) 맞이하여 대접함

庭 6급 II
뜰 정
广 | 7획

길고 평평하게 만든 정원(廷)이 있는 관청(广)의 건물 사이에 있는 안쪽 정원(庭)을 의미한다.

쓰기 한자

庭園(정원) 집안의 뜰
家庭(가정) 한 가족이 살림하고 있는 집안
校庭(교정) 학교의 마당
親庭(친정) 시집간 여자의 본집
庭球(정구) 무른 공을 사용하여 테니스처럼 경기를 하는 구기 종목

자

7급Ⅱ

바를 정(:)

止 | 1획

반 反(돌이킬 반)
副(버금 부)
誤(그르칠 오)

동 直(곧을 직)

목표로 한(一) 곳에 정확히 가서 딱 멈추는(止) 것에서 올바르다(正)는 의미이다.

읽기한자

正刻(정각) 바른 시각
正常(정상) 바르고 떳떳함
正確(정확) 바르고 확실함
正義(정의) 알맞은 도리
正裝(정장) 정식의 복장
正統(정통) 바른 계통
端正(단정) 얌전하고 바름

쓰기한자

正答(정답) 옳은 답
公正(공정) 공평하고 올바름
正道(정도) 올바른 길
校正(교정) 글자의 잘못된 것을 대조하여 바로잡음

6급

정할 정:

宀 | 5획

비 宅(집 댁/택)

약 㝎

한 집(宀)에 정착하여 움직이지(疋) 않는 것에서 결정하다, 정하다(定)는 의미이다.

읽기한자

設定(설정) 새로 만들어 정해 둠
協定(협정) 협의하여 결정함
制定(제정) 제도 따위를 만들어서 정함
指定(지정) 이것이라고 가리켜 정함

쓰기한자

定着(정착) 한 곳에 자리 잡아 떠나지 않음
改定(개정) 고쳐서 다시 정함
安定(안정) 안전하게 자리 잡음
定價(정가) 정해진 값
約定(약정) 일을 약속하여 정함

情

5급Ⅱ

뜻 정

忄(心) | 8획

비 精(정할 정)

동 意(뜻 의)
志(뜻 지)
趣(뜻 취)

풀처럼 파랗게(靑) 투명한 물같은 마음(心)이라고 하는 것에서 진심, 정(情)을 의미한다.

읽기한자

情報(정보) 사정이나 정황에 관한 소식이나 자료
非情(비정) 인정이 없음
忠情(충정) 충성스럽고 참된 정
純情(순정) 순수한 감정
眞情(진정) 진실하여 애틋한 마음

쓰기한자

情談(정담) 다정한 이야기
物情(물정) 세상의 형편이나 인심
友情(우정) 벗 사이의 정
感情(감정) 느끼어 일어나는 심정
愛情(애정) 사랑하는 마음
人情(인정) 남을 동정하는 마음씨

5급

머무를 정

亻(人) | 9획

동 留(머무를 류)
住(살 주)
泊(머무를 박)
駐(머무를 주)
止(그칠 지)

사람(亻)의 형태와 사람이 머무는 숙소(亭)의 형태에서 머무르다, 멈추다(停)는 의미이다.

읽기한자

營業停止(영업정지) 규정을 위반했을 때, 일정 기간 영업을 정지시키는 일

쓰기한자

停年(정년) 퇴직하도록 정해진 연령
停止(정지) 움직이고 있던 것이 멈춤
停會(정회) 회의를 정지함
急停車(급정거) 급히 세움
調停(조정) 분쟁을 중간에 서서 화해시킴

精

4급 Ⅱ

정할 정

米 | 8획

비 情(뜻 정)

파랗게(靑) 비칠듯이 아름다운 쌀(米)을 만든다는 것에서 희게 하다(精)는 의미이다.

읽기 한자

精通(정통) 어떤 사물에 밝고 자세히 통함
精潔(정결) 순수하고 깨끗함
精進(정진) 정력을 다하여 나아감
精誠(정성) 참되고 성실한 마음
精神(정신) 마음이나 생각

程

4급 Ⅱ

한도/길(道) 정

禾 | 7획

비 稅(세금 세)
동 道(길 도)
路(길 로)

벼(禾)농사에는 정해진(呈) 재배방법이 있다고 하는 것에서 규정, 과정(程)을 의미한다.

읽기 한자

程度(정도) 얼마의 분량
過程(과정) 사물의 진행, 발전하는 경로
上程(상정) 의안을 회의에 내어 놓음
旅程(여정) 여행의 일정
日程(일정) 그 날에 할 일

政

4급Ⅱ

정사 정

攵(攴) | 5획

비 放(놓을 방)
效(본받을 효)

나쁜 것을 채찍으로 때려서(攵) 고쳐 올바른(正) 행동을 하는 것이 다스리다(政)는 의미이다.

읽기 한자

政界(정계) 정치 또는 정치가의 사회
政勢(정세) 정치상의 형세
行政(행정) 정치를 행함
反政府(반정부) 정부에 반대하는 일
爲政者(위정자) 정치를 하는 사람
財政(재정) 개인, 기업 등의 경제 사정

丁

4급

고무래/장정 정

一 | 1획

못의 모양을 본떠, '못'의 뜻이다. 또, 고무래 모양과 같고, 고무래질하는 장정에서 '고무래, 장정' 등의 뜻이 나왔다.

읽기 한자

白丁(백정) 가축을 잡는 일을 업으로 하는 사람
兵丁(병정) 병역에 복무하는 장정
壯丁(장정) 혈기 왕성한 남자

자

整

4급

가지런할 정:

攵(攴) | 12획

동 齊(가지런할 제)

땔감을 꼭 매고(束) 그것을 탕탕 두드려(攵) 깔끔히 정리하여(正) 정리하다(整)는 의미이다.

읽기 한자

整列(정렬) 가지런히 벌여 섬
整理(정리) 흐트러진 것을 가지런히 바로잡음
整備(정비) 정돈하여 갖춤
調整(조정) 골라서 알맞게 정돈함

靜

4급

고요할 정

青 | 8획

동 寂(고요할 적)
반 動(움직일 동)
약 静

다툼(爭)이 끝난 뒤는 정원의 우물처럼 깨끗해지는(青) 것에서 고요하다(靜)는 의미이다.

읽기 한자

靜觀(정관) 조용히 사태의 추이를 관찰함
靜物(정물) 움직이지 않는 물건
安靜(안정) 마음과 정신이 편안하고 고요함
平靜(평정) 평안하고 고요함

弟

8급

아우 제:

弓 | 4획

비 第(차례 제)
반 兄(형 형)

끈을 위에서 밑으로 빙빙 감듯이 차례차례 태어나는 남동생(弟)을 의미한다.

읽기 한자

難兄難弟(난형난제) 누구를 형이라 아우라 하기 어렵다
師弟(사제) 스승과 제자
呼兄呼弟(호형호제) 서로 형이니 아우니 하고 부름. 가까운 친구 사이

쓰기 한자

首弟子(수제자) 여러 제자 중 가장 뛰어난 제자
子弟(자제) 남의 아들의 총칭
兄弟(형제) 형과 아우

第

6급 II

차례 제:

竹 | 5획

비 弟(아우 제)
동 序(차례 서)
秩(차례 질)
番(차례 번)

대나무(竹)에 풀줄기가 말아 올라간 형태(弟)에서 사물의 순서(第)를 나타내는 의미이다.

읽기 한자

本第入納(본제입납) 자기 집에 편지할 때 겉봉 표면에 자기 이름을 쓰고 그 뒤에 쓰는 말

쓰기 한자

落第(낙제) 시험에 떨어짐
第一(제일) 첫 째
登第(등제) 과거에 급제함

題

6급 Ⅱ

제목 **제**

頁 | 9획

비 類(무리 류)
동 目(눈 목)

옛날 머리털을 깎아 이마(頁)가 훤하게(是) 한 후 문신을 한 사례에서 제목(題)을 의미한다.

읽기 한자

難題(난제) 어려운 문제
論題(논제) 논설의 제목
解題(해제) 문제를 풂

쓰기 한자

問題(문제) 해답을 필요로 하는 물음
宿題(숙제) 배운 것의 예습과 복습을 위해 내주는 문제
無題(무제) 제목이 없음
題目(제목) 겉장에 쓴 책의 이름
話題(화제) 이야기의 제목
課題(과제) 부과된 문제

祭

4급 Ⅱ

제사 **제:**

示 | 6획

비 察(살필 찰)
동 祀(제사 사)

제단(示)에 짐승고기(月)를 올려서(又) 제사지내는 것에서 제사, 축제(祭)를 의미한다.

읽기 한자

祭器(제기) 제사 때 쓰는 그릇
祭禮(제례) 제사의 예절
祭物(제물) 제사에 쓰는 음식
祝祭(축제) 축하의 제전
藝術祭(예술제) 음악, 연극, 문학을 주로 발표하는 예술의 제전

濟

4급 Ⅱ

건널 **제:**

氵(水) | 14획

비 齊(가지런할 제)
동 渡(건널 도)
약 済

논에 대는 수(氵)량을 조절하는(齊) 것에서 도움주다(濟)는 의미이다.

읽기 한자

濟度(제도) 보살이 중생을 고해에서 건져 극락세계로 건네어 줌
經世濟民(경세제민) 세상을 다스리고 백성을 구제함
救濟(구제) 구하여 건짐

製

4급 Ⅱ

지을 **제:**

衣 | 8획

비 制(절제할 제)
동 作(지을 작)
造(지을 조)

옷(衣)을 만들기 위해 옷감을 재단하는(制) 것에서 옷을 만들다(製)는 의미이다.

읽기 한자

複製(복제) 본디의 것과 똑같은 것을 만듦
製圖(제도) 도면을 그려 만듦
創製(창제) 처음으로 만듦
製作(제작) 재료를 가지고 물건을 만듦
手製品(수제품) 손으로 만든 물품

際

4급 Ⅱ

즈음/가 **제:**

阝(阜) | 11획

동 交(사귈 교)

언덕(阝)에서 제사(祭)를 지내면서 많은 사람을 사귄다(際)는 의미이다.

읽기한자

交際(교제) 서로 사귐
國際(국제) 나라와 나라와의 교제
實際(실제) 실제의 경우

制

4급 Ⅱ

절제할 **제:**

刂(刀) | 6획

비 製(지을 제)

툭 튀어나온 나뭇가지와 나무줄기(未)를 칼(刀)로써 끊어 정리하여 제압하다(制)는 의미이다.

읽기한자

制度(제도) 제정된 법규
制服(제복) 제정된 복장
制壓(제압) 제어하여 누름
節制(절제) 알맞게 조절함
制定(제정) 제도 따위를 만들어서 정함
自制(자제) 자기 욕심, 감정을 억제함

提

4급 Ⅱ

끌 **제**

扌(手) | 9획

동 引(끌 인)
牽(끌 견)
携(이끌 휴)
拉(끌 랍)
반 推(밀 추)

올바른(是) 것이라 증거가 되는 것을 손(扌)으로 꺼내들고 보여, 꺼내들다(提)는 의미이다.

읽기한자

提起(제기) 의견을 붙여 의논할 것을 내놓음
提示(제시) 어떤 의사를 글이나 말로 드러내어 보임
前提(전제) 어떤 사물을 의논할 때 먼저 내세우는 기본이 되는 것

除

4급 Ⅱ

덜 **제**

阝(阜) | 7획

비 徐(천천히 서)
동 減(덜 감)
省(덜 생)
損(덜 손)
반 添(더할 첨)
加(더할 가)
增(더할 증)

절벽(阝)이 생길 정도로 많은 흙이 걸리적거려(余) 치워버리는 것에서 버리다(除)는 의미이다.

읽기한자

除去(제거) 덜어 없앰
除隊(제대) 현역병이 복무 해제로 예비역에 편입됨
除名(제명) 명부에서 성명을 빼어버림
除雪(제설) 쌓인 눈을 치움
除外(제외) 어떤 범위 밖에 둠

4급

임금 제:

巾 | 6획

동 王(임금 왕)
君(임금 군)
皇(임금 황)
后(임금 후)
반 民(백성 민)
臣(신하 신)

왕이 면류관을 쓰고 곤룡포를 입고 띠를 맨 모양을 본떴다.

읽기 한자

帝王(제왕) 황제와 국왕
反帝(반제) 제국주의에 반대하는 일
日帝(일제) 일본 제국주의

7급

할아비 조

示 | 5획

비 粗(짤 조)
반 孫(손자 손)

이미(且) 이 세상에 없는 몇 대 이전의 선조를 제사하는(示) 것에서 조상(祖)을 의미한다.

읽기 한자

祖武(조무) 조상이 남긴 공적
祖統(조통) 조상의 유업

쓰기 한자

鼻祖(비조) 어떤 일을 가장 먼저 시작한 사람
始祖(시조) 한 가계나 왕계의 초대가 되는 사람
祖上(조상) 돌아간 어버이 위로 대대의 어른
祖國(조국) 조상 때부터 살아온 나라
元祖(원조) 어떤 일을 시작한 사람
先祖(선조) 먼 대의 조상

6급

아침 조

月 | 8획

비 潮(조수 조)
동 旦(아침 단)
반 夕(저녁 석)
野(들 야)

풀 사이에 아침 해가 나왔으나(卓) 아직 달(月)그림자가 보여 아침(朝)을 의미한다.

읽기 한자

朝變夕改(조변석개) 아침저녁으로 뜯어 고침

쓰기 한자

朝禮(조례) 학교 등에서 직원과 학생이 수업하기 전에 모여 행하는 아침 인사
朝夕(조석) 아침과 저녁
朝野(조야) 조정과 민간

5급 II

고를 조

言 | 8획

비 周(두루 주)
週(주일 주)
동 均(고를 균)
和(화할 화)

말(言)이나 행동이 전체에 두루(周) 전해지도록 하는 것에서 조정하다(調)는 의미이다.

읽기 한자

調整(조정) 골라서 알맞게 정돈함
調印(조인) 약정서에 도장을 찍음
快調(쾌조) 아주 컨디션이 좋음
協調(협조) 힘을 합해 서로 조화함

쓰기 한자

調查(조사) 사물의 내용을 자세히 살펴봄
調和(조화) 이것저것을 서로 잘 어울리게 함
調練(조련) 훈련을 거듭하여 쌓음
強調(강조) 강력히 주장함
順調(순조) 탈 없이 잘 되어가는 상태
語調(어조) 말의 가락

자

5급

잡을 조(:)

扌(手) | 13획

동 執(잡을 집)

나무(木) 위에서 시끄럽게(品) 우는 새를 손(扌)으로 제어하는 것에서 잡다(操)는 의미이다.

읽기 한자

志操(지조) 옳은 원칙과 신념을 지켜 끝까지 굽히지 않는 꿋꿋한 의지

쓰기 한자

操身(조신) 몸가짐을 조심함
操心(조심) 실수가 없도록 마음을 삼가서 경계함
操業(조업) 작업을 실시함
操作(조작) 사물을 자기에게 편리하게 만들기 위하여 조종함

助

4급 Ⅱ

도울 조:

力 | 5획

동 援(도울 원)
扶(도울 부)
護(도울 호)

사람의 힘(力)이 부족했을 때 옆에서 힘을 보내 다시하는(且) 것에서 돕다(助)는 의미이다.

읽기 한자

助力(조력) 힘을 써 도와 줌
助手(조수) 일의 보조를 하는 사람
助演(조연) 주연의 연기를 보조함
內助(내조) 아내가 남편을 도와줌
助言(조언) 옆에서 말을 덧붙여 도움
協助(협조) 힘을 모아 서로 도움

4급 Ⅱ

새 조

鳥 | 0획

비 烏(까마귀 오)
島(섬 도)

꼬리가 긴 새의 모양을 본떴다.

읽기 한자

吉鳥(길조) 사람에게 어떤 길할 일이 생김을 미리 알려준다는 새
不死鳥(불사조) 죽지 않는다는 전설 속의 새
一石二鳥(일석이조) 한 가지 일을 하여 두 가지 이익을 거둠

4급 Ⅱ

지을 조:

辶(辵) | 7획

비 浩(넓을 호)
동 作(지을 작)
製(지을 제)

주문받은 물품이 다 되었음을 알리러(告) 가는(辶) 것에서 제조하다, 만들다(造)는 의미이다.

읽기 한자

造景(조경) 경치를 아름답게 꾸밈
造成(조성) 만들어서 이룸
造作(조작) 일부러 꾸밈
造花(조화) 인공으로 만든 꽃
改造(개조) 고쳐 다시 만듦
築造(축조) 다지고 쌓아서 만듦

4급Ⅱ
이를 조:
日 | 2획

반 晩(늦을 만)
동 速(빠를 속)

풀(十) 위로 얼굴을 내민 일출(日)의 형태로 아침은 빠르다에서 일찍, 빠르다(早)는 의미이다.

읽기 한자

早期(조기) 이른 시기
早産(조산) 달 차기 전에 낳음
早速(조속) 이르고도 빠름
早退(조퇴) 정한 시간 이전에 일찍 물러감

條

4급
가지 조
木 | 7획

비 修(닦을 수)
약 条

바람에 몸을 맡기고 유연하게(攸) 뻗어있는 나뭇가지(木)에서, '가지'를 의미한다. 또, 가지의 뻗어나가는 것이 질서가 있다는 데서, '조리'의 의미로도 쓰인다.

읽기 한자

條件(조건) 무슨 일을 어떻게 규정한 항목
金科玉條(금과옥조) 금옥과 같이 귀중히 여겨 신봉하는 법칙이나 규정
不條理(부조리) 도리에 어긋남
信條(신조) 굳게 믿고 있는 생각

組

4급
짤 조
糸 | 5획

비 祖(할아비 조)
동 績(길쌈 적)
織(짤 직)
紡(길쌈 방)

실(糸)을 겹쳐서 또(且) 끈을 짜다(組)는 의미이다.

읽기 한자

組立(조립) 짜 맞춤
組長(조장) 조로 편성된 단위의 우두머리
組合(조합) 여럿을 모아 합하여 한 덩이가 되게 함
組織(조직) 짜서 이룸

潮

4급
조수/밀물 조
氵(水) | 12획

비 朝(아침 조)

바닷물(氵)이 아침(朝) 저녁으로 들어갔다 나갔다 하는 조수(潮)란 의미이다.

읽기 한자

干潮(간조) 조수가 빠져 바다의 수면이 가장 낮게 된 상태
高潮(고조) 아주 한창의 고비
滿潮(만조) 꽉 차게 들어왔을 때의 민물
退潮(퇴조) 왕성하던 세력이 쇠퇴함

자

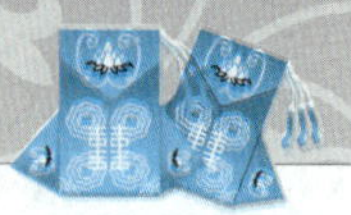

足

7급Ⅱ

발 족

足 | 0획

비 定(정할 정)
동 豊(풍년 풍)
반 手(손 수)

발전체의 모양을 본떴다.

읽기한자

禁足令(금족령) 외출을 금하는 명령
滿足(만족) 마음에 흡족함
豊足(풍족) 매우 넉넉하여 모자람이 없음

쓰기한자

自給自足(자급자족) 자기의 수요를 자기가 생산하여 충당함
發足(발족) 무슨 일이 시작됨
失足(실족) 발을 잘못 디딤
力不足(역부족) 힘, 기량 등이 모자람
充足(충족) 일정한 분량에 차거나 채움

族

6급

겨레 족

方 | 7획

비 旅(나그네 려)
施(베풀 시)

펄럭이는(𠂉) 깃발(方)아래 화살(矢)을 모아놓은 모습에서 동료, 집안, 겨레(族)를 의미한다.

읽기한자

族屬(족속) 동포의 겨레붙이
遺族(유족) 죽은 사람의 뒤에 남는 가족
配達民族(배달민족) 우리 민족을 일컬음
血族(혈족) 혈통의 관계가 있는 겨레붙이

쓰기한자

擧族的(거족적) 온 겨레에 관한
親族(친족) 촌수가 가까운 겨레붙이
家族(가족) 부부를 기초로 하여 한 가정을 이루는 사람들

尊

4급Ⅱ

높을 존

寸 | 9획

비 遵(좇을 준)
동 崇(높을 숭) 貴(귀할 귀)
高(높을 고) 隆(높을 륭)
卓(높을 탁)
반 卑(낮을 비)

축제 때에 신령에게 바치는(寸) 술(酋)에 연유하여 존엄하다, 중요하다(尊)는 의미이다.

읽기한자

尊屬(존속) 부모와 같은 항렬 이상의 혈족
尊稱(존칭) 공경하여 높이 부르는 칭호
尊敬(존경) 높여 공경함
尊貴(존귀) 지위가 높고 귀함
尊重(존중) 높이고 중히 여김

存

4급

있을 존

子 | 3획

동 在(있을 재)
有(있을 유)
반 無(없을 무)
亡(망할 망)
廢(폐할 폐)

흙 속에 남아있는 뿌리(才)는 머지않아 아이(子)가 자라듯이 싹을 틔워 남아있다(存)는 의미이다.

읽기한자

存續(존속) 계속 존재함
存在(존재) 거기, 혹은 현실에 있음
共存(공존) 둘 이상의 사물이 함께 있음
依存(의존) 의지하고 있음
現存(현존) 현재 존재함

5급Ⅱ
마칠 졸
十 | 6획

동 士(선비 사) 止(그칠 지) 兵(병사 병) 軍(군사 군) 終(마칠 종)
반 將(장수 장) 帥(장수 수) 初(처음 초)
약 卆

똑같은 옷(衣)을 입은 열(十) 명의 군사(卒)라는 의미이다.

읽기 한자

卒徒(졸도) 부하 군졸
走卒(주졸) 남의 심부름을 하면서 여기저기 돌아다니는 사람

쓰기 한자

卒業(졸업) 규정된 교과 혹은 교육 과정을 마침
兵卒(병졸) 군사
士卒(사졸) 군사

種

5급Ⅱ
씨 종(:)
禾 | 9획

비 鍾(쇠북 종)
동 核(씨 핵)

벼(禾) 농사를 짓는데 가장 중요한(重) 것은 씨앗(種)이란 의미이다.

읽기 한자

雜種(잡종) 갖가지의 종류
純種(순종) 딴 계통과 섞이지 않은 순수한 종
職種(직종) 직업의 종류

쓰기 한자

種類(종류) 사물의 부문을 나누는 갈래
各種(각종) 갖가지
變種(변종) 종류가 바뀜
別種(별종) 다른 종류
特種(특종) 특별한 종류

終

5급
마칠 종
糸 | 5획

비 納(들일 납)
동 末(끝 말) 端(끝 단) 了(마칠 료) 卒(마칠 졸) 結(맺을 결)
반 始(비로소 시) 初(처음 초)

실(糸)을 짜는 일은 겨울(冬)이 되기 전에 끝마쳐(終) 종결짓는다는 의미이다.

읽기 한자

終映(종영) 영화가 끝남
終講(종강) 강의를 마침
自初至終(자초지종) 처음부터 끝까지 이르는 동안

쓰기 한자

終結(종결) 완전히 끝남
終局(종국) 끝판
終日(종일) 하루 낮 동안
最終(최종) 맨 나중
始終(시종) 처음과 마지막
有終(유종) 끝을 완전히 맺음
終止(종지) 끝을 냄

宗

4급Ⅱ
마루 종
宀 | 5획

비 完(완전할 완)

조상(示)을 기리는 사당(宀)의 형태에서 신의 가르침, 종가(宗)를 의미한다.

읽기 한자

宗團(종단) 종교 또는 종파의 단체
宗孫(종손) 종가의 맏손자
宗主國(종주국) 종속국에 대해 종주권을 갖는 국가
改宗(개종) 종교를 딴 것으로 바꿔 믿음

鍾

4급

쇠북 종

金 | 9획

비 種(씨 종)

무거운(重) 쇠(金)로 만든 종(鍾)이란 의미이다.

읽기한자

警鍾(경종) 다급한 일이나 위험을 경계하기 위하여 치는 종
打鍾(타종) 종을 침
自鳴鍾(자명종) 시간을 맞춰 놓아 그 때가 되면 저절로 울려 시간을 알리는 시계

從

4급

좇을 종(:)

彳 | 8획

동 遵(좇을 준)
追(좇을 추)
약 从, 従

앞사람(人)에 뒷사람(人)이 붙어 따르듯이(彳) 걷는(步) 것에서 따르다(從)는 의미이다.

읽기한자

從軍(종군) 군대를 따라 진지로 감
從來(종래) 지금까지 내려온 그대로
從事(종사) 일에 마음과 힘을 다함
從前(종전) 지금보다 이전
相從(상종) 서로 따르며 친하게 교제함
順從(순종) 순순히 복종함

左

7급 Ⅱ

왼 좌:

工 | 2획

비 在(있을 재)
반 右(오른 우)

무언가를 만들 때 가늠자 등을 들고 오른 손을 돕는 손의 형태에서 왼쪽(左)을 의미한다.

읽기한자

左傾(좌경) 왼쪽으로 기움
左邊(좌변) 왼쪽 변
右往左往(우왕좌왕) 바른쪽으로 갔다 왼쪽으로 갔다하며 종잡지 못함

쓰기한자

左右(좌우) 왼쪽과 오른쪽
左手(좌수) 왼손

座

4급

자리 좌:

广 | 7획

동 席(자리 석)
位(자리 위)

사람이 집안(广)에 앉아(坐) 있는 것이 자리(座)라는 의미이다.

읽기한자

座談(좌담) 자리에 앉아서 형식에 구애됨이 없이 하는 담화
座席(좌석) 앉는 자리
座中(좌중) 여러 사람이 모인 자리
權座(권좌) 권세의 자리

罪

5급

허물 죄:

罒(网) | 8획

동 過(지날 과)
반 刑(형벌 형)

인간의 도리를 져버린 나쁜(非) 짓으로 법률 망(罒)에 걸려든 사람이기에 죄인(罪)을 의미한다.

읽기 한자

輕犯罪(경범죄) 가벼운 범죄
餘罪(여죄) 그 죄 이외의 다른 죄
論罪(논죄) 죄를 논하여 형을 적용시킴
謝罪(사죄) 지은 죄에 대해 용서를 빎
犯罪(범죄) 죄를 범함
罪狀(죄상) 범죄의 실상

쓰기 한자

罪責(죄책) 범죄의 책임
罪目(죄목) 범죄 행위의 명목
罪人(죄인) 죄를 지은 사람
有罪(유죄) 죄가 있음
罪惡(죄악) 죄가 될 만한 악행

主

7급

주인/임금 주

丶 | 4획

비 王(임금 왕) 住(살 주)
동 王(임금 왕) 君(임금 군) 帝(임금 제) 皇(임금 황)
반 客(손 객) 賓(손 빈) 從(좇을 종)

움직이지 않고 타오르는 촛불처럼 중심이 되어있는 사람을 빗대어 주인, 중심(主)을 의미한다.

읽기 한자

戶主(호주) 한 집안의 주장이 되는 사람
主張(주장) 자기 의견을 굳이 내세움
主導(주도) 주장이 되어 이끎
主從(주종) 주체와 종속
城主(성주) 성의 우두머리

쓰기 한자

自主(자주) 남의 보호나 간섭을 받지 않고 독립적으로 행함
主觀(주관) 자기대로의 생각
主體(주체) 성질, 상태, 작용의 주(主)
主流(주류) 사상의 주된 경향
地主(지주) 토지의 소유자

住

7급

살 주:

亻(人) | 5획

비 往(갈 왕) 注(부을 주)
동 居(살 거)

타고 있는 불(主)처럼 사람(人)이 한 곳에서 꼼짝 않고 머무는 것에서 산다(住)는 의미이다.

읽기 한자

居住(거주) 일정한 곳에 자리를 잡고 머물러 삶
永住權(영주권) 외국인에게 주는 그 나라에 영주할 수 있는 권리
移住(이주) 다른 곳에 옮아가서 삶

쓰기 한자

住民(주민) 그 땅에 사는 사람
住宅(주택) 사람들이 들어 사는 집
入住(입주) 새로 지은 집에 들어가 삶
住所(주소) 생활의 본거인 장소
安住(안주) 자리 잡고 편히 삶

注

6급 Ⅱ

부을 주:

氵(水) | 5획

비 主(주인 주) 住(살 주) 往(갈 왕)

물(氵)이 주(主)로 하는 일은 물대는(注) 일이란 의미이다.

읽기 한자

注射(주사) 약액을 주사기에 넣어 생물체의 조직이나 혈액 속에 주입함
傾注(경주) 기울여 쏟음
受注(수주) 주문을 받음
注視(주시) 눈독을 들여 잘 봄

쓰기 한자

注目(주목) 눈을 한 곳에 쏟음
注意(주의) 마음에 새겨 두어 조심함
注油(주유) 자동차 등에 휘발유 따위를 주입함
注入(주입) 교육에서 기억과 암송을 주로 하여 지식을 넣어 줌

晝	6급
	낮 주
	日 | 7획

비 畫(그림 화)
동 午(낮 오)
반 夜(밤 야)
약 昼

해가 뜨고(旦) 학교에 가니 글(書) 공부를 하는 낮(晝)이란 의미이다.

읽기한자

晝寢(주침) : 낮잠

쓰기한자

晝間(주간) 낮
晝夜(주야) 낮과 밤
白晝(백주) 대낮

週	5급 Ⅱ
	주일 주
	辶(辵) | 8획

비 周(두루 주)
調(고를 조)

모두에게 무언가를 두루(周) 알리기 위해 쭉 걸어 돌기(辶)에 한 주(週)를 의미한다.

읽기한자

週報(주보) 주간 내의 신문, 잡지

쓰기한자

週期(주기) 한 바퀴를 도는 시기
週末(주말) 한 주일의 끝
週間(주간) 한 주일 동안
來週(내주) 이 다음 주
週番(주번) 한 주간마다 바꾸어 하는 근무

州	5급 Ⅱ
	고을 주
	川(巛) | 3획

비 川(내 천)
동 郡(고을 군)
邑(고을 읍)
洞(골 동)

하천 안에 흙과 모래가 쌓여 섬이 만들어지는 모습에서 토지, 섬, 대륙(州)을 의미한다.

읽기한자

州境(주경) 주의 경계

쓰기한자

州郡(주군) 주와 군의 뜻으로 지방을 일컬음

走	4급 Ⅱ
	달릴 주
	走 | 0획

비 赤(붉을 적)
동 奔(달릴 분)

팔을 사방(十)으로 휘저으며 발(疋)을 재빠르게 놀리는 데서, '달리다'는 의미이다.

읽기한자

逃走(도주) 도망
走力(주력) 달리는 힘
走者(주자) 달리는 사람
走行(주행) 바퀴가 달린 탈 것이 달려감
獨走(독주) 남을 앞질러 혼자 달림
力走(역주) 힘껏 달림

4급
두루 주
口 | 5획

비 週(주일 주)
調(고를 조)
동 圍(에워쌀 위)

둘레(冂)를 보기 좋게(吉) 두른다(周)는 의미이다.

읽기 한자

周圍(주위) 어떤 곳의 둘레
周到(주도) 주의가 두루 미치고 빈틈이 없음
周邊(주변) 주위의 가장자리
周知(주지) 여러 사람이 두루 앎
一周(일주) 한 바퀴를 돎

朱

4급
붉을 주
木 | 2획

비 未(아닐 미)
동 赤(붉을 적)
紅(붉을 홍)
丹(붉을 단)

소(牛)를 칼로 나누면(八) 붉은(朱) 피가 나온다는 의미이다.

읽기 한자

朱書(주서) 주묵으로 글씨를 씀
印朱(인주) 도장을 찍는 데 쓰는 붉은 빛의 재료

4급
술 주(:)
酉 | 3획

단지(酉)에 담겨있는 술(氵)을 걸러 올린 것에서 술(酒)을 의미한다.

읽기 한자

勸酒(권주) 술을 권함
酒道(주도) 술자리에서의 도리
酒量(주량) 술을 마시는 분량
毒酒(독주) 매우 독한 술
藥酒(약주) 술의 높임말
暴酒(폭주) 한 번에 많이 먹는 술

竹

4급Ⅱ
대 죽
竹 | 0획

대나무 잎의 모양을 본떴다.

읽기 한자

松竹(송죽) 소나무와 대나무
竹馬故友(죽마고우) 어렸을 때부터의 친한 벗
竹夫人(죽부인) 대오리로 길고 둥글게 만든 제구

準 4급 Ⅱ
준할 준:
氵(水) | 10획

동 平(평평할 평)
약 凖

물(氵) 표면에 파도가 일어 매(隹)처럼 빠르게 평평하기에(十) 평정함의 정도(準)라는 의미이다.

읽기 한자

準據(준거) 표준을 삼아 의거함
準備(준비) 미리 마련하여 갖춤
基準(기준) 기본이 되는 표준
水準(수준) 사물의 표준
平準(평준) 물가 따위를 균일하게 조정하는 일

中 8급
가운데 중
丨 | 3획

동 央(가운데 앙)
반 邊(가 변)
外(바깥 외)

돌아가는 팽이의 중심축이 어느 쪽도 기울지 않고 한복판을 지키기에 가운데(中)라는 의미이다.

읽기 한자

中略(중략) 말이나 글의 중간을 줄임
中斷(중단) 중도에서 끊어짐
隱然中(은연중) 남모르는 가운데
眼中(안중) 눈에 비치는 바

쓰기 한자

門中(문중) 동성동본의 가까운 집안
的中(적중) 목표에 어김없이 들어맞음
中止(중지) 중도에서 그만둠
熱中(열중) 한 가지 일에 정신을 쏟음
命中(명중) 겨냥한 곳에 바로 맞음
中古(중고) 약간 낡은 물건
集中(집중) 한 곳으로 모임

重 7급
무거울 중:
里 | 2획

비 里(마을 리)
동 複(겹칠 복)
加(더할 가)
반 輕(가벼울 경)

천(千) 리(里)를 걸으면 발이 무겁다(重)는 의미이다.

읽기 한자

重言復言(중언부언) 한 말을 자꾸 되풀이함
重點(중점) 중시해야 할 점
嚴重(엄중) 엄격하고 정중함
重態(중태) 병이 위중한 상태
置重(치중) 어떤 곳에 중점을 둠

쓰기 한자

重力(중력) 지구상의 물체가 지구로부터 받는 힘
加重(가중) 더 무거워짐
過重(과중) 너무 무거움
重用(중용) 중요한 지위에 임용함
所重(소중) 매우 귀중함

衆 4급 Ⅱ
무리 중:
血 | 6획

동 群(무리 군)
類(무리 류)
徒(무리 도)
等(무리 등)
반 寡(적을 과)

혈통(血)이 같은 돼지(豕)들이 한 무리(衆)를 이루고 산다는 의미이다.

읽기 한자

聽衆(청중) 강연, 설교를 듣는 군중
衆口難防(중구난방) 뭇사람의 말을 이루 다 막기가 어려움
觀衆(관중) 관람하는 사람들
大衆(대중) 수가 많은 여러 사람
出衆(출중) 뭇사람 속에서 뛰어남

4급 Ⅱ

더할 증

土 | 12획

동 加(더할 가)
益(더할 익)
添(더할 첨)

반 減(덜 감)
損(덜 손)
除(덜 제)

약 増

흙(土)이 많이 쌓여 늘어나는(曾) 것에서 늘다(增)는 의미이다.

읽기 한자

增強(증강) 인원, 설비 등을 더하여 군세게 함
增設(증설) 설비를 늘림
增員(증원) 사람을 늘림
增築(증축) 집 등을 더 늘려 지음
急增(급증) 갑자기 증가함

證

4급

증거 증

言 | 12획

비 燈(등불 등)

동 據(근거 거)

약 証

여러 사람이 잘 보이는 단 위에 올라가(登) 사실대로 말하여(言) 증명한다(證)는 의미이다.

읽기 한자

證據(증거) 증명할 수 있는 근거
證明(증명) 증거로써 사물을 밝혀 확실하게 함
檢證(검증) 검사하여 증명함
立證(입증) 증거를 세움
確證(확증) 확실히 증명함

자

7급

종이 지

糸 | 4획

섬유질(糸)을 근원, 원료(氏)로 하여 종이(紙)를 생산한다는 의미이다.

읽기 한자

印紙(인지) 세금, 수수료를 낸 것을 증명하기 위해 서류에 붙이는, 정부가 발행한 증표
紙錢(지전) 지폐
破紙(파지) 찢어진 종이
壁紙(벽지) 벽에 바르는 종이
製紙(제지) 종이를 만듦

쓰기 한자

用紙(용지) 어떤 일에 쓰이는 종이
白紙化(백지화) 백지 상태가 됨
紙質(지질) 종이의 품질
紙面(지면) 종이의 표면
休紙(휴지) 못 쓰게 된 종이

7급

따 지

土 | 3획

반 天(하늘 천)

뱀이 논밭의 두렁처럼 구불구불 한 것에서 지면(土)과 뱀(也)의 형태로 땅(地)을 의미한다.

읽기 한자

不毛地(불모지) 초목이 나지 않는 거친 땅
處地(처지) 자기가 처해 있는 경우
地點(지점) 땅 위의 일정한 어떤 곳
餘地(여지) 남은 땅
地域(지역) 토지의 구역
陰地(음지) 그늘진 곳

쓰기 한자

客地(객지) 자기 고장을 떠나 임시로 있는 곳
原産地(원산지) 물건의 생산지
行先地(행선지) 떠나가는 목적지
地形(지형) 땅의 생긴 모양

志 4급Ⅱ

뜻 지

心 | 3획

동 意(뜻 의)
情(뜻 정)
趣(뜻 취)

선비(士)의 마음(心) 속에는 깊은 뜻(志)이 있다는 의미이다.

읽기 한자

鬪志(투지) 싸우고자 하는 의지
志士(지사) 고매한 뜻을 품은 사람
志願(지원) 스스로 뜻하여 바람
志向(지향) 뜻이 향하는 방향
同志(동지) 뜻이 서로 같은 사람
立志(입지) 뜻을 세움

知 5급Ⅱ

알 지

矢 | 3획

동 認(알 인)
識(알 식)
반 行(다닐 행)

화살(矢)처럼 곧바로 날아가 맞추는(口) 것을 나타내는 글자로, 알다(知)는 의미이다.

읽기 한자

溫故知新(온고지신) 옛 것을 익히고 나아가서 새 것을 앎
探知(탐지) 더듬어 살피어 알아냄
知覺(지각) 알아서 깨달음
周知(주지) 여러 사람이 두루 앎
未知(미지) 알지 못함
認知(인지) 사실을 인정하여 앎

쓰기 한자

知行合一(지행합일) 지식과 행위가 하나 됨
親知(친지) 가깝게 지내는 사람
通知(통지) 기별하여 알림
知能(지능) 두뇌의 작용

止 5급

그칠 지

止 | 0획

동 停(머무를 정)

발이 한걸음 앞에 나간 상태에서 멈추었다(止)고 하는 것에서 멈추게 하다(止)는 의미이다.

읽기 한자

明鏡止水(명경지수) 거울같이 맑은 날
閉止(폐지) 실시하던 제도 등을 치워서 그만 둠
防止(방지) 막아서 그치게 함
禁止(금지) 어떤 짓을 말려서 못하게 함

쓰기 한자

停止(정지) 하던 일을 중도에 그침
終止(종지) 끝을 냄
行動擧止(행동거지) 몸을 움직여 하는 모든 것

至 4급Ⅱ

이를 지

至 | 0획

동 到(이를 도)
致(이를 치)
極(다할 극)

어디로부터인가 날아온 새의 모습에서 오다, 도착하다, 다다르다(至)는 의미이다.

읽기 한자

至極(지극) 극진한 데 이름
至大(지대) 더할 수 없이 아주 큼
至當(지당) 아주 당연함
至尊(지존) 더 없이 존귀함
至毒(지독) 더할 수 없이 독하거나 심함

4급Ⅱ

지탱할 지

支 | 0획

비 技(재주 기)

손(又)으로 열(十)가지 일을 버티어(支) 해낸다는 의미이다.

읽기 한자

支援(지원) 지지하여 도움
依支(의지) 몸을 기대어 부지함
支給(지급) 물건이나 돈을 치러 줌
支配(지배) 아랫사람을 감독하고 사무를 정리함

指

4급Ⅱ

가리킬 지

扌(手) | 6획

맛(旨)있는 것을 집어서 먹는 손(扌)의 모습에서 손가락(指)을 의미한다.

읽기 한자

指稱(지칭) 가리키어 부름
指標(지표) 방향을 가리키는 표지
指導(지도) 가리키어 이끎
指目(지목) 사람, 사물 등이 어떻다고 가리켜 정함
指定(지정) 이것이라고 가리켜 정함

誌

4급

기록할 지

言 | 7획

비 詩(시 시)
談(말씀 담)
동 記(기록할 기)
錄(기록할 록)
識(기록할 지)

말(言)이나 뜻(志)을 적는다(誌)는 의미이다.

읽기 한자

雜誌(잡지) 정기적으로 간행되는 출판물
校誌(교지) 학생들이 교내에서 발행하는 잡지
日誌(일지) 직무상의 기록을 적는 책

持

4급

가질 지

扌(手) | 6획

비 待(기다릴 대)
特(특별할 특)
동 取(가질 취)

관청(寺)에서 내 보낸 공문서를 손(扌)에 소중히 가지고(持) 있다는 의미이다.

읽기 한자

持病(지병) 고치기 어려운 병
持續性(지속성) 지속해 나가는 성질
所持(소지) 가지고 있음
支持(지지) 붙들어서 버팀

智

4급

지혜/슬기 **지**

日 | 8획

비 知(알 지)
동 慧(지혜 혜)

해(日)와 같이 밝게 안다(知)는 데서 지혜, 슬기(智)를 의미한다.

읽기 한자

智略(지략) 슬기로운 계략
奇智(기지) 기발하고 특출한 지혜

直

7급 Ⅱ

곧을 **직**

目 | 3획

비 眞(참 진)
동 貞(곧을 정)
반 屈(굽을 굴)
曲(굽을 곡)

숨어(乚) 있어도 열(十) 사람의 눈(目)이 보면 나쁜 짓은 할 수 없기에 바로(直)라는 의미이다.

읽기 한자

直覺(직각) 보거나 듣는 즉시로 바로 깨달음
直進(직진) 곧게 나아감

쓰기 한자

直觀(직관) 대상을 직접적으로 파악하는 작용
正直(정직) 거짓, 허식이 없이 마음이 바르고 곧음
直通(직통) 두 지점 간에 장애가 없이 바로 통함
直流(직류) 곧게 흐르는 흐름
直後(직후) 바로 뒤
直面(직면) 어떤 사물에 직접 대면함

職

4급 Ⅱ

직분 **직**

耳 | 12획

비 識(알 식)
織(짤 직)
동 官(벼슬 관)

귀(耳)로 듣는 말소리(音)를 창(戈)이나 칼로 새기는 직업(職)을 맡는다는 의미이다.

읽기 한자

辭職(사직) 직무를 내어놓게 되는 일
職務(직무) 담당해 맡은 사무
復職(복직) 본디 직으로 돌아옴
職場(직장) 근무하며 맡은 일을 하는 일터
退職(퇴직) 현직에서 물러남

織

4급

짤 **직**

糸 | 12획

비 識(알 식)
職(직분 직)
동 紡(길쌈 방)
績(길쌈 적)
組(짤 조)

실(糸)로 음악(音)같이 무늬가 붙은 문양(戈) 옷감을 짜는 것에서 직물(織)을 의미한다.

읽기 한자

織造(직조) 기계로 피륙 등을 짜는 일
毛織(모직) 털실로 짠 피륙
手織(수직) 손으로 짬
組織(조직) 짜서 이룸

4급 Ⅱ

나아갈 진:

辶(辵) | 8획

동 就(나아갈 취)
出(날 출)
반 退(물러날 퇴)

새(隹)가 날 때와 같이 빨리 걷는(辶) 것에서 진행하다, 앞으로 나가다(進)는 의미이다.

읽기 한자

推進(추진) 밀고 나아감
進級(진급) 등급, 계급 등이 오름
進路(진로) 앞으로 나아가는 길
進步(진보) 사물이 점차 발달하는 일
進退(진퇴) 나아감과 물러섬
行進(행진) 앞으로 걸어 나아감

眞

4급 Ⅱ

참 진

目 | 5획

비 直(곧을 직)
동 實(열매 실)
반 假(거짓 가)
僞(거짓 위)

비수(匕)로 재산(貝)의 일부(一)를 잘라내서(八) 학비를 대어 참(眞)을 배우게 한다.

읽기 한자

眞價(진가) 참된 값어치
眞理(진리) 참된 이치
眞面目(진면목) 본래의 모습
眞情(진정) 진실하고 애틋한 마음
寫眞(사진) 카메라로 찍은 형상
純眞(순진) 마음이 순박하고 진실함

盡

4급

다할 진:

皿 | 9획

동 窮(다할 궁)
極(다할 극)
약 尽

화로(皿)에 불씨가 다 꺼져(聿) 간다는 데서 다하다(盡)는 의미이다.

읽기 한자

盡力(진력) 있는 힘을 다함
盡心(진심) 마음을 다 기울여 씀
極盡(극진) 정성이 더할 나위 없음
賣盡(매진) 남김없이 다 팔림
消盡(소진) 사라져 다 없어짐
脫盡(탈진) 기력이 다 빠져 없어짐

珍

4급

보배 진

王(玉) | 5획

동 寶(보배 보)
약 珎

사람(人)의 머릿결(彡) 같이 고운 무늬가 있는 구슬(玉)을 보배(珍)라고 한다.

읽기 한자

珍貴(진귀) 보배롭고 귀중함
珍味(진미) 음식의 썩 좋은 맛
珍風景(진풍경) 희귀한 경치
山海珍味(산해진미) 산과 바다의 산물을 다 갖추어 썩 잘 차린 진귀한 음식

자

陣

4급

진칠 진

阝(阜) | 4획

비 陳(베풀 진)

언덕(阝)을 의지하여 병차(車)를 중심으로 진을 친다(陣)는 의미이다.

읽기 한자

對陣(대진) 적과 맞대하여 진을 침
布陣(포진) 전쟁, 경기 등에서 진을 침
背水陣(배수진) 물을 등지고 치는 진법의 하나로 목숨을 걸고 싸우는 경우의 비유

質

5급 Ⅱ

바탕 질

貝 | 8획

동 素(본디 소)
朴(성 박)
本(근본 본)
약 貭

돈(貝)을 빌린 표시로 도끼(斤) 두 자루를 상대에게 건네고 약속한 표시(質)를 의미한다.

읽기 한자

質疑(질의) 의심나는 점을 물어 밝힘
資質(자질) 타고난 성품과 바탕
素質(소질) 본디부터 갖추고 있는 성질
異質(이질) 성질이 다름
低質(저질) 품질이 낮음

쓰기 한자

性質(성질) 사물이 본디부터 가지고 있는 고유한 특성
質問(질문) 의문, 이유를 캐물음
變質(변질) 성질이나 물질이 변함
惡質(악질) 성질이 모질고 나쁨
體質(체질) 몸의 성질

集

6급 Ⅱ

모을 집

隹 | 4획

동 會(모일 회)
社(모일 사)
團(둥글 단)
반 散(흩어질 산)
離(떠날 리)
配(나눌 배)

나무(木) 위에 새(隹)가 많이 무리지어 모여드는 것에서 모여들다, 모이다(集)라는 의미이다.

읽기 한자

集配(집배) 우편물, 철도 화물 등을 모으고 또 그것을 주소지로 배달함
集積(집적) 모여서 쌓임
密集(밀집) 빽빽이 모임
採集(채집) 찾아서 모음
收集(수집) 거두어 모음

쓰기 한자

集結(집결) 한 군데로 모임
集約(집약) 한데 모아서 요약함
集中(집중) 한 곳으로 모으게 함
集計(집계) 모아서 합계함
雲集(운집) 구름처럼 많이 모임

次

4급 Ⅱ

버금 차

欠 | 2획

동 副(버금 부)
亞(버금 아)
仲(버금 중)

입을 크게 벌리(冫)고 하품(欠)을 한 후, 다음 작업에 들어가는 것에서 다음(次)을 의미한다.

읽기 한자

次席(차석) 수석 다음의 자리
次元(차원) 어떤 사물을 생각하거나 행할 때의 입장
目次(목차) 목록이나 조목의 차례
順次的(순차적) 순서대로 하는 것
將次(장차) 앞으로

差

4급

다를 차

工 | 7획

비 着(붙을 착)
동 異(다를 이)
他(다를 타)
別(다를 별)
殊(다를 수)
반 共(한가지 공)
同(한가지 동)

다른 벼 포기와 달리 유독 하나의 벼 포기가 왼쪽(左)으로 이삭이 드리워진(垂) 데서, '다르다'는 의미이다.

읽기 한자

差度(차도) 병이 조금씩 나아가는 정도
差別(차별) 차등이 있게 구별함
差異(차이) 서로 차가 있게 다름
格差(격차) 품등이나 자격의 차
誤差(오차) 참값과 근사값의 차이
快差(쾌차) 병이 완전히 나음

着

5급 Ⅱ

붙을 착

目 | 7획

비 差(다를 차)
동 到(이를 도)
附(붙을 부)
반 發(필 발)

양(羊)털이 자라면 눈(目)에 달라붙어 보이지 않을 정도가 되는 것에서 몸에 붙다(着)는 의미이다.

읽기 한자

延着(연착) 정한 시간보다 늦게 도착함
密着(밀착) 빈틈없이 단단히 붙음
接着(접착) 달라붙음
着想(착상) 일의 실마리가 될 만한 생각

쓰기 한자

定着(정착) 한 곳에 자리 잡아 떠나지 않음
固着(고착) 굳게 붙음
着陸(착륙) 비행기가 육지에 내림
着手(착수) 일에 손을 대어 시작함
土着(토착) 대대로 그 땅에서 삶

讚

4급

기릴 찬:

言 | 19획

동 頌(기릴 송)
譽(기릴 예)
약 讃

상대의 좋은 점을 말(言)로 칭찬하며 재물로 돕는다(贊)는 데서, '기리다'는 의미이다.

읽기 한자

讚辭(찬사) 찬미하는 글이나 말
激讚(격찬) 대단히 칭찬함
讚歌(찬가) 찬미의 뜻을 표한 노래
極讚(극찬) 극구 칭찬함
自畫自讚(자화자찬) 제가 한 일을 자기 스스로 자랑함

察

4급 Ⅱ

살필 찰

宀 | 11획

비 際(즈음/가 제)
동 省(살필 성)
審(살필 심)

집(宀)에서 제사(祭) 지낼 때 제물의 종류나 놓이는 위치 등을 정성껏 살피는 데서, '살피다'는 의미이다.

읽기 한자

査察(사찰) 조사하여 살핌
監察(감찰) 감시하여 살핌
觀察(관찰) 사물을 주의하여 살펴봄
不察(불찰) 잘 살피지 않아서 생긴 잘못
省察(성찰) 반성하여 살핌

5급 Ⅱ

参 참여할 참 / 석 삼

厶 | 9획

비 惨(참혹할 참)
蔘(인삼 삼)
동 三(석 삼)
與(줄 여)
약 参

머리(厽)에 비녀를 꽂고 여러 장식품(彡)을 갖추어 의식에 참가한다(參)는 의미이다.

읽기한자

參與(참여) 참가하여 관계함
持參(지참) 무엇을 가지고 가서 참석함
參拜(참배) 무덤, 기념비 따위의 앞에서 경의나 추모의 뜻을 나타냄

쓰기한자

古參(고참) 오래 전부터 한 직장이나 직위에 머물러 있는 일
參考(참고) 살펴서 생각함
參戰(참전) 전쟁에 참가함
參觀(참관) 어떤 곳에 나아가서 봄
參席(참석) 자리에 참여함

6급 Ⅱ

窓 창 창

穴 | 6획

비 密(빽빽할 밀)

벽에 창(厶)으로 구멍(穴)을 뚫어 마음(心)이 시원하고 밝도록 창문(窓)을 만든다는 의미이다.

읽기한자

窓戶紙(창호지) 문을 바르는 종이

쓰기한자

鐵窓(철창) 쇠로 창살을 만든 창문
窓口(창구) 창을 뚫어 놓은 곳
同窓(동창) 같은 학교에서 배움
東窓(동창) 동쪽으로 난 창
學窓時節(학창시절) 학생으로서 학교에서 공부하던 시절

5급

唱 부를 창:

口 | 8획

동 召(부를 소)
招(부를 초)
呼(부를 호)
聘(부를 빙)

입(口)를 벌리고 모두가 큰 소리로 민요를 부르는(昌) 것에서 노래 부르다(唱)는 의미이다.

읽기한자

復唱(복창) 남의 말을 받아 그대로 욈
提唱(제창) 제기하여 창도함

쓰기한자

唱法(창법) 노래하는 방법
獨唱(독창) 혼자서 노래를 부름
先唱(선창) 맨 먼저 부름
再唱(재창) 다시 노래 부름
愛唱曲(애창곡) 즐겨 부르는 곡

4급 Ⅱ

創 비롯할 창:

刂(刀) | 10획

비 倉(곳집 창)
동 始(비로소 시)

지금부터 요리(刂)를 하려고 곡물 등을 창고(倉)에서 꺼내 준비하는 것에서 시작하다(創)는 의미이다.

읽기한자

創建(창건) 처음으로 세움
創案(창안) 처음으로 생각하여 냄
創業(창업) 사업을 시작함
創造(창조) 처음으로 만듦
獨創的(독창적) 자기 혼자의 힘으로 생각해내거나 처음으로 만들어 내는

4급

캘 채:

扌(手) | 8획

동 擇(가릴 택)

손(扌)과 손(爪)으로 삽이나 괭이를 써서 나무(木)를 캔다(採)는 의미이다.

읽기 한자

採鑛(채광) 광석을 캐어 냄
採用(채용) 인재를 등용함
採點(채점) 점수를 매김
採取(채취) 땅에서 캐어 냄
採擇(채택) 골라서 가려냄
特採(특채) 특별히 채용함

5급 Ⅱ

꾸짖을 책

貝 | 4획

비 貴(귀할 귀)

쿡쿡 가시로 찔러(主) 대듯이 돈(貝)을 돌려달라고 볶아 대는 것에서 추궁하다(責)는 의미이다.

읽기 한자

責務(책무) 직책과 임무
職責(직책) 직무상의 책임

쓰기 한자

責任(책임) 도맡아 해야 할 임무나 의무
責望(책망) 허물을 들어 꾸짖음
罪責(죄책) 범죄의 책임
問責(문책) 잘못을 캐묻고 추궁함
自責(자책) 제 자신을 스스로 책망함
見責(견책) 책망을 당함
重責(중책) 무거운 책임

4급

책 책

冂 | 3획

동 篇(책 편)

옛날에 대나무를 묶어서 서책과 같이해서 글자를 썼으므로 책(冊)을 의미한다.

읽기 한자

冊名(책명) 책의 이름
冊房(책방) 서점
冊張(책장) 책을 넣어 두는 장
書冊(서책) 서적

4급 Ⅱ

곳 처:

虍 | 5획

비 虎(범 호)
약 処

호랑이(虍)가 천천히 걷고(夂) 있는 곳(處)을 의미한다.

읽기 한자

傷處(상처) 부상을 입은 자리
處分(처분) 어떠한 기준에 따라 처리함
處事(처사) 일을 처리함
處地(처지) 자기가 처해 있는 경우
近處(근처) 가까운 곳
出處(출처) 사물이 나온 근거

4급

샘 천

水 | 5획

샘물이 솟아나서(白) 흘러 내려 내(川)가 되어가는 모양으로 샘, 원천(泉)을 의미한다.

읽기 한자

九泉(구천) 죽은 뒤에 넋이 돌아간다는 곳
冷泉(냉천) 찬 샘
溫泉(온천) 지열로 땅 속에서 데워져 솟는 지하수
源泉(원천) 물이 흘러나오는 근원

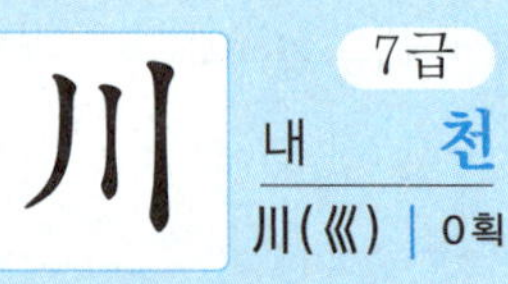

7급

내 천

川(巛) | 0획

비 水(물 수)
동 溪(시내 계)
반 山(메 산)

양 쪽 기슭 사이를 물이 흐르고 있는 모양에서 내, 하천(川)을 의미한다.

쓰기 한자

河川(하천) 내와 강
山川(산천) 산과 내라는 뜻으로 자연을 일컬음
山川草木(산천초목) 산과 내, 풀과 나무
晝夜長川(주야장천) 밤낮으로 쉬지 않고 연달아. 언제나

7급

일천 천

十 | 1획

비 干(방패 간)

사람이 앞으로 나아가는 모습과 十자를 포개 놓아, 十의 백 배, 百의 열 배의 것을 말한다.

읽기 한자

千差萬別(천차만별) 여러 가지 사물이 모두 차이가 있고 구별이 있음
千篇一律(천편일률) 많은 사물이 색다른 바 없이 모두 비슷함
千里眼(천리안) 천리 밖을 볼 수 있음

쓰기 한자

千里馬(천리마) 하루에 천리를 달릴 만한 썩 좋은 말
千古(천고) 썩 먼 옛적
千萬多幸(천만다행) 매우 다행스러움

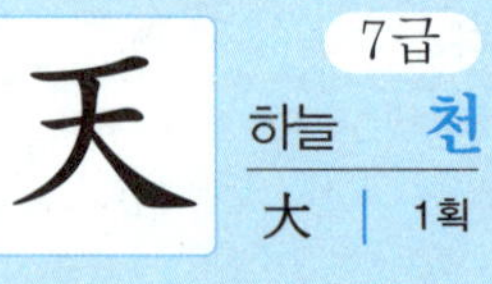

7급

하늘 천

大 | 1획

비 夫(지아비 부)
동 乾(하늘 건)
반 地(따 지)

양손과 양발을 벌리고 서있는 사람(大)의 머리 위에 크게 펼쳐 있는(一) 하늘(天)을 의미한다.

읽기 한자

天生緣分(천생연분) 하늘에서 정해 준 연분
天罰(천벌) 하늘이 내린 벌
天惠(천혜) 하늘의 은혜
至誠感天(지성감천) 지극한 정성에 하늘이 감동함

쓰기 한자

天才(천재) 선천적으로 타고난 뛰어난 재주
樂天的(낙천적) 인생이나 어떤 사태에 대해 낙관하고 있는 모양
天命(천명) 타고난 수명
天幸(천행) 하늘이 준 다행

5급

쇠 **철**

金 | 13획

동 金(쇠 금)
약 鉄

창(戈)을 만드는 데 으뜸(王)으로 좋은(吉) 쇠(金)가 철(鐵)이라는 의미이다.

읽기 한자

鐵鑛(철광) 철을 함유한 제철의 원료가 되는 광석
鐵絲(철사) 쇠로 가늘고 길게 만든 줄의 총칭
製鐵所(제철소) 철광으로 철재를 만드는 공정을 하는 곳

쓰기 한자

鐵工(철공) 쇠를 다루는 공업
鐵道(철도) 기차, 전차가 다니도록 깔아 놓은 시설
鐵物(철물) 쇠로 만든 물건
古鐵(고철) 오래 되어 못쓰게 된 쇠붙이

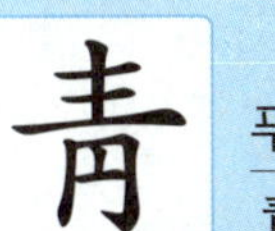

8급

푸를 **청**

靑 | 0획

비 淸(맑을 청)
동 綠(푸를 록)
碧(푸를 벽)
蒼(푸를 창)

풀잎의 색깔처럼 파랗게 맑은 우물의 물색에서 파랗게(靑) 투명한 색깔을 의미한다.

읽기 한자

靑松(청송) 푸른 솔
靑寫眞(청사진) 설계도. 미래의 계획이나 구상

쓰기 한자

靑信號(청신호) 푸른 등이나 기로 통행을 표시하는 교통 신호
靑春(청춘) 새싹이 파랗게 돋아나는 봄철. 젊은 나이
靑果(청과) 신선한 채소, 과일

4급 Ⅱ

청할 **청**

言 | 8획

비 淸(맑을 청)
晴(갤 청)

청년(靑)이 웃어른께 부탁의 말씀(言)을 드린다는 데서 청하다(請)는 의미이다.

읽기 한자

請婚(청혼) 결혼하기를 청함
招請(초청) 청하여 부름
請求(청구) 달라고 요구함
申請(신청) 신고하여 청구함
不請客(불청객) 청하지 않았는데도 온 손님

淸

6급 Ⅱ

맑을 **청**

氵(水) | 8획

비 靑(푸를 청)
동 潔(깨끗할 결)
淨(깨끗할 정)
반 濁(흐릴 탁)

푸릇푸릇한 풀잎처럼, 파랗게(靑) 맑은 물(氵)의 아름다움에서 맑다(淸)는 의미이다.

읽기 한자

淸潔(청결) 맑고 깨끗함
淸貧(청빈) 청백하여 가난함
淸純(청순) 맑고 순박함

쓰기 한자

百年河淸(백년하청) 아무리 오래되어도 사물이 이루어지기 어려움
淸明(청명) 날씨가 맑고 밝음
淸算(청산) 상호간의 채무 관계를 셈하여 깨끗이 정리함

차

聽

4급

들을 **청**

耳 | 16획

비 廳(관청 청)
동 聞(들을 문)
반 問(물을 문)
약 聴

귀(耳)가 맡은(壬) 역할은 바른(直) 마음(心)에서 나오는 소리를 듣는 것이라는 데서, '듣다'는 의미이다.

읽기 한자

聽力(청력) 귀로 소리를 듣는 일
聽衆(청중) 강연이나 설교를 듣는 군중
傾聽(경청) 귀를 기울이고 주의하여 들음
盜聽(도청) 몰래 엿듣는 일
視聽(시청) 눈으로 보며 귀로 들음

廳

4급

관청 **청**

广 | 22획

비 聽(들을 청)
동 府(관청 부)
署(관청 서)
약 庁

넘칠 정도로 많은 백성의 소리를 듣는(聽) 건물(广)이라는 것에서 관청(廳)을 의미한다.

읽기 한자

官廳(관청) 국가 기관의 실무를 실제로 집행하는 곳
道廳(도청) 도의 행정을 맡아 처리하는 관청
大廳(대청) 집채 가운데에 있는 큰 마루

體

6급 Ⅱ

몸 **체**

骨 | 13획

비 禮(예도 례)
동 身(몸 신)
己(몸 기)
반 心(마음 심)
약 体

뼈(骨)를 중심으로 내장과 같이 풍성하게(豊) 붙어서 된 것이 몸(體)이란 의미이다.

읽기 한자

體系(체계) 낱낱이 다른 것을 통일한 조직
體罰(체벌) 몸에 직접 고통을 주는 벌
體統(체통) 지체나 신분에 맞는 체면
體得(체득) 몸소 체험하여 얻음
總體(총체) 전부

쓰기 한자

體感(체감) 몸에 느끼는 감각
體面(체면) 남을 대하는 체제와 면목
體溫(체온) 생물체가 가지고 있는 온도
形體(형체) 물건의 생김새
一體(일체) 한결같음. 같은 관계
主體(주체) 사물의 주장이 되는 부분

草

7급

풀 **초**

艹(艸) | 6획

해가 아침 일찍(早) 물 위로 나오듯이 빠르게 무성(艹)해지는 모습에서 잡풀(草)을 의미한다.

읽기 한자

伐草(벌초) 무덤의 잡초를 베어버림
除草(제초) 잡초를 뽑아 없앰
草創期(초창기) 어떤 사업을 일으켜 시작하는 초기
結草報恩(결초보은) 죽어서도 은혜를 잊지 않고 갚음

쓰기 한자

草綠同色(초록동색) 이름은 다르나 따지고 보면 한 가지 것이라는 말
草案(초안) 기초가 되는 글발
草食(초식) 식물성의 먹이만 먹음
花草(화초) 꽃이 피는 풀과 나무
不老草(불로초) 먹으면 늙지 않는 풀

初

5급

처음 초

刀 | 5획

동 始(비로소 시)
創(비롯할 창)

반 終(마칠 종)
末(끝 말)
端(끝 단)
了(마칠 료)

옷을 만들기 위해 처음하는 일이 옷(衤)감을 칼(刀)로 자르는 일이기에, 처음(初)을 의미한다.

읽기한자

初步(초보) 보행의 첫 걸음. 학문, 기술 등의 첫 걸음
初演(초연) 연극, 음악 등의 최초의 상연
自初至終(자초지종) 처음부터 끝까지 이르는 동안

쓰기한자

今時初聞(금시초문) 이제야 비로소 처음으로 들음
初代(초대) 어떤 계통의 최초의 사람
初面(초면) 처음으로 대하여 봄
初行(초행) 처음으로 감
當初(당초) 일이 생긴 처음

4급

부를 초

扌(手) | 5획

동 唱(부를 창)
呼(부를 호)
聘(부를 빙)

신령님의 계시를 받기 위해서 손(扌)짓해서 불러(召) 불러들이다(招)라는 의미이다.

읽기한자

招待(초대) 사람을 불러서 대접함
招來(초래) 불러 옴. 그렇게 되게 함
招請(초청) 청하여 부름
自招(자초) 스스로 부름

8급

마디 촌ː

寸 | 0획

비 才(재주 재)

동 節(마디 절)

손(十) 바닥에서 맥을 짚는 곳(丶)까지의 거리는 대개 한 치(寸) 전후라는 의미이다.

읽기한자

寸劇(촌극) 아주 짧은 단편적인 연극
寸評(촌평) 매우 짧게 비평함
寸陰(촌음) 얼마 안 되는 시간
寸鐵殺人(촌철살인) 한 치의 칼로도 살인한다는 뜻. 간단한 경구로 사람을 감동시킴을 비유함

쓰기한자

寸數(촌수) 겨레붙이 사이의 멀고 가까운 정도가 얼마라는 수

7급

마을 촌ː

木 | 3획

비 林(수풀 림)

동 里(마을 리)
落(떨어질 락)

나무(木)가 자라고(寸) 있는 곳에 사람이 모여 산다는 것에서 마을(村)이라는 의미이다.

읽기한자

散村(산촌) 인가가 밀집해 있지 않고 넓은 지역에 흩어져 있는 마을
村婦(촌부) 시골에 사는 부녀
富村(부촌) 부자가 많이 사는 마을

쓰기한자

無醫村(무의촌) 의사나 의료시설이 없는 마을
村落(촌락) 촌에 이루어진 부락
山村(산촌) 산 속에 있는 마을
漁村(어촌) 어부들이 모여 사는 마을
江村(강촌) 강가의 마을

차

銃
4급Ⅱ
총 총
金 | 6획

비 統(거느릴 통)

쇠(金)를 알차게(充) 조립하여 만든 것이 총(銃)이라는 의미이다.

읽기 한자

銃傷(총상) 총에 맞은 상처
銃器(총기) 소총, 권총 등의 화기
銃殺(총살) 총으로 쏘아 죽임
銃聲(총성) 총소리

總
4급Ⅱ
다 총:
糸 | 11획

비 統(거느릴 통)
동 皆(다 개)
咸(다 함)
반 個(낱 개)
枚(낱 매)
약 総, 緫

두뇌(囟)와 마음(心)은 여러 색실(糸)로 만든 술과 같아서 총괄하다(總)는 의미이다.

읽기 한자

總評(총평) 총체적인 평가나 평정
總監督(총감독) 총괄적으로 하는 감독
總計(총계) 한데 통틀어서 계산함
總動員(총동원) 무엇을 성취하기 위하여 전 인원을 동원하는 일
總力(총력) 모든 힘. 전부의 힘

最
5급
가장 최:
日 | 8획

비 聖(성인 성)

옛날 전쟁의 위험을 무릅쓰고(曰) 적의 귀(耳)를 잘라(又) 오는 것은 가장(最) 큰 모험이다.

읽기 한자

最適(최적) 가장 적당하거나 적합함
最低(최저) 가장 낮음

쓰기 한자

最近(최근) 장소나 위치가 가장 가까움
最善(최선) 가장 착하고도 좋음
最高(최고) 가장 높음
最強(최강) 가장 셈
最終(최종) 맨 나중
最多(최다) 가장 많음

秋
7급
가을 추
禾 | 4획

비 私(사사 사)
松(소나무 송)
반 春(봄 춘)

벼(禾)가 불(火)빛 같은 태양에 익는 계절이니 가을(秋)이란 의미이다.

읽기 한자

秋季(추계) 가을의 시기
秋穀(추곡) 가을에 거두는 곡식
秋波(추파) 가을철의 아름답고 잔잔한 물결. 은근한 정을 나타내는 눈치

쓰기 한자

秋風落葉(추풍낙엽) 가을바람에 흩어져 떨어지는 낙엽. 낙엽처럼 시들어 우수수 떨어짐을 비유함
千秋(천추) 썩 오랜 세월. 먼 미래

推 4급
밀 **추**
扌(手) | 5획

비 雄(수컷 웅)
반 引(끌 인)
導(인도할 도)
提(끌 제)

새(隹)들이 싸울 때 날개를 치며 밀어내듯이 손(扌)을 써서 상대방을 밀어낸다(推)는 의미이다.

읽기 한자

推進(추진) 밀어 나아가게 함
推移(추이) 일이나 형편이 변하여 옮김
推理(추리) 사리를 미루어서 생각함
推算(추산) 짐작으로 미루어서 셈함

祝 5급
빌 **축**
示 | 5획

비 稅(세금 세)
동 祈(빌 기)

제단(示) 앞에서 축문을 낭독하는 사람(兄)의 모습에서 축복하다, 축하하다(祝)는 의미이다.

읽기 한자

頌祝(송축) 경사스러움을 칭송하여 축하함
祝辭(축사) 축하하는 뜻의 글이나 말
慶祝(경축) 치하할 만한 기쁜 일을 축하함

쓰기 한자

祝願(축원) 잘 되게 해 달라고 바라며 비는 일
祝歌(축가) 축하하는 뜻으로 부르는 노래
祝電(축전) 축하하는 뜻으로 치는 전보
自祝(자축) 제 스스로를 축하함
祝福(축복) 앞길의 행운을 빔

築 4급 Ⅱ
쌓을 **축**
竹 | 10획

동 積(쌓을 적)
貯(쌓을 저)
蓄(쌓을 축)

대나무(竹)와 나무(木)로 여러 가지(凡) 공사(工)를 한다는 데서 짓다, 쌓다(築)는 의미이다.

읽기 한자

構築(구축) 얽어 만들어 쌓아 올림
築造(축조) 다지고 쌓아서 만듦
建築(건축) 집이나 성, 다리 등 건조물을 세워 지음
新築(신축) 새로 건축함
增築(증축) 집 같은 것을 더 늘려 지음

蓄 4급 Ⅱ
모을 **축**
艹(艸) | 10획

비 畜(짐승 축)
동 貯(쌓을 저)
積(쌓을 적)
築(쌓을 축)

곡식을 거두어 쌓아 놓고(畜) 풀(艹)로 덮은 데서, '쌓다, 모으다'는 의미이다.

읽기 한자

蓄積(축적) 많이 모으는 일
蓄財(축재) 재물을 모아 쌓음
備蓄(비축) 만약의 경우를 위하여 저축하여 둠
貯蓄(저축) 절약하여 모아 한데 쌓아둠

縮 4급
줄일 축
糸 | 11획

비 宿(잘 숙)
반 張(베풀 장)
伸(펼 신)
擴(넓힐 확)

집안사람이 몸을 웅크리고 머무르듯이(宿), 실(糸)로 매서 작게 하는 것에서 줄이다(縮)는 의미이다.

읽기 한자

縮小(축소) 줄여서 작아짐
縮地法(축지법) 도술에 의해 먼 거리를 가깝게 하는 술법
減縮(감축) 덜리고 적어서 줄어짐
壓縮(압축) 눌러서 오그라뜨림

春 7급
봄 춘
日 | 5획

비 奉(받들 봉)
반 秋(가을 추)

따뜻한 햇살(日)에 초목의 새순이 돋아나기 시작하는 계절에서 봄(春)을 의미한다.

읽기 한자

春季(춘계) 봄의 시기
春窮期(춘궁기) 봄철에 농민이 몹시 살기 어려운 때
春困(춘곤) 봄날에 느끼는 나른한 기운
回春(회춘) 봄이 다시 돌아옴. 중한 병이 낫고 건강을 회복함. 도로 젊어짐

쓰기 한자

立春大吉(입춘대길) 입춘을 맞이하여 길운을 기원하는 글
春秋服(춘추복) 봄철과 가을철에 입는 옷

出 7급
날 출
凵 | 3획

동 進(나아갈 진)
就(나아갈 취)
生(날 생)
반 入(들 입) 沒(빠질 몰)
納(들일 납)
缺(이지러질 결)

풀이 여기저기 어우러져 만들어진 모양에서 나오다, 내다(出)는 의미이다.

읽기 한자

提出(제출) 문안이나 의견, 법안 등을 내어 놓음
出處(출처) 사물이 나온 근거
出勤(출근) 근무하는 곳에 나감
傑出(걸출) 남보다 훨씬 뛰어남
出納(출납) 내어 줌과 받아들임
進出(진출) 앞으로 나아감

쓰기 한자

出發(출발) 길을 떠나 나감
放出(방출) 한꺼번에 내어 놓음
出場(출장) 어떤 장소에 나감
日出(일출) 해가 돋음

充 5급Ⅱ
채울 충
儿 | 4획

동 滿(찰 만)

아이를 낳아 기를(育) 때, 해가 차면 스스로 걸을 수 있는 사람이(儿) 되는 데서 '차다, 가득차다'는 의미이다.

읽기 한자

充滿(충만) 가득하게 참
充員(충원) 인원을 채움
充血(충혈) 어느 국부의 혈관 속을 흐르는 혈액양이 많아진 상태

쓰기 한자

充當(충당) 모자라는 것을 채워 메움
充實(충실) 몸이 굳세어서 튼튼함
充足(충족) 일정한 분량에 차거나 채움
充分(충분) 분량이 넉넉하여 모자람이 없음

4급Ⅱ

벌레 충

虫 | 12획

약 虫

뱀들이 모여 있는 모양을 본떴다.

읽기 한자

寄生蟲(기생충) 다른 생물에 기생하며 그로부터 영양분을 섭취하고 사는 동물의 총칭
毒蟲(독충) 사람을 해치는 벌레
害蟲(해충) 인간의 생활에 직·간접으로 해를 끼치는 벌레의 총칭

4급Ⅱ

충성 충

心 | 4획

비 患(근심 환)
반 逆(거스를 역)

어느 쪽으로도 기울지 않고(中) 거짓이 없는 참된 마음(心)을 이르는 진심, 참(忠)을 의미한다.

읽기 한자

忠犬(충견) 충성스럽고 곧은 개
忠告(충고) 충심으로 남의 허물을 경계함
忠心(충심) 충성스러운 마음
忠言(충언) 충고하는 말
忠孝(충효) 충성과 효도

4급Ⅱ

가질 취:

又 | 6획

비 敢(감히 감)

중국에서는 적을 잡은 표시로 귀(耳)를 잘라 거둔(又) 것에서 취하다, 잡다(取)는 의미이다.

읽기 한자

取得(취득) 자기의 소유로 함
取消(취소) 기재하거나 진술한 사실을 말살함
受取人(수취인) 서류나 물건을 받는 사람
爭取(쟁취) 이겨서 빼앗아 가짐

4급

뜻 취:

走 | 8획

동 意(뜻 의)
志(뜻 지)
旨(뜻 지)
情(뜻 정)

물고기를 잡기(取) 위하여 공휴일마다 낚시터로 달려간다(走)는 데서 취미(趣)란 의미이다.

읽기 한자

趣味(취미) 미적 대상을 감상하고 비판하는 능력
趣向(취향) 취미가 쏠리는 방향
情趣(정취) 정조와 흥취
興趣(흥취) 마음이 끌릴 만큼 좋은 멋이나 취미

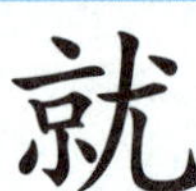

4급

나아갈 **취:**

尢 | 9획

동 進(나아갈 진)
반 退(물러날 퇴)

더욱(尤) 공부를 열심히 하여 서울(京)의 벼슬길에 나아간다(就)는 의미이다.

읽기 한자

就任(취임) 맡은 자리에 나아가 임무를 봄
就職(취직) 직업을 얻음
就寢(취침) 잠자리에 듦
就航(취항) 배나 비행기가 활로에 오름
成就(성취) 목적한 대로 일을 이룸

測

4급 Ⅱ

헤아릴 **측**

氵(水) | 9획

동 量(헤아릴 량)
料(헤아릴 료)
商(헤아릴 상)
度(헤아릴 탁)

조개(貝)를 칼(刂)로 자르듯 형태는 균등하게 일정한 규칙에 따라 물(氵)의 깊이를 잰다(測)는 의미이다.

읽기 한자

豫測(예측) 미리 짐작함
推測(추측) 미루어 생각하여 헤아림
測量(측량) 기기를 써서 건조물의 높이, 깊이, 길이, 넓이, 거리, 위치, 방향 등을 재어 헤아림
測定(측정) 헤아려서 정함

4급

층 **층**

尸 | 12획

동 階(섬돌 계)
段(층계 단)

집(尸) 위에 집이 거듭(曾) 있다는 데서 층(層)을 나타낸다.

읽기 한자

加一層(가일층) 한층 더
階層(계층) 사회를 형성하는 여러 가지 층
高位層(고위층) 높고 귀한 자리의 계급
單層(단층) 단 하나의 층으로 된 사물
深層(심층) 속의 깊은 층

5급

이를 **치:**

至 | 4획

동 至(이를 지)
到(이를 도)

도구를 들고(夊) 열심히 일하여 어떤 일의 끝까지 다달아(至) 이룬다(致)는 의미이다.

읽기 한자

滿場一致(만장일치) 회장에 모인 여러 사람의 의견이 완전히 합치함
致命傷(치명상) 죽음의 원인이 되는 상처
致富(치부) 재물을 모아 부자가 됨
致誠(치성) 있는 정성을 다함

쓰기 한자

景致(경치) 산수 등 자연계의 아름다운 현상
言行一致(언행일치) 하는 말과 행동이 같음
理致(이치) 사물의 정당한 조리
筆致(필치) 글 솜씨의 됨됨이

4급 Ⅱ

둘 치:

罒(网) | 8획

비 直(곧을 직)

마음이 솔직한(直) 사람은 잡혀가(罒)도 금방 방면되므로 처음 그대로 해 놓는다(置)는 의미이다.

읽기 한자

代置(대치) 다른 것으로 대신 놓음
放置(방치) 내버려 둠
備置(비치) 갖추어 둠. 준비해 놓음
位置(위치) 어떤 사물이 일정한 위치에 자리를 잡고 있음
處置(처치) 일을 감당하여 치러 감

4급 Ⅱ

이 치

齒 | 0획

약 歯

입을 벌려서 이빨이 보이고 있는 모양으로 사람이나 동물 등의 이빨(齒)을 의미한다.

읽기 한자

齒骨(치골) 이틀을 이루는 뼈
齒痛(치통) 이가 쑤시거나 아픈 상태
齒石(치석) 이의 안팎이나 틈 사이에 굳어 붙은 단단한 물질
齒藥(치약) 이를 닦는 데 쓰는 약
齒列(치열) 이가 죽 박힌 열의 생김새

4급 Ⅱ

다스릴 치

氵(水) | 5획

비 汝(너 여)
始(처음 시)
동 理(다스릴 리)
반 亂(어지러울 란)

물(氵)의 흐름을 살피어 홍수를 막기 위해 물을 다스리는(台) 의식에서 다스리다(治)는 의미이다.

읽기 한자

治水(치수) 수리 시설을 하여 하천, 호수 등의 범람이나 가뭄의 피해를 막음
治安(치안) 나라를 잘 다스려 편안하게 함
完治(완치) 병을 완전히 고침
統治(통치) 전체를 한데 뭉쳐 다스림

5급

법칙 칙
곧 즉

刂(刀) | 7획

비 測(헤아릴 측)
側(곁 측)
동 法(법 법)
規(법 규)
律(법칙 률)
範(법 범)

재산과 돈(貝)을 칼(刂)로 나눌 때 법칙(則)에 따라 나눈다는 의미이다.

읽기 한자

犯則(범칙) 규칙을 깨뜨림
總則(총칙) 전체에 공통된 법칙
稅則(세칙) 조세의 부과, 징수에 관한 규칙
準則(준칙) 준거할 기준이 되는 법칙

쓰기 한자

原則(원칙) 지켜야 할 근본의 법칙
校則(교칙) 학생들이 지켜야 할 학교의 규칙
反則(반칙) 법칙이나 규정 등에 어그러짐
會則(회칙) 회의 규칙

차

6급

친할 친

見 | 9획

비 新(새 신)
視(볼 시)

반 疎(드물 소)

서(立) 있는 나무(木) 옆에서 언제나 눈을 떼지 않고 봐(見)주는 어버이(親)를 의미한다.

읽기 한자

親權(친권) 부모가 미성년인 자식에 대하여 가지는 권리나 의무를 통틀어 일컬음
親密(친밀) 지내는 사이가 몹시 친하고 가까움
兩親(양친) 아버지와 어머니

쓰기 한자

親舊(친구) 가깝게 사귀는 벗
親族(친족) 촌수가 가까운 일가
親切(친절) 남을 대하는 태도가 성의가 있으며 정답고 고분고분함

8급

일곱 칠

一 | 1획

다섯 손가락에 두 손가락을 십자형으로 포개서 일곱을 나타냈다.

읽기 한자

七寶(칠보) 일곱 가지의 보배
北斗七星(북두칠성) 큰곰자리에서 가장 뚜렷하게 보이는 국자 모양으로 생긴 일곱 개의 별

쓰기 한자

七夕(칠석) 음력 칠월 초이렛날의 밤
七情(칠정) 사람의 일곱 가지 감정

4급 Ⅱ

침노할 침

亻(人) | 7획

동 掠(노략질할 략)
犯(범할 범)

사람(亻)이 손(又)에 비(帚)를 들고 마당을 점점 쓸어간다는 데서 '침노하다'는 의미이다.

읽기 한자

侵略(침략) 남의 나라를 침노하여 땅을 빼앗음
侵犯(침범) 신분, 명예, 재산, 영토 등에 해를 끼침
侵攻(침공) 침범하여 공격함
侵害(침해) 침범하여 손해를 끼침

4급

잘 침:

宀 | 11획

동 眠(잘 면)
宿(잘 숙)

반 起(일어날 기)

집(宀)에서 침대(爿)를 쓸고(帚) 잔다(寢)는 의미이다.

읽기 한자

寢具(침구) 잠을 자는 데 쓰이는 기구
寢食(침식) 잠자는 일과 먹는 일
起寢(기침) 잠을 깨어 자리에서 일어남
不寢番(불침번) 밤에 잠을 자지 않고 주변을 살펴보는 일 또는 사람

4급

바늘 침(:)

金 | 2획

비 計(셀 계)

쇠(金)로 된 바늘의 모양(十)에서 바늘(針)을 의미한다.

읽기 한자

針線(침선) 바느질
毒針(독침) 독이 있는 바늘
分針(분침) 시계의 분을 가리키는 긴 바늘

4급

일컬을 칭

禾 | 9획

약 称

벼(禾) 바구니(冉)를 손(爪)으로 들어 저울질(稱)하고 그 무게를 일컫는다(稱)는 의미이다.

읽기 한자

稱讚(칭찬) 좋은 점을 일컬어 기림
稱號(칭호) 어떠한 뜻으로 일컫는 이름
名稱(명칭) 사람을 부르는 이름
俗稱(속칭) 세속에서 보통 일컫는 칭호
尊稱(존칭) 공경하여 높이 부르는 칭호
指稱(지칭) 가리키어 부름

4급 Ⅱ

쾌할 쾌

忄(心) | 4획

비 決(결단할 결)
抉(도려낼 결)

물건의 일부를 깎듯이 마음(忄)을 열어 제쳐서(夬) 거침이 없어 기분이 좋다(快)는 의미이다.

읽기 한자

快適(쾌적) 몸과 마음에 적합하여 기분이 썩 좋음
快差(쾌차) 병이 완전히 나음
痛快(통쾌) 아주 유쾌함
輕快(경쾌) 마음이 홀가분하고 상쾌함
明快(명쾌) 밝고 말끔하여 기분이 좋음

5급

칠 타:

扌(手) | 2획

동 伐(칠 벌)
擊(칠 격)
討(칠 토)

반 防(막을 방)
守(지킬 수)

손(扌)으로 못(丁)을 탕탕 두드려 박는 것에서 두드리다, 치다(打)는 의미이다.

읽기 한자

亂打(난타) 함부로 마구 때림
打擊(타격) 때리어 침. 어떤 영향을 받아서 기운이 크게 꺾임
打破(타파) 규정이나 관습 같은 것을 깨뜨려 버림
連打(연타) 연속하여 때리거나 침

쓰기 한자

打開(타개) 얽히고 막힌 일을 잘 처리하여 나아갈 길을 엶
強打(강타) 강하게 때림. 치명적인 타격을 가함
利害打算(이해타산) 이해관계를 따져 셈함

他

5급

다를 타

亻(人) | 3획

비 地(따 지)
동 異(다를 이)
別(다를 별)
殊(다를 수)
差(다를 차)
반 自(자기 자)

살모사(也)는 사람(亻)이 좋아할 수 없는 것으로 밖으로 나가라는 의미에서 밖, 옆, 딴 것(他)을 의미한다.

읽기 한자

自他共認(자타공인) 자기나 남들이 다 같이 인정함
他官(타관) 제 고장이 아닌 다른 고장
他殺(타살) 남이 죽임. 남에게 당한 죽음

쓰기 한자

他國(타국) 다른 나라
他方面(타방면) 다른 방면
出他(출타) 집에 있지 아니하고 다른 곳에 나감

卓

5급

높을 탁

十 | 6획

동 高(높을 고)
崇(높을 숭)
尊(높을 존)
隆(높을 륭)
반 低(낮을 저)
卑(낮을 비)

이른 아침(早)에 해가 떠서 하늘 위(上)로 높이 오른다는 데서 뛰어나다(卓)는 의미이다.

읽기 한자

卓上空論(탁상공론) 실천성이 없는 허황된 이론
圓卓(원탁) 둥근 탁자

쓰기 한자

卓見(탁견) 뛰어난 의견이나 미래를 바라보는 눈과 지식
卓子(탁자) 물건을 올려놓는 기구
食卓(식탁) 식사용의 탁자

炭

5급

숯 탄:

火 | 5획

비 灰(재 회)

산(山)기슭이나 높은 언덕(厂)에서 숯구이 가마를 만들고 불(火)을 지펴 숯(炭)이라는 의미이다.

읽기 한자

炭鑛(탄광) 석탄, 연탄 등을 저장해 두는 곳
炭層(탄층) 석탄의 지층
採炭(채탄) 석탄을 캠
炭素(탄소) 비금속 원소의 하나. 유기 화합물의 주요 구성 원소

쓰기 한자

炭山(탄산) 석탄이 나는 산
炭水化物(탄수화물) 탄소와 수소의 화합물

彈

4급

탄알 탄:

弓 | 12획

비 單(홑 단)
약 弾

활(弓)에서 화살이 하나(單)씩 튀어나간다는 데서 탄알(彈)을 의미한다.

읽기 한자

彈性(탄성) 물체에 힘을 가할 때, 모양과 부피가 변했다가 그 힘이 없어지면 다시 본래 상태로 돌아가는 성질
彈壓(탄압) 함부로 을러대고 억누름
防彈(방탄) 탄알에 맞지 않도록 보호함
誤發彈(오발탄) 잘못 발사된 탄환

歎

4급

탄식할 탄:

欠 | 11획

비 歡(기뻐할 환)
難(어려울 난)

어려운(堇) 일을 당하여 입을 크게 벌리고(欠) 한숨쉰다, 탄식하다(歎)는 의미이다.

읽기한자

歎服(탄복) 깊이 감탄하여 심복함
歎聲(탄성) 탄식, 감탄하는 소리
歎息(탄식) 한숨을 쉬며 한탄함
感歎(감탄) 감동하여 찬탄함
恨歎(한탄) 원통한 일이나 뉘우침이 있을 때에 한숨짓는 탄식

脫

4급

벗을 탈

月(肉) | 7획

비 稅(세금 세)

몸(月)에 살이 빠지거나 곤충 따위가 껍질을 벗는 데서, '벗다'는 의미이다.

읽기한자

脫落(탈락) 빠져 버림
離脫(이탈) 떨어져 나감
脫營(탈영) 군인이 병영에서 도망침
脫出(탈출) 몸을 빼쳐 도망함
虛脫(허탈) 정신이 멍하여 일이 손에 잡히지 아니하는 몽롱한 상태

探

4급

찾을 탐

扌(手) | 8획

비 深(깊을 심)
동 訪(찾을 방)
索(찾을 색)
搜(찾을 수)
尋(찾을 심)

깊은(深) 굴 속에 들어가 더듬어(扌) 물건을 찾는다(探)는 의미이다.

읽기한자

探究(탐구) 더듬어 연구함
探問(탐문) 찾아 물음
探訪(탐방) 탐문하여 찾아 봄
探査(탐사) 더듬어 조사함
探知(탐지) 더듬어 살펴 알아냄

太

6급

클 태

大 | 1획

비 大(큰 대)
犬(개 견)
동 大(큰 대)
巨(클 거)
偉(클 위)
碩(클 석)

큰 대(大) 두 개를 써서 아주 크다(太)는 뜻을 나타냈다.

읽기한자

太平聖代(태평성대) 어질고 착한 임금이 다스리는 태평한 세상
豆太(두태) 콩

쓰기한자

太初(태초) 천지가 개벽한 처음
太古(태고) 아주 오랜 옛날
太半(태반) 절반이 지남. 보통 3분의 2이상을 가리킴
太祖(태조) 한 왕조의 첫 대의 임금

4급Ⅱ
모습 태:
心 | 10획

비 熊(곰 웅)
能(능할 능)
동 樣(모양 양)
姿(모양 자)

마음(心) 먹기에 따라서 능하게(能) 나타나는 모양이나 태도(態)를 의미이다.

읽기 한자

舊態依然(구태의연) 옛 모양 그대로 임
態度(태도) 속의 뜻이 드러나 보이는 모양
動態(동태) 움직이는 상태
實態(실태) 실제 모양. 그대로의 모양
形態(형태) 사물의 생김새

5급Ⅱ
집 택
宀 | 3획

비 完(완전할 완)
동 戶(집 호)
室(집 실)
堂(집 당)
屋(집 옥)
舍(집 사)
家(집 가)

집(宀)안에 꼼짝 않고 안정을 취하는(乇) 것에서 안정된 집, 주거, 저택(宅)을 의미한다.

읽기 한자

宅居(택거) 주거
宅卷(택권) 官府(관부)에서 交付(교부)하는 집문서

쓰기 한자

宅地(택지) 집터
自宅(자택) 자기의 집
家宅(가택) 세간을 지니고 사는 집
社宅(사택) 회사가 사원들을 위하여 마련한 집
住宅(주택) 사람들이 들어 사는 집

4급
가릴 택
扌(手) | 13획

비 澤(못 택)
동 選(가릴 선)
약 択

여러 물건을 엿보고(睪) 손(手)으로 좋은 것을 고른다는 데서, '가리다'는 의미이다.

읽기 한자

採擇(채택) 골라서 가려 냄. 가려서 뽑음
擇一(택일) 하나를 고름
擇日(택일) 좋은 날짜를 고름
兩者擇一(양자택일) 두 사람 또는 두 사물 중에서 하나를 선택함

8급
흙 토
土 | 0획

비 士(선비 사)
동 地(따 지)
壤(흙덩이 양)

초목이 새눈을 내미는 것에서 흙(土)을 의미한다.

읽기 한자

土俗(토속) 그 지방 특유의 풍속

쓰기 한자

領土(영토) 영유하고 있는 토지
土産品(토산품) 그 지방 특유의 물건
土質(토질) 땅의 성질. 흙을 구성하고 있는 물질
出土(출토) 고대의 유물이나 유적이 땅 속에서 나옴
風土(풍토) 기후와 토지의 상태
土種(토종) 그 땅에서 나는 종자
土着(토착) 대대로 그 땅에서 삶

討

4급

칠 **토(:)**

言 | 3획

비 計(셀 계)
동 伐(칠 벌)
打(칠 타)
擊(칠 격)
반 守(지킬 수)
防(막을 방)

규정(寸)에 따라 심문하는(言) 것에서 묻다, 조사하다(討)는 의미이다.

읽기 한자

討論(토론) 어떤 논제를 둘러싸고 여러 사람이 각각 의견을 말하며 논의함
討伐(토벌) 군대를 보내어 반항하는 무리를 침
檢討(검토) 내용을 검사하여 가면서 따짐

通

6급

통할 **통**

辶(辵) | 7획

비 痛(아플 통)
동 達(통달할 달)
貫(꿸 관)
徹(통할 철)

판지에 못을 박듯이(甬) 도로(辶)가 어디까지나 계속되고 있는 것에서 통하다(通)는 의미이다.

읽기 한자

普通(보통) 널리 일반에게 통함
通達(통달) 막힘이 없이 환히 앎
通常(통상) 특별하지 않고 예사임
精通(정통) 사물에 밝고 자세히 통함

쓰기 한자

通過(통과) 통하여 지나가거나 옴
通風(통풍) 바람을 통하게 함
共通(공통) 어느 것에나 다 통용됨
通知(통지) 기별하여 알림
通話(통화) 전화로 서로 말을 통함
能通(능통) 사물에 환히 통달함

統

4급 Ⅱ

거느릴 **통:**

糸 | 6획

비 銃(총 총)
동 領(거느릴 령)
率(거느릴 솔)
御(거느릴 어)
合(합할 합)

실(糸)을 알차게(充) 모아서 줄을 꼬듯이 힘을 모은다는 데서 거느리다(統)는 의미이다.

읽기 한자

系統(계통) 순서를 따라 차례로 잇대어 연결되어 통일됨
統計(통계) 한데 몰아 쳐서 셈함
傳統(전통) 계통을 받아 전함
統一(통일) 여럿을 몰아서 하나로 만듦
血統(혈통) 골육의 관계

痛

4급

아플 **통:**

疒 | 7획

비 通(통할 통)

병(疒)에 걸린 사람이 몸에 못이 박힌(甬) 듯이 아파하는 것에서 아프다(痛)는 의미이다.

읽기 한자

痛感(통감) 마음에 사무치게 느낌
痛恨(통한) 가슴 아프게 몹시 한탄함
苦痛(고통) 몸이나 마음의 괴로움과 아픔
頭痛(두통) 머리가 아픈 증세
悲痛(비통) 몹시 슬퍼서 마음이 아픔

退

4급Ⅱ

물러날 **퇴:**

辶(辵) | 6획

비 近(가까울 근)
동 去(갈 거)
반 進(나아갈 진)
就(나아갈 취)

가던 길(辶)이 그쳤으니(艮) 물러날(退) 수밖에 없다는 의미이다.

읽기 한자

隱退(은퇴) 현재의 직무에서 물러남
脫退(탈퇴) 관계를 끊고 물러남
退步(퇴보) 뒤로 물러남
退場(퇴장) 무대 등에서 물러나옴
退治(퇴치) 물리쳐서 아주 없애버림
減退(감퇴) 기세나 체력이 쇠퇴함

鬪

4급

싸움 **투**

鬥 | 10획

동 競(다툴 경)
爭(다툴 쟁)
戰(싸움 전)
반 和(화할 화)
協(화할 협)

두 사람(鬥)이 우승컵(豆)을 놓고 경기 규칙(寸)에 따라 싸운다(鬪)는 의미이다.

읽기 한자

鬪鷄(투계) 닭끼리 싸움을 붙임
鬪病(투병) 적극적으로 병과 싸움
健鬪(건투) 씩씩하게 잘 싸움
激鬪(격투) 격렬하게 싸움
惡戰苦鬪(악전고투) 죽을 힘을 다하여 몹시 싸움

投

4급

던질 **투**

扌(手) | 4획

반 打(칠 타)

손(手)으로 창(殳)을 던지는 데서, '던지다'는 의미이다.

읽기 한자

投球(투구) 공을 던짐
投藥(투약) 병에 알맞은 약재를 투여함
投資(투자) 사업에 자금을 투입함
投下(투하) 던지어 아래로 떨어뜨림
意氣投合(의기투합) 마음이 서로 맞음

特

6급

특별할 **특**

牛 | 6획

비 待(기다릴 대)
持(가질 지)
반 普(넓을 보)

관청(寺)에서 특별한 일이 있으면 소(牛)를 잡아 제사를 지낸다는 데서 특별하다(特)는 의미이다.

읽기 한자

特講(특강) 특별히 베푸는 강의
特惠(특혜) 특별한 은혜나 혜택
特派(특파) 특별히 파견함
特權(특권) 특별한 권리

쓰기 한자

特性(특성) 그것에만 있는 특수한 성질
不特定(불특정) 특별히 정하지 아니함
特許(특허) 특별히 허락함
特出(특출) 특별히 뛰어남
獨特(독특) 특별하게 다름
英特(영특) 영리하고 특별함

波

4급Ⅱ

물결 **파**

氵(水) | 5획

비 派(갈래 파)

동물 가죽(皮)처럼 구불구불한 강물(氵)의 움직임이 파도(波)라는 의미이다.

읽기 한자

波動(파동) 사회적으로 변동을 가져올 만한 거센 움직임
世波(세파) 모질고 거센 세상의 풍파
餘波(여파) 주위에 미치는 영향
平地風波(평지풍파) 뜻밖의 분쟁이 일어남을 비유하는 말

破

4급Ⅱ

깨뜨릴 **파:**

石 | 5획

비 波(물결 파)

돌(石)로 만든 도끼로 짐승 가죽(皮)을 벗기는 것에서 찢다, 부수다(破)는 의미이다.

읽기 한자

破損(파손) 깨어져 못쓰게 됨
看破(간파) 보아서 속내를 알아차림
破格(파격) 격식을 깨뜨림
破産(파산) 가산을 모두 잃어버림
說破(설파) 사물의 내용을 밝혀서 말함

派

4급

갈래 **파**

氵(水) | 6획

비 波(물결 파)
脈(맥 맥)

강물(氵)의 본류에서 나누어진 지류, 분류(派)를 말하는 나눔, 가지(派)를 의미한다.

읽기 한자

派兵(파병) 군대를 보냄
派生(파생) 어떤 사물의 주체로부터 갈리어 나옴
急派(급파) 급히 파견함
黨派(당파) 주의, 주장과 이해를 같이하는 사람들끼리 뭉쳐진 단체

板

5급

널 **판**

木 | 4획

비 根(뿌리 근)

나무(木)를 엷게 켜서 손으로 밀어도 휘어지도록 한 판자(反)에서 얇은 판자(板)를 의미한다.

읽기 한자

板刻(판각) 그림이나 글씨를 나무 조각에 새김
看板(간판) 가게 등에서 상점의 이름, 영업 종목 등을 써서 내건 표지
甲板(갑판) 큰 배나 군함 위에 철판이나 나무 등으로 깐 넓고 평평한 바닥

쓰기 한자

板紙(판지) 두껍고 단단하게 널조각처럼 만든 종이
板本(판본) 목판으로 인쇄한 책
板書(판서) 칠판에 분필로 글씨를 씀
氷板(빙판) 얼음이 깔린 길바닥
板子(판자) 나무로 된 널조각

4급

판단할 **판**

刂(刀) | 5획

비 刑(형벌 형)
동 決(결단할 결)

원래 농가의 재산인 소(牛)를 반씩 나누는(刂) 것으로, 점차 보고 판단하다(判)는 의미이다.

읽기 한자

判決(판결) 시비, 선악을 가리어 결정함
判讀(판독) 뜻을 헤아려 읽음
判定(판정) 판별하여 결정함
判別(판별) 판단하여 구별함
誤判(오판) 잘못 판단함

8급

여덟 **팔**

八 | 0획

비 入(들 입)
人(사람 인)

엄지손가락 둘을 구부린 여덟(八) 개의 손가락의 모양을 본떴다.

읽기 한자

四通八達(사통팔달) 길이 이리저리 여러 곳으로 통함

쓰기 한자

八方美人(팔방미인) 온갖 방면의 일에 능통한 사람
上八字(상팔자) 썩 좋은 팔자
十中八九(십중팔구) 열 가운데' 여덟이나 아홉이 그러하다는 뜻

敗

5급

패할 **패:**

攵(攴) | 7획

동 負(질 부)
亡(망할 망)
北(달아날 배)
반 勝(이길 승)
克(이길 극)
成(이룰 성)

재산인 조개(貝)가 두들겨(攵) 맞아 산산이 부서지는 것에서 지다, 돌파당하다, 가능성이 없다(敗)는 의미이다.

읽기 한자

敗殘兵(패잔병) 싸움에서 패한 나머지의 병사
敗走(패주) 싸움에 패하여 달아남
連敗(연패) 연달아서 패함

쓰기 한자

敗戰(패전) 전쟁이나 경기 등의 싸움에서 짐
敗亡(패망) 싸움에서 져 망함
完敗(완패) 완전하게 패함
成敗(성패) 일이 되고 아니됨
失敗(실패) 일을 잘못하여 그르침

7급

편할 **편(:)**
똥오줌 **변**

亻(人) | 7획

비 更(다시 갱)
동 安(편안 안)
康(편안 강)
寧(편안 녕)

사람(人)은 불편한 것을 고쳐서(更) 편해지려고(便) 한다는 의미이다.

읽기 한자

便覽(편람) 보기에 편리하도록 간명하게 써서 만든 책
便易(편이) 편리하고 쉬움
簡便(간편) 간단하고 편리함
便益(편익) 편리하고 유익함

쓰기 한자

形便(형편) 일이 되어가는 모양, 경로
便利(편리) 편하고 이로우며 이용하기가 쉬움
便法(편법) 간편하고 손쉬운 방법
車便(차편) 차가 오고가고 하는 편
綠便(녹변) 푸르스름한 똥
便所(변소) 대변을 보는 곳

篇

4급

책 편

竹 | 9획

동 冊(책 책)

옛날에 대나무(竹)를 쪼갠 조각(扁)을 모아 엮어 책을 만든 데서, '책' 을 의미한다.

읽기 한자

短篇(단편) 짤막하게 지은 글이나 또는 짤막한 영화
玉篇(옥편) 한문 글자를 차례로 배열하고 글자의 음과 새김을 지어 엮은 책
千篇一律(천편일률) 많은 사물이 개별적 특성이 없이 모두 엇비슷한 형상

平

7급 Ⅱ

평평할 평

干 | 2획

비 年(해 년)
午(낮 오)
동 均(고를 균)
和(화할 화)
安(편안 안)

부초가 물에 떠 있는 모양에서 평평하다, 평지, 평온(平)을 의미한다.

읽기 한자

平均(평균) 가지런하게 고름
平易(평이) 까다롭지 않고 알기 쉽거나 손쉬움
平靜(평정) 침착하여 마음의 동요가 없음
平素(평소) 평상시

쓰기 한자

平原(평원) 넓고 평탄한 들판
和平(화평) 마음이 기쁘고 평안함
平等(평등) 차별이 없이 고르고 한결같음
公平(공평) 어느 한쪽으로 치우치지 않고 똑같이 나눔

評

4급

평할 평:

言 | 5획

동 批(비평할 비)

어느 쪽으로도 쏠리지 않고(平) 느낀 그대로를 말(言)한 것에서 말하다(評)는 의미이다.

읽기 한자

總評(총평) 전체적인 평가나 점수
好評(호평) 좋게 평판함
評論(평론) 문학 예술 작품의 가치, 선악 등을 비평하여 논평함
評價(평가) 가치나 수준 따위를 평정함
世評(세평) 세상 사람들이 하는 비평
再評價(재평가) 고치어 다시 평가함
品評(품평) 품질에 대한 평가

閉

4급

닫을 폐:

門 | 3획

비 閑(한가할 한)
반 開(열 개)

문(門)에 빗장을 걸어(才) 문이 열리지 않도록 하는 것에서 닫다, 막다(閉)는 의미이다.

읽기 한자

開閉(개폐) 열고 닫음
閉校(폐교) 학교 문을 닫고 수업을 중지함
閉店(폐점) 가게를 닫음
閉會(폐회) 집회 또는 회의를 끝냄

파

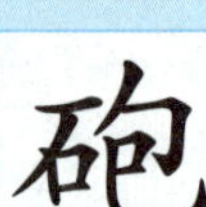

砲 4급 Ⅱ
대포 포:
石 | 5획

비 胞(세포 포)

옛날에는 돌(石)을 여러 개 싸서(包) 한번에 발사한 데서, '대포'를 의미한다. 뒤에 화약을 쓰는 대포 등도 이 글자를 그대로 썼다.

읽기 한자

砲擊(포격) 대포를 쏨
砲彈(포탄) 대포알
砲門(포문) 대포의 탄환이 나갈 구멍
砲聲(포성) 대포를 쏠 때 나는 소리
發砲(발포) 총이나 대포를 쏨
祝砲(축포) 축하의 뜻으로 쏘는 공포

包 4급 Ⅱ
쌀 포(:)
勹 | 3획

비 句(글귀 구)
抱(안을 포)
동 圍(에워쌀 위)
容(얼굴 용)

손으로 뱃속의 아기를 덮어 감추듯이 감싸고 있는 모양에서 싸다(包)는 의미이다.

읽기 한자

包圍(포위) 둘레를 에워쌈
包裝(포장) 물건을 싸서 꾸밈
包容(포용) 아량 있고 너그럽게 감싸 받아들임
內包(내포) 어떤 속성이나 뜻을 속에 포함함

布 4급 Ⅱ
베 포(:)
巾 | 2획

비 在(있을 재)

손(𠂇)으로 천(巾)을 짠다는 데서 베, 포목(布)을 의미한다.

읽기 한자

布陣(포진) 진을 침
布敎(포교) 종교를 널리 폄
毛布(모포) 담요
流布(유포) 세상에 널리 퍼짐
配布(배포) 널리 돌려 줌
分布(분포) 흩어져 퍼져 있음

胞 4급
세포 포(:)
月(肉) | 5획

비 砲(대포 포)

어미 뱃속에서 아기를 감싸고(包) 있는 인체의 기관(月)에서, '세포, 태반' 등의 의미이다.

읽기 한자

單細胞(단세포) 단 하나의 세포
同胞(동포) 형제자매
細胞(세포) 생물체의 가장 기본적 규정단위

暴

4급 Ⅱ
사나울 폭
모질 포:
日 | 11획

비 爆(터질 폭)

젖은(氺) 것을 내놓은 채로 양손(共)으로 높이 쳐들어 햇빛(日)에 쬐어, 쬐다(暴)는 의미이다.

읽기한자

暴君(폭군) 난폭한 임금
亂暴(난폭) 몹시 거칠고 사나움
暴言(폭언) 난폭하게 하는 말
暴發(폭발) 갑작스럽게 터짐
暴動(폭동) 집단행동으로 질서를 어지럽게 하는 일
暴惡(포악) 사납고 악함
行暴(행포) 함부로 사납게 굶. 또는 그런 짓

爆

4급
불터질 폭
火 | 15획

비 暴(사나울 폭/모질 포)

불(火)이 사납게(暴) 타니 폭발한다(爆)는 의미이다.

읽기한자

爆擊(폭격) 폭탄을 떨어뜨려 적의 전력이나 국토를 파괴하는 일
爆笑(폭소) 갑자기 터져 나오는 웃음
爆竹(폭죽) 가는 대통에 불을 지르거나 화약을 재어 터뜨려서 소리가 나게 하는 물건

表

6급 Ⅱ
겉 표
衣 | 3획

비 衣(옷 의)
반 裏(속 리)

털(毛-土) 옷(衣)을 겉(表)에 입고 밖으로 나타난다(表)는 의미이다.

읽기한자

一覽表(일람표) 많은 사항을 한 눈에 알 수 있도록 꾸며 놓은 표
師表(사표) 학식과 덕행이 높아 모범이 될 만한 사람

읽기한자

表示(표시) 겉으로 드러내 보임
表決(표결) 투표로 결정함
發表(발표) 세상에 널리 드러내어 알림
別表(별표) 따로 붙인 표시나 도표
表現(표현) 사상, 감정 등을 드러내어 나타냄
四表(사표) 세상 또는 천하를 이르는 말

票

4급 Ⅱ
표 표
示 | 6획

비 標(표할 표)

신령(示)한테 받은 액막이 부적이 들어있는 상자(襾)에서 유래하여 패찰(票)을 의미한다.

읽기한자

郵票(우표) 우편 요금을 낸 표시로 우편물에 붙이는 증표
投票(투표) 선거나 가부를 결정할 때 투표용지에 의사를 표시해서 내는 일
暗票(암표) 법을 위반하여 몰래 사고 파는 표

파

4급

표할 표

木 | 11획

비 票(표 표)

신령한테 받은 부적(票)을 나무(木)판에 붙이는 것에서 표시, 표시판(標)을 의미한다.

읽기한자

標本(표본) 동물, 식물 따위의 실물의 견본
標題(표제) 신문, 잡지 기사의 제목
目標(목표) 목적하여 지향하는 실제적 대상
指標(지표) 방향을 가리키는 표지

5급Ⅱ

물건 품:

口 | 6획

동 物(물건 물)
件(물건 건)

입(口)이 셋으로, 많은 사람을 의미하고, 그 의미가 넓어져서 많은 물건, 물품(品)을 의미한다.

읽기한자

品評會(품평회) 품질을 평하는 모임
新製品(신제품) 새로 만든 물건
備品(비품) 늘 갖추어 두고 쓰는 물건
非賣品(비매품) 팔지 않는 물건
製品(제품) 원료를 써서 만든 물건
眞品(진품) 진짜 물건

쓰기한자

品切(품절) 물건이 생산되지 않아 없음
生必品(생필품) 생활에 꼭 필요한 물건
部品(부품) 기계 따위의 어떤 부분에 쓰이는 물건

6급Ⅱ

바람 풍

風 | 0획

보통(凡) 벌레(虫)들은 햇볕보다 바람(風)을 싫어한다는 의미이다.

읽기한자

威風(위풍) 위엄이 있는 풍채와 기세
珍風景(진풍경) 희한한 풍경
風俗(풍속) 옛날부터 그 사회에 행하여 온 사람의 생활 전반에 걸친 습관
風前燈火(풍전등화) 사물이 아주 위태로운 처지에 있음을 비유한 말

쓰기한자

通風(통풍) 바람이나 맑은 공기가 잘 드나들게 함
風物(풍물) 농악에 쓰이는 악기들
風速(풍속) 바람이 부는 속도
風向(풍향) 바람이 불어오는 방향
風習(풍습) 풍속과 습관

豊

4급Ⅱ

풍년 풍

豆 | 6획

비 禮(예도 례)
동 足(발 족)
반 凶(흉할 흉)

벼이삭을 산처럼 쌓아서(曲) 신령(豆)에게 바치며 기원을 올려 풍부하다(豊)는 의미이다.

읽기한자

豊年(풍년) 농사가 잘된 해
豊滿(풍만) 물건이 넉넉하게 있음
豊富(풍부) 넉넉하고 많음
豊盛(풍성) 넉넉하고 많음
豊作(풍작) 풍년이 든 농사

疲

4급

피곤할 피

疒 | 5획

비 波(물결 파)
동 困(곤할 곤)
勞(일할 로)

뼈와 가죽(皮)이 붙어 병(疒)이 날 정도로 고달프고, 나른하다(疲)는 의미이다.

읽기한자

疲困(피곤) 지치어 고달픔
疲勞(피로) 과로로 인하여 정신이나 몸이 지쳐서 고단함

避

4급

피할 피:

辶(辵) | 13획

비 壁(벽 벽)
碧(푸를 벽)
동 逃(도망할 도)

길(辶)을 가는 몸(尸)이 돌(口)이나 죄인(辛)을 피한다(避)는 의미이다.

읽기한자

避難(피난) 재난을 피하여 있던 곳으로 옮김
避身(피신) 위험으로부터 몸을 숨기어 피함
待避(대피) 위험을 일시적으로 피함
回避(회피) 몸을 피하고 만나지 아니함

5급 II

반드시 필

心 | 1획

비 心(마음 심)

삐뚤어진(丿) 마음(心)은 반드시(必) 고칠 필요(必)가 있다는 의미이다.

읽기한자

事必歸正(사필귀정) 모든 일은 반드시 바른 데로 돌아감
信賞必罰(신상필벌) 상벌을 규정대로 공정하고 엄중하게 하는 일

쓰기한자

期必(기필) 꼭 이루어지기를 기약함
必勝(필승) 반드시 이김
必讀書(필독서) 반드시 읽어야 하는 책
生必品(생필품) 생활에 꼭 필요한 물건
必要惡(필요악) 좋지 않은 일이지만 어쩔 수 없이 필요한 일

筆

5급 II

붓 필

竹 | 6획

붓대(聿)로는 옛날부터 대나무(竹)를 사용했는데, 그 붓을 손에 든 형태에서 붓(筆)을 의미한다.

읽기한자

色鉛筆(색연필) 심에 물감을 섞어 빛깔이 나게 만든 물질
細筆(세필) 잔글씨를 씀
達筆(달필) 익숙하게 잘 쓰는 글씨

쓰기한자

筆致(필치) 글에 나타나는 맛이나 솜씨
筆談(필담) 글을 써서 묻고 대답함
筆記(필기) 글씨를 씀
代筆(대필) 대신하여 글씨를 씀
惡筆(악필) 아주 서투른 글씨
親筆(친필) 손수 쓴 글씨
名筆(명필) 글씨를 썩 잘 쓰는 사람

파

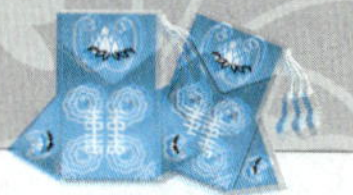

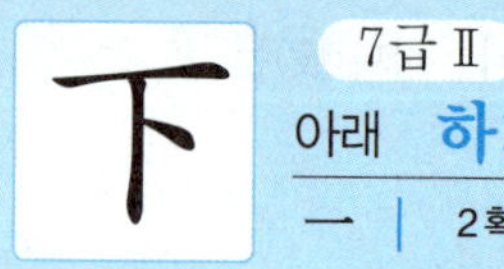

7급 Ⅱ

아래 하:

一 | 2획

반 上(위 상)

가로선을 한 줄 긋고, 그 아래에 표시를 한 형태로 아래(下)를 의미한다.

읽기한자

降下(강하) 높은 데서 낮은 데로 내림
投下(투하) 던지어 아래로 떨어뜨림
下達(하달) 상부의 명령이 아랫사람에게 미치도록 함
眼下無人(안하무인) 방자하고 교만하여 사람을 모두 얕잡아 보는 것

쓰기한자

貴下(귀하) 상대방을 존중하여 이름을 대신 부르는 말
下車(하차) 차에서 내림
下向(하향) 아래로 향함
部下(부하) 남의 아래에서 명령에 따라 움직이는 사람

7급

여름 하:

夊 | 7획

반 冬(겨울 동)

천천히 걸어도(夊) 머리(頁)에 땀이 나는 여름(夏)을 의미한다.

읽기한자

夏季(하계) 여름의 시기
夏至(하지) 낮이 가장 길고 밤이 가장 짧은 날. 6월 21일경

쓰기한자

夏節期(하절기) 여름철
夏服(하복) 여름에 입는 옷
立夏(입하) 여름이 시작되는 시기

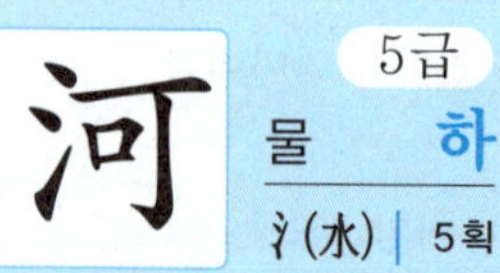

5급

물 하

氵(水) | 5획

동 江(강 강)
川(내 천)
水(물 수)
반 山(메 산)

물(氵)의 흐름이 보기에 좋다(可)는 데서 강(河)을 의미한다.

읽기한자

百年河淸(백년하청) 아무리 오래되어도 어떤 일이 이루어지기 어려움

쓰기한자

河口(하구) 강물이 바다로 흘러드는 어귀
氷河(빙하) 거대한 얼음덩이가 흘러 다니는 강물
運河(운하) 육지를 파서 강을 내고 배가 다니게 한 수로
銀河水(은하수) 은하가 강처럼 보여 일컫는 말

8급

배울 학

子 | 13획

비 覺(깨달을 각)
동 習(익힐 습)
반 敎(가르칠 교)
訓(가르칠 훈)
問(물을 문)
약 学

아이들(子)이 서당(冖)에서 두손으로, 책을 잡고(臼) 스승을 본받으며(爻) 글을 배운다는 데서, '배운다(學)'는 의미이다.

읽기한자

就學(취학) 교육을 받기 위하여 학교에 들어감
學點(학점) 수업을 듣고 받은 점수
學制(학제) 학교 및 교육에 관한 제도
進學(진학) 상급 학교로 나아감
博學(박학) 모든 학문에 정통함

쓰기한자

學費(학비) 학업에 드는 비용
向學熱(향학열) 학문을 하려는 열성
學問(학문) 배워서 닦은 지식의 총체
學用品(학용품) 배울 때 사용되는 물건

韓

8급

한국/나라 한(:)

韋 | 8획

해가 돋는(倝) 동방의 위대한(韋) 나라인 한국(韓)을 의미한다.

읽기 한자

英韓辭典(영한사전) 영어를 한국어로 번역한 사전
訪韓(방한) 한국을 방문함

쓰기 한자

韓半島(한반도) 한민족이 사는 땅
韓食(한식) 우리나라의 음식
韓服(한복) 우리나라 고유의 의복
韓式(한식) 우리나라의 방식
來韓(내한) 외국인이 우리나라에 들어옴

漢

7급Ⅱ

한수/한나라 한:

氵(水) | 11획

비 嘆(탄식할 탄)

원래 큰 불로 태운 밭의 흙인데 메마른 하천의 의미가 되고, 후에 중국의 나라이름이 되었다.

읽기 한자

好色漢(호색한) 여색을 특히 좋아하는 사내

쓰기 한자

漢江(한강) 서울의 중심을 흐르는 강
漢文(한문) 중국의 문장
漢陽(한양) 서울의 옛 이름
門外漢(문외한) 전문적 지식이나 조예가 없는 사람
惡漢(악한) 몹시 나쁜 짓을 하는 사람

寒

5급

찰 한

宀 | 9획

비 塞(막힐 색/변방 새)
동 冷(찰 랭)
반 溫(따뜻할 온)
暖(따뜻할 난)
熱(더울 열)
暑(더울 서)

겨울(冬)이 되면 움집(宀) 지면이 얼어 풀을 깔고(甘) 그 위에서 자기 때문에 춥다(寒)는 의미이다.

읽기 한자

嚴冬雪寒(엄동설한) 눈이 오고 매우 추운 겨울
寒波(한파) 기온이 갑자기 내려가서 심한 한기가 오는 현상
防寒服(방한복) 추위를 막기 위하여 만든 옷

쓰기 한자

寒氣(한기) 추운 기운. 추위
寒流(한류) 찬물의 흐름
三寒四溫(삼한사온) 겨울철에 3일은 춥고 4일은 따뜻한 기후 현상

限

4급Ⅱ

한할 한:

阝(阜) | 6획

비 恨(한 한)
根(뿌리 근)

험한 산언덕(阝)에 막혀 걸음을 멈추어야(艮)하는 데서, '한하다, 막히다'는 의미이다.

읽기 한자

限界(한계) 사물의 정해 놓은 범위
限定(한정) 한하여 정함
局限(국한) 어느 국부에 한정함
期限(기한) 미리 약속하여 놓은 때
無限大(무한대) 끝이 없음
最小限(최소한) 최소한도

하

4급

한가할 한

門 | 4획

비 閉(닫을 폐)
　 開(열 개)
반 忙(바쁠 망)

문(門) 안에 나무(木)가 한가롭게(閑) 서 있다는 의미이다.

읽기 한자

閑良(한량) 돈 잘 쓰고 놀기만 하는 사람
閑散(한산) 일이 없어 한가함. 한가하고 적적함
等閑視(등한시) 대수롭지 않게 보아 넘김

4급

한 한:

忄(心) | 6획

비 限(한할 한)
　 根(뿌리 근)

마음(忄) 속에 머물러(艮) 잊혀지지 않는 원한(恨)을 의미한다.

읽기 한자

恨歎(한탄) 원통하거나 뉘우침이 있을 때에 한숨쉬며 탄식함
餘恨(여한) 남은 원한
怨恨(원한) 원통하고 한이 되는 생각
痛恨(통한) 매우 한탄함

6급

합할 합

口 | 3획

비 今(이제 금)
　 令(명령 령)
반 分(나눌 분)
　 區(구분할 구)
　 配(나눌 배)
　 別(나눌 별)

사람(人)들이 모여(一) 대화(口)하는 것에서 얘기하는 것이 맞다(合)는 의미이다.

읽기 한자

合議(합의) 두 사람 이상이 모여 의논함
適合(적합) 적당하게 꼭 맞음
合勢(합세) 세력을 한 데로 모음
配合(배합) 알맞게 섞어 합침
統合(통합) 모두 합쳐서 하나로 모음

쓰기 한자

合唱(합창) 두 사람 이상이 노래를 부름
合格(합격) 격식에 맞음. 시험에 붙음
團合(단합) 많은 사람이 한 데 뭉침
和合(화합) 함께 어울려 합함
合席(합석) 한 자리에 같이 앉음

港

4급Ⅱ

항구 항:

氵(水) | 9획

비 巷(거리 항)

물(氵)에 접하고 있는 마을(巷)의 모습에서 배가 출입하는 항구(港)라는 의미이다.

읽기 한자

歸港(귀항) 배가 항구로 돌아옴
港口(항구) 배가 드나들고 모이는 곳
開港(개항) 항구를 개방하여 무역을 실시함
軍港(군항) 군사 설비가 있는 항만
出港(출항) 배가 항구에서 바다로 나감

航

4급Ⅱ

배 항:

舟 | 4획

비 船(배 선)
동 船(배 선)
舟(배 주)
舶(배 박)

사람의 목줄기(亢)처럼 배(舟)가 똑바로 나가는 것에서 건너다, 나가다(航)는 의미이다.

읽기 한자

就航(취항) 배가 항해하려고 나아감
航海(항해) 배를 타고 바다를 건넘
難航(난항) 폭풍우나 파도로 인하여 항해가 어려움
運航(운항) 배 또는 항공기에 여객이나 화물을 싣고 항해함

抗

4급

겨룰 항:

扌(手) | 4획

비 折(꺾을 절)
동 競(다툴 경)
爭(다툴 쟁)
戰(싸움 전)
鬪(싸움 투)
拒(막을 거)

손(扌)으로 적과 겨루어(亢) 대항하고 막는다(抗)는 의미이다.

읽기 한자

抗拒(항거) 대항함
抗辯(항변) 서로 주장을 내세워 변론함
抗議(항의) 반대의 의견을 주장함
抗爭(항쟁) 대항하여 다툼
對抗(대항) 서로 상대하여 승부를 다툼
反抗(반항) 순종하지 않고 저항함

海

7급Ⅱ

바다 해:

氵(水) | 7획

비 每(매양 매)
동 洋(큰바다 양)
반 陸(뭍 륙)
地(따 지)
空(빌 공)

강물(氵)은 매양(每) 바다(海)로 통한다는 의미이다.

읽기 한자

海底(해저) 바다의 밑바닥
海賊(해적) 바다에서 물건이나 돈을 강탈하는 도적
山海珍味(산해진미) 산과 바다에서 나는 물건으로 만든 맛 좋은 음식
海邊(해변) 바닷가

쓰기 한자

海水浴(해수욕) 바닷물에 목욕하는 일
人山人海(인산인해) 많이 모인 사람들
海流(해류) 일정한 방향으로 흐르는 바닷물

害

5급Ⅱ

해할 해:

宀 | 7획

비 憲(법 헌)
동 損(덜 손)
妨(방해할 방)
毒(독 독)
반 利(이할 리)

저 집(宀)은 이렇다 저렇다(丰)라고 소문(口)을 내는 것에서 손상하다(害)는 의미이다.

읽기 한자

損害(손해) 해를 입음
侵害(침해) 침범하여 해를 끼침
害蟲(해충) 사람이나 농작물에 해로운 벌레의 총칭
百害無益(백해무익) 해롭기만 하고 이로운 점이 전혀 없음

쓰기 한자

加害(가해) 남에게 해를 끼침
病害(병해) 병으로 말미암은 해독
害惡(해악) 해가 되는 나쁜 일
水害(수해) 큰 물 때문에 받는 해

하

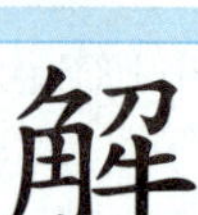

解

4급 Ⅱ
풀 해:
角 | 6획

동 釋(풀 석)
散(흩을 산)
消(사라질 소)
放(놓을 방)
반 結(맺을 결)
약 觧

칼(刀)로서 소(牛)뿔(角)을 잘라 내어 산산조각으로 하다, 잘라 떼내어 풀다(解)는 의미이다.

읽기한자

解決(해결) 어려운 문제를 풂
解說(해설) 알도록 풀어서 밝힘
解放(해방) 압박하거나 가두었던 것을 풀어 놓음
見解(견해) 자기 의견으로써의 해석
和解(화해) 다투던 일을 풂

核

4급
씨 핵
木 | 6획

비 刻(새길 각)
동 種(씨 종)

나무(木)의 씨앗이 살 속의 뼈(亥)처럼 외피에 쌓여 있는 데서, '씨, 알맹이'를 의미한다.

읽기한자

核武器(핵무기) 핵을 이용하여 만든 무기
核發電(핵발전) 핵을 이용하여 전기를 일으키는 일
核心(핵심) 사물의 중심이 되는 부분
結核(결핵) 결핵균이 맺혀 있는 망울

幸

6급 Ⅱ
다행 행:
干 | 5획

비 辛(매울 신)
동 福(복 복)

젊은 나이에 죽었어야 할(夭) 사람이 사지에서 벗어난다(屰)고 하는 것에서 행복(幸)을 의미한다.

읽기한자

幸福(행복) 좋은 운수
幸運(행운) 행복한 운명
幸運兒(행운아) 좋은 운수를 만난 사람
不幸(불행) 운수가 언짢음
千萬多幸(천만다행) 아주 다행함

行

6급
다닐 행(:)
行 | 0획

비 往(갈 왕)
동 動(움직일 동)
爲(할 위)

십자로(十)의 모양에서 유래되어 사람이 걷는 곳이므로 가다(行)는 의미이다.

읽기한자

紀行(기행) 여행하는 동안에 보고 듣고 느낀 것을 적음
敢行(감행) 용감하게 행함
逆行(역행) 거슬러 나아감
行爲(행위) 행하는 짓
施行(시행) 실지로 베풀어 행함

쓰기한자

發行(발행) 도서를 출판하여 세상에 폄
擧行(거행) 명령에 따라 시행함
行先地(행선지) 가는 목적지
行動(행동) 몸을 움직여 동작함
通行(통행) 길로 통하여 다님

6급

향할 향:

口 | 3획

비 同(한가지 동)

창을 남과 북, 동과 서로 같이 마주서서 만드는 것에서 향하다, 대하다(向)는 의미이다.

읽기 한자

轉向(전향) 방향을 바꾸는 일
趣向(취향) 취미가 쏠리는 방향
傾向(경향) 마음이나 형세 등이 한쪽으로 향해 기울어짐
指向(지향) 지정하여 그쪽으로 향하게 함

쓰기 한자

向上(향상) 위로 향하여 나아가는 일
方向(방향) 향하는 곳
意向(의향) 무엇을 하려는 생각

4급 Ⅱ

향기 향

香 | 0획

비 番(차례 번)
春(봄 춘)

쌀(禾)로 빚은 술이 단(日은 甘의 변형)맛을 풍긴다는 데서, '향기'를 의미한다.

읽기 한자

香氣(향기) 향내 나는 기술
香料(향료) 향을 만드는 물건
香水(향수) 향내가 나는 물

鄕

4급 Ⅱ

시골 향

阝(邑) | 10획

동 村(마을 촌)
반 京(서울 경)
약 郷

본래 사람들이 시골 마당에서 음식을 가운데 두고 둘러앉아 있는 모양을 그린 글자로 '시골'을 의미한다.

읽기 한자

歸鄕(귀향) 고향으로 돌아옴, 돌아감
鄕約(향약) 시골 동네의 자치 규약
京鄕(경향) 서울과 시골
故鄕(고향) 나서 자란 곳
望鄕(망향) 고향을 생각함
他鄕(타향) 제 고향이 아닌 다른 고향

5급

허락할 허

言 | 4획

비 評(평할 평)
동 諾(허락할 낙)

상대의 말(言)을 잘 듣고 일정한 범위(午)안에서 허락한다(許)는 의미이다.

읽기 한자

許容(허용) 허락하여 받아들임
認許(인허) 인정하여 허락함

쓰기 한자

許可(허가) 어떤 일에 조건을 붙여서 허락하는 일
許多(허다) 몹시 많음
無許可(무허가) 허가가 없음
特許(특허) 특별히 허가함

4급 Ⅱ

빌 **허**

虍 | 6획

비 處(곳 처)
동 空(빌 공)
반 滿(찰 만)
實(열매 실)
약 虚

호랑이(虎)를 잡으려고 함정(业)을 파 놓았는데, 걸린 것이 없다는 데서 '비다' 는 의미이다.

읽기한자

虛構(허구) 근거 없는 사실을 만듦
虛空(허공) 아무 것도 없는 텅 빈 공간
虛無(허무) 아무 것도 없이 텅 빔
虛費(허비) 헛되게 없앰
虛勢(허세) 실상이 없는 기세
虛弱(허약) 기력이 약함

4급

법 **헌:**

心 | 12획

비 害(해할 해)
동 法(법 법) 式(법 식)
規(법 규) 律(법칙 률)
典(법 전) 例(법식 례)

사람(主)의 눈(罒)과 마음(心)을 덮어씌워서(宀) 멋대로의 행동을 않도록 하는 법(憲)을 의미한다.

읽기한자

憲法(헌법) 서로가 합의하여 정한 규칙
憲政(헌정) 헌법에 의하여 행하는 정치
改憲(개헌) 헌법을 고침
立憲(입헌) 헌법을 제정함
護憲(호헌) 헌법의 정신이나 입헌 정치를 옹호함

4급 Ⅱ

시험 **험:**

馬 | 13획

비 儉(검소할 검)
檢(검사할 검)
險(험할 험)
동 試(시험 시)
약 験

말(馬)을 여러(僉)사람이 타 보고, 살펴보아 좋고 나쁨을 가리는 데서, '시험' 을 의미한다.

읽기한자

受驗(수험) 시험을 봄
試驗(시험) 문제를 내어 해답을 구하는 일
實驗(실험) 실제로 시험함
經驗(경험) 실제로 겪어 봄
體驗(체험) 몸소 치러 봄

4급

험할 **험:**

阝(阜) | 13획

비 檢(검사할 검)
儉(검소할 검)
동 危(위태할 위)
약 険

언덕(阝)이 모두 다(僉) 험하다(險)는 의미이다.

읽기한자

險難(험난) 위험하고도 고생이 됨
險談(험담) 남의 흠을 헐어서 하는 말
險惡(험악) 거칠고 악함
保險(보험) 손해를 물어 주겠다는 보증
探險(탐험) 위험을 무릅쓰고 찾아다니며 두루 살핌

革 4급
가죽 혁
革 | 0획

동 皮(가죽 피)

동물의 뼈와 털과 고기를 모피에서 제거하는 것에서 깨끗한 가죽(革)을 의미한다.

읽기 한자

革帶(혁대) 가죽으로 만든 띠
革新(혁신) 아주 새롭게 함
改革(개혁) 새롭게 뜯어 고침
變革(변혁) 바꾸어 새롭게 함
革命(혁명) 종래의 권위나 방식을 단번에 뒤집어엎는 일

賢 4급 II
어질 현
貝 | 8획

비 資(재물 자)
동 良(어질 량)
仁(어질 인)
반 惡(악할 악)
愚(어리석을 우)
약 贤

임금이 신하(臣)의 손(又)에 재물(貝)을 내려 어질다(賢)는 의미이다.

읽기 한자

賢明(현명) 어질고 영리하여 판별력이 밝음
賢人(현인) 어진 사람
先賢(선현) 옛날의 어진 선비
聖賢(성현) 성인과 현인

顯 4급
나타날 현:
頁 | 14획

동 現(나타날 현)
반 隱(숨을 은)
密(빽빽할 밀)
消(사라질 소)
약 顕

누에 머리(頁) 고치를 솥(日)에 넣어 찐(灬) 후, 실(絲)을 뽑아 명주실이 나타난다(顯)는 의미이다.

읽기 한자

顯考(현고) 돌아가신 아버지의 신주 첫머리에 쓰는 말
顯職(현직) 고귀한 벼슬
顯忠日(현충일) 국토방위에 목숨을 바친 사람들의 충성을 기념하는 날. 6월 6일

現 6급 II
나타날 현:
王(玉) | 7획

비 規(법 규)
視(볼 시)
동 顯(나타날 현)
반 消(사라질 소)
隱(숨을 은)

옥(玉)을 갈고 닦으면 아름다운 빛깔이 드러난다(見)는 데서, '나타나다(現)'는 의미이다.

읽기 한자

現象(현상) 눈 앞에 나타나 보이는 사물의 형상
現存(현존) 눈앞에 있음
現狀(현상) 현재의 상태
現職(현직) 현재의 직업

쓰기 한자

再現(재현) 다시 나타남
現代(현대) 오늘날의 시대
現實(현실) 지금 사실로 나타나 있는 그 일이나 물건
具現(구현) 구체적인 모습으로 뚜렷하게 나타남

하

血

4급 Ⅱ

피 **혈**

血 | 0획

비 皿(그릇 명)

축제 때 신령에게 바치는 동물의 피(丶)를 접시(皿)에 넣은 것에서 피(血)를 의미한다.

읽기 한자

血管(혈관) 혈액을 체내에 유통시키는 관
血緣(혈연) 같은 핏줄에 의하여 연결된 인연
血鬪(혈투) 생사를 돌아보지 않고 싸움
止血(지혈) 피를 나지 않게 함

協

4급 Ⅱ

화할 **협**

十 | 6획

동 和(화할 화)
반 競(다툴 경)
爭(다툴 쟁)
戰(싸움 전)
鬪(싸움 투)

농사지을 때 모두(十)가 힘(力)을 한 덩어리로 해서 합친다(協)라는 의미이다.

읽기 한자

協同(협동) 힘과 마음을 함께 합함
協力(협력) 힘을 합하여 서로 도움
協約(협약) 협의하여 맺은 조약
協議(협의) 서로 상의함
協助(협조) 힘을 모아서 서로 도움

兄

8급

형 **형**

儿 | 3획

반 弟(아우 제)

먼저 태어나 걸음마(儿)를 하고 어린 사람에게 말(口)로 지시를 하여 윗사람(兄)을 의미한다.

읽기 한자

兄弟姉妹(형제자매) 형과 동생과 누이와 여동생
難兄難弟(난형난제) 두 사물의 우열을 판단하기 어려움을 비유한 말
義兄弟(의형제) 의로 맺은 형제

쓰기 한자

兄夫(형부) 언니의 남편
老兄(노형) 동년배 사이에서 여남은 살 더 먹은 사람을 부르는 말
親兄弟(친형제) 한 부모에게서 난 형제

形

6급 Ⅱ

모양 **형**

彡 | 4획

비 刑(형벌 형)
동 樣(모양 양) 態(모양 태)
姿(모양 자)
象(코끼리 상)
式(법 식) 容(얼굴 용)

아름다운 선으로 그린 테두리의 모양에서 모양, 형태(形)를 의미한다.

읽기 한자

象形(상형) 어떤 물건의 형상을 본뜸
形容(형용) 사물의 생긴 모양
造形(조형) 형태를 이루어 만듦
形狀(형상) 물건이나 사람의 생김새와 생태

쓰기 한자

原形(원형) 본디의 모양
形成(형성) 어떠한 모양을 이룸
形便(형편) 일이 되어가는 모양, 경로
變形(변형) 모양, 형태가 달라지게 함
形形色色(형형색색) 형상과 종류의 가지가지

刑

4급

형벌 형

刂(刀) | 4획

비 列(벌릴 렬)
形(모양 형)
則(곧 즉)
동 罰(벌할 벌)

형틀(幵)에 올려놓고 매를 치거나 칼로(刂) 벌을 내리는 데서, '형벌'을 의미한다.

읽기 한자

刑罰(형벌) 범죄를 행한 자에게 국가 권력이 부여하는 제재
減刑(감형) 범인의 확정된 형량을 줄임
極刑(극형) 가장 무거운 형벌
實刑(실형) 실제로 받는 형벌
處刑(처형) 형벌을 줌

惠

4급Ⅱ

은혜 혜:

心 | 8획

비 專(오로지 전)
동 恩(은혜 은)
약 恵

물레(車)가 한쪽으로만 돌듯 사람의 마음(心)이 한쪽으로 베풀어 지는 데서 '은혜'를 의미한다.

읽기 한자

惠存(혜존) 저서를 남에게 줄 때 쓰는 말
施惠(시혜) 은혜를 베풂
恩惠(은혜) 베풀어 주는 신세와 혜택
天惠(천혜) 하늘이 베푼 은혜

號

6급

이름 호(:)

虍 | 7획

동 名(이름 명)
약 号

호랑이(虎)의 울음소리처럼 입을 크게 가로 세로로(号) 움직여 부르짖는다(號)는 의미이다.

읽기 한자

略號(약호) 알기 쉽고 간략하게 만든 부호
稱號(칭호) 어떠한 뜻으로 일컫는 이름
暗號(암호) 비밀을 위해 자신들만이 알 수 있도록 꾸민 기호

쓰기 한자

赤信號(적신호) 위험 신호
口號(구호) 주장을 나타내는 간결한 말
番號(번호) 차례를 나타내는 호수
記號(기호) 어떤 뜻을 나타내기 위하여 쓰이는 부호의 총칭

湖

5급

호수 호

氵(水) | 9획

비 胡(되 호)

물(氵)이 예(古)부터 머물러 있는 곳에 달(月) 그림자가 비치니 호수(湖)라는 의미이다.

읽기 한자

湖邊(호변) 호반
湖陰(호음) 호수의 남쪽

쓰기 한자

湖南(호남) 전라남 · 북도를 일컫는 말
湖水(호수) 육지가 우묵하게 패고 물이 괸 곳
江湖(강호) 강과 호수

하

4급 Ⅱ

부를 호

口 | 5획

비 乎(어조사 호)
동 招(부를 초)
唱(부를 창)
聘(부를 빙)
반 應(응할 응)
吸(마실 흡)

입(口)에서 숨을 와하고 뱉어내는 것에서 큰소리를 내어(乎) 부르다(呼)는 의미이다.

읽기 한자

呼稱(호칭) 이름 지어 부름
點呼(점호) 한 사람 한 사람 이름을 불러서 인원의 이상 유무를 확인함
呼名(호명) 이름을 부름
呼應(호응) 부름에 대답함
呼出(호출) 불러 냄

護

4급 Ⅱ

도울 호:

言 | 14획

비 穫(거둘 확)
獲(얻을 획)
동 援(도울 원)
助(도울 조)
扶(도울 부)
救(구원할 구)

타이르고(言) 정상을 헤아려(蒦) 돌보아 준다는 데서 보호하다, 호위하다(護)는 의미이다.

읽기 한자

辯護(변호) 남을 위하여 변명하고 감싸서 도움
護國(호국) 나라를 수호함
護身術(호신술) 자기 몸을 보호하기 위한 기술
護衛(호위) 따라다니며 지켜 보호함

4급 Ⅱ

좋을 호:

女 | 3획

비 妃(왕비 비)
동 良(어질 량)
반 惡(미워할 오)

어머니(女)가 아들(子)을 안고 좋아한다(好)는 의미이다.

읽기 한자

好況(호황) 상황이 좋음
好感(호감) 좋게 여기는 감정
好調(호조) 사물의 상태들이 좋음
絕好(절호) 다시 없이 좋음
友好(우호) 개인이나 나라끼리 서로 사이가 좋음

4급 Ⅱ

집 호:

戶 | 0획

동 家(집 가)
室(집 실)
堂(집 당)
屋(집 옥)
宅(집 택)
庫(곳집 고)

쌍 문의 왼쪽 반의 형태에서 문, 집(戶)을 의미한다.

읽기 한자

戶籍(호적) 호수와 집안 식구별로 기록한 장부
戶口(호구) 호수와 식구 수
戶主(호주) 한 집안의 장이 되는 사람
家家戶戶(가가호호) 집집마다
窓戶(창호) 창과 문의 총칭

4급

혹 **혹**

戈 | 4획

비 域(지경 역)
惑(미혹할 혹)

나라(國)에 성벽 등의 울타리(口)가 없으면 혹 적이 쉽게 쳐들어 올 수 있고, 창(戈)을 들고 백성(口)과 땅(一)을 지킨다 해도 혹시나 하는 데서, '혹' 을 의미한다.

읽기 한자

或是(혹시) 만일, 행여나
或時(혹시) 어떤 때에
或者(혹자) 어떠한 사람

4급

섞을 **혼:**

氵(水) | 8획

비 溫(따뜻할 온)
동 雜(섞일 잡)
亂(어지러울 란)

탁하고 맑은 물(氵)이 모두 같은(昆) 곳으로 흘러 섞인다(混)는 의미이다.

읽기 한자

混亂(혼란) 뒤섞여서 어지러움
混線(혼선) 언행이 맥락이 없어 종잡을 수 없음
混雜(혼잡) 한데 뒤섞이어 분잡함
混戰(혼전) 두 편이 뒤섞이어 싸움
混合(혼합) 뒤섞이어 한데 합함

4급

혼인할 **혼**

女 | 8획

비 昏(어두울 혼)
동 姻(혼인 인)

예전에 신부(女)를 맞는 혼례식은 저물녘(昏)에 촛불을 켜고 진행한 데서, '혼인하다' 는 의미이다.

읽기 한자

婚期(혼기) 혼인하기에 적당한 나이
婚談(혼담) 혼인에 대하여 혼인 전에 오가는 말
結婚(결혼) 남녀가 부부관계를 맺음
約婚(약혼) 장차 혼인하기를 약속함
請婚(청혼) 결혼하기를 청함

4급

붉을 **홍**

糸 | 3획

비 經(날 경)
동 赤(붉을 적)
朱(붉을 주)
丹(붉을 단)

빨갛게 물들인(工) 색실(糸)에서 홍색, 붉다(紅)는 의미이다.

읽기 한자

紅玉(홍옥) 붉은 빛깔의 투명에 가까운 보석
紅潮(홍조) 아침 햇빛에 비치어 붉게 보이는 해조

하

火 8급
불 화(:)
火 | 0획

비 水(물 수)
반 水(물 수)

불이 타고 있는 모양을 본떴다.

읽기한자

導火線(도화선) 폭약이 터지도록 불을 붙이는 심지
火傷(화상) 높은 불에 데어서 상함
點火(점화) 불을 붙임
引火(인화) 불이 옮아 붙음
防火(방화) 화재를 미리 막음

쓰기한자

活火山(활화산) 화산이 진행되고 있는 산
火急(화급) 매우 급함
發火(발화) 불이 일어남
放火(방화) 불을 지름
失火(실화) 잘못하여 불을 냄

話 7급Ⅱ
말씀 화
言 | 6획

비 活(살 활)
동 談(말씀 담)
言(말씀 언)
語(말씀 어)
說(말씀 설)

혀(舌)와 입술을 사용하여 마음의 생각을 얘기(言)해 전하는 것에서 말하다(話)는 의미이다.

읽기한자

祕話(비화) 세상에 알려지지 않은 이야기
受話器(수화기) 귀에 대고 전화를 받는 장치

쓰기한자

話頭(화두) 이야기의 말머리
話術(화술) 이야기하는 재주
對話(대화) 마주 대하여 이야기함
話者(화자) 말하는 이
會話(회화) 서로 만나서 이야기함
訓話(훈화) 교훈이나 훈시하는 말

花 7급
꽃 화
艹(艸) | 4획

비 化(될 화)

풀(艹)의 모습이 변하는(化) 것에서 꽃(花)을 의미한다.

읽기한자

造花(조화) 인공으로 만든 꽃

쓰기한자

落花(낙화) 꽃이 떨어짐
花園(화원) 꽃을 심은 동산
花草(화초) 꽃이 피는 풀이나 나무
開花(개화) 꽃이 핌
生花(생화) 살아있는 화초에서 꺾은 진짜 꽃

和 6급Ⅱ
화할 화
口 | 5획

비 私(사사 사) 利(이할 리)
동 睦(화목할 목)
協(화할 협)
반 競(다툴 경) 爭(다툴 쟁)
戰(싸움 전) 鬪(싸움 투)

벼(禾)가 잘 익어 기뻐 말(口)하고 있는 것에서 온화하다, 부드럽다(和)는 의미이다.

읽기한자

和解(화해) 싸움을 서로 그치고 풂
總和(총화) 전체의 화합
講和(강화) 교전국이 전쟁을 끝내기 위하여 서로 화의 함

쓰기한자

調和(조화) 이것과 저것이 서로 고르게 잘 어울림
和色(화색) 얼굴에 드러난 환한 빛
不和(불화) 서로 화합하지 못함
和平(화평) 마음이 기쁘고 평안함
和親(화친) 서로 의좋게 지내는 정분

畫

6급

그림 화:
그을 획

田 | 7획

비 書(글 서)
晝(낮 주)
동 圖(그림 도)
약 画

붓(聿)으로 도화지(一)에 그림(田)을 그린다(畫)는 의미이다.

읽기 한자

映畫(영화) 어떠한 주제를 움직이는 영상으로 표현하는 예술
壁畫(벽화) 벽에 그린 그림

쓰기 한자

畫家(화가) 그림 그리는 것을 전문으로 하는 사람
畫法(화법) 그림을 그리는 방법
名畫(명화) 썩 잘된 그림이나 영화
油畫(유화) 기름을 사용하여 그리는 화법

化

5급 Ⅱ

될 화(:)

匕 | 2획

비 北(북녘 북)
比(견줄 비)
仁(어질 인)

사람(亻)이 거꾸로(匕) 서 있는 형태에서 바뀌다, 둔갑하다(化)는 의미이다.

읽기 한자

激化(격화) 격렬하게 됨
劇化(극화) 극의 형식으로 각색하는 일
歸化(귀화) 다른 나라의 국적을 얻어 그 나라의 국민이 됨
深化(심화) 어떤 현상이 차차 깊어지거나 깊어가게 함

쓰기 한자

強化(강화) 더 튼튼하고 강하게 함
同化(동화) 같은 성질로 변함
消化(소화) 섭취한 음식을 분해하여 영양분을 흡수하는 작용
文化(문화) 문명이 발달하여 생활이 편리하게 되는 일

貨

4급 Ⅱ

재물 화:

貝 | 4획

비 資(재물 자)
동 資(재물 자)
財(재물 재)

조개(貝) 껍질은 여러 물품으로 바뀌는(化) 것이 가능하므로 돈(貨)을 의미한다.

읽기 한자

雜貨(잡화) 여러 가지 일용 상품
貨物(화물) 운반할 수 있는 유형의 물건
外貨(외화) 외국의 화폐
通貨(통화) 한 나라 안에서 일반에 유통되고 있는 화폐

華

4급

빛날 화

艹(艸) | 7획

동 曜(빛날 요)
輝(빛날 휘)

화초(艹)가 흐드러지게 피어 드리워진(垂) 모양에서, '꽃, 빛나다'는 의미이다.

읽기 한자

散華(산화) 꽃다운 목숨이 전장에서 죽음
榮華(영화) 귀하게 되어서 몸이 세상에 드러나고 이름이 빛남
精華(정화) 정수가 될만한 뛰어난 부분
華甲(화갑) 환갑을 아름답게 부르는 말

確

4급 Ⅱ

굳을 **확**

石 | 10획

동 固(굳을 고)
堅(굳을 견)
硬(굳을 경)
반 軟(연할 연)

돌(石)처럼 단단하고 높이 나는 새(隺)처럼 지조가 높고 굳은 데서, '굳다'는 의미이다.

읽기한자

確固不動(확고부동) 확고하여 흔들리거나 움직이지 아니함
確立(확립) 기초, 내용이 굳게 섬
明確(명확) 분명히 확실함
未確認(미확인) 아직 확인되지 아니함
精確(정확) 자세하고 확실함

患

5급

근심 **환:**

心 | 7획

비 忠(충성 충)
동 病(병 병)
憂(근심 우)
愁(근심 수)

꼬챙이(串)로 심장(心)을 쑤신다는 데서 근심, 병(患)이란 의미이다.

읽기한자

患亂(환란) 재앙
患難(환난) 근심과 재난
有備無患(유비무환) 미리 준비해 두면 근심될 것이 없음

쓰기한자

患部(환부) 질환의 부분
患者(환자) 병을 앓는 사람
病患(병환) 병을 높여 이르는 말
後患(후환) 뒷날의 걱정과 근심
外患(외환) 외적의 침범으로 인한 근심이나 재앙

環

4급

고리 **환(:)**

王(玉) | 13획

비 還(돌아올 환)

옥(玉)으로 놀라 휘둥그렇게 뜬 사람의 눈(睘)처럼 둥글게 만든 가락지로, '고리'를 의미한다.

읽기한자

環境(환경) 거주하는 주위의 모든 세계
環狀(환상) 고리처럼 둥글게 생긴 모양
一環(일환) 밀접한 관계로 연결되어 있는 여러 사물 가운데의 일부

歡

4급

기쁠 **환**

欠 | 18획

비 歎(탄식할 탄)
勸(권할 권)
동 喜(기쁠 희) 樂(즐길 락)
반 怒(성낼 노) 哀(슬플 애)
悲(슬플 비)
약 欢, 歓

황새(雚)가 먹이를 새끼 황새에게 먹일 때 소리 내어 입을 벌려(欠) 기뻐한다(歡)는 의미이다.

읽기한자

歡待(환대) 반기어 후하게 대접함
歡聲(환성) 기뻐 고함치는 소리
歡迎(환영) 호의를 표하여 즐거이 맞이함
歡呼(환호) 기뻐서 큰 소리를 지름

活

7급 Ⅱ

살 **활**

氵(水) | 6획

비 話(말씀 화)
동 生(날 생)
반 死(죽을 사)
殺(죽일 살)

혀(舌)를 정신없이 놀리며 먹듯이 활발히 움직이는 물(氵)의 형상에서 살다(活)라는 의미이다.

읽기 한자

快活(쾌활) 명랑하고 활발함
復活(부활) 죽었다가 다시 살아남
活力素(활력소) 활동하는 힘이 되는 본바탕

읽기 한자

活路(활로) 고난을 헤치고 살아 나갈 수 있는 힘
活動(활동) 기운차게 움직임
生活(생활) 생명을 가지고 활동함
活用(활용) 이리 저리 잘 응용함
自活(자활) 제 힘으로 살아감

黃

6급

누를 **황**

黃 | 0획

밭(田)이 모두 한 가지로(共) 누렇게(黃) 익었다는 의미이다.

읽기 한자

朱黃(주황) 주홍빛과 누른빛 사이의 빛깔
黃泉(황천) 사람이 죽으면 간다는 곳

쓰기 한자

黃牛(황우) 누른 빛깔의 소
黃金萬能(황금만능) 돈만 있으면 만사가 뜻대로 될 수 있다는 말
黃人種(황인종) 살갗이 누르거나 검은 빛이고 머리털이 검은 인종

況

4급

상황 **황:**

氵(水) | 5획

비 兄(맏 형)
동 狀(형상 상)

물(氵)이 불어나고(兄) 줄어드는 상황(況)을 알아본다는 의미이다.

읽기 한자

近況(근황) 요사이의 형편
盛況(성황) 모임 등에 많은 사람이 관여하여 활기에 찬 모양
實況(실황) 실제의 상황
現況(현황) 현재의 상황
好況(호황) 상황이 좋음

6급 Ⅱ

모일 **회:**

日 | 9획

동 集(모을 집)
社(모일 사)
반 散(흩을 산)
離(떠날 리)
漫(흩어질 만)
약 会

사람의 얼굴에 눈·코·입 따위가 모인 모양을 본뜬 글자로, '모이다'(會)는 의미이다.

읽기 한자

會者定離(회자정리) 만나면 반드시 헤어지는 운명이 있음
機會(기회) 어떤 일이나 행동을 하기에 가장 좋은 시기나 경우
野遊會(야유회) 들놀이를 하는 모임
總會(총회) 그 단체 전원의 모임

쓰기 한자

開會(개회) 회의나 회합을 시작함
面會(면회) 직접 얼굴을 맞대고 만나봄
會見(회견) 서로 만나 봄
停會(정회) 회의를 일시 정지함

하

回

4급Ⅱ

돌아올 **회**

口 | 3획

비 固(굳을 고)
동 歸(돌아갈 귀)
反(돌아올 반)
轉(구를 전)

소용돌이가 빙글빙글 돌고 있는 모양에서 돌다(回)는 의미이다.

읽기한자

回歸(회귀) 한 바퀴 돌고 제자리로 돌아옴
回覽(회람) 여러 사람이 차례로 돌려봄
回答(회답) 물음에 대답함
回復(회복) 이전 상태와 같이 돌이킴
回信(회신) 편지나 전화 등의 회답

灰

4급

재 **회**

火 | 2획

비 炭(숯 탄)

손(𠂇)에 드는 것이 가능할 듯한 불(火)씨이니 다 타버린 뒤에 남은 재(灰)를 의미한다.

읽기한자

灰壁(회벽) 석회(石灰)를 바른 벽
灰色(회색) 잿빛. 쥐색
洋灰(양회) 시멘트

孝

7급Ⅱ

효도 **효:**

子 | 4획

비 老(늙을 로)
者(놈 자)

자식(子)이 나이든 부모(耂)를 등에 진 형태에서 효도하다(孝)라는 의미이다.

읽기한자

孝婦(효부) 효성스러운 며느리
孝誠(효성) 마음을 다하여 부모를 섬기는 정성
忠孝(충효) 충성과 효도

쓰기한자

孝道(효도) 부모를 잘 섬기는 도리
孝行(효행) 부모를 잘 섬기는 행실
不孝(불효) 효도를 하지 아니함

效

5급Ⅱ

본받을 **효:**

攵(攴) | 6획

비 敎(가르칠 교)
救(구할 구)
약 効

착한 사람과 사귀어(交) 그 행실을 본받도록 타이르고, 회초리질한다(攵)는 데서, '본받다'는 의미이다.

읽기한자

效驗(효험) 일의 공. 일의 좋은 보람

쓰기한자

效果(효과) 효력이 나타나는 결과
發效(발효) 효과가 발생함
實效(실효) 실제의 효과. 확실한 효험
時效(시효) 어떤 효력이 유지되는 일정한 기간

後 7급Ⅱ
뒤 후:
彳 | 6획

반 前(앞 전)
先(먼저 선)

길(彳)을 걷는 데 어린아이(幺)는 걸음이 느려(夊) 뒤진다(後)는 의미이다.

읽기 한자

後繼者(후계자) 뒤를 잇는 사람
後援(후원) 뒤에서 도와줌
背後(배후) 등 뒤. 뒤편
後進(후진) 뒤쪽을 향해 나아감

쓰기 한자

落後(낙후) 뒤떨어짐
前無後無(전무후무) 전에도 없었고 앞으로도 없음
直後(직후) 바로 뒤. 그 후 곧
事後(사후) 일이 지난 뒤

4급
기후 후:
亻(人) | 8획

비 侯(제후 후)

사람(亻)이 활을 쏠 때 과녁(侯)을 살피는 데서, '살피다' 는 뜻이다.
또 활쏘기에 좋은 날씨를 살피는 데서, '기후' 를 의미한다.

읽기 한자

氣候(기후) 대기 변동에 따라 생기는 날이 갬과 비 내림, 춥고 더움 등의 현상
惡天候(악천후) 몹시 나쁜 날씨
全天候(전천후) 어떠한 기상조건에도 견딜 수 있음

4급
두터울 후:
厂 | 7획

반 薄(엷을 박)

포대기(㫗)로 아이(子)를 두텁게 감싼 모양으로 산기슭(厂)에 두텁게
흙과 돌 등이 쌓여 있는 데서, '두텁다' 는 의미이다.

읽기 한자

厚待(후대) 후한 대접
厚德(후덕) 두터운 덕행(德行)
厚謝(후사) 후하게 사례함
溫厚(온후) 태도가 부드럽고 진실함
重厚(중후) 태도가 정중하고 독실함

訓 6급
가르칠 훈:
言 | 3획

동 敎(가르칠 교)
반 學(배울 학)

하천(川)의 형태를 따라 물이 순조롭게 흐르듯이, 말(言)로 가르친다(訓)는 의미이다.

읽기 한자

訓戒(훈계) 타일러서 경계함

쓰기 한자

訓示(훈시) 가르치어 보임
訓讀(훈독) 한자의 뜻을 새기어 읽음
訓練(훈련) 가르쳐서 익숙하게 함
訓放(훈방) 법을 가볍게 어긴 사람을 훈계하여 놓아주는 일
級訓(급훈) 그 학급에서 필요하다고 인정한 교훈
敎訓(교훈) 가르쳐 이끌어 줌

揮

4급

휘두를 휘

扌(手) | 13획

전차(車)를 둘러싸고(冖) 있는 군대를 손(扌)을 휘두르면서(揮) 지시하다는 의미이다.

읽기한자

發揮(발휘) 떨쳐서 나타냄
指揮(지휘) 지시하여 일을 하도록 시킴
指揮權(지휘권) 상부기관이 하부기관을 지휘할 수 있는 권리
指揮者(지휘자) 지휘, 지시하는 사람

休

7급

쉴 휴

亻(人) | 4획

비 林(수풀 림)
동 息(쉴 식)
憩(쉴 게)

사람(亻)이 큰 나무(木) 아래에서 잠시 쉬는 것에서 쉬다(休)는 의미이다.

읽기한자

休暇(휴가) 직장이나 학교 등 단체에서 일정 기간 쉬는 일
休務(휴무) 자신에게 맡겨진 임무를 하루나 한동안 쉼
休職(휴직) 공무원, 일반 회사원 등이 신분을 유보하며 일정기간 직무를 쉼
休講(휴강) 강의를 쉼
休息(휴식) 잠깐 쉼

쓰기한자

休學(휴학) 학업을 쉼
休紙(휴지) 못 쓰게 된 종이
休養(휴양) 편히 쉬면서 몸과 마음을 건강하게 보전함

凶

5급Ⅱ

흉할 흉

凵 | 2획

동 暴(모질 포)
반 吉(길할 길)

함정(凵)에 빠지면(乂) 죽게 되므로 흉하다(凶)는 의미이다.

읽기한자

凶器(흉기) 사람을 살상하는 도구
陰凶(음흉) 마음이 음침하고 흉악함

쓰기한자

凶惡無道(흉악무도) 성질이 거칠고 사나우며 의(義)를 생각하는 마음이 없음
凶計(흉계) 음흉한 꾀
凶作(흉작) 농작물의 수확이 썩 적음
凶家(흉가) 드는 사람마다 흉한 일을 당하는 불길한 집

黑

5급

검을 흑

黑 | 0획

동 暗(어두울 암)
漆(검을 칠)
昏(어두울 혼)
반 白(흰 백)
약 黒

불(灬)을 피우면 나오는 그을음으로 굴뚝(里)이 까맣게 되는 것에서 검다(黑)는 의미이다.

읽기한자

暗黑(암흑) 어둡고 컴컴함. 정신상 또는 생활상 불안하고 비참한 일이 존재하는 일

쓰기한자

黑板(흑판) 검정, 초록 등의 칠을 하여 분필로 글씨를 쓰게 만든 널조각으로 된 교구(敎具)
黑心(흑심) 음흉하고 부정한 욕심이 많은 마음

吸

4급 Ⅱ

마실 흡

口 | 4획

동 飮(마실 음)

입(口)을 벌리면 공기가 연이어(及) 따라 붙듯이 입으로 숨을 빨아들이다(吸)는 의미이다.

읽기 한자

吸力(흡력) 속으로 빨아들이는 힘
吸收(흡수) 빨아들임
吸入(흡입) 빨아 들여 넣음
吸着(흡착) 달라붙음
深呼吸(심호흡) 폐 속의 공기를 될 수 있는 대로 많이 드나들게 하는 호흡

興

4급 Ⅱ

일 흥(:)

臼 | 9획

비 與(더불 여)
擧(들 거)
동 盛(성할 성)
起(일어날 기)
반 亡(망할 망)
敗(패할 패)
약 兴

손을 맞잡고(舁) 힘을 합하면(同) 사업이 흥성하게 일어난다는 데서, '일다' 는 의미이다.

읽기 한자

遊興(유흥) 재미있게 놈
興味(흥미) 흥을 느끼는 재미
新興(신흥) 새로 일어남
餘興(여흥) 놀이 끝에 남은 흥
復興(부흥) 한동안 쇠잔하던 것이 이전의 번영 상태로 되돌아감

希

4급 Ⅱ

바랄 희

巾 | 4획

비 布(베 포)
동 望(바랄 망)
願(원할 원)

실이 엇갈리며 무늬가 놓인(爻) 천(布)은 누구나 갖고 싶어 한다는 데서 '바라다' 는 의미이다.

읽기 한자

希求(희구) 무엇을 바라고 요구함
希望(희망) 앞으로 이루고자 하는 일에 대한 소원
希願(희원) 기대하여 바람

喜

4급

기쁠 희

口 | 9획

동 歡(기쁠 환)
樂(즐길 락)
반 怒(성낼 노)
悲(슬플 비)
哀(슬플 애)

길하다고(吉) 두 손(廾)으로 북을 치고 입(口)으로 노래하며 기뻐한다(喜)는 의미이다.

읽기 한자

喜劇(희극) 사람을 웃길 만한 사건
喜悲(희비) 기쁨과 슬픔
喜消息(희소식) 좋은 기별. 기쁜 소식
歡喜(환희) 기쁘고 즐거움
喜色滿面(희색만면) 기쁜 빛이 얼굴에 가득 차 있음

苦盡甘來

고진감래

쓴것이 다하면 단것이 온다는 뜻으로 고생 끝에 즐거움이 옴을 이르는 말

부록 I

사자성어(四字成語)
첫음절에서 장음(長音)으로 발음되는 한자어
첫음절에서 장 · 단(長短) 두 가지로 발음되는 한자
반대자(反對字) · 반대어(反對語)
유의자(類義字) · 유의어(類義語)
동음이의어(同音異義語)
약자(略字)

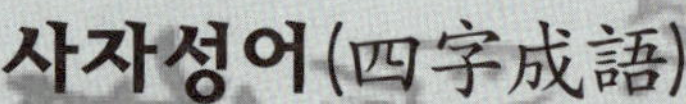

사자성어(四字成語)

家家戶戶	7Ⅱ7Ⅱ4Ⅱ4Ⅱ (가가호호)	4Ⅱ	집집마다
家內工業	7Ⅱ7Ⅱ7Ⅱ6Ⅱ (가내공업)	6Ⅱ	집 안에서 단순한 기술과 도구로써 작은 규모로 생산하는 가내 수공업
家庭敎育	7Ⅱ6Ⅱ 8 7 (가정교육)	6Ⅱ	가정의 일상생활 가운데 집안 어른들이 자녀들에게 주는 영향이나 가르침
各人各色	6Ⅱ 8 6Ⅱ 7 (각인각색)	6Ⅱ	사람마다 각기 다름
各自圖生	6Ⅱ7Ⅱ6Ⅱ 8 (각자도생)	6Ⅱ	제각기 살아 나갈 방법을 꾀함
角者無齒	6Ⅱ 6 5 4Ⅱ (각자무치)	4Ⅱ	뿔이 있는 짐승은 이가 없다는 뜻으로, 한 사람이 여러 가지 재주나 복을 다 가질 수 없다는 뜻
敢不生心	4 7Ⅱ 8 7 (감불생심)	4	감히 엄두도 내지 못함
甘言利說	4 6 6Ⅱ5Ⅱ (감언이설)	4	귀가 솔깃하도록 남의 비위를 맞추거나 이로운 조건을 내세워 꾀는 말
江湖煙波	7Ⅱ 5 4Ⅱ4Ⅱ (강호연파)	4Ⅱ	강이나 호수 위에 안개처럼 뽀얗게 이는 기운
居安思危	4 7Ⅱ 5 4 (거안사위)	4	편안히 살 때 닥쳐올 위태로움을 생각함
格物致知	5Ⅱ7Ⅱ 5 5Ⅱ (격물치지)	5	실제 사물의 이치를 연구하여 지식을 완전하게 함
見利思義	5Ⅱ6Ⅱ 5 4Ⅱ (견리사의)	4Ⅱ	눈 앞에 이익이 보일 때 의리를 먼저 생각함
見物生心	5Ⅱ7Ⅱ 8 7 (견물생심)	5Ⅱ	어떠한 실물을 보게 되면 그것을 가지고 싶은 욕심이 생김
見危授命	5Ⅱ 4 4Ⅱ 7 (견위수명)	4	나라가 위급할 때 자기 몸을 나라에 바침
決死反對	5Ⅱ 6 6Ⅱ6Ⅱ (결사반대)	5Ⅱ	죽기를 각오하고 있는 힘을 다하여 반대함
結草報恩	5Ⅱ 7 4Ⅱ4Ⅱ (결초보은)	4Ⅱ	죽은 뒤에라도 은혜를 잊지 않고 갚음을 이르는 말
敬老孝親	5Ⅱ 7 7Ⅱ 6 (경로효친)	5Ⅱ	어른을 공경하고 부모에게 효도함
敬天勤民	5Ⅱ 7 4 8 (경천근민)	4	하늘을 공경하고 백성을 위하여 부지런히 일함
驚天動地	4 7 7Ⅱ 7 (경천동지)	4	하늘이 놀라고 땅이 놀람
敬天愛人	5Ⅱ 7 6 8 (경천애인)	5Ⅱ	하늘을 숭배하고 인간을 사랑함
鷄卵有骨	4 4 7 4 (계란유골)	4	달걀에도 뼈가 있다는 뜻으로, 운수가 나쁜 사람은 모처럼 좋은 기회를 만나도 역시 일이 잘 안됨을 이르는 말

高等動物	6Ⅱ 6Ⅱ 7Ⅱ 7Ⅱ (고등동물)	6Ⅱ	복잡한 체제를 갖춘 동물
孤立無援	4 7Ⅱ 5 4 (고립무원)	4	고립되어 도움 받을 만한 곳이 없음
高速道路	6Ⅱ 6 7Ⅱ 6 (고속도로)	6	차의 빠른 통행을 위하여 만든 차전용의 도로
苦盡甘來	6 4 4 7 (고진감래)	4	쓴 것이 다하면 단 것이 온다는 뜻으로, 고생 끝에 즐거움이 옴을 이르는 말
骨肉相殘	4 4Ⅱ 5Ⅱ 4 (골육상잔)	4	같은 혈족끼리 서로 해치고 죽임
公明正大	6Ⅱ 6Ⅱ 7Ⅱ 8Ⅱ (공명정대)	6Ⅱ	하는 일이나 행동이 사사로움이 없이 떳떳하고 바름
過大評價	5Ⅱ 8 4 5Ⅱ (과대평가)	4	실제보다 지나치게 높이 평가함
過失相規	5Ⅱ 6 5Ⅱ 5 (과실상규)	5	나쁜 행실을 하지 못하도록 서로 규제함
交通信號	6 6 6Ⅱ 6 (교통신호)	6	교차로나 횡단보도, 건널목 따위에서 사람이나 차량이 질서 있게 길을 가도록 하는 기호나 등화(燈火)
教學相長	8 8 5Ⅱ 8 (교학상장)	5Ⅱ	가르치고 배우면서 서로 성장함
九死一生	8 6 8 8 (구사일생)	6	아홉 번 죽을 뻔하다 한 번 살아난다는 뜻으로, 죽을 고비를 여러 차례 넘기고 겨우 살아남을 이르는 말
九牛一毛	8 5 8 4Ⅱ (구우일모)	4Ⅱ	매우 많은 것 가운데 극히 적은 수를 이르는 말
九折羊腸	8 4 4Ⅱ 4 (구절양장)	4	꼬불꼬불하며 험한 산길을 말함
國民年金	8 8 8 8 (국민연금)	8	일정 기간 또는 죽을 때까지 해마다 지급되는 일정액의 돈
君臣有義	4 5Ⅱ 7 4Ⅱ (군신유의)	4	임금과 신하 사이의 도리는 의리에 있음
金科玉條	8 6Ⅱ 4Ⅱ 4 (금과옥조)	4	금이나 옥처럼 귀중히 여겨 꼭 지켜야 할 법칙이나 규정
今始初聞	6Ⅱ 6Ⅱ 5 6Ⅱ (금시초문)	5	바로 지금 처음으로 들음
起死回生	4Ⅱ 6 4Ⅱ 8 (기사회생)	4Ⅱ	죽을 뻔하다가 다시 살아남
奇想天外	4 4Ⅱ 7 8 (기상천외)	4	착상이나 생각 따위가 쉽게 짐작할 수 없을 정도로 기발하고 엉뚱함
落木寒天	5 8 5 7 (낙목한천)	5	낙엽 진 나무와 차가운 하늘, 곧 추운 겨울철
落花流水	5 7 5Ⅱ 8 (낙화유수)	5	떨어지는 꽃과 흐르는 물이라는 뜻으로, 가는 봄의 경치를 이르는 말

부록 I

難攻不落	4Ⅱ 4 7Ⅱ 5 (난공불락)	4	공격하기가 어려워 좀처럼 함락되지 아니함
難兄難弟	4Ⅱ 8 4Ⅱ 8 (난형난제)	4Ⅱ	두 사물이 비슷하여 낫고 못함을 정하기 어려움을 이르는 말
南男北女	8 7Ⅱ 8 8 (남남북녀)	7	우리나라에서 남자는 남쪽 지방 사람이 잘나고 여자는 북쪽 지방 사람이 고움을 이르는 말
男女老少	7Ⅱ 8 7 7 (남녀노소)	7	남자와 여자, 늙은이와 젊은이란 뜻으로, 모든 사람을 이르는 말
男女有別	7Ⅱ 8 7 6 (남녀유별)	6	남자와 여자 사이에 분별이 있어야 함을 이르는 말
男中一色	7Ⅱ 8 8 7 (남중일색)	7	남자의 얼굴이 썩 뛰어나게 잘생김
論功行賞	4Ⅱ 6Ⅱ 6 5 (논공행상)	4Ⅱ	세운 공을 논정하여 상을 줌
能小能大	5Ⅱ 8 5Ⅱ 8 (능소능대)	5Ⅱ	작은 일에도 능하고 큰일에도 능하다는 데서 모든 일에 두루 능함을 이르는 말
多多益善	6 6 4Ⅱ 5 (다다익선)	4Ⅱ	많으면 많을수록 더욱 좋음
多聞博識	6 6Ⅱ 4Ⅱ 5Ⅱ (다문박식)	4Ⅱ	견문이 넓고 학식이 많음
多才多能	6 6Ⅱ 6 5Ⅱ (다재다능)	5Ⅱ	재주와 능력이 여러 가지로 많음
多情多感	6 5Ⅱ 6 6 (다정다감)	5Ⅱ	감수성이 예민하고 느끼는 바가 많음
代代孫孫	6Ⅱ 6Ⅱ 6 6 (대대손손)	6	오래도록 내려오는 여러 대
大同團結	8 7 5Ⅱ 5Ⅱ (대동단결)	5Ⅱ	여러 집단이나 사람이 어떤 목적을 이루려고 크게 한 덩어리로 뭉침
大同小異	8 7 8 4 (대동소이)	4	큰 차이 없이 거의 같음
大明天地	8 6Ⅱ 7 7 (대명천지)	6Ⅱ	아주 환하게 밝은 세상
大書特筆	8 6Ⅱ 6 5Ⅱ (대서특필)	5Ⅱ	신문 따위의 출판물에서 어떤 기사에 큰 비중을 두어 다룸을 이르는 말
大義名分	8 4Ⅱ 7Ⅱ 6Ⅱ (대의명분)	4Ⅱ	사람으로서 마땅히 지키고 행하여야 할 도리나 본분
大韓民國	8 8 8 8 (대한민국)	8	우리나라의 국호(나라이름)
獨不將軍	5Ⅱ 7Ⅱ 4Ⅱ 8 (독불장군)	4Ⅱ	남의 의견은 무시하고 저 혼자 모든 일을 처리함
同苦同樂	7 6 7 6Ⅱ (동고동락)	6	괴로움도 즐거움도 함께 함

東問西答	8 7 8 7Ⅱ (동문서답)	7	물음과는 전혀 상관없는 엉뚱한 대답
同生共死	7 8 6Ⅱ 6 (동생공사)	6	서로 같이 살고 같이 죽음
東西古今	8 8 6 6Ⅱ (동서고금)	6	동양과 서양, 옛날과 지금을 통틀어 이르는 말
東西南北	8 8 8 8 (동서남북)	8	동쪽, 서쪽, 남쪽, 북쪽이라는 뜻으로, 모든 방향을 이르는 말
同姓同本	7 7Ⅱ 7 6 (동성동본)	6	성(姓)과 본관이 모두 같음
同時多發	7 7Ⅱ 6 6Ⅱ (동시다발)	6	연이어 일이 발생함
同化作用	7 5Ⅱ 6Ⅱ 6Ⅱ (동화작용)	5Ⅱ	외부에서 섭취한 에너지원을 자체의 고유한 성분으로 변화시키는 일
得意滿面	4Ⅱ 6Ⅱ 4Ⅱ 7 (득의만면)	4Ⅱ	일이 뜻대로 이루어져 기쁜 표정이 얼굴에 가득함
燈下不明	4Ⅱ 7Ⅱ 7Ⅱ 6Ⅱ (등하불명)	4Ⅱ	등잔 밑이 어둡다는 뜻으로 가까이 있는 것이 오히려 알아내기가 어려움을 이르는 말
燈火可親	4Ⅱ 8 5 6 (등화가친)	4Ⅱ	서늘한 가을 밤은 등불을 가까이 하여 글 읽기에 좋음을 이르는 말
馬耳東風	5 5 8 6Ⅱ (마이동풍)	5	말의 귀에 동풍이 불어도 아랑곳하지 아니한다는 뜻으로, 남의 말을 귀담아 듣지 아니하고 지나쳐 흘려버림을 이르는 말
萬古不變	8 6 7Ⅱ 5Ⅱ (만고불변)	5Ⅱ	오랜 세월 동안 변하지 아니함
萬國信號	8 8 6Ⅱ 6 (만국신호)	6	배와 배 사이 또는 배와 육지 사이의 연락을 위하여 국제적으로 쓰는 신호
萬里長天	8 7 8 7 (만리장천)	7	아득히 높고 먼 하늘
明鏡止水	6Ⅱ 4 5 8 (명경지수)	4	맑은 거울과 고요한 물
名山大川	7Ⅱ 8 8 7 (명산대천)	7	이름난 산과 큰 내
目不識丁	6 7Ⅱ 5Ⅱ 4 (목불식정)	4	아주 간단한 글자인 '丁' 자를 보고도 그것이 '고무래' 인 줄을 알지 못한다는 뜻으로, 아주 까막눈임을 이르는 말
無男獨女	5 7Ⅱ 5Ⅱ 8 (무남독녀)	5	아들이 없는 집안의 외동딸
無所不爲	5 7 7Ⅱ 4Ⅱ (무소불위)	4Ⅱ	하지 못하는 일이 없음
無爲徒食	5 4Ⅱ 4 7Ⅱ (무위도식)	4	하는 일없이 놀고 먹음
文房四友	7 4Ⅱ 8 5Ⅱ (문방사우)	4Ⅱ	종이, 붓, 먹, 벼루의 네 가지 문방구

聞一知十	6Ⅱ 8 5Ⅱ 8 (문일지십)	5Ⅱ	하나를 듣고 열 가지를 미루어 안다는 뜻으로, 지극히 총명함을 이르는 말
門前成市	8 7Ⅱ 6Ⅱ 7Ⅱ (문전성시)	6Ⅱ	찾아오는 사람이 많아 집 문 앞이 시장을 이루다시피 함을 이르는 말
美風良俗	6 6Ⅱ 5Ⅱ 4Ⅱ (미풍양속)	4Ⅱ	아름답고 좋은 풍속이나 기풍
博學多識	4Ⅱ 8 6 5Ⅱ (박학다식)	4Ⅱ	학식이 넓고 아는 것이 많음
百家爭鳴	7 7Ⅱ 5 4 (백가쟁명)	4	많은 학자나 문화인 등이 자기의 학설이나 주장을 자유롭게 발표하여, 논쟁하고 토론하는 일
百年大計	7 8 8 6Ⅱ (백년대계)	6Ⅱ	먼 앞날까지 미리 내다보고 세우는 크고 중요한 계획
百年河清	7 8 5 6Ⅱ (백년하청)	5	아무리 오랜 시일이 지나도 어떤 일이 이루어지기 어려움을 이르는 말
百萬大軍	7 8 8 8 (백만대군)	7	아주 많은 병사로 조직된 군대를 이르는 말
百萬長者	7 8 8 6 (백만장자)	6	재산이 매우 많은 사람 또는 아주 큰 부자
白面書生	8 7 6Ⅱ 8 (백면서생)	6Ⅱ	한갓 글만 읽고 세상일에는 전혀 경험이 없는 사람
百發百中	7 6Ⅱ 7 8 (백발백중)	6Ⅱ	백 번 쏘아 백 번 맞힌다는 뜻으로, 총이나 활 따위를 쏠 때마다 겨눈 곳에 다 맞음을 이르는 말
白衣民族	8 6 8 6 (백의민족)	6	흰옷을 입은 민족이라는 뜻으로, '한민족'을 이르는 말
百戰老將	7 6Ⅱ 7 4Ⅱ (백전노장)	4Ⅱ	수많은 싸움을 치른 노련한 장수, 세상의 온갖 풍파를 다 겪은 사람을 비유
百戰百勝	7 6Ⅱ 7 6 (백전백승)	6	싸울 때마다 이김
百折不屈	7 4 7Ⅱ 4 (백절불굴)	4	어떠한 난관에도 결코 굽히지 않음
百害無益	7 5Ⅱ 5 4Ⅱ (백해무익)	4Ⅱ	해롭기만 하고 조금도 이로울 것이 없음
別有天地	6 7 7 7 (별유천지)	6	별세계, 딴 세상
奉仕活動	5Ⅱ 5Ⅱ 7Ⅱ 7Ⅱ (봉사활동)	5Ⅱ	국가나 사회 또는 남을 위하여 자신을 돌보지 아니하고 힘을 바쳐 애씀
富貴在天	4Ⅱ 5 6 7 (부귀재천)	4Ⅱ	부귀는 하늘에 달려 있어서 인력으로는 어찌할 수 없다는 뜻
父母兄弟	8 8 8 8 (부모형제)	8	아버지 · 어머니 · 형 · 아우라는 뜻으로, 가족을 이르는 말
父子有親	8 7Ⅱ 7 6 (부자유친)	6	아버지와 아들 사이의 도리는 친애에 있음을 이름

父傳子傳	8 5Ⅱ 7Ⅱ 5Ⅱ (부전자전)	5Ⅱ	아버지가 아들에게 대대로 전함
北窓三友	8 6 8 5 (북창삼우)	5Ⅱ	거문고, 술, 시(詩)를 아울러 이르는 말
不老長生	7Ⅱ 7 8 8 (불로장생)	7	늙지 아니하고 오래 삶
不立文字	7Ⅱ 7Ⅱ 7 7 (불립문자)	7	불도의 깨달음은 마음에서 마음으로 전하는 것이므로 말이나 글에 의지하지 않는다는 말
不問可知	7Ⅱ 7 5 5Ⅱ (불문가지)	5	묻지 않아도 알 수 있음
不問曲直	7Ⅱ 7 5 7Ⅱ (불문곡직)	5	옳고 그름을 따지지 아니함
不遠千里	7Ⅱ 6 7 7 (불원천리)	6	천리를 멀다 여기지 아니함
夫婦有別	7 4Ⅱ 7 6 (부부유별)	4Ⅱ	남편과 아내 사이의 도리는 서로 침범하지 않음에 있음
非一非再	4Ⅱ 8 4Ⅱ 5 (비일비재)	4Ⅱ	같은 현상이나 일이 한두 번이나 한둘이 아니고 많음
氷山一角	5 8 8 6Ⅱ (빙산일각)	5	아주 많은 것 중에 조그마한 부분
思考方式	5 5 7Ⅱ 6 (사고방식)	5	어떤 문제에 대해여 생각하고 궁리하는 방법이나 태도
士農工商	5Ⅱ 7Ⅱ 7Ⅱ 5Ⅱ (사농공상)	5Ⅱ	예전에 백성을 나누던 네 가지 계급. 선비, 농부, 공장(工匠), 상인을 이르던 말
四面春風	8 7 7 6Ⅱ (사면춘풍)	6Ⅱ	누구에게나 좋게 대하는 일
四方八方	8 7Ⅱ 8 7Ⅱ (사방팔방)	7Ⅱ	여기 저기 모든 방향이나 방면
事事件件	7Ⅱ 7Ⅱ 5 5 (사사건건)	5	해당되는 모든 일 또는 온갖 사건
死生決斷	6 8 5Ⅱ 4Ⅱ (사생결단)	4Ⅱ	죽음을 각오하고 대들어 끝장 냄
事實無根	7Ⅱ 5Ⅱ 5 6 (사실무근)	5	근거가 없음. 또는 터무니없음
事親以孝	7Ⅱ 6 5Ⅱ 7Ⅱ (사친이효)	5Ⅱ	어버이를 섬기기를 효도로써 함을 이름
四通五達	8 6 8 4Ⅱ (사통오달)	4Ⅱ	길이나 교통망 통신망 등이 사방으로 막힘없이 통함
事必歸正	7Ⅱ 5Ⅱ 4 7Ⅱ (사필귀정)	4	모든 일은 반드시 바른길로 돌아감
四海兄弟	8 7Ⅱ 8 8 (사해형제)	7Ⅱ	온 세상 사람이 모두 형제와 같다는 뜻으로, 친밀함을 이르는 말

부록 I

山戰水戰	8 6Ⅱ 8 6Ⅱ (산전수전)	6Ⅱ	세상의 온갖 고생과 어려움을 다 겪었음을 이르는 말
山川草木	8 7 7 8 (산천초목)	7	산과 내와 풀과 나무, 곧 자연을 이르는 말
山海珍味	8 7Ⅱ 4 4Ⅱ (산해진미)	4	산과 바다에서 나는 온갖 진귀한 물건으로 차린 맛이 좋은 음식
殺身成仁	4Ⅱ 6Ⅱ 6Ⅱ 4 (살신성인)	4	자기의 몸을 희생하여 인(仁)을 이룸
三三五五	8 8 8 8 (삼삼오오)	8	서너 사람 또는 대여섯 사람이 떼를 지어 다니거나 무슨 일을 함
三十六計	8 8 8 6Ⅱ (삼십육계)	6Ⅱ	서른여섯 가지의 꾀. 많은 모계(謀計)를 이름
三位一體	8 5 8 6Ⅱ (삼위일체)	5	세 가지의 것이 하나의 목적을 위하여 통합되는 일
三寒四溫	8 5 8 6 (삼한사온)	5	7일을 주기로 사흘 동안 춥고 나흘 동안 따뜻함
上下左右	7Ⅱ 7Ⅱ 7Ⅱ 7Ⅱ (상하좌우)	7Ⅱ	위 · 아래 · 왼쪽 · 오른쪽을 이르는 말로, 모든 방향을 이름
生年月日	8 8 8 8 (생년월일)	8	태어난 해와 달과 날
生老病死	8 7 6 6 (생로병사)	6	사람이 나고 늙고 병들고 죽는 네 가지 고통
生面不知	8 7 7Ⅱ 5Ⅱ (생면부지)	5Ⅱ	서로 한 번도 만난 적이 없어서 전혀 알지 못하는 사람
生不如死	8 7Ⅱ 4Ⅱ 6 (생불여사)	4Ⅱ	삶이 죽음만 같지 못하다는 매우 곤경에 처해 있음을 알리는 말
生死苦樂	8 6 6 6Ⅱ (생사고락)	6	삶과 죽음, 괴로움과 즐거움을 통틀어 이르는 말
先公後私	8 6Ⅱ 7Ⅱ 4 (선공후사)	4	공적인 일을 먼저 하고 사사로운 일은 뒤로 미룸
善男善女	5 7Ⅱ 5 8 (선남선녀)	5	성품이 착한 남자와 여자란 뜻으로, 착하고 어진 사람들을 이르는 말
善因善果	5 5 5 6Ⅱ (선인선과)	5	선업을 쌓으면 반드시 좋은 과보가 따름
仙姿玉質	5Ⅱ 4 4Ⅱ 5Ⅱ (선자옥질)	4	신선의 자태에 옥의 바탕이라는 뜻으로, 몸과 마음이 매우 아름다운 사람을 이르는 말
說往說來	5Ⅱ 4Ⅱ 5Ⅱ 7 (설왕설래)	4Ⅱ	서로 자신의 주장을 내세우며 옥신각신하는 것을 말함
世界平和	7Ⅱ 6Ⅱ 7Ⅱ 6Ⅱ (세계평화)	6Ⅱ	전 세계가 평온하고 화목함
世上萬事	7Ⅱ 7Ⅱ 8 7Ⅱ (세상만사)	7Ⅱ	세상에서 일어나는 온갖 일

歲時風俗	5Ⅱ7Ⅱ6Ⅱ4Ⅱ (세시풍속)	4Ⅱ	예로부터 해마다 관례로서 행하여지는 전승적 행사
速戰速決	6 6Ⅱ 6 5Ⅱ (속전속결)	5Ⅱ	싸움을 오래 끌지 아니하고 빨리 몰아쳐 이기고 짐을 결정함
送舊迎新	4Ⅱ5Ⅱ 4 6Ⅱ (송구영신)	4	묵은 해를 보내고 새해를 맞음
時間問題	7Ⅱ7Ⅱ 7 6Ⅱ (시간문제)	6Ⅱ	이미 결과가 뻔하여 조만간 저절로 해결될 문제
市民社會	7Ⅱ 8 6Ⅱ6Ⅱ (시민사회)	6Ⅱ	신분적 구속에 지배되지 않으며, 자유롭고 평등한 개인의 이성적 결합으로 이루어진 사회
是是非非	4Ⅱ4Ⅱ4Ⅱ4Ⅱ (시시비비)	4Ⅱ	여러 가지의 잘잘못
始終如一	6Ⅱ 5 4Ⅱ 8 (시종여일)	4Ⅱ	처음부터 끝까지 한결같아서 변함없음
新聞記者	6Ⅱ6Ⅱ7Ⅱ 6 (신문기자)	6	신문에 실을 자료를 수집, 취재, 집필, 편집하는 사람
信賞必罰	6Ⅱ 5 5Ⅱ4Ⅱ (신상필벌)	4Ⅱ	상과 벌을 공정하고 엄중하게 하는 일을 이르는 말
身言書判	6Ⅱ 6 6Ⅱ 4 (신언서판)	4	예전에, 인물을 선택하는 데 표준으로 삼던 조건
實事求是	5Ⅱ7Ⅱ4Ⅱ4Ⅱ (실사구시)	4Ⅱ	사실에 토대를 두어 진리를 탐구하는 일
心機一轉	7 4 8 4 (심기일전)	4	어떤 동기가 있어 이제까지 가졌던 마음가짐을 버리고 완전히 달라짐
十年知己	8 8 5Ⅱ5Ⅱ (십년지기)	5Ⅱ	오래전부터 친히 사귀어 잘 아는 사람
十中八九	8 8 8 8 (십중팔구)	8	열 가운데 여덟이나 아홉 정도로 거의 대부분이거나 거의 틀림없음
惡戰苦鬪	5Ⅱ6Ⅱ 6 4 (악전고투)	4	몹시 어렵게 싸우는 것
安分知足	7Ⅱ6Ⅱ5Ⅱ7Ⅱ (안분지족)	5Ⅱ	편안한 마음으로 제 분수를 지키며 만족할 줄을 앎
安貧樂道	7Ⅱ4Ⅱ6Ⅱ7Ⅱ (안빈낙도)	4Ⅱ	가난한 생활을 하면서도 편안한 마음으로 도를 즐겨 지킴
安心立命	7Ⅱ 7 7Ⅱ 7 (안심입명)	7	하찮은 일에 흔들리지 않는 경지
眼下無人	4Ⅱ7Ⅱ 5 8 (안하무인)	4Ⅱ	눈 아래에 사람이 없다는 뜻으로, 방자하고 교만하여 다른 사람을 업신여김을 이르는 말
愛國愛族	6 8 6 6 (애국애족)	6	나라와 민족을 아낌
野生動物	6 8 7Ⅱ7Ⅱ (야생동물)	6	산이나 들에서 저절로 나서 자라는 동물

藥房甘草	6Ⅱ 4Ⅱ 4 7 (약방감초)	4	무슨 일이나 빠짐없이 끼임. 반드시 끼어야 할 사물
良藥苦口	5Ⅱ 6Ⅱ 6 7 (양약고구)	5Ⅱ	좋은 약은 입에 쓰나 병에 이롭다는 뜻으로, 충언(忠言)은 귀에 거슬리나 자신에게 이로움을 이르는 말
弱肉強食	6Ⅱ 4Ⅱ 6 7Ⅱ (약육강식)	4Ⅱ	약한 놈이 강한 놈에게 먹힘
魚東肉西	5 8 4Ⅱ 8 (어동육서)	4Ⅱ	제사음식을 차릴 때, 생선은 동쪽에 고기는 서쪽에 놓는 것
語不成說	7 7Ⅱ 6Ⅱ 5Ⅱ (어불성설)	5Ⅱ	말이 조금도 사리에 맞지 아니함
言文一致	6 7 8 5 (언문일치)	5	실제로 쓰는 말과 그 말을 적은 글이 일치함
言語道斷	6 7 7Ⅱ 4Ⅱ (언어도단)	4Ⅱ	말할 길이 끊어졌다는 뜻으로, 어이가 없어서 말하려 해도 말할 수 없음을 이르는 말
言中有骨	6 8 7 4 (언중유골)	4	말 속에 뼈가 있다는 뜻으로, 예사로운 말 속에 단단한 속뜻이 들어 있음을 이르는 말
言行一致	6 6 8 5 (언행일치)	5	말과 행동이 서로 같음
如出一口	4Ⅱ 7 8 7 (여출일구)	4Ⅱ	여러 사람의 말이 한결같이 같음
女必從夫	8 5Ⅱ 4 7 (여필종부)	4	아내는 반드시 남편에게 순종해야 한다는 말
緣木求魚	4 8 4Ⅱ 5 (연목구어)	4	나무에 올라가서 물고기를 구한다는 뜻으로, 도저히 불가능한 일을 굳이 하려 함을 비유적으로 이르는 말
連戰連勝	4Ⅱ 6Ⅱ 4Ⅱ 6 (연전연승)	4Ⅱ	싸울 때마다 계속하여 이김
年中行事	8 8 6 7Ⅱ (연중행사)	6	해마다 일정한 시기를 정하여 놓고 하는 행사
英才教育	6 6Ⅱ 8 7 (영재교육)	6	천재아의 재능을 훌륭하게 발전시키기 위한 특수교육
五穀百果	8 4 7 6Ⅱ (오곡백과)	4	온갖 곡식과 온갖 과일
玉骨仙風	4Ⅱ 4 5Ⅱ 6Ⅱ (옥골선풍)	4	옥과 같은 골격과 선인과 같은 풍채
溫故知新	6 4Ⅱ 5Ⅱ 6Ⅱ (온고지신)	4Ⅱ	옛것을 익히고 그것을 미루어서 새것을 앎
樂山樂水	6Ⅱ 8 6Ⅱ 8 (요산요수)	6Ⅱ	산수(山水)의 자연을 즐기고 좋아함
勇氣百倍	6Ⅱ 7Ⅱ 7 5 (용기백배)	5	격려나 응원 따위에 자극을 받아 힘이나 용기를 더 냄
雨順風調	5Ⅱ 5Ⅱ 6Ⅱ 5Ⅱ (우순풍조)	5Ⅱ	비가 오고 바람이 부는 것이 때와 분량이 알맞음

右往左往	7Ⅱ 4Ⅱ 7Ⅱ 4Ⅱ (우왕좌왕)	4Ⅱ	이리저리 왔다 갔다 하며 일이 나아가는 방향을 종잡지 못함
牛耳讀經	5 5 6Ⅱ 4Ⅱ (우이독경)	4Ⅱ	쇠귀에 경 읽기라는 뜻으로, 아무리 가르치고 일러 주어도 알아듣지 못함을 이르는 말
月態花容	8 4Ⅱ 7 4Ⅱ (월태화용)	4Ⅱ	아름다운 여인의 얼굴과 맵시를 이르는 말
月下老人	8 7Ⅱ 7 8 (월하노인)	7	부부의 인연을 맺어 준다는 전설상의 늙은이
危機一髮	4 4 8 4 (위기일발)	4	여유가 조금도 없이 몹시 절박한 순간
有口無言	7 7 5 6 (유구무언)	5	입은 있으나 말이 없다는 뜻으로, 변명할 말이 없거나 변명을 하지 못함을 이르는 말
有名無實	7 7Ⅱ 5 5Ⅱ (유명무실)	5	이름만 그럴듯하고 실속은 없음
有備無患	7 4Ⅱ 5 5 (유비무환)	4Ⅱ	준비가 되어 있으면 걱정할 것이 없음
類類相從	5Ⅱ 5Ⅱ 5Ⅱ 4 (유유상종)	4	같은 무리끼리 서로 사귐
異口同聲	4 7 7 4Ⅱ (이구동성)	4	다른 입에서 같은 소리를 낸다는 데서, 여러 사람의 말이 한결같음을 말함
以卵擊石	5Ⅱ 4 4 6 (이란격석)	4	달걀로 돌을 친다는 뜻으로 턱없이 약한 것으로 강한 것을 당해내려는 어리석음
耳目口鼻	5 6 7 5 (이목구비)	5	귀 · 눈 · 입 · 코를 아울러 이르는 말
以實直告	5Ⅱ 5Ⅱ 7Ⅱ 5Ⅱ (이실직고)	5Ⅱ	사실 그대로 고함
以心傳心	5Ⅱ 7 5Ⅱ 7 (이심전심)	5Ⅱ	마음과 마음으로 서로 뜻이 통함
以熱治熱	5Ⅱ 5 4Ⅱ 5 (이열치열)	4Ⅱ	열로써 열을 다스림
利用厚生	6Ⅱ 6Ⅱ 4 8 (이용후생)	4	기물의 사용을 편리하게 하고 백성의 생활을 윤택하게 함
二律背反	8 4Ⅱ 4Ⅱ 6Ⅱ (이율배반)	4Ⅱ	서로 모순되어 양립할 수 없는 두 개의 명제
二八靑春	8 8 8 7 (이팔청춘)	7	16세 무렵의 꽃다운 청춘
離合集散	4 6 6Ⅱ 4 (이합집산)	4	헤어졌다가 모였다가 하는 일
因果應報	5 6Ⅱ 4Ⅱ 4Ⅱ (인과응보)	4Ⅱ	좋은 일에는 좋은 결과가, 나쁜 일에는 나쁜 결과가 따름
人命在天	8 7 6 7 (인명재천)	6	사람의 목숨은 하늘에 달려 있다는 말

人事不省	8 7Ⅱ 7Ⅱ 6Ⅱ (인사불성)	6Ⅱ	제 몸에 벌어지는 일을 모를 만큼 정신을 잃은 상태
人死留名	8 6 4Ⅱ 7Ⅱ (인사유명)	4Ⅱ	사람은 죽어서 이름을 남긴다
人山人海	8 8 8 7Ⅱ (인산인해)	7Ⅱ	사람이 수없이 많이 모인 상태를 이르는 말
人相着衣	8 5Ⅱ 5Ⅱ 6 (인상착의)	5Ⅱ	사람의 생김새와 옷차림
人生無常	8 8 5 4Ⅱ (인생무상)	4Ⅱ	인생이 덧없음
仁者無敵	4 6 5 4Ⅱ (인자무적)	4	어진 사람은 모든 사람이 사랑하므로 세상에 적이 없음
人海戰術	8 7Ⅱ 6Ⅱ 6Ⅱ (인해전술)	6	우수한 화기보다 다수의 병력을 투입하여 적을 압도하는 진술
一刻千金	8 4 7 8 (일각천금)	4	매우 짧은 시간도 천금만큼 귀하다는 말
一擧兩得	8 5 4Ⅱ 4Ⅱ (일거양득)	4Ⅱ	한 가지 일을 하여 두 가지 이익을 얻음
一口二言	8 7 8 6 (일구이언)	6	한 가지 일에 대하여 말을 이랬다저랬다 함을 이르는 말
一脈相通	8 4Ⅱ 5Ⅱ 6 (일맥상통)	4Ⅱ	하나의 맥락으로 서로 통한다는 데서 솜씨나 성격 등이 서로 비슷함을 말함
一問一答	8 7 8 7Ⅱ (일문일답)	7	한 번 물음에 대하여 한 번 대답함
一罰百戒	8 4Ⅱ 7 4 (일벌백계)	4	한 사람이나 한 가지 죄를 벌줌으로써 여러 사람을 경계함
一絲不亂	8 4 7Ⅱ 4 (일사불란)	4	한 타래의 실이 전혀 엉클어지지 않았다는 데서 질서정연하여 조금도 어지러움이 없음을 말함
一石二鳥	8 6 8 4Ⅱ (일석이조)	4Ⅱ	돌 한 개를 던져 새 두 마리를 잡는다는 뜻으로, 동시에 두 가지 이득을 봄을 이르는 말
一心同體	8 7 7 6Ⅱ (일심동체)	6Ⅱ	한마음 한 몸이라는 뜻으로, 서로 굳게 결합함을 이르는 말
一言半句	8 6 6Ⅱ 4Ⅱ (일언반구)	4Ⅱ	한 마디의 말과 한 구의 반. 아주 짧은 말이나 글귀
一衣帶水	8 6 4Ⅱ 8 (일의대수)	4Ⅱ	한 줄기 좁은 강물이나 바닷물
一日三省	8 8 8 6Ⅱ (일일삼성)	6Ⅱ	하루에 세 가지 일로 자신을 되돌아보고 살핌
一日三秋	8 8 8 7 (일일삼추)	7	하루가 삼 년 같다는 뜻으로, 몹시 애태우며 기다림을 이르는 말
一字無識	8 7 5 5Ⅱ (일자무식)	5	글자를 한 자도 모를 정도로 무식함

一長一短	8 8 8 6Ⅱ (일장일단)	6Ⅱ	일면의 장점과 다른 일면의 단점을 통틀어 이르는 말
一朝一夕	8 6 8 7 (일조일석)	6	하루 아침과 하루 저녁이란 뜻으로, 짧은 시일을 이르는 말
日就月將	8 4 8 4Ⅱ (일취월장)	4	나날이 다달이 자라거나 발전함
一波萬波	8 4Ⅱ 8 4Ⅱ (일파만파)	4Ⅱ	하나의 물결이 수많은 물결이 된다는 데서, 하나의 사건이 여러 가지로 자꾸 확대되는 것을 말함
一喜一悲	8 4 8 4Ⅱ (일희일비)	4	한편 기쁘고 한편 슬픔, 기쁜 일과 슬픈 일이 번갈아 일어남
自強不息	7Ⅱ 6 7Ⅱ 4Ⅱ (자강불식)	4Ⅱ	스스로 힘써 몸과 마음을 가다듬어 쉬지 아니함
自古以來	7Ⅱ 6 5Ⅱ 7 (자고이래)	5Ⅱ	예로부터 지금까지의 동안
自給自足	7Ⅱ 5 7Ⅱ 7Ⅱ (자급자족)	5	필요한 물자를 스스로 생산하여 충당함
自問自答	7Ⅱ 7 7Ⅱ 7Ⅱ (자문자답)	7	스스로 묻고 스스로 대답함
自生植物	7Ⅱ 8 7 7Ⅱ (자생식물)	7	산이나 들, 강이나 바다에서 저절로 나는 식물
子孫萬代	7Ⅱ 6 8 6Ⅱ (자손만대)	6	오래도록 내려오는 여러 대
自手成家	7Ⅱ 7Ⅱ 6Ⅱ 7Ⅱ (자수성가)	6Ⅱ	물려받은 재산이 없이 자기 혼자의 힘으로 집안을 일으키고 재산을 모음
自業自得	7Ⅱ 6Ⅱ 7Ⅱ 4Ⅱ (자업자득)	4Ⅱ	자신이 저지른 일의 과보를 자기가 받음
自由自在	7Ⅱ 6 7Ⅱ 6 (자유자재)	6	거침없이 자기 마음대로 할 수 있음
自初至終	7Ⅱ 5 4Ⅱ 5 (자초지종)	4Ⅱ	처음부터 끝까지의 과정
自畫自讚	7Ⅱ 6 7Ⅱ 4 (자화자찬)	4	자기가 한 일을 스스로 자랑함을 이르는 말
作心三日	6Ⅱ 7 8 8 (작심삼일)	6Ⅱ	단단히 먹은 마음이 사흘을 가지 못한다는 뜻으로, 결심이 굳지 못함을 이르는 말
張三李四	4 8 6 8 (장삼이사)	4	이름이나 신분이 특별하지 아니한 평범한 사람들을 이르는 말
適者生存	4 6 8 4 (적자생존)	4	환경에 적응하는 생물만이 살아남고, 그렇지 못한 것은 도태되어 멸망하는 현상
適材適所	4 5Ⅱ 4 7 (적재적소)	4	마땅한 인재를 마땅한 자리에 씀
電光石火	7Ⅱ 6Ⅱ 6 8 (전광석화)	6	번갯불이나 부싯돌의 불이 번쩍거리는 것과 같이 매우 짧은 시간이나 매우 재빠른 움직임 따위를 비유적으로 이르는 말

부록 I

前代未聞	7Ⅱ6Ⅱ4Ⅱ6Ⅱ (전대미문)	4Ⅱ	이제까지 들어본 적이 없는 일
前無後無	7Ⅱ 5 7Ⅱ 5 (전무후무)	5	이전에도 없었고 앞으로도 없음
全心全力	7Ⅱ 7 7Ⅱ7Ⅱ (전심전력)	7	온 마음과 온 힘
戰爭英雄	6Ⅱ 5 6 5 (전쟁영웅)	5	전쟁에 뛰어나고 용맹하여 보통 사람이 하기 어려운 일을 해내는 사람
全知全能	7Ⅱ5Ⅱ7Ⅱ5Ⅱ (전지전능)	5Ⅱ	어떠한 사물이라도 잘 알고, 모든 일을 다 행할 수 있는 신불(神佛)의 능력
朝變夕改	6 5Ⅱ 7 5 (조변석개)	5	아침저녁으로 뜯어 고침 곧 일을 자주 뜯어고침
種豆得豆	5Ⅱ4Ⅱ4Ⅱ4Ⅱ (종두득두)	4Ⅱ	콩 심은데 콩 난다는 말
主客一體	7 5Ⅱ 8 6Ⅱ (주객일체)	5Ⅱ	주체와 객체가 하나가 됨
走馬看山	4Ⅱ 5 4 8 (주마간산)	4	자세히 살피지 아니하고 대충대충 보고 지나감을 이르는 말
晝夜長川	6 6 8 7 (주야장천)	6	밤낮으로 쉬지 아니하고 연달아
竹馬故友	4Ⅱ 5 4Ⅱ5Ⅱ (죽마고우)	4Ⅱ	대말을 타고 놀던 벗이라는 뜻으로, 어릴 때부터 같이 놀며 자란 벗
衆口難防	4Ⅱ 7 4Ⅱ4Ⅱ (중구난방)	4Ⅱ	뭇사람의 말을 막기가 어렵다는 뜻으로, 막기 어려울 정도로 여럿이 마구 지껄임을 이르는 말
知過必改	5Ⅱ5Ⅱ5Ⅱ 5 (지과필개)	5	자신이 한 일의 잘못을 알면 반드시 고쳐야 함
地上天國	7 7Ⅱ 7 8 (지상천국)	7	이 세상에서 이룩되는 다시없이 자유롭고 풍족하며 행복한 사회
至誠感天	4Ⅱ4Ⅱ 6 7 (지성감천)	4Ⅱ	지극한 정성에 하늘이 감동함
知行合一	5Ⅱ 6 6 8 (지행합일)	5Ⅱ	지식과 행동이 서로 맞음
盡忠報國	4 4Ⅱ4Ⅱ 8 (진충보국)	4	충성을 다하여 나라의 은혜를 갚음
進退兩難	4Ⅱ4Ⅱ4Ⅱ4Ⅱ (진퇴양난)	4Ⅱ	이러지도 저러지도 못하는 어려운 처지
千慮一得	7 4 8 4Ⅱ (천려일득)	4	어리석은 사람도 많은 생각 가운데 한 가지쯤 좋은 생각이 미칠 수 있다는 말
千慮一失	7 4 8 6 (천려일실)	4	지혜로운 사람도 많은 생각 가운데는 간혹 실책이 있을 수 있다는 말
千萬多幸	7 8 6 6Ⅱ (천만다행)	6	아주 다행함

天生緣分	7 8 4 6Ⅱ (천생연분)	4	하늘에서 미리 정해 준 연분
天人共怒	7 8 6Ⅱ 4Ⅱ (천인공노)	4Ⅱ	하늘과 사람이 함께 노한다는 뜻으로, 누구나 분노할 만큼 증오스럽거나 도저히 용납할 수 없음을 이르는 말
天災地變	7 5 7 5Ⅱ (천재지변)	5	지진, 홍수, 태풍 따위의 자연현상으로 인한 재앙
千差萬別	7 4 8 6 (천차만별)	4	여러 가지 사물이 모두 차이가 있고 구별이 있음
千篇一律	7 4 8 4Ⅱ (천편일률)	4	여러 시문의 격조(格調)가 모두 비슷하여 개별적 특성이 없음
天下第一	7 7Ⅱ 6Ⅱ 8 (천하제일)	6Ⅱ	세상에 견줄 만한 것이 없이 최고임
青山流水	8 8 5Ⅱ 8 (청산유수)	5Ⅱ	푸른 산에 맑은 물이라는 뜻으로, 막힘없이 썩 잘하는 말을 비유적으로 이르는 말
青天白日	8 7 8 8 (청천백일)	7	하늘이 맑게 갠 대낮
清風明月	6Ⅱ 6Ⅱ 6Ⅱ 8 (청풍명월)	6Ⅱ	맑은 바람과 밝은 달
草綠同色	7 6 7 7 (초록동색)	6	이름은 다르나 따지고 보면 한 가지 것이라는 말
草食動物	7 7Ⅱ 7Ⅱ 7Ⅱ (초식동물)	7	풀을 주로 먹고 사는 동물
寸鐵殺人	8 5 4Ⅱ 8 (촌철살인)	4Ⅱ	간단한 말로도 남을 감동시키거나 남의 약점을 찌를 수 있음을 이르는 말
秋風落葉	7 6Ⅱ 5 5 (추풍낙엽)	5	가을바람에 떨어지는 나뭇잎
春夏秋冬	7 7 7 7 (춘하추동)	7	봄 · 여름 · 가을 · 겨울의 사계절
出將入相	7 4Ⅱ 7 5Ⅱ (출장입상)	4Ⅱ	문무를 겸비하여 장상의 벼슬을 모두 지낸 사람
忠言逆耳	4Ⅱ 6 4Ⅱ 5 (충언역이)	4Ⅱ	충직한 말은 귀에 거슬림
卓上空論	5 7Ⅱ 7Ⅱ 4Ⅱ (탁상공론)	4Ⅱ	현실성이 없는 허황한 이론이나 논의
土木工事	8 8 7Ⅱ 7Ⅱ (토목공사)	7Ⅱ	땅과 하천 따위를 고쳐 만드는 공사
特別活動	6 6 7Ⅱ 7Ⅱ (특별활동)	6	학교 교육 과정에서 교과 학습 이외의 교육 활동
八道江山	8 7Ⅱ 7Ⅱ 8 (팔도강산)	7Ⅱ	팔도의 강산이라는 뜻으로, 우리나라 전체의 강산을 이르는 말
八方美人	8 7Ⅱ 6 8 (팔방미인)	6	어느 모로 보나 아름다운 사람

한자	급수·독음	급수	뜻
敗家亡身	5 7Ⅱ 5 6Ⅱ (패가망신)	5	집안의 재산을 다 써 없애고 몸을 망침
風前燈火	6Ⅱ 7Ⅱ 4Ⅱ 8 (풍전등화)	4Ⅱ	사물이 매우 위태로운 처지에 놓여 있음을 비유적으로 이르는 말
必有曲折	5Ⅱ 7 5 4 (필유곡절)	4	반드시 무슨 까닭이 있음
下等動物	7Ⅱ 6Ⅱ 7Ⅱ 7Ⅱ (하등동물)	6Ⅱ	진화 정도가 낮아 몸의 구조가 단순한 원시적인 동물
漢江投石	7Ⅱ 7Ⅱ 4 6 (한강투석)	4	한강에 돌 던지기라는 뜻으로, 지나치게 미미하여 아무런 효과를 미치지 못함을 이르는 말
海水浴場	7Ⅱ 8 5 7Ⅱ (해수욕장)	5	해수욕을 할 수 있는 환경과 시설이 갖추어진 바닷가
行動擧止	6 7Ⅱ 5 5 (행동거지)	5	몸을 움직여 하는 모든 짓
行方不明	6 7Ⅱ 7Ⅱ 6Ⅱ (행방불명)	6	간 곳이나 방향을 모름
虛張聲勢	4Ⅱ 4 4Ⅱ 4Ⅱ (허장성세)	4	실속 없이 허세만 부림
形形色色	6Ⅱ 6Ⅱ 7 7 (형형색색)	6Ⅱ	상과 빛깔 따위가 서로 다른 여러 가지
好衣好食	4Ⅱ 6 4Ⅱ 7Ⅱ (호의호식)	4Ⅱ	좋은 옷을 입고 좋은 음식을 먹는다는 뜻으로, 잘 입고 잘 먹는 것을 말함
呼兄呼弟	4Ⅱ 8 4Ⅱ 8 (호형호제)	4Ⅱ	서로 형이니 아우니 하고 부른다는 뜻으로, 매우 가까운 친구로 지냄을 이르는 말
花朝月夕	7 6 8 7 (화조월석)	6	꽃 피는 아침과 달 밝은 밤이라는 뜻으로, 경치가 좋은 시절을 이르는 말
會者定離	6Ⅱ 6 6 4 (회자정리)	4	만난 자는 반드시 헤어짐
訓民正音	6 8 7Ⅱ 6Ⅱ (훈민정음)	6	백성을 가르치는 바른 소리라는 뜻으로, 1443년에 세종이 창제한 우리나라 글자를 이르는 말
凶惡無道	5Ⅱ 5Ⅱ 5 7Ⅱ (흉악무도)	5	성질이 거칠고 사나우며 도의심이 없음
興盡悲來	4Ⅱ 4 4Ⅱ 7 (흥진비래)	4	즐거운 일이 다하면 슬픈 일이 닥쳐온다는 뜻으로, 세상일은 순환되는 것임을 이르는 말

첫 音節에서 長音으로 발음되는 漢字語

가 可: 可決 可能 可否 可視

假: 假令 假名 假作 假定

暇: 暇日

감 減: 減少 減員 減損 減縮

敢: 敢然 敢戰 敢鬪 敢行

感: 感激 感動 感謝 感化

강 講: 講究 講讀 講習 講演

거 去: 去年 去來 去勢 去就

巨: 巨大 巨物 巨餘洞 巨人

拒: 拒否 拒逆 拒絕

據: 據點

擧: 擧國 擧動 擧手 擧行

건 建: 建國 建物 建設 建築

健: 健康 健在 健金

儉: 儉朴 儉素 儉約

檢: 檢擧 檢査 檢出

견 見: 見聞 見識 見學 見解

경 敬: 敬禮 敬愛 敬意

慶: 慶事 慶州

警: 警覺心 警戒 警告 警備

鏡: 鏡城

競: 競技 競馬 競試 競爭

계 系: 系列 系統

戒: 戒告 戒嚴 戒律

季: 季刊 季氏 季節

界: 界面調 界域 界標 界限

係: 係數 係員 係長

計: 計略 計量 計算 計畫

繼: 繼母 繼續 繼承 繼統

고 古: 古今 古代 古典 古稀

告: 告發 告白 告示 告知書

곤 困: 困境 困窮 困難

공 孔: 孔丘 孔德洞

共: 共感 共動 共謀 共通

攻: 攻擊 攻防戰 攻守

과 果: 果斷性 果樹 果實 果然

過: 過去 過激 過渡期 過誤

광 廣: 廣告 廣範圍 廣州

鑛: 鑛山 鑛夫 鑛石 鑛業

교 校: 校舍 校長 校正 校訓

敎: 敎授 敎育 敎訓 敎會

구 舊: 舊面 舊式 舊習 舊正

救: 救命 救世軍 救助

군 郡: 郡內 郡民 郡守 郡廳

권 勸: 勸農 勸善

귀 貴: 貴公子 貴族 貴重

부록 I

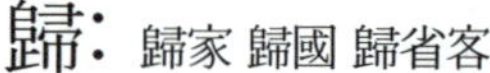

歸: 歸家 歸國 歸省客

근 近: 近郊 近似 近世 近況

금 禁: 禁忌 禁煙 禁止

난 暖: 暖帶 暖流 暖衣飽食

내 內: 內閣 內科 內部 內外

념 念: 念頭 念佛 念願

노 怒: 怒氣 怒色

단 斷: 斷交 斷水 斷食 斷煙

대 代: 代理 代表 代行

待: 待機 待望 待遇 待避

對: 對決 對象 對外 對話

도 道: 道路 道德 道行

到: 到達 到任 到着 到處

導: 導水路 導入 導出

동(통) 洞: 洞窟 洞內 洞里 洞會 洞達 洞察 洞燭 洞徹

동 動: 動機 動力 動物 動詞

등 等: 等距離 等級 等式

란 卵: 卵子

亂: 亂動 亂離

랑 朗: 朗讀 朗報

랭 冷: 冷却 冷氣 冷待 冷凍

량 兩: 兩家 兩極 兩親

련 練: 練兵場 練習

례 禮: 禮物 禮拜 禮義

例: 例式 例法

로 老: 老衰 老人

路: 路上 路線 路資

리 里: 里數 里長 里程標

理: 理科 理論 理致

利: 利己主義

離: 離陸 離別 離婚

李: 李氏

마 馬: 馬軍 馬事會 馬上 馬耳東風

만 萬: 萬能 萬民法 萬歲 萬愚節

망 望: 望夫石 望遠鏡 望鄉

매 買: 買價 買受 買食 買入 買占

면 面: 面壁 面識 面接 面會

勉: 勉從 勉學

명 命: 命令 命脈 命名 命中

모 母: 母系 母校 母性愛 母情

묘 妙: 妙計 妙技

墓: 墓碑 墓所 墓誌

무 武: 武家 武器 武斷 武力

務: 務望 務實力行

舞: 舞曲 舞臺

문 問: 問答 問病 問安 問題

반 反: 反共 反對 反復 反省

半: 半減 半導體 半生

방 訪: 訪客 訪求 訪問

배 拜: 拜金 拜禮 拜伏 拜席

背: 背景 背水陣

配: 配管 配給 配當 配列

범 犯: 犯法 犯人 犯罪 犯行

範: 範式 範圍

변 辯: 辯論 辯明 辯士 辯護人

變: 變改 變更 變動 變化

보 步: 步道 步兵 步幅 步行

普: 普及 普通法

報: 報告書 報答 報道陣

寶: 寶庫 寶物 寶石 寶玉

봉 奉: 奉公 奉仕 奉送

부 否: 否決 否認 否定 否票

負: 負擔 負傷

副: 副官 副業

富: 富強 富國 富貴 富者

분 憤: 憤激 憤氣 憤敗

비 比: 比例

批: 批答 批判 批評

祕: 祕決 祕密 祕書

悲: 悲觀 悲劇 悲鳴

費: 費目 費用 費財

備: 備考 備忘錄 備蓄

鼻: 鼻高 鼻祖 鼻出血

사 士: 士官 士氣 士兵

四: 四季 四君子 四時 四月

史: 史家 史記 史學

死: 死力 死亡 死文 死因

事: 事件 事理 事物 事大主義

使: 使動 使命 使臣 使者

謝: 謝禮 謝意 謝恩 謝罪

산 産: 産故 産氣 産卵 産母

散: 散文 散在

算: 算數 算術 算出

상 上: 上客 上層 上品 上下

想: 想起 想念 想定

서 序: 序頭 序論 序文 序列

선 善: 善導 善惡 善意 善行

選: 選擧 選定 選出

성 性: 性格 性慾 性質 性品

姓: 姓名 姓氏

盛: 盛大 盛了 盛況 興亡盛衰

聖: 聖歌 聖經 聖女 聖人

세 世: 世界 世代 世上 世評

洗: 洗禮 洗面器

細: 細密 細部 細胞

稅: 稅關 稅金 稅務士 稅制

歲: 歲暮 歲拜 歲費 歲時

勢: 勢道 勢力

소 小: 小劇場 小企業 小說家

少: 少量 少數

所: 所見 所望 所信 所謂 所長

笑: 笑門萬福來 笑聲 笑話

손 損: 損傷 損失 損益 損財 損害

송 送: 送舊迎新 送別

頌: 頌歌 頌德 頌詩

순 順: 順理 順産 順序 順位

시 市: 市街 市立 市民 市場

示: 示達 示範 示威

始: 始動 始務式 始作 始終

是: 是日 是是非非 是認 是正

施: 施工 施政 施策 施行

視: 視力 視野 視察 視聽者

신 信: 信用 信義 信任

안 案: 案件 案內 案頭 案出

眼: 眼境 眼孔 眼目 眼下無人

암 暗: 暗記 暗示

야 夜: 夜間 夜景 夜勤 夜學

野: 野球 野望 野生馬 野人

양 養: 養鷄 養成 養育

어 語: 語感 語根 語不成說

여 與: 與件 與民 與樂 與野

연 硏: 硏究 硏修 硏學

演: 演劇 演士 演習

영 永: 永久

예 豫: 豫感 豫告 豫想 豫約

藝: 藝能 藝文 藝術

오 午: 午時 午正 午後

五: 五感 五倫 五色

誤: 誤記 誤報 誤算 誤解

왕 往: 往年 往來 往復 往診

외 外: 外家 外見上 外交官 外國

요 曜: 曜日

용 用: 用兵 用意 用品

勇: 勇氣 勇斷 勇士 勇將

우 友: 友軍 友愛 友情

右: 右軍 右往左往

雨: 雨期 雨備 雨天時

遇: 遇事生風 遇賊歌

운 運: 運命 運營 運行

원 援: 援軍 援兵 援助 援護

遠: 遠景 遠近

願: 願望 願書

유 有: 有感 有口無言 有名無實

응 應: 應當 應授

의 意: 意見 意圖

義: 義理 義務 義士 義人

이 二: 二類 二律背反

以: 以南 以上 以心傳心

耳: 耳目口鼻 耳順

異: 異見 異口同聲 異質的

자 姿: 姿勢 姿態 姿色

장 壯: 壯觀 壯年

재 在: 在庫 在所者 在野 在學生

再: 再開 再建 再考 再現

저 低: 低價 低開發 低調 低質化

底: 底力 底流 底邊 底意

貯: 貯金 貯蓄 貯炭場

전 典: 典據 典禮 典範

展: 展開 展覽會 展望 展示場

電: 電球 電氣 電鐵 電話

錢: 錢穀 錢主 錢貨

戰: 戰亂 戰略 戰死者 戰爭

轉: 轉落 轉移

점 店: 店員 店村

정 定: 定價 定立 定着

整: 整理 整備 整然 整地

제 弟: 弟子

制: 制度 制動 制服 制約

帝: 帝國 帝王 帝政

第: 第一 第三章 第三者

祭: 祭器 祭禮 祭物

製: 製粉 製藥 製作

際: 際遇 際會

濟: 濟度 濟世

조 早: 早產 早失父母 早退

助: 助敎 助力 助言

造: 造景 造成 造語 造作

좌 左: 左傾

座: 座談 座席 座右銘 座中

죄 罪: 罪過 罪惡 罪人 罪責感

주 住: 住居 住民 住所 住宅街

注: 注力 注目 注文 注意

준 準: 準決勝 準備 準例

중 **重**: 重工業 重傷 重言復言

衆: 衆口難防 衆論

진 **進**: 進路 進一步 進退兩難

盡: 盡力 盡人事待天命 盡忠

찬 **讚**: 讚歌 讚美 讚辭

창 **唱**: 唱歌 唱劇 唱樂

創: 創團 創立 創造

채 **採**: 採鑛 採算性 採點 採取

처 **處**: 處女 處理 處方 處世 處所

촌 **寸**: 寸步 寸數 寸陰 寸志

村: 村老 村落 村婦 村邑

총 **總**: 總計 總動員 總額

최 **最**: 最高 最近 最大 最善

취 **取**: 取得 取消 取材 取下

就: 就業 就任 就職 就學

趣: 趣味 趣意 趣旨 趣向

치 **致**: 致命傷 致富 致死 致賀

置: 置中

침 **寢**: 寢具 寢臺 寢室 寢衣

타 **打**: 打開 打算 打作

탄 **炭**: 炭鑛 炭素

彈: 彈頭 彈力 彈壓

歎: 歎服 歎息 歎願

태 **態**: 態度 態勢

통 **痛**: 痛感 痛快

統: 統計 統一 統制 統合

퇴 **退**: 退却 退去 退任 退役

파 **破**: 破産

패 **敗**: 敗家亡身 敗北 敗戰

평 **評**: 評價 評論

폐 **閉**: 閉校 閉店 閉會

포 **砲**: 砲擊 砲門 砲聲 砲彈

품 **品**: 品格 品目 品性 品質

피 **避**: 避難 避暑 避身

하 **下**: 下降 下校 下山 下車

夏: 夏季 夏穀 夏服 夏至

한 **恨**: 恨歎

限: 限界 限度 限定

漢: 漢文 漢字 漢族 漢學

항 **抗**: 抗拒 抗辯 抗議

航: 航空 航路 航海 航行

港: 港口 港都

해 **害**: 害毒 害惡 害蟲

海: 海女 海洋

解: 解決 解禁 解答 解明

향 **向**: 向方 向上 向學熱 向後

행 幸: 幸福 幸運

헌 憲: 憲法 憲兵 憲章 憲政

험 險: 險難 險談 險路

驗: 驗算 驗電氣

현 現: 現金 現代 現實 現在

顯: 顯官 顯示

혜 惠: 惠存 惠澤

호 戶: 戶口 戶當 戶籍

好: 好感 好奇心 好調

護: 護國 護衛 護憲

혼 混: 混同 混亂

화 貨: 貨物

환 患: 患難 患者

황 況: 況且(황차)

회 會: 會見 會計 會者定離

효 孝: 孝道 孝誠

效: 效果 效能 效力 效用

후 厚: 厚待 厚生 厚意 利用厚生

後: 後見人 後記 後代 後世

候: 候鳥

훈 訓: 訓練 訓民正音 訓示

첫 音節에서 長短 두 가지로 발음되는 漢字

漢字	讀音 · 漢字語	漢字	讀音 · 漢字語
街	가 街路樹 街路燈 :가 街道 街頭示威	勤	근 勤(근)하다 勤苦 :근 勤儉 勤勞 勤務 勤念
間	간 間數 :간 間食 間接 間或	難	난 難關 難局 難解 :난 難處 難兄難弟
簡	간 簡單 簡略 簡素 :간 簡易 簡紙	短	단 短點 短縮 :단 短歌 短期
強	강 強大國 強力 強化 :강 強勸 強盜 強制	大	대 大邱 大斗 大田 :대 大家 大國 大將
降	항 降兵 降伏 :강 降雨 降雪 降等	帶	대 帶狀 :대 帶同
改	개 改札 :개 改良 改作 改正 改宗	度	도(탁) 度外視 度支部 :도 度量 度數
個	개 個人 :개 個別 個性 個體	盜	도 盜用 :도 盜跖(도척)
景	경 景氣 景物 景致 :경 景福宮 景品	冬	동 冬至 :동 冬期
固	고 固辭 固守 固着 :고 固城	童	동 童蒙先習(동몽선습) :동 童心 童話
考	고 考案 考察 :고 考古 考査 考試	來	래 來年 來歷 來日 :래 來客 來往
故	고 故鄕 :고 故國 故事 故人 故障	令	령 令夫人 令愛 :령 令監
課	과 課業 課題 :과 課稅	料	료 料理 料食 料量 :료 料金 料給
口	구 口文 口錢 :구 口論 口辯 口號	類	류 類달리 :류 類萬不同 類類相從
具	구 具備 具色 具全 具現 :구 具氏	柳	류 柳京 柳氏 :류 柳器 柳綠

漢字	讀音 · 漢字語	漢字	讀音 · 漢字語
滿	만 滿了 滿足 :만 滿面 滿堂 滿發 滿場	非	비 非但 :비 非公開 非常 非情 非行
每	매 每日 :매 每年 每事 每時間 每回	思	사 思考 思念 思慕 :사 思想
賣	매 賣買 :매 賣家 賣却 賣國奴 賣上	寺	사 寺門 寺院 :시 寺奴卑 寺人 寺正
木	목 木家具 木工 木馬 木曜日 :모 木瓜(모과)	射	사 射擊 射殺 射手 射精 :사 射場
聞	문 聞慶 :문 聞見 聞一知十	仕	사 士官 仕記 仕日 :사 仕宦(사환)
未	미 未安 :미 未開 未決 未來	殺	살 殺氣 殺伐 殺傷 殺生 :쇄 殺到
美	미 美國 美人(미국인) :미 美術 美人(미녀)	狀	상 狀態 狀況 :장 狀頭
放	방 放學 :방 放談 放送	說	설 說明 說往說來 :세 說客
倍	배 配達族 :배 倍加 倍量	素	소 素朴 素數 素材 素質 :소 素服 素物
保	보 保證 :보 保健 保管 保留	掃	소 掃灑(소쇄) 掃蕩(소탕) :소 掃除 掃地
復	복 復古 復歸 復學 :부 復活 復興	孫	손 孫女 孫婦 孫氏 孫子 :손 孫(後孫)
府	부 府使 府域 :부 府君	手	수 手段 手足 :수 手巾(수건)
分	분 分家 分校 分配 :분 分量 分福 分數	受	수 受講 受賞 受信 受業 :수 受苦
粉	분 粉食 :분 粉紅	宿	숙 宿根 宿德 宿命 宿食 :수 宿曜

漢字	讀音 · 漢字語	漢字	讀音 · 漢字語
試	시 試驗 :시 試官 試金石 試食	點	점 點檢 點線 點數 點火 :점 點心
愛	애 愛國 愛人 愛情 愛酒 :애 愛煙 愛之重之	正	정 正月 正二月 正朝 正初 :정 正當 正道 正式 正直
易	역 易數 易理 易學 :이 易行	操	조 操業短縮 操作 :조 操心性 操鍊
映	영 映寫 映畵 :영 映窓	從	종 從當 從屬 從事 從軍 :종 從弟 從祖 從兄
要	요 要緊 要領 要素 要約 :요 要求 要人 要點	種	종 種犬 種鷄 種子 種族 :종 種類 種目 種別
怨	원 怨讐(원수) :원 怨望 怨聲	酒	주 酒案床 酒池肉林 :주 酒酊(주정)
爲	위 爲始 爲人(사람됨) :위 爲人(사람을 위함) 爲하다	針	침 針葉樹 :침 針母 針線
飮	음 飮毒 飮料 :음 飮福 飮食	討	토 討伐 討破 :토 討論 討議
議	의 議決 議事 議員 議長 :의 議政府	便	편 便利 便法 便安 便易 :편 便紙
任	임 任氏 :임 任期 任命 任務 任員	布	포 布木 布網 布衣寒士 :포 布告 布敎 布德 布石
長	장 長短 長久 長篇 :장 長官 長老 長成 長者	包	포 包裝 包紙 :포 包容
將	장 將軍 將來 將次 將就 :장 將校 將帥 將兵 將星	胞	포 胞衣 胞子 :포 胞胎(포태)
奬	장 奬忠壇 :장 奬學生	暴	폭 暴徒 暴行 :포 暴惡
占	점 占術 :점 占據 占領 占有物	韓	한 韓山 韓氏 :한 韓國 韓服

漢字	讀音 · 漢字語	漢字	讀音 · 漢字語
行	행 行動 行路 行事 行政 :행 行實	畫	획 畫順 畫一 :화 畫家 畫龍點睛
號	호 號角 :호 號外	環	환 環狀 :환 環境
火	화 火曜日 :화 火氣 火力 火病	興	흥 興亡 興盛 :흥 興味 興趣
化	화 化學 :화 化石 化身		

반의(反義)한자 결합어

한자	독음	급수		급수
加減	(가감)	5	↔	4Ⅱ
可否	(가부)	5	↔	4
加除	(가제)	5	↔	4Ⅱ
干滿	(간만)	4	↔	4Ⅱ
簡細	(간세)	4	↔	4Ⅱ
甘苦	(감고)	4	↔	6
江山	(강산)	7Ⅱ	↔	8
強弱	(강약)	6	↔	6Ⅱ
開閉	(개폐)	6	↔	4
去來	(거래)	5	↔	7
去留	(거류)	5	↔	4Ⅱ
巨細	(거세)	4	↔	4Ⅱ
輕重	(경중)	5	↔	7
京鄉	(경향)	6	↔	4Ⅱ
古今	(고금)	6	↔	6Ⅱ
苦樂	(고락)	6	↔	6Ⅱ
高落	(고락)	6Ⅱ	↔	5
高低	(고저)	6Ⅱ	↔	4Ⅱ
高下	(고하)	6Ⅱ	↔	7Ⅱ
曲直	(곡직)	5	↔	7Ⅱ
功過	(공과)	6Ⅱ	↔	5Ⅱ
空陸	(공륙)	7Ⅱ	↔	5Ⅱ
攻防	(공방)	4	↔	4Ⅱ
公私	(공사)	6Ⅱ	↔	4
攻守	(공수)	4	↔	4Ⅱ
功罪	(공죄)	6Ⅱ	↔	5
官民	(관민)	4Ⅱ	↔	8
教習	(교습)	8	↔	6
教學	(교학)	8	↔	8
君民	(군민)	4	↔	8
君臣	(군신)	4	↔	5Ⅱ
今古	(금고)	6Ⅱ	↔	6
起結	(기결)	4Ⅱ	↔	5Ⅱ
起伏	(기복)	4Ⅱ	↔	4
吉凶	(길흉)	5	↔	5Ⅱ
難易	(난이)	4Ⅱ	↔	4
男女	(남녀)	7Ⅱ	↔	8
南北	(남북)	8	↔	8
來去	(내거)	7	↔	5
來往	(내왕)	7	↔	4Ⅱ
內外	(내외)	7Ⅱ	↔	8
冷暖	(냉난)	5	↔	4Ⅱ
冷熱	(냉열)	5	↔	5
冷溫	(냉온)	5	↔	6
勞使	(노사)	5Ⅱ	↔	6
老少	(노소)	7	↔	7
多少	(다소)	6	↔	7
單複	(단복)	4Ⅱ	↔	4

斷續	(단속)	4Ⅱ	↔	4Ⅱ	發着	(발착)	6Ⅱ	↔	5Ⅱ
短長	(단장)	6Ⅱ	↔	8	方圓	(방원)	7Ⅱ	↔	4Ⅱ
當落	(당락)	5Ⅱ	↔	5	背向	(배향)	4Ⅱ	↔	6
當否	(당부)	5Ⅱ	↔	4	白黑	(백흑)	8	↔	5
大小	(대소)	8	↔	8	本末	(본말)	6	↔	5
都農	(도농)	5	↔	7Ⅱ	父母	(부모)	8	↔	8
東西	(동서)	8	↔	8	夫婦	(부부)	7	↔	4Ⅱ
同異	(동이)	7	↔	4	父子	(부자)	8	↔	7Ⅱ
動靜	(동정)	7Ⅱ	↔	4	北南	(북남)	8	↔	8
動止	(동지)	7Ⅱ	↔	5	分合	(분합)	6Ⅱ	↔	6
冬夏	(동하)	7	↔	7	悲樂	(비락)	4Ⅱ	↔	6Ⅱ
得失	(득실)	4Ⅱ	↔	6	悲歡	(비환)	4Ⅱ	↔	4
登降	(등강)	7	↔	4	悲喜	(비희)	4Ⅱ	↔	4
登落	(등락)	7	↔	5	貧富	(빈부)	4Ⅱ	↔	4Ⅱ
滿干	(만간)	4Ⅱ	↔	4	氷炭	(빙탄)	5	↔	5
賣買	(매매)	5	↔	5	士民	(사민)	5Ⅱ	↔	8
明暗	(명암)	6Ⅱ	↔	4Ⅱ	死生	(사생)	6	↔	8
母子	(모자)	8	↔	7Ⅱ	師弟	(사제)	4Ⅱ	↔	8
問答	(문답)	7	↔	7Ⅱ	死活	(사활)	6	↔	7Ⅱ
文武	(문무)	7	↔	4Ⅱ	山海	(산해)	8	↔	7Ⅱ
物心	(물심)	7Ⅱ	↔	7	殺活	(살활)	4Ⅱ	↔	7Ⅱ
美惡	(미악)	6	↔	5Ⅱ	常班	(상반)	4Ⅱ	↔	6Ⅱ
民官	(민관)	8	↔	4Ⅱ	賞罰	(상벌)	5	↔	4Ⅱ
班常	(반상)	6Ⅱ	↔	4Ⅱ	上下	(상하)	7Ⅱ	↔	7Ⅱ

生死	(생사)	8	↔	6
生殺	(생살)	8	↔	4Ⅱ
善惡	(선악)	5	↔	5Ⅱ
先後	(선후)	8	↔	7Ⅱ
成敗	(성패)	6Ⅱ	↔	5
細大	(세대)	4Ⅱ	↔	8
續斷	(속단)	4Ⅱ	↔	4Ⅱ
損得	(손득)	4	↔	4Ⅱ
損益	(손익)	4	↔	4Ⅱ
送受	(송수)	4Ⅱ	↔	4Ⅱ
送迎	(송영)	4Ⅱ	↔	4
受給	(수급)	4Ⅱ	↔	5
收給	(수급)	4Ⅱ	↔	5
水陸	(수륙)	8	↔	5Ⅱ
授受	(수수)	4Ⅱ	↔	4Ⅱ
手足	(수족)	7Ⅱ	↔	7Ⅱ
收支	(수지)	4Ⅱ	↔	4Ⅱ
水火	(수화)	8	↔	8
順逆	(순역)	5Ⅱ	↔	4Ⅱ
勝負	(승부)	6	↔	4
勝敗	(승패)	6	↔	5
始末	(시말)	6Ⅱ	↔	5
是非	(시비)	4Ⅱ	↔	4Ⅱ
始終	(시종)	6Ⅱ	↔	5
新古	(신고)	6Ⅱ	↔	6
新舊	(신구)	6Ⅱ	↔	5Ⅱ
臣民	(신민)	5Ⅱ	↔	8
身心	(신심)	6Ⅱ	↔	7
信疑	(신의)	6Ⅱ	↔	4
失得	(실득)	6	↔	4Ⅱ
實否	(실부)	5Ⅱ	↔	4
心身	(심신)	7	↔	6Ⅱ
心體	(심체)	7	↔	6Ⅱ
安否	(안부)	7Ⅱ	↔	4
安危	(안위)	7Ⅱ	↔	4
愛惡	(애오)	6	↔	5Ⅱ
良否	(양부)	5Ⅱ	↔	4
陽陰	(양음)	6	↔	4Ⅱ
言文	(언문)	6	↔	7
言行	(언행)	6	↔	6
與受	(여수)	4	↔	4Ⅱ
與野	(여야)	4	↔	6
然否	(연부)	7	↔	4
迎送	(영송)	4	↔	4Ⅱ
豫決	(예결)	4	↔	5Ⅱ
玉石	(옥석)	4Ⅱ	↔	6
溫冷	(온랭)	6	↔	5
往來	(왕래)	4Ⅱ	↔	7

往復	(왕복)	4Ⅱ	↔	4Ⅱ
右左	(우좌)	7Ⅱ	↔	7Ⅱ
遠近	(원근)	6	↔	6
怨恩	(원은)	4	↔	4Ⅱ
月日	(월일)	8	↔	8
有無	(유무)	7	↔	5
陸海	(육해)	5Ⅱ	↔	7Ⅱ
隱見	(은견)	4	↔	5Ⅱ
恩怨	(은원)	4Ⅱ	↔	4
隱顯	(은현)	4	↔	4
隱現	(은현)	4	↔	6Ⅱ
陰陽	(음양)	4Ⅱ	↔	6
異同	(이동)	4	↔	7
理亂	(이란)	6Ⅱ	↔	4
離合	(이합)	4	↔	6
利害	(이해)	6Ⅱ	↔	5Ⅱ
因果	(인과)	5	↔	6Ⅱ
日月	(일월)	8	↔	8
入落	(입락)	7	↔	5
入出	(입출)	7	↔	7
子女	(자녀)	7Ⅱ	↔	8
姉妹	(자매)	4	↔	4
子母	(자모)	7Ⅱ	↔	8
自他	(자타)	7Ⅱ	↔	5

昨今	(작금)	6Ⅱ	↔	6Ⅱ
長短	(장단)	8	↔	6Ⅱ
將兵	(장병)	4Ⅱ	↔	5Ⅱ
將士	(장사)	4Ⅱ	↔	5Ⅱ
將卒	(장졸)	4Ⅱ	↔	5Ⅱ
前後	(전후)	7Ⅱ	↔	7Ⅱ
正反	(정반)	7Ⅱ	↔	6Ⅱ
正副	(정부)	7Ⅱ	↔	4Ⅱ
正誤	(정오)	7Ⅱ	↔	4Ⅱ
弟兄	(제형)	8	↔	8
朝夕	(조석)	6	↔	7
祖孫	(조손)	7	↔	6
朝野	(조야)	6	↔	6
存亡	(존망)	4	↔	5
存無	(존무)	4	↔	5
終始	(종시)	5	↔	6Ⅱ
左右	(좌우)	7Ⅱ	↔	7Ⅱ
罪罰	(죄벌)	5	↔	4Ⅱ
罪刑	(죄형)	5	↔	4
主客	(주객)	7	↔	5Ⅱ
晝夜	(주야)	6	↔	6
主從	(주종)	7	↔	4
重輕	(중경)	7	↔	5
中外	(중외)	8	↔	8

增減	(증감)	4 Ⅱ	↔	4 Ⅱ
增損	(증손)	4 Ⅱ	↔	4
知行	(지행)	5 Ⅱ	↔	6
眞假	(진가)	4 Ⅱ	↔	4 Ⅱ
進退	(진퇴)	4 Ⅱ	↔	4 Ⅱ
集配	(집배)	6 Ⅱ	↔	4 Ⅱ
集散	(집산)	6 Ⅱ	↔	4
着發	(착발)	5 Ⅱ	↔	6 Ⅱ
天地	(천지)	7	↔	7
春秋	(춘추)	7	↔	7
出缺	(출결)	7	↔	4 Ⅱ
出納	(출납)	7	↔	4
出入	(출입)	7	↔	7
忠逆	(충역)	4 Ⅱ	↔	4 Ⅱ
治亂	(치란)	4 Ⅱ	↔	4
炭氷	(탄빙)	5	↔	5
投打	(투타)	4	↔	5
敗興	(패흥)	5	↔	4 Ⅱ
豊凶	(풍흉)	4 Ⅱ	↔	5 Ⅱ
夏冬	(하동)	7	↔	7
寒暖	(한란)	5	↔	4 Ⅱ
寒熱	(한열)	5	↔	5
寒溫	(한온)	5	↔	6
海空	(해공)	7 Ⅱ	↔	7 Ⅱ
海陸	(해륙)	7 Ⅱ	↔	5 Ⅱ
向背	(향배)	6	↔	4 Ⅱ
虛實	(허실)	4 Ⅱ	↔	5 Ⅱ
顯密	(현밀)	4	↔	4 Ⅱ
兄弟	(형제)	8	↔	8
刑罪	(형죄)	4	↔	5
好惡	(호오)	4 Ⅱ	↔	5 Ⅱ
呼吸	(호흡)	4 Ⅱ	↔	4 Ⅱ
和戰	(화전)	6 Ⅱ	↔	6 Ⅱ
活殺	(활살)	7 Ⅱ	↔	4 Ⅱ
會散	(회산)	6 Ⅱ	↔	4
後先	(후선)	7 Ⅱ	↔	8
凶吉	(흉길)	5 Ⅱ	↔	5
凶豊	(흉풍)	5 Ⅱ	↔	4 Ⅱ
黑白	(흑백)	5	↔	8
興亡	(흥망)	4 Ⅱ	↔	5
興敗	(흥패)	4 Ⅱ	↔	5
喜怒	(희로)	4	↔	4 Ⅱ
喜悲	(희비)	4	↔	4 Ⅱ

반대어(反對語) - 뜻이 반대되는 한자어(漢字語)

加入	(가입)	↔	脫退	(탈퇴)	5 7	↔	4 4Ⅱ
減少	(감소)	↔	增加	(증가)	4Ⅱ 7	↔	4Ⅱ 5
感情	(감정)	↔	理性	(이성)	6 5Ⅱ	↔	6Ⅱ 5Ⅱ
個別	(개별)	↔	全體	(전체)	4Ⅱ 6	↔	7Ⅱ 6Ⅱ
拒絕	(거절)	↔	承認	(승인)	4 4Ⅱ	↔	4Ⅱ 4Ⅱ
缺席	(결석)	↔	出席	(출석)	4Ⅱ 6	↔	7 6
結婚	(결혼)	↔	離婚	(이혼)	5Ⅱ 4	↔	4 4
輕減	(경감)	↔	加重	(가중)	5 4Ⅱ	↔	5 7
固定	(고정)	↔	流動	(유동)	5 6	↔	5Ⅱ 7Ⅱ
困難	(곤란)	↔	容易	(용이)	4 4Ⅱ	↔	4Ⅱ 4
空想	(공상)	↔	現實	(현실)	7Ⅱ 4Ⅱ	↔	6Ⅱ 5Ⅱ
空虛	(공허)	↔	充實	(충실)	7Ⅱ 4Ⅱ	↔	5Ⅱ 5Ⅱ
過去	(과거)	↔	未來	(미래)	5Ⅱ 5	↔	4Ⅱ 7
光明	(광명)	↔	暗黑	(암흑)	6Ⅱ 6Ⅱ	↔	4Ⅱ 5
君子	(군자)	↔	小人	(소인)	4 7Ⅱ	↔	8 8
權利	(권리)	↔	義務	(의무)	4Ⅱ 6Ⅱ	↔	4Ⅱ 4Ⅱ
樂觀	(낙관)	↔	悲觀	(비관)	6Ⅱ 5Ⅱ	↔	4Ⅱ 5Ⅱ
內容	(내용)	↔	形式	(형식)	7Ⅱ 4Ⅱ	↔	6Ⅱ 6
內包	(내포)	↔	外延	(외연)	7Ⅱ 4Ⅱ	↔	8 4
能動	(능동)	↔	受動	(수동)	5Ⅱ 7Ⅱ	↔	4Ⅱ 7Ⅱ
多元	(다원)	↔	一元	(일원)	6 5Ⅱ	↔	8 5Ⅱ
單純	(단순)	↔	複雜	(복잡)	4Ⅱ 4Ⅱ	↔	4 4
單式	(단식)	↔	複式	(복식)	4Ⅱ 6	↔	4 6
單一	(단일)	↔	複合	(복합)	4Ⅱ 8	↔	4 6

부록 I

斷絶	(단절)	↔	連結	(연결)	4Ⅱ 4Ⅱ	↔	4Ⅱ 5Ⅱ
短縮	(단축)	↔	延長	(연장)	6Ⅱ 4	↔	4 8
對話	(대화)	↔	獨白	(독백)	6Ⅱ 7Ⅱ	↔	5Ⅱ 8
動議	(동의)	↔	異議	(이의)	7Ⅱ 4Ⅱ	↔	4 4Ⅱ
登場	(등장)	↔	退場	(퇴장)	7 7Ⅱ	↔	4Ⅱ 7Ⅱ
母音	(모음)	↔	子音	(자음)	8 6Ⅱ	↔	7Ⅱ 6Ⅱ
文語	(문어)	↔	口語	(구어)	7 7	↔	7 7
物質	(물질)	↔	精神	(정신)	7Ⅱ 5Ⅱ	↔	4Ⅱ 6Ⅱ
未備	(미비)	↔	完備	(완비)	4Ⅱ 4Ⅱ	↔	5 4Ⅱ
密集	(밀집)	↔	散在	(산재)	4Ⅱ 6Ⅱ	↔	4 6
發達	(발달)	↔	退步	(퇴보)	6Ⅱ 4Ⅱ	↔	4Ⅱ 4Ⅱ
放心	(방심)	↔	操心	(조심)	6Ⅱ 7	↔	5 7
背恩	(배은)	↔	報恩	(보은)	4Ⅱ 4Ⅱ	↔	4Ⅱ 4Ⅱ
別居	(별거)	↔	同居	(동거)	6 4	↔	7 4
保守	(보수)	↔	革新	(혁신)	4Ⅱ 4Ⅱ	↔	4 6Ⅱ
服從	(복종)	↔	反抗	(반항)	6 4	↔	6Ⅱ 4
本業	(본업)	↔	副業	(부업)	6 6Ⅱ	↔	4Ⅱ 6Ⅱ
部分	(부분)	↔	全體	(전체)	6Ⅱ 6Ⅱ	↔	7Ⅱ 6Ⅱ
不實	(부실)	↔	充實	(충실)	7Ⅱ 5Ⅱ	↔	5Ⅱ 5Ⅱ
否認	(부인)	↔	是認	(시인)	4 4Ⅱ	↔	4Ⅱ 4Ⅱ
富者	(부자)	↔	貧者	(빈자)	4Ⅱ 6	↔	4Ⅱ 6
分斷	(분단)	↔	連結	(연결)	6Ⅱ 4Ⅱ	↔	4Ⅱ 5Ⅱ
分擔	(분담)	↔	專擔	(전담)	6Ⅱ 4Ⅱ	↔	4 4Ⅱ
分離	(분리)	↔	統合	(통합)	6Ⅱ 4	↔	4Ⅱ 6

不法	(불법)	↔	合法	(합법)	7Ⅱ 5Ⅱ	↔	6 5Ⅱ
不運	(불운)	↔	幸運	(행운)	7Ⅱ 6Ⅱ	↔	6Ⅱ 6Ⅱ
不幸	(불행)	↔	幸福	(행복)	7Ⅱ 6Ⅱ	↔	6Ⅱ 5Ⅱ
非難	(비난)	↔	稱讚	(칭찬)	4Ⅱ 4Ⅱ	↔	4 4
祕密	(비밀)	↔	公開	(공개)	4 4Ⅱ	↔	6Ⅱ 6
非番	(비번)	↔	當番	(당번)	4Ⅱ 6	↔	5Ⅱ 6
死後	(사후)	↔	生前	(생전)	6 7Ⅱ	↔	8 7Ⅱ
相對	(상대)	↔	絕對	(절대)	5Ⅱ 6Ⅱ	↔	4Ⅱ 6Ⅱ
生花	(생화)	↔	造花	(조화)	8 7	↔	4Ⅱ 7
成功	(성공)	↔	失敗	(실패)	6Ⅱ 6Ⅱ	↔	6 5
消極	(소극)	↔	積極	(적극)	6Ⅱ 4Ⅱ	↔	4 4Ⅱ
所得	(소득)	↔	損失	(손실)	7 4Ⅱ	↔	4 6
消費	(소비)	↔	生產	(생산)	6Ⅱ 5	↔	8 5Ⅱ
勝利	(승리)	↔	敗北	(패배)	6 6Ⅱ	↔	5 8
實質	(실질)	↔	形式	(형식)	5Ⅱ 5Ⅱ	↔	6Ⅱ 6
惡意	(악의)	↔	善意	(선의)	5Ⅱ 6Ⅱ	↔	5 6Ⅱ
安全	(안전)	↔	危險	(위험)	7Ⅱ 7Ⅱ	↔	4 4
溫情	(온정)	↔	冷情	(냉정)	6 5Ⅱ	↔	5 5Ⅱ
原因	(원인)	↔	結果	(결과)	5 5	↔	5Ⅱ 6Ⅱ
恩惠	(은혜)	↔	怨恨	(원한)	4Ⅱ 4Ⅱ	↔	4 4
異端	(이단)	↔	正統	(정통)	4 4Ⅱ	↔	7Ⅱ 4Ⅱ
理想	(이상)	↔	現實	(현실)	6Ⅱ 4Ⅱ	↔	6Ⅱ 5Ⅱ
利益	(이익)	↔	損失	(손실)	6Ⅱ 4Ⅱ	↔	4 6
離脫	(이탈)	↔	接近	(접근)	4 4	↔	4Ⅱ 6

人爲	(인위)	↔	自然	(자연)	8 4Ⅱ	↔	7Ⅱ 7
入金	(입금)	↔	出金	(출금)	7 8	↔	7 8
立體	(입체)	↔	平面	(평면)	7Ⅱ 6Ⅱ	↔	7Ⅱ 7
自動	(자동)	↔	手動	(수동)	7Ⅱ 7Ⅱ	↔	7Ⅱ 7Ⅱ
自立	(자립)	↔	依存	(의존)	7Ⅱ 7Ⅱ	↔	4 4
敵對	(적대)	↔	友好	(우호)	4Ⅱ 6Ⅱ	↔	5Ⅱ 4Ⅱ
切斷	(절단)	↔	連結	(연결)	5Ⅱ 4Ⅱ	↔	4Ⅱ 5Ⅱ
正當	(정당)	↔	不當	(부당)	7Ⅱ 5Ⅱ	↔	7Ⅱ 5Ⅱ
正常	(정상)	↔	異常	(이상)	7Ⅱ 4Ⅱ	↔	4 4Ⅱ
正午	(정오)	↔	子正	(자정)	7Ⅱ 7Ⅱ	↔	7Ⅱ 7Ⅱ
增進	(증진)	↔	減退	(감퇴)	4Ⅱ 4Ⅱ	↔	4Ⅱ 4Ⅱ
直接	(직접)	↔	間接	(간접)	7Ⅱ 4Ⅱ	↔	7Ⅱ 4Ⅱ
質疑	(질의)	↔	應答	(응답)	5Ⅱ 4	↔	4Ⅱ 7Ⅱ
差別	(차별)	↔	平等	(평등)	4 6	↔	7Ⅱ 6Ⅱ
快樂	(쾌락)	↔	苦痛	(고통)	4Ⅱ 6Ⅱ	↔	6 4
退院	(퇴원)	↔	入院	(입원)	4Ⅱ 5	↔	7 5
破婚	(파혼)	↔	約婚	(약혼)	4Ⅱ 4	↔	5Ⅱ 4
好況	(호황)	↔	不況	(불황)	4Ⅱ 4	↔	7Ⅱ 4
可變性	(가변성)	↔	不變性	(불변성)	5 5Ⅱ 5Ⅱ	↔	7Ⅱ 5Ⅱ 5Ⅱ
感情的	(감정적)	↔	理性的	(이성적)	6 5Ⅱ 5Ⅱ	↔	6Ⅱ 5Ⅱ 5Ⅱ
結氷期	(결빙기)	↔	解氷期	(해빙기)	5Ⅱ 5 5	↔	4Ⅱ 5 5
舊體制	(구체제)	↔	新體制	(신체제)	5Ⅱ 6Ⅱ 4Ⅱ	↔	6Ⅱ 6Ⅱ 4Ⅱ
極左派	(극좌파)	↔	極右派	(극우파)	4Ⅱ 7Ⅱ 4	↔	4Ⅱ 7Ⅱ 4
樂觀論	(낙관론)	↔	悲觀論	(비관론)	6Ⅱ 5Ⅱ 4Ⅱ	↔	4Ⅱ 5Ⅱ 4Ⅱ

落選者	(낙선자)	↔	當選者	(당선자)	5 5 6	↔	5Ⅱ 5 6
男學生	(남학생)	↔	女學生	(여학생)	7Ⅱ 8 8	↔	8 8 8
內國人	(내국인)	↔	外國人	(외국인)	7Ⅱ 8 8	↔	8 8 8
內在律	(내재율)	↔	外在律	(외재율)	7Ⅱ 6 4Ⅱ	↔	8 6 4Ⅱ
老處女	(노처녀)	↔	老總角	(노총각)	7 4Ⅱ 8	↔	7 4Ⅱ 6Ⅱ
多數者	(다수자)	↔	少數者	(소수자)	6 7 6	↔	7 7 6
大家族	(대가족)	↔	小家族	(소가족)	8 7Ⅱ 6	↔	8 7Ⅱ 6
大凶年	(대흉년)	↔	大豊年	(대풍년)	8 5Ⅱ 8	↔	8 4Ⅱ 8
都給人	(도급인)	↔	受給人	(수급인)	5 5 8	↔	4Ⅱ 5 8
同意語	(동의어)	↔	反意語	(반의어)	7 6Ⅱ 7	↔	6Ⅱ 6Ⅱ 7
門外漢	(문외한)	↔	專門家	(전문가)	8 8 7Ⅱ	↔	4 8 7Ⅱ
白眼視	(백안시)	↔	靑眼視	(청안시)	8 4Ⅱ 4Ⅱ	↔	8 4Ⅱ 4Ⅱ
本校生	(본교생)	↔	他校生	(타교생)	6 8 8	↔	5 8 8
不良品	(불량품)	↔	優良品	(우량품)	7Ⅱ 5Ⅱ 5Ⅱ	↔	4 5Ⅱ 5Ⅱ
不文律	(불문율)	↔	成文律	(성문율)	7Ⅱ 7 4Ⅱ	↔	6Ⅱ 7 4Ⅱ
三損友	(삼손우)	↔	三益友	(삼익우)	8 4 5Ⅱ	↔	8 4Ⅱ 5Ⅱ
上級生	(상급생)	↔	下級生	(하급생)	7Ⅱ 6 8	↔	7Ⅱ 6 8
小區分	(소구분)	↔	大區分	(대구분)	8 6 6Ⅱ	↔	8 6 6Ⅱ
消極性	(소극성)	↔	積極性	(적극성)	6Ⅱ 4Ⅱ 5Ⅱ	↔	4 4Ⅱ 5Ⅱ
送話器	(송화기)	↔	受話器	(수화기)	4Ⅱ 7Ⅱ 4Ⅱ	↔	4Ⅱ 7Ⅱ 4Ⅱ
始務式	(시무식)	↔	終務式	(종무식)	6Ⅱ 4Ⅱ 6	↔	5 4Ⅱ 6
惡條件	(악조건)	↔	好條件	(호조건)	5Ⅱ 4 5	↔	4Ⅱ 4 5
夜學生	(야학생)	↔	晝學生	(주학생)	6 8 8	↔	6 8 8
女學校	(여학교)	↔	男學校	(남학교)	8 8 8	↔	7Ⅱ 8 8

逆機能	(역기능)	↔	順機能	(순기능)	4Ⅱ 4 5Ⅱ	↔	5Ⅱ 4 5Ⅱ
午前班	(오전반)	↔	午後班	(오후반)	7Ⅱ 7Ⅱ 6Ⅱ	↔	7Ⅱ 7Ⅱ 6Ⅱ
外三寸	(외삼촌)	↔	親三寸	(친삼촌)	8 8 8	↔	6 8 8
願賣人	(원매인)	↔	願買人	(원매인)	5 5 8	↔	5 5 8
有産者	(유산자)	↔	無産者	(무산자)	7 5Ⅱ 6	↔	5 5Ⅱ 6
理性的	(이성적)	↔	感情的	(감정적)	6Ⅱ 5Ⅱ 5Ⅱ	↔	6 5Ⅱ 5Ⅱ
前半部	(전반부)	↔	後半部	(후반부)	7Ⅱ 6Ⅱ 6Ⅱ	↔	7Ⅱ 6Ⅱ 6Ⅱ
專有物	(전유물)	↔	共有物	(공유물)	4 7 7Ⅱ	↔	6Ⅱ 7 7Ⅱ
轉出者	(전출자)	↔	轉入者	(전입자)	4 7 6	↔	4 7 6
差損金	(차손금)	↔	差益金	(차익금)	4 4 8	↔	4 4Ⅱ 8
出發地	(출발지)	↔	到着地	(도착지)	7 6Ⅱ 7	↔	5Ⅱ 5Ⅱ 7
就任辭	(취임사)	↔	離任辭	(이임사)	4 5Ⅱ 4	↔	4 5Ⅱ 4
親孫女	(친손녀)	↔	外孫女	(외손녀)	6 6 8	↔	8 6 8
退潮期	(퇴조기)	↔	高潮期	(고조기)	4Ⅱ 4 5	↔	6Ⅱ 4 5
豊漁期	(풍어기)	↔	凶漁期	(흉어기)	4Ⅱ 5 5	↔	5Ⅱ 5 5
下半身	(하반신)	↔	上半身	(상반신)	7Ⅱ 6Ⅱ 6Ⅱ	↔	7Ⅱ 6Ⅱ 6Ⅱ
下限價	(하한가)	↔	上限價	(상한가)	7Ⅱ 4Ⅱ 5Ⅱ	↔	7Ⅱ 4Ⅱ 5Ⅱ
合法化	(합법화)	↔	不法化	(불법화)	6 5Ⅱ 5Ⅱ	↔	7Ⅱ 5Ⅱ 5Ⅱ
現實派	(현실파)	↔	理想派	(이상파)	6Ⅱ 5Ⅱ 4	↔	6Ⅱ 4Ⅱ 4
後半戰	(후반전)	↔	前半戰	(전반전)	7Ⅱ 6Ⅱ 6Ⅱ	↔	7Ⅱ 6Ⅱ 6Ⅱ
後任者	(후임자)	↔	前任者	(전임자)	7Ⅱ 5Ⅱ 6	↔	7Ⅱ 5Ⅱ 6
強大國家	(강대국가)	↔	弱小國家	(약소국가)	6 8 8 7Ⅱ	↔	6Ⅱ 8 8 7Ⅱ
景氣回復	(경기회복)	↔	景氣後退	(경기후퇴)	5 7Ⅱ 4Ⅱ 4Ⅱ	↔	5 7Ⅱ 7Ⅱ 4Ⅱ
古今同然	(고금동연)	↔	古今不同	(고금부동)	6 6Ⅱ 7 7	↔	6 6Ⅱ 7Ⅱ 7

苦盡甘來 (고진감래)	↔	興盡悲來	(흥진비래)	6 4 4 7	↔	4Ⅱ 4 4Ⅱ 7
過大評價 (과대평가)	↔	過小評價	(과소평가)	5Ⅱ 8 4 5Ⅱ	↔	5Ⅱ 8 4 5Ⅱ
吉則大凶 (길즉대흉)	↔	凶則大吉	(흉즉대길)	5 5 8 5Ⅱ	↔	5Ⅱ 5 8 5
賣出操作 (매출조작)	↔	買入操作	(매입조작)	5 7 5 6Ⅱ	↔	5 7 5 6Ⅱ
母系血族 (모계혈족)	↔	父系血族	(부계혈족)	8 4 4Ⅱ 6	↔	8 4 4Ⅱ 6
死亡申告 (사망신고)	↔	出生申告	(출생신고)	6 5 4Ⅱ 5Ⅱ	↔	7 8 4Ⅱ 5Ⅱ
上意下達 (상의하달)	↔	下意上達	(하의상달)	7Ⅱ 6Ⅱ 7Ⅱ 4Ⅱ	↔	7Ⅱ 6Ⅱ 7Ⅱ 4Ⅱ
生年月日 (생년월일)	↔	卒年月日	(졸년월일)	8 8 8 8	↔	5Ⅱ 8 8 8
歲入豫算 (세입예산)	↔	歲出豫算	(세출예산)	5Ⅱ 7 4 7	↔	5Ⅱ 7 4 7
收入豫算 (수입예산)	↔	支出豫算	(지출예산)	4Ⅱ 7 4 7	↔	4Ⅱ 7 4 7
連戰連勝 (연전연승)	↔	連戰連敗	(연전연패)	4Ⅱ 6Ⅱ 4Ⅱ 6	↔	4Ⅱ 6Ⅱ 4Ⅱ 5
有資格者 (유자격자)	↔	無資格者	(무자격자)	7 4 5Ⅱ 6	↔	5 4 5Ⅱ 6
一擧兩得 (일거양득)	↔	一擧兩失	(일거양실)	8 5 4Ⅱ 4Ⅱ	↔	8 5 4Ⅱ 6
入金傳票 (입금전표)	↔	出金傳票	(출금전표)	7 8 5Ⅱ 4Ⅱ	↔	7 8 5Ⅱ 4Ⅱ
晝短夜長 (주단야장)	↔	晝長夜短	(주장야단)	6 6Ⅱ 6 8	↔	6 8 6 6Ⅱ
智者一失 (지자일실)	↔	千慮一得	(천려일득)	4 6 8 6	↔	7 4 8 4Ⅱ
好衣好食 (호의호식)	↔	惡衣惡食	(악의악식)	4Ⅱ 6 4Ⅱ 7Ⅱ	↔	5Ⅱ 6 5Ⅱ 7Ⅱ

부록 I

유의(類義)한자 결합어

歌曲	(가곡)	7	-	5	講解	(강해)	4Ⅱ	-	4Ⅱ
街道	(가도)	4Ⅱ	-	7Ⅱ	客旅	(객려)	5Ⅱ	-	5Ⅱ
街路	(가로)	4Ⅱ	-	6	巨大	(거대)	4	-	8
家室	(가실)	7Ⅱ	-	8	擧動	(거동)	5	-	7Ⅱ
歌樂	(가악)	7	-	6Ⅱ	居留	(거류)	4	-	4Ⅱ
家屋	(가옥)	7Ⅱ	-	5	居住	(거주)	4	-	7
歌謠	(가요)	7	-	4Ⅱ	建立	(건립)	5	-	7Ⅱ
加增	(가증)	5	-	4Ⅱ	檢督	(검독)	4Ⅱ	-	4Ⅱ
歌唱	(가창)	7	-	5	檢査	(검사)	4Ⅱ	-	5
家宅	(가택)	7Ⅱ	-	5Ⅱ	檢察	(검찰)	4Ⅱ	-	4Ⅱ
家戶	(가호)	7Ⅱ	-	4Ⅱ	激烈	(격렬)	4	-	4
簡略	(간략)	4	-	4	格式	(격식)	5Ⅱ	-	6
簡擇	(간택)	4	-	4	擊打	(격타)	4	-	5
感覺	(감각)	6	-	4	堅強	(견강)	4	-	6
監觀	(감관)	4Ⅱ	-	5Ⅱ	堅固	(견고)	4	-	5
減省	(감생)	4Ⅱ	-	6Ⅱ	結構	(결구)	5Ⅱ	-	4
減損	(감손)	4Ⅱ	-	4	決斷	(결단)	5Ⅱ	-	4Ⅱ
監視	(감시)	4Ⅱ	-	4Ⅱ	潔白	(결백)	4Ⅱ	-	8
敢勇	(감용)	4	-	6Ⅱ	結束	(결속)	5Ⅱ	-	5Ⅱ
監察	(감찰)	4Ⅱ	-	4Ⅱ	結約	(결약)	5Ⅱ	-	5Ⅱ
強健	(강건)	6	-	5	決判	(결판)	5Ⅱ	-	4
強固	(강고)	6	-	5	警覺	(경각)	4Ⅱ	-	4
降下	(강하)	4	-	7Ⅱ	警戒	(경계)	4Ⅱ	-	4
江河	(강하)	7Ⅱ	-	5	境界	(경계)	4Ⅱ	-	6Ⅱ

經過	(경과)	4Ⅱ	-	5Ⅱ	考慮	(고려)	5	-	4
景光	(경광)	5	-	6Ⅱ	告白	(고백)	5Ⅱ	-	8
京都	(경도)	6	-	5	告示	(고시)	5Ⅱ	-	5
經歷	(경력)	4Ⅱ	-	5Ⅱ	高卓	(고탁)	6Ⅱ	-	5
經理	(경리)	4Ⅱ	-	6Ⅱ	穀糧	(곡량)	4	-	4
慶福	(경복)	4Ⅱ	-	5Ⅱ	困窮	(곤궁)	4	-	4
境域	(경역)	4Ⅱ	-	4	攻擊	(공격)	4	-	4
經營	(경영)	4Ⅱ	-	4	共同	(공동)	6Ⅱ	-	7
競爭	(경쟁)	5	-	5	攻伐	(공벌)	4	-	4Ⅱ
慶祝	(경축)	4Ⅱ	-	5	工作	(공작)	7Ⅱ	-	6Ⅱ
界境	(계경)	6Ⅱ	-	4Ⅱ	工造	(공조)	7Ⅱ	-	4Ⅱ
階級	(계급)	4	-	6	攻討	(공토)	4	-	4
階段	(계단)	4	-	4	空虛	(공허)	7Ⅱ	-	4Ⅱ
季末	(계말)	4	-	5	果敢	(과감)	6Ⅱ	-	4
計算	(계산)	6Ⅱ	-	7	過去	(과거)	5Ⅱ	-	5
繼續	(계속)	4	-	4Ⅱ	科目	(과목)	6Ⅱ	-	6
計數	(계수)	6Ⅱ	-	7	過失	(과실)	5Ⅱ	-	6
繼承	(계승)	4	-	4Ⅱ	果實	(과실)	6Ⅱ	-	5Ⅱ
界域	(계역)	6Ⅱ	-	4	過誤	(과오)	5Ⅱ	-	4Ⅱ
季節	(계절)	4	-	5Ⅱ	觀覽	(관람)	5Ⅱ	-	4
階層	(계층)	4	-	4	管理	(관리)	4	-	6Ⅱ
考究	(고구)	5	-	4Ⅱ	觀視	(관시)	5Ⅱ	-	4Ⅱ
苦難	(고난)	6	-	4Ⅱ	關與	(관여)	5Ⅱ	-	4
孤獨	(고독)	4	-	5Ⅱ	觀察	(관찰)	5Ⅱ	-	4Ⅱ

光明	(광명)	6Ⅱ	-	6Ⅱ	窮究	(궁구)	4	-	4Ⅱ
廣博	(광박)	5Ⅱ	-	4Ⅱ	窮極	(궁극)	4	-	4Ⅱ
光色	(광색)	6Ⅱ	-	7	窮盡	(궁진)	4	-	4
敎訓	(교훈)	8	-	6	勸勉	(권면)	4	-	4
究考	(구고)	4Ⅱ	-	5	勸奬	(권장)	4	-	4
區別	(구별)	6	-	6	權稱	(권칭)	4Ⅱ	-	4
區分	(구분)	6	-	6Ⅱ	貴重	(귀중)	5	-	7
具備	(구비)	5Ⅱ	-	4Ⅱ	規格	(규격)	5	-	5Ⅱ
區域	(구역)	6	-	4	規例	(규례)	5	-	6
救援	(구원)	5	-	4	規範	(규범)	5	-	4
救濟	(구제)	5	-	4Ⅱ	規式	(규식)	5	-	6
構造	(구조)	4	-	4Ⅱ	規律	(규율)	5	-	4Ⅱ
構築	(구축)	4	-	4Ⅱ	規則	(규칙)	5	-	5
群黨	(군당)	4	-	4Ⅱ	規度	(규탁)	5	-	6
軍旅	(군려)	8	-	5Ⅱ	均等	(균등)	4	-	6Ⅱ
軍兵	(군병)	8	-	5Ⅱ	均調	(균조)	4	-	5Ⅱ
軍士	(군사)	8	-	5Ⅱ	均平	(균평)	4	-	7Ⅱ
君王	(군왕)	4	-	8	極窮	(극궁)	4Ⅱ	-	4
郡邑	(군읍)	6	-	7	極盡	(극진)	4Ⅱ	-	4
君主	(군주)	4	-	7	根本	(근본)	6	-	6
群衆	(군중)	4	-	4Ⅱ	金鐵	(금철)	8	-	5
屈曲	(굴곡)	4	-	5	急速	(급속)	6Ⅱ	-	6
屈折	(굴절)	4	-	4	給與	(급여)	5	-	4
窮困	(궁곤)	4	-	4	器具	(기구)	4Ⅱ	-	5Ⅱ

漢字	음	급수		급수	漢字	음	급수		급수
記錄	(기록)	7Ⅱ	-	4Ⅱ	達通	(달통)	4Ⅱ	-	6
起立	(기립)	4Ⅱ	-	7Ⅱ	談說	(담설)	5	-	5Ⅱ
起發	(기발)	4Ⅱ	-	6Ⅱ	談言	(담언)	5	-	6
技術	(기술)	5	-	6Ⅱ	擔任	(담임)	4Ⅱ	-	5Ⅱ
己身	(기신)	5Ⅱ	-	6Ⅱ	談話	(담화)	5	-	7Ⅱ
技藝	(기예)	5	-	4Ⅱ	堂室	(당실)	6Ⅱ	-	8
記識	(기지)	7Ⅱ	-	5Ⅱ	到達	(도달)	5Ⅱ	-	4Ⅱ
羅列	(나열)	4Ⅱ	-	4Ⅱ	徒黨	(도당)	4	-	4Ⅱ
難苦	(난고)	4Ⅱ	-	6	道路	(도로)	7Ⅱ	-	6
納入	(납입)	4	-	7	道理	(도리)	7Ⅱ	-	6Ⅱ
冷寒	(냉한)	5	-	5	逃亡	(도망)	4	-	5
勞勤	(노근)	5Ⅱ	-	4	都市	(도시)	5	-	7Ⅱ
努力	(노력)	4Ⅱ	-	7Ⅱ	都邑	(도읍)	5	-	7
勞務	(노무)	5Ⅱ	-	4Ⅱ	導引	(도인)	4Ⅱ	-	4Ⅱ
論議	(논의)	4Ⅱ	-	4Ⅱ	盜賊	(도적)	4	-	4
斷決	(단결)	4Ⅱ	-	5Ⅱ	到着	(도착)	5Ⅱ	-	5Ⅱ
段階	(단계)	4	-	4	逃避	(도피)	4	-	4
單獨	(단독)	4Ⅱ	-	5Ⅱ	圖畫	(도화)	6Ⅱ	-	6
端末	(단말)	4Ⅱ	-	5	導訓	(도훈)	4Ⅱ	-	6
團圓	(단원)	5Ⅱ	-	4Ⅱ	獨孤	(독고)	5Ⅱ	-	4
斷絕	(단절)	4Ⅱ	-	4Ⅱ	同等	(동등)	7	-	6Ⅱ
斷切	(단절)	4Ⅱ	-	5Ⅱ	洞里	(동리)	7	-	7
端正	(단정)	4Ⅱ	-	7Ⅱ	同一	(동일)	7	-	8
達成	(달성)	4Ⅱ	-	6Ⅱ	頭首	(두수)	6	-	5Ⅱ

等級	(등급)	6Ⅱ	-	6
末端	(말단)	5	-	4Ⅱ
每常	(매상)	7Ⅱ	-	4Ⅱ
面容	(면용)	7	-	4Ⅱ
明光	(명광)	6Ⅱ	-	6Ⅱ
明朗	(명랑)	6Ⅱ	-	5Ⅱ
命令	(명령)	7	-	5
明白	(명백)	6Ⅱ	-	8
名稱	(명칭)	7Ⅱ	-	4
名號	(명호)	7Ⅱ	-	6
毛髮	(모발)	4Ⅱ	-	4
模範	(모범)	4	-	4
文書	(문서)	7	-	6Ⅱ
文章	(문장)	7	-	6
門戶	(문호)	8	-	4Ⅱ
物件	(물건)	7Ⅱ	-	5
物品	(물품)	7Ⅱ	-	5Ⅱ
美麗	(미려)	6	-	4Ⅱ
朴素	(박소)	6	-	4Ⅱ
朴質	(박질)	6	-	5Ⅱ
發起	(발기)	6Ⅱ	-	4Ⅱ
發射	(발사)	6Ⅱ	-	4
發展	(발전)	6Ⅱ	-	5Ⅱ
方道	(방도)	7Ⅱ	-	7Ⅱ
方正	(방정)	7Ⅱ	-	7Ⅱ
妨害	(방해)	4	-	5Ⅱ
配分	(배분)	4Ⅱ	-	6Ⅱ
法規	(법규)	5Ⅱ	-	5
法度	(법도)	5Ⅱ	-	6
法例	(법례)	5Ⅱ	-	6
法律	(법률)	5Ⅱ	-	4Ⅱ
法式	(법식)	5Ⅱ	-	6
法典	(법전)	5Ⅱ	-	5Ⅱ
法則	(법칙)	5Ⅱ	-	5
變改	(변개)	5Ⅱ	-	5
變更	(변경)	5Ⅱ	-	4
變易	(변역)	5Ⅱ	-	4
變革	(변혁)	5Ⅱ	-	4
變化	(변화)	5Ⅱ	-	5Ⅱ
別離	(별리)	6	-	4
別差	(별차)	6	-	4
兵士	(병사)	5Ⅱ	-	5Ⅱ
兵卒	(병졸)	5Ⅱ	-	5Ⅱ
病患	(병환)	6	-	5
報告	(보고)	4Ⅱ	-	5Ⅱ
報道	(보도)	4Ⅱ	-	7Ⅱ
保衛	(보위)	4Ⅱ	-	4Ⅱ
保護	(보호)	4Ⅱ	-	4Ⅱ

本根	(본근)	6	–	6	查察	(사찰)	5	–	4Ⅱ
本源	(본원)	6	–	4	舍宅	(사택)	4Ⅱ	–	5Ⅱ
奉仕	(봉사)	5Ⅱ	–	5Ⅱ	社會	(사회)	6Ⅱ	–	6Ⅱ
奉承	(봉승)	5Ⅱ	–	4Ⅱ	産生	(산생)	5Ⅱ	–	8
部隊	(부대)	6Ⅱ	–	4Ⅱ	算數	(산수)	7	–	7
部類	(부류)	6Ⅱ	–	5Ⅱ	想念	(상념)	4Ⅱ	–	5Ⅱ
副次	(부차)	4Ⅱ	–	4Ⅱ	商量	(상량)	5Ⅱ	–	5
分配	(분배)	6Ⅱ	–	4Ⅱ	想思	(상사)	4Ⅱ	–	5
分別	(분별)	6Ⅱ	–	6	狀態	(상태)	4Ⅱ	–	4Ⅱ
費用	(비용)	5	–	6Ⅱ	省減	(생감)	6Ⅱ	–	4Ⅱ
批評	(비평)	4	–	4	省略	(생략)	6Ⅱ	–	4
貧困	(빈곤)	4Ⅱ	–	4	生産	(생산)	8	–	5Ⅱ
貧窮	(빈궁)	4Ⅱ	–	4	生出	(생출)	8	–	7
查檢	(사검)	5	–	4Ⅱ	生活	(생활)	8	–	7Ⅱ
思考	(사고)	5	–	5	書籍	(서적)	6Ⅱ	–	4
思念	(사념)	5	–	5Ⅱ	書册	(서책)	6Ⅱ	–	4
思慮	(사려)	5	–	4	善良	(선량)	5	–	5Ⅱ
使令	(사령)	6	–	5	鮮麗	(선려)	5Ⅱ	–	4Ⅱ
事務	(사무)	7Ⅱ	–	4Ⅱ	選別	(선별)	5	–	6
士兵	(사병)	5Ⅱ	–	5Ⅱ	選擇	(선택)	5	–	4
思想	(사상)	5	–	4Ⅱ	設施	(설시)	4Ⅱ	–	4Ⅱ
辭說	(사설)	4	–	5Ⅱ	說話	(설화)	5Ⅱ	–	7Ⅱ
事業	(사업)	7Ⅱ	–	6Ⅱ	性心	(성심)	5Ⅱ	–	7
舍屋	(사옥)	4Ⅱ	–	5	姓氏	(성씨)	7Ⅱ	–	4

聲音	(성음)	4Ⅱ	-	6Ⅱ	習練	(습련)	6	-	5Ⅱ
省察	(성찰)	6Ⅱ	-	4Ⅱ	習學	(습학)	6	-	8
成就	(성취)	6Ⅱ	-	4	承繼	(승계)	4Ⅱ	-	4
世界	(세계)	7Ⅱ	-	6Ⅱ	承奉	(승봉)	4Ⅱ	-	5Ⅱ
世代	(세대)	7Ⅱ	-	6Ⅱ	時期	(시기)	7Ⅱ	-	5
素朴	(소박)	4Ⅱ	-	6	施設	(시설)	4Ⅱ	-	4Ⅱ
素質	(소질)	4Ⅱ	-	5Ⅱ	始創	(시창)	6Ⅱ	-	4Ⅱ
損減	(손감)	4	-	4Ⅱ	始初	(시초)	6Ⅱ	-	5
損傷	(손상)	4	-	4	試驗	(시험)	4Ⅱ	-	4Ⅱ
損失	(손실)	4	-	6	式例	(식례)	6	-	6
損害	(손해)	4	-	5Ⅱ	式典	(식전)	6	-	5Ⅱ
秀傑	(수걸)	4	-	4	申告	(신고)	4Ⅱ	-	5Ⅱ
首頭	(수두)	5Ⅱ	-	6	身體	(신체)	6Ⅱ	-	6Ⅱ
受領	(수령)	4Ⅱ	-	5	室家	(실가)	8	-	7Ⅱ
樹林	(수림)	6	-	7	實果	(실과)	5Ⅱ	-	6Ⅱ
樹木	(수목)	6	-	8	失敗	(실패)	6	-	5
修習	(수습)	4Ⅱ	-	6	心性	(심성)	7	-	5Ⅱ
授與	(수여)	4Ⅱ	-	4	兒童	(아동)	5Ⅱ	-	6Ⅱ
守衛	(수위)	4Ⅱ	-	4Ⅱ	樂歌	(악가)	6Ⅱ	-	7
肅嚴	(숙엄)	4	-	4	安康	(안강)	7Ⅱ	-	4Ⅱ
宿寢	(숙침)	5Ⅱ	-	4	眼目	(안목)	4Ⅱ	-	6
純潔	(순결)	4Ⅱ	-	4Ⅱ	安全	(안전)	7Ⅱ	-	7Ⅱ
術藝	(술예)	6Ⅱ	-	4Ⅱ	安平	(안평)	7Ⅱ	-	7Ⅱ
崇高	(숭고)	4	-	6Ⅱ	約結	(약결)	5Ⅱ	-	5Ⅱ

略省	(약생)	4	–	6Ⅱ	緣因	(연인)	4	–	5
約束	(약속)	5Ⅱ	–	5Ⅱ	念慮	(염려)	5Ⅱ	–	4
糧穀	(양곡)	4	–	4	念想	(염상)	5Ⅱ	–	4Ⅱ
良善	(양선)	5Ⅱ	–	5	領受	(영수)	5	–	4Ⅱ
養育	(양육)	5Ⅱ	–	7	永遠	(영원)	6	–	6
樣態	(양태)	4	–	4Ⅱ	領統	(영통)	5	–	4Ⅱ
良好	(양호)	5Ⅱ	–	4Ⅱ	英特	(영특)	6	–	6
語辭	(어사)	7	–	4	榮華	(영화)	4Ⅱ	–	4
言談	(언담)	6	–	5	例規	(예규)	6	–	5
言辭	(언사)	6	–	4	例法	(예법)	6	–	5Ⅱ
言說	(언설)	6	–	5Ⅱ	藝術	(예술)	4Ⅱ	–	6Ⅱ
言語	(언어)	6	–	7	例式	(예식)	6	–	6
嚴肅	(엄숙)	4	–	4	例典	(예전)	6	–	5Ⅱ
業務	(업무)	6Ⅱ	–	4Ⅱ	屋舍	(옥사)	5	–	4Ⅱ
業事	(업사)	6Ⅱ	–	7Ⅱ	溫暖	(온난)	6	–	4Ⅱ
餘暇	(여가)	4Ⅱ	–	4	完全	(완전)	5	–	7Ⅱ
旅客	(여객)	5Ⅱ	–	5Ⅱ	要求	(요구)	5Ⅱ	–	4Ⅱ
麗美	(여미)	4Ⅱ	–	6	料量	(요량)	5	–	5
域境	(역경)	4	–	4Ⅱ	料度	(요탁)	5	–	6
研究	(연구)	4Ⅱ	–	4Ⅱ	勇敢	(용감)	6Ⅱ	–	4
年歲	(연세)	8	–	5Ⅱ	用費	(용비)	6Ⅱ	–	5
連續	(연속)	4Ⅱ	–	4Ⅱ	運動	(운동)	6Ⅱ	–	7Ⅱ
研修	(연수)	4Ⅱ	–	4Ⅱ	援救	(원구)	4	–	5
練習	(연습)	5Ⅱ	–	6	願望	(원망)	5	–	5Ⅱ

怨恨	(원한)	4	-	4	引導	(인도)	4Ⅱ	-	4Ⅱ
偉大	(위대)	5Ⅱ	-	8	認識	(인식)	4Ⅱ	-	5Ⅱ
委任	(위임)	4	-	5Ⅱ	因緣	(인연)	5	-	4
遺失	(유실)	4	-	6	認知	(인지)	4Ⅱ	-	5Ⅱ
留住	(유주)	4Ⅱ	-	7	一同	(일동)	8	-	7
肉身	(육신)	4Ⅱ	-	6Ⅱ	入納	(입납)	7	-	4
育養	(육양)	7	-	5Ⅱ	自己	(자기)	7Ⅱ	-	5Ⅱ
陸地	(육지)	5Ⅱ	-	7	資財	(자재)	4	-	5Ⅱ
肉體	(육체)	4Ⅱ	-	6Ⅱ	資質	(자질)	4	-	5Ⅱ
律法	(율법)	4Ⅱ	-	5Ⅱ	資貨	(자화)	4	-	4Ⅱ
隱祕	(은비)	4	-	4	殘餘	(잔여)	4	-	4Ⅱ
恩惠	(은혜)	4Ⅱ	-	4Ⅱ	獎勸	(장권)	4	-	4
音聲	(음성)	6Ⅱ	-	4Ⅱ	才術	(재술)	6Ⅱ	-	6Ⅱ
依據	(의거)	4	-	4	才藝	(재예)	6Ⅱ	-	4Ⅱ
議論	(의논)	4Ⅱ	-	4Ⅱ	財貨	(재화)	5Ⅱ	-	4Ⅱ
衣服	(의복)	6	-	6	爭競	(쟁경)	5	-	5
意思	(의사)	6Ⅱ	-	5	爭鬪	(쟁투)	5	-	4
意義	(의의)	6Ⅱ	-	4Ⅱ	貯積	(저적)	5	-	4
意志	(의지)	6Ⅱ	-	4Ⅱ	貯蓄	(저축)	5	-	4Ⅱ
意趣	(의취)	6Ⅱ	-	4	賊盜	(적도)	4	-	4
離別	(이별)	4	-	6	積貯	(적저)	4	-	5
移運	(이운)	4Ⅱ	-	6Ⅱ	積蓄	(적축)	4	-	4Ⅱ
利益	(이익)	6Ⅱ	-	4Ⅱ	典例	(전례)	5Ⅱ	-	6
移轉	(이전)	4Ⅱ	-	4	典範	(전범)	5Ⅱ	-	4

典法	(전법)	5Ⅱ	-	5Ⅱ	第宅	(제택)	6Ⅱ	-	5Ⅱ
典式	(전식)	5Ⅱ	-	6	調均	(조균)	5Ⅱ	-	4
全完	(전완)	7Ⅱ	-	5	早速	(조속)	4Ⅱ	-	6
典律	(전율)	5Ⅱ	-	4Ⅱ	造作	(조작)	4Ⅱ	-	6Ⅱ
轉移	(전이)	4	-	4Ⅱ	組織	(조직)	4	-	4
戰爭	(전쟁)	6Ⅱ	-	5	調和	(조화)	5Ⅱ	-	6Ⅱ
典籍	(전적)	5Ⅱ	-	4	尊高	(존고)	4Ⅱ	-	6Ⅱ
戰鬪	(전투)	6Ⅱ	-	4	尊貴	(존귀)	4Ⅱ	-	5
轉回	(전회)	4	-	4Ⅱ	尊崇	(존숭)	4Ⅱ	-	4
節季	(절계)	5Ⅱ	-	4	存在	(존재)	4	-	6
絶斷	(절단)	4Ⅱ	-	4Ⅱ	卒兵	(졸병)	5Ⅱ	-	5Ⅱ
切斷	(절단)	5Ⅱ	-	4Ⅱ	終結	(종결)	5	-	5Ⅱ
接續	(접속)	4Ⅱ	-	4Ⅱ	終端	(종단)	5	-	4Ⅱ
停留	(정류)	5	-	4Ⅱ	終末	(종말)	5	-	5
情意	(정의)	5Ⅱ	-	6Ⅱ	終止	(종지)	5	-	5
停住	(정주)	5	-	7	座席	(좌석)	4	-	6
停止	(정지)	5	-	5	罪過	(죄과)	5	-	5Ⅱ
正直	(정직)	7Ⅱ	-	7Ⅱ	住居	(주거)	7	-	4
除減	(제감)	4Ⅱ	-	4Ⅱ	州郡	(주군)	5Ⅱ	-	6
題目	(제목)	6Ⅱ	-	6	主君	(주군)	7	-	4
帝王	(제왕)	4	-	8	周圍	(주위)	4	-	4
製作	(제작)	4Ⅱ	-	6Ⅱ	朱紅	(주홍)	4	-	4
製造	(제조)	4Ⅱ	-	4Ⅱ	重複	(중복)	7	-	4
第次	(제차)	6Ⅱ	-	4Ⅱ	增加	(증가)	4Ⅱ	-	5

知識	(지식)	5Ⅱ	-	5Ⅱ	靑綠	(청록)	8	-	6
志意	(지의)	4Ⅱ	-	6Ⅱ	聽聞	(청문)	4	-	6Ⅱ
珍寶	(진보)	4	-	4Ⅱ	體身	(체신)	6Ⅱ	-	6Ⅱ
眞實	(진실)	4Ⅱ	-	5Ⅱ	初創	(초창)	5	-	4Ⅱ
進出	(진출)	4Ⅱ	-	7	村落	(촌락)	7	-	5
進就	(진취)	4Ⅱ	-	4	村里	(촌리)	7	-	7
質朴	(질박)	5Ⅱ	-	6	祝慶	(축경)	5	-	4Ⅱ
質素	(질소)	5Ⅱ	-	4Ⅱ	築構	(축구)	4Ⅱ	-	4
集團	(집단)	6Ⅱ	-	5Ⅱ	蓄積	(축적)	4Ⅱ	-	4
集會	(집회)	6Ⅱ	-	6Ⅱ	出生	(출생)	7	-	8
差別	(차별)	4	-	6	充滿	(충만)	5Ⅱ	-	4Ⅱ
差異	(차이)	4	-	4	趣意	(취의)	4	-	6Ⅱ
次第	(차제)	4Ⅱ	-	6Ⅱ	測度	(측탁)	4Ⅱ	-	6
察見	(찰견)	4Ⅱ	-	5Ⅱ	層階	(층계)	4	-	4
察觀	(찰관)	4Ⅱ	-	5Ⅱ	治理	(치리)	4Ⅱ	-	6Ⅱ
參與	(참여)	5Ⅱ	-	4	侵犯	(침범)	4Ⅱ	-	4
唱歌	(창가)	5	-	7	打擊	(타격)	5	-	4
創始	(창시)	4Ⅱ	-	6Ⅱ	度量	(탁량)	6	-	5
創作	(창작)	4Ⅱ	-	6Ⅱ	探求	(탐구)	4	-	4Ⅱ
創初	(창초)	4Ⅱ	-	5	探訪	(탐방)	4	-	4Ⅱ
採擇	(채택)	4	-	4	態樣	(태양)	4Ⅱ	-	4
冊書	(책서)	4	-	6Ⅱ	宅舍	(택사)	5Ⅱ	-	4Ⅱ
責任	(책임)	5Ⅱ	-	5Ⅱ	討伐	(토벌)	4	-	4Ⅱ
淸潔	(청결)	6Ⅱ	-	4Ⅱ	土地	(토지)	8	-	7

洞達	(통달)	7	-	4Ⅱ
通達	(통달)	6	-	4Ⅱ
統領	(통령)	4Ⅱ	-	5
洞通	(통통)	7	-	6
統合	(통합)	4Ⅱ	-	6
鬪爭	(투쟁)	4	-	5
鬪戰	(투전)	4	-	6Ⅱ
特異	(특이)	6	-	4
判決	(판결)	4	-	5Ⅱ
敗亡	(패망)	5	-	5
敗北	(패배)	5	-	8
便安	(편안)	7	-	7Ⅱ
平均	(평균)	7Ⅱ	-	4
平等	(평등)	7Ⅱ	-	6Ⅱ
平安	(평안)	7Ⅱ	-	7Ⅱ
平和	(평화)	7Ⅱ	-	6Ⅱ
包容	(포용)	4Ⅱ	-	4Ⅱ
包圍	(포위)	4Ⅱ	-	4
品件	(품건)	5Ⅱ	-	5
品物	(품물)	5Ⅱ	-	7Ⅱ
豊足	(풍족)	4Ⅱ	-	7Ⅱ
豊厚	(풍후)	4Ⅱ	-	4
疲困	(피곤)	4	-	4
疲勞	(피로)	4	-	5Ⅱ
下降	(하강)	7Ⅱ	-	4
河川	(하천)	5	-	7
學習	(학습)	8	-	6
寒冷	(한랭)	5	-	5
恨歎	(한탄)	4	-	4
抗拒	(항거)	4	-	4
航船	(항선)	4Ⅱ	-	5
害毒	(해독)	5Ⅱ	-	4Ⅱ
解放	(해방)	4Ⅱ	-	6Ⅱ
解散	(해산)	4Ⅱ	-	4
解消	(해소)	4Ⅱ	-	6Ⅱ
害損	(해손)	5Ⅱ	-	4
海洋	(해양)	7Ⅱ	-	6
行動	(행동)	6	-	7Ⅱ
行爲	(행위)	6	-	4Ⅱ
鄕村	(향촌)	4Ⅱ	-	7
許可	(허가)	5	-	5
虛空	(허공)	4Ⅱ	-	7Ⅱ
虛無	(허무)	4Ⅱ	-	5
憲法	(헌법)	4	-	5Ⅱ
賢良	(현량)	4Ⅱ	-	5Ⅱ
顯現	(현현)	4	-	6Ⅱ
協和	(협화)	4Ⅱ	-	6Ⅱ
刑罰	(형벌)	4	-	4Ⅱ

形象	(형상)	6Ⅱ	－	4	歡喜	(환희)	4	－	4
形式	(형식)	6Ⅱ	－	6	回歸	(회귀)	4Ⅱ	－	4
形容	(형용)	6Ⅱ	－	4Ⅱ	會社	(회사)	6Ⅱ	－	6Ⅱ
形態	(형태)	6Ⅱ	－	4Ⅱ	回轉	(회전)	4Ⅱ	－	4
惠恩	(혜은)	4Ⅱ	－	4Ⅱ	會集	(회집)	6Ⅱ	－	6Ⅱ
混亂	(혼란)	4	－	4	訓敎	(훈교)	6	－	8
混雜	(혼잡)	4	－	4	訓導	(훈도)	6	－	4Ⅱ
畫圖	(화도)	6	－	6Ⅱ	休息	(휴식)	7	－	4Ⅱ
化變	(화변)	5Ⅱ	－	5Ⅱ	凶惡	(흉악)	5Ⅱ	－	5Ⅱ
話說	(화설)	7Ⅱ	－	5Ⅱ	凶暴	(흉포)	5Ⅱ	－	4Ⅱ
話言	(화언)	7Ⅱ	－	6	吸飮	(흡음)	4Ⅱ	－	6Ⅱ
貨財	(화재)	4Ⅱ	－	5Ⅱ	興起	(흥기)	4Ⅱ	－	4Ⅱ
和平	(화평)	6Ⅱ	－	7Ⅱ	喜樂	(희락)	4	－	6Ⅱ
和協	(화협)	6Ⅱ	－	4Ⅱ	希望	(희망)	4Ⅱ	－	5Ⅱ
確固	(확고)	4Ⅱ	－	5	希願	(희원)	4Ⅱ	－	5

유의어(類義語) - 뜻이 비슷한 한자(漢字)

價格	(가격)	-	價額	(가액)	5Ⅱ 5Ⅱ	-	5Ⅱ 4
家産	(가산)	-	家財	(가재)	7Ⅱ 5Ⅱ	-	7Ⅱ 5Ⅱ
家長	(가장)	-	戶主	(호주)	7Ⅱ 8	-	4Ⅱ 7
家族	(가족)	-	食口	(식구)	7Ⅱ 6	-	7Ⅱ 7
家風	(가풍)	-	門風	(문풍)	7Ⅱ 6Ⅱ	-	8 6Ⅱ
家訓	(가훈)	-	家敎	(가교)	7Ⅱ 6	-	7Ⅱ 8
各別	(각별)	-	特別	(특별)	6Ⅱ 6	-	6 6
各地	(각지)	-	各所	(각소)	6Ⅱ 7	-	6Ⅱ 7
簡册	(간책)	-	竹簡	(죽간)	4 4	-	4Ⅱ 4
甲富	(갑부)	-	首富	(수부)	4 4Ⅱ	-	5Ⅱ 4Ⅱ
講士	(강사)	-	演士	(연사)	4Ⅱ 5Ⅱ	-	4Ⅱ 5Ⅱ
開國	(개국)	-	建國	(건국)	6 8	-	5 8
改良	(개량)	-	改善	(개선)	5 5Ⅱ	-	5 5
客地	(객지)	-	他鄕	(타향)	5Ⅱ 7	-	5 4Ⅱ
更生	(갱생)	-	再生	(재생)	4 8	-	5 8
擧國	(거국)	-	全國	(전국)	5 8	-	7Ⅱ 8
居民	(거민)	-	住民	(주민)	4 8	-	7 8
巨商	(거상)	-	大商	(대상)	4 5Ⅱ	-	8 5Ⅱ
去就	(거취)	-	進退	(진퇴)	5 4	-	4Ⅱ 4Ⅱ
傑作	(걸작)	-	名作	(명작)	4 6Ⅱ	-	7Ⅱ 6Ⅱ
儉約	(검약)	-	節約	(절약)	4 5Ⅱ	-	5Ⅱ 5Ⅱ
缺點	(결점)	-	短點	(단점)	4Ⅱ 4	-	6Ⅱ 4
更正	(경정)	-	改正	(개정)	4 7Ⅱ	-	5 7Ⅱ
高官	(고관)	-	顯職	(현직)	6Ⅱ 4Ⅱ	-	4 4Ⅱ

故國	(고국)	–	祖國	(조국)	4Ⅱ 8	–	7 8
曲解	(곡해)	–	誤解	(오해)	5 4Ⅱ	–	4Ⅱ 4Ⅱ
共感	(공감)	–	同感	(동감)	6Ⅱ 6	–	7 6
空白	(공백)	–	餘白	(여백)	7Ⅱ 8	–	4Ⅱ 8
過飮	(과음)	–	長酒	(장주)	5Ⅱ 6Ⅱ	–	8 4
廣才	(광재)	–	秀才	(수재)	5Ⅱ 6Ⅱ	–	4 6Ⅱ
校內	(교내)	–	學內	(학내)	8 7Ⅱ	–	8 7Ⅱ
窮氣	(궁기)	–	窮色	(궁색)	4 7Ⅱ	–	4 7
權術	(권술)	–	權數	(권수)	4Ⅱ 6Ⅱ	–	4Ⅱ 7
歸鄕	(귀향)	–	歸省	(귀성)	4 4Ⅱ	–	4 6Ⅱ
給料	(급료)	–	給與	(급여)	5 5	–	5 4
暖風	(난풍)	–	溫風	(온풍)	4Ⅱ 6Ⅱ	–	6 6Ⅱ
來歷	(내력)	–	由來	(유래)	7 5Ⅱ	–	6 7
內子	(내자)	–	室人	(실인)	7Ⅱ 7Ⅱ	–	8 8
能辯	(능변)	–	達辯	(달변)	5Ⅱ 4	–	4Ⅱ 4
多識	(다식)	–	博識	(박식)	6 5Ⅱ	–	4Ⅱ 5Ⅱ
答信	(답신)	–	回信	(회신)	7Ⅱ 6Ⅱ	–	4Ⅱ 6Ⅱ
大商	(대상)	–	巨商	(거상)	8 5Ⅱ	–	4 5Ⅱ
大河	(대하)	–	長江	(장강)	8 5	–	8 7Ⅱ
童女	(동녀)	–	少女	(소녀)	6Ⅱ 8	–	7 8
同窓	(동창)	–	同門	(동문)	7 6Ⅱ	–	7 8
萬代	(만대)	–	萬世	(만세)	8 6Ⅱ	–	8 7Ⅱ
名目	(명목)	–	名色	(명색)	7Ⅱ 6	–	7Ⅱ 7
名勝	(명승)	–	景勝	(경승)	7Ⅱ 6	–	5 6

妙藥	(묘약)	-	祕藥	(비약)	4 6Ⅱ	-	4 6Ⅱ
無事	(무사)	-	安全	(안전)	5 7Ⅱ	-	7Ⅱ 7Ⅱ
文面	(문면)	-	書面	(서면)	7 7	-	6Ⅱ 7
問安	(문안)	-	問候	(문후)	7 7Ⅱ	-	7 4
民心	(민심)	-	人心	(인심)	8 7	-	8 7
密語	(밀어)	-	密談	(밀담)	4Ⅱ 7	-	4Ⅱ 5
發送	(발송)	-	郵送	(우송)	6Ⅱ 4Ⅱ	-	4 4Ⅱ
方法	(방법)	-	手段	(수단)	7Ⅱ 5Ⅱ	-	7Ⅱ 4
配布	(배포)	-	配達	(배달)	4Ⅱ 4Ⅱ	-	4Ⅱ 4Ⅱ
病席	(병석)	-	病床	(병상)	6 6	-	6 4Ⅱ
步行	(보행)	-	徒步	(도보)	4Ⅱ 6	-	4 4Ⅱ
本國	(본국)	-	自國	(자국)	6 8	-	7Ⅱ 8
父母	(부모)	-	兩親	(양친)	8 8	-	4Ⅱ 6
部門	(부문)	-	分野	(분야)	6Ⅱ 8	-	6Ⅱ 6
不運	(불운)	-	悲運	(비운)	7Ⅱ 6Ⅱ	-	4Ⅱ 6Ⅱ
鼻祖	(비조)	-	始祖	(시조)	5 7	-	6Ⅱ 7
貧困	(빈곤)	-	困窮	(곤궁)	4Ⅱ 4	-	4 4
上古	(상고)	-	太古	(태고)	7Ⅱ 6	-	6 6
賞美	(상미)	-	稱讚	(칭찬)	5 6	-	4 4
商品	(상품)	-	物件	(물건)	5Ⅱ 5Ⅱ	-	7Ⅱ 5
狀況	(상황)	-	情勢	(정세)	4Ⅱ 4	-	5Ⅱ 4Ⅱ
生育	(생육)	-	生長	(생장)	8 7	-	8 8
生長	(생장)	-	生育	(생육)	8 8	-	8 7
先主	(선주)	-	先王	(선왕)	8 7	-	8 8

性格	(성격)	-	氣質	(기질)	5Ⅱ 5Ⅱ	-	7Ⅱ 5Ⅱ
世界	(세계)	-	世上	(세상)	7Ⅱ 6Ⅱ	-	7Ⅱ 7Ⅱ
歲初	(세초)	-	年頭	(연두)	5Ⅱ 5	-	8 6
送信	(송신)	-	發信	(발신)	4Ⅱ 6Ⅱ	-	6Ⅱ 6Ⅱ
首領	(수령)	-	頭目	(두목)	5Ⅱ 5	-	6 6
水魚	(수어)	-	知己	(지기)	8 5	-	5Ⅱ 5Ⅱ
收支	(수지)	-	入出	(입출)	4Ⅱ 4Ⅱ	-	7 7
勝景	(승경)	-	名勝	(명승)	6 5	-	7Ⅱ 6
是非	(시비)	-	黑白	(흑백)	4Ⅱ 4Ⅱ	-	5 8
始終	(시종)	-	本末	(본말)	6Ⅱ 5	-	6 5
植木	(식목)	-	植樹	(식수)	7 8	-	7 6
失業	(실업)	-	失職	(실직)	6 6Ⅱ	-	6 4Ⅱ
安貧	(안빈)	-	樂貧	(낙빈)	7Ⅱ 4Ⅱ	-	6Ⅱ 4Ⅱ
愛酒	(애주)	-	好酒	(호주)	6 4	-	4Ⅱ 4
野合	(야합)	-	內通	(내통)	6 6	-	7Ⅱ 6
餘生	(여생)	-	殘命	(잔명)	4Ⅱ 8	-	4 7
力士	(역사)	-	壯士	(장사)	7Ⅱ 5Ⅱ	-	4 5Ⅱ
念願	(염원)	-	所望	(소망)	5Ⅱ 5	-	7 5Ⅱ
榮轉	(영전)	-	登進	(등진)	4Ⅱ 4	-	7 4Ⅱ
豫納	(예납)	-	先納	(선납)	4 4	-	8 4
留級	(유급)	-	落第	(낙제)	4Ⅱ 6	-	5 6Ⅱ
遺風	(유풍)	-	遺俗	(유속)	4 6Ⅱ	-	4 4Ⅱ
育成	(육성)	-	養成	(양성)	7 6Ⅱ	-	5Ⅱ 6Ⅱ
意圖	(의도)	-	意向	(의향)	6Ⅱ 6Ⅱ	-	6Ⅱ 6

異域	(이역)	–	方外	(방외)	4 4	–	7Ⅱ 8
認可	(인가)	–	許可	(허가)	4Ⅱ 5	–	5 5
人山	(인산)	–	人海	(인해)	8 8	–	8 7Ⅱ
一品	(일품)	–	絶品	(절품)	8 5Ⅱ	–	4Ⅱ 5Ⅱ
入選	(입선)	–	當選	(당선)	7 5	–	5Ⅱ 5
自然	(자연)	–	天然	(천연)	7Ⅱ 7	–	7 7
壯年	(장년)	–	盛年	(성년)	4 8	–	4Ⅱ 8
爭論	(쟁론)	–	爭議	(쟁의)	5 4Ⅱ	–	5 4Ⅱ
戰術	(전술)	–	兵法	(병법)	6Ⅱ 6Ⅱ	–	5Ⅱ 5Ⅱ
轉職	(전직)	–	移職	(이직)	4 4Ⅱ	–	4Ⅱ 4Ⅱ
點火	(점화)	–	着火	(착화)	4 8	–	5Ⅱ 8
定婚	(정혼)	–	約婚	(약혼)	6 4	–	5Ⅱ 4
制憲	(제헌)	–	立憲	(입헌)	4Ⅱ 4	–	7Ⅱ 4
尊體	(존체)	–	玉體	(옥체)	4Ⅱ 6Ⅱ	–	4Ⅱ 6Ⅱ
知音	(지음)	–	心友	(심우)	5Ⅱ 6Ⅱ	–	7 5Ⅱ
盡力	(진력)	–	極力	(극력)	4 7Ⅱ	–	4Ⅱ 7Ⅱ
着工	(착공)	–	起工	(기공)	5Ⅱ 7Ⅱ	–	4Ⅱ 7Ⅱ
草家	(초가)	–	草堂	(초당)	7 7Ⅱ	–	7 6Ⅱ
最高	(최고)	–	至上	(지상)	5 6Ⅱ	–	4Ⅱ 7Ⅱ
親筆	(친필)	–	自筆	(자필)	6 5Ⅱ	–	7Ⅱ 5Ⅱ
快調	(쾌조)	–	好調	(호조)	4Ⅱ 5Ⅱ	–	4Ⅱ 5Ⅱ
他國	(타국)	–	異國	(이국)	5 8	–	4 8
度地	(탁지)	–	測地	(측지)	6 7	–	4Ⅱ 7
痛感	(통감)	–	切感	(절감)	4 6	–	5Ⅱ 6

通例	(통례)	-	常例	(상례)	6 6	-	4Ⅱ 6
痛歎	(통탄)	-	悲歎	(비탄)	4 4	-	4Ⅱ 4
特別	(특별)	-	各別	(각별)	6 6	-	6Ⅱ 6
平常	(평상)	-	平素	(평소)	7Ⅱ 4Ⅱ	-	7Ⅱ 4Ⅱ
暴落	(폭락)	-	急落	(급락)	4Ⅱ 5	-	6Ⅱ 5
品名	(품명)	-	物名	(물명)	5Ⅱ 7Ⅱ	-	7Ⅱ 7Ⅱ
品行	(품행)	-	素行	(소행)	5Ⅱ 6	-	4Ⅱ 6
學內	(학내)	-	校內	(교내)	8 7Ⅱ	-	8 7Ⅱ
合計	(합계)	-	合算	(합산)	6 6Ⅱ	-	6 7
合法	(합법)	-	適法	(적법)	6 5Ⅱ	-	4 5Ⅱ
血戰	(혈전)	-	血鬪	(혈투)	4Ⅱ 6Ⅱ	-	4Ⅱ 4
護國	(호국)	-	衛國	(위국)	4Ⅱ 8	-	4Ⅱ 8
活用	(활용)	-	利用	(이용)	7Ⅱ 6Ⅱ	-	6Ⅱ 6Ⅱ
黃泉	(황천)	-	九泉	(구천)	6 4	-	8 4
回路	(회로)	-	歸路	(귀로)	4Ⅱ 6	-	4 6
效力	(효력)	-	效驗	(효험)	5Ⅱ 7Ⅱ	-	5Ⅱ 4Ⅱ
訓戒	(훈계)	-	勸戒	(권계)	6 4	-	4 4
希望	(희망)	-	所願	(소원)	4Ⅱ 5Ⅱ	-	7 5
警覺心	(경각심)	-	警戒心	(경계심)	4Ⅱ 4 7	-	4Ⅱ 4 7
經驗談	(경험담)	-	體驗談	(체험담)	4Ⅱ 4Ⅱ 5	-	6Ⅱ 4Ⅱ 5
孤兒院	(고아원)	-	保育院	(보육원)	4 5Ⅱ 5	-	4Ⅱ 7 5
共通點	(공통점)	-	同一點	(동일점)	6Ⅱ 6 4	-	7 8 4
觀客席	(관객석)	-	觀覽席	(관람석)	5Ⅱ 5Ⅱ 6	-	5Ⅱ 4 6
教育家	(교육가)	-	教育者	(교육자)	8 7 7Ⅱ	-	8 7 6

勤勞者	(근로자)	-	勞動者	(노동자)	4 5Ⅱ 6	-	5Ⅱ 7Ⅱ 6
今世上	(금세상)	-	今世界	(금세계)	6Ⅱ 7Ⅱ 7Ⅱ	-	6Ⅱ 7Ⅱ 6Ⅱ
達辯家	(달변가)	-	能辯家	(능변가)	4Ⅱ 4 7Ⅱ	-	5Ⅱ 4 7Ⅱ
到着順	(도착순)	-	先着順	(선착순)	5Ⅱ 5Ⅱ 5Ⅱ	-	8 5Ⅱ 5Ⅱ
同期生	(동기생)	-	同窓生	(동창생)	7 5 8	-	7 6Ⅱ 8
同鄕會	(동향회)	-	鄕友會	(향우회)	7 4Ⅱ 6Ⅱ	-	4Ⅱ 5Ⅱ 6Ⅱ
無所得	(무소득)	-	無收入	(무수입)	5 7 4Ⅱ	-	5 4Ⅱ 7
門下生	(문하생)	-	門下人	(문하인)	8 7Ⅱ 8	-	8 7Ⅱ 8
半休日	(반휴일)	-	半空日	(반공일)	6Ⅱ 7 8	-	6Ⅱ 7Ⅱ 8
發明家	(발명가)	-	發明者	(발명자)	6Ⅱ 6Ⅱ 7Ⅱ	-	6Ⅱ 6Ⅱ 6
別天地	(별천지)	-	別世界	(별세계)	6 7 7	-	6 7Ⅱ 6Ⅱ
別天地	(별천지)	-	理想鄕	(이상향)	6 7 7	-	6Ⅱ 4Ⅱ 4Ⅱ
本土種	(본토종)	-	在來種	(재래종)	6 8 5Ⅱ	-	6 7 5Ⅱ
不老草	(불로초)	-	不死藥	(불사약)	7Ⅱ 7 7	-	7Ⅱ 6 6Ⅱ
事業家	(사업가)	-	事業者	(사업자)	7Ⅱ 6Ⅱ 7Ⅱ	-	7Ⅱ 6Ⅱ 6
設計圖	(설계도)	-	靑寫眞	(청사진)	4Ⅱ 6Ⅱ 6Ⅱ	-	8 5 4Ⅱ
所有人	(소유인)	-	所有者	(소유자)	7 7 8	-	7 7 6
受領人	(수령인)	-	受取人	(수취인)	4Ⅱ 5 8	-	4Ⅱ 4Ⅱ 8
宿命觀	(숙명관)	-	運命觀	(운명관)	5Ⅱ 7 5Ⅱ	-	6Ⅱ 7 5Ⅱ
勝戰國	(승전국)	-	戰勝國	(전승국)	6 6Ⅱ 8	-	6Ⅱ 6 8
新年辭	(신년사)	-	年頭辭	(연두사)	6Ⅱ 8 4	-	8 6 4
愛國心	(애국심)	-	祖國愛	(조국애)	6 8 7	-	7 8 6
資産家	(자산가)	-	財産家	(재산가)	4 5Ⅱ 7Ⅱ	-	5Ⅱ 5Ⅱ 7Ⅱ
雜收入	(잡수입)	-	雜所得	(잡소득)	4 4Ⅱ 7	-	4 7 4Ⅱ

부록 I

再組織	(재조직)	-	再構成	(재구성)	544	-	546Ⅱ
適法性	(적법성)	-	合法性	(합법성)	45Ⅱ 5Ⅱ	-	65Ⅱ 5Ⅱ
周遊家	(주유가)	-	旅行家	(여행가)	447Ⅱ	-	5Ⅱ 67Ⅱ
地方色	(지방색)	-	鄕土色	(향토색)	77Ⅱ 7	-	4Ⅱ 87
集會所	(집회소)	-	集會場	(집회장)	6Ⅱ 6Ⅱ 7	-	6Ⅱ 6Ⅱ 7Ⅱ
千萬年	(천만년)	-	千萬代	(천만대)	788	-	786Ⅱ
最上品	(최상품)	-	極上品	(극상품)	57Ⅱ 5Ⅱ	-	4Ⅱ 7Ⅱ 5Ⅱ
最盛期	(최성기)	-	全盛期	(전성기)	54Ⅱ 5	-	7Ⅱ 4Ⅱ 5
推定量	(추정량)	-	想定量	(상정량)	465	-	4Ⅱ 65
探訪記	(탐방기)	-	訪問記	(방문기)	44Ⅱ 7Ⅱ	-	4Ⅱ 77Ⅱ
通告文	(통고문)	-	通知書	(통지서)	65Ⅱ 7	-	65Ⅱ 6Ⅱ
通俗物	(통속물)	-	大衆物	(대중물)	64Ⅱ 7Ⅱ	-	84Ⅱ 7Ⅱ
判無識	(판무식)	-	全無識	(전무식)	455Ⅱ	-	7Ⅱ 55Ⅱ
好辯客	(호변객)	-	達辯家	(달변가)	4Ⅱ 45Ⅱ	-	4Ⅱ 47Ⅱ
好酒家	(호주가)	-	愛酒家	(애주가)	4Ⅱ 47Ⅱ	-	647Ⅱ
回想記	(회상기)	-	回想錄	(회상록)	4Ⅱ 4Ⅱ 7Ⅱ	-	4Ⅱ 4Ⅱ 4Ⅱ
各樣各色	(각양각색)	-	形形色色	(형형색색)	6Ⅱ 46Ⅱ 7	-	6Ⅱ 6Ⅱ 77
見利思義	(견리사의)	-	見危授命	(견위수명)	5Ⅱ 6Ⅱ 54Ⅱ	-	5Ⅱ 44Ⅱ 7
經世致用	(경세치용)	-	利用厚生	(이용후생)	4Ⅱ 7Ⅱ 56Ⅱ	-	6Ⅱ 6Ⅱ 48
公益事業	(공익사업)	-	公共事業	(공공사업)	6Ⅱ 4Ⅱ 7Ⅱ 6Ⅱ	-	6Ⅱ 6Ⅱ 7Ⅱ 6Ⅱ
空前絕後	(공전절후)	-	前無後無	(전무후무)	7Ⅱ 7Ⅱ 4Ⅱ 7Ⅱ	-	7Ⅱ 57Ⅱ 5
九曲羊腸	(구곡양장)	-	九折羊腸	(구절양장)	854Ⅱ 4	-	844Ⅱ 4
九死一生	(구사일생)	-	十生九死	(십생구사)	8688	-	8886
金城鐵壁	(금성철벽)	-	難攻不落	(난공불락)	84Ⅱ 54Ⅱ	-	4Ⅱ 47Ⅱ 5

氣象災害	(기상재해)	-	自然災害	(자연재해)	7Ⅱ 455Ⅱ	-	7Ⅱ 755Ⅱ
代代孫孫	(대대손손)	-	子子孫孫	(자자손손)	6Ⅱ 6Ⅱ 66	-	7Ⅱ 7Ⅱ 66
東問西答	(동문서답)	-	問東答西	(문동답서)	8787Ⅱ	-	787Ⅱ 8
馬耳東風	(마이동풍)	-	牛耳讀經	(우이독경)	5586Ⅱ	-	556Ⅱ 4Ⅱ
目不識丁	(목불식정)	-	一字無識	(일자무식)	67Ⅱ 5Ⅱ 4	-	8755Ⅱ
民族相殘	(민족상잔)	-	同族相爭	(동족상쟁)	865Ⅱ 4	-	765Ⅱ 5
不老長生	(불로장생)	-	長生不死	(장생불사)	7Ⅱ 788	-	887Ⅱ 6
西方國家	(서방국가)	-	西方世界	(서방세계)	87Ⅱ 87Ⅱ	-	87Ⅱ 7Ⅱ 6Ⅱ
營利保險	(영리보험)	-	營業保險	(영업보험)	46Ⅱ 4Ⅱ 4	-	46Ⅱ 4Ⅱ 4
屋內競技	(옥내경기)	-	室內競技	(실내경기)	57Ⅱ 55	-	87Ⅱ 55
危機一髮	(위기일발)	-	風前燈火	(풍전등화)	4484	-	6Ⅱ 7Ⅱ 4Ⅱ 8
類類相從	(유유상종)	-	草綠同色	(초록동색)	5Ⅱ 5Ⅱ 5Ⅱ 4	-	7677
一定不變	(일정불변)	-	固定不變	(고정불변)	867Ⅱ 5Ⅱ	-	567Ⅱ 5Ⅱ
積小成大	(적소성대)	-	積土成山	(적토성산)	486Ⅱ 8	-	486Ⅱ 8
通俗歌謠	(통속가요)	-	大衆歌謠	(대중가요)	64Ⅱ 74Ⅱ	-	84Ⅱ 74Ⅱ
必有曲折	(필유곡절)	-	必有事端	(필유사단)	5Ⅱ 754	-	5Ⅱ 77Ⅱ 4Ⅱ
虛名無實	(허명무실)	-	有名無實	(유명무실)	4Ⅱ 7Ⅱ 55Ⅱ	-	77Ⅱ 55Ⅱ
花朝月夕	(화조월석)	-	朝花月夕	(조화월석)	7687	-	6787
黃金萬能	(황금만능)	-	金權萬能	(금권만능)	6885Ⅱ	-	84Ⅱ 85Ⅱ

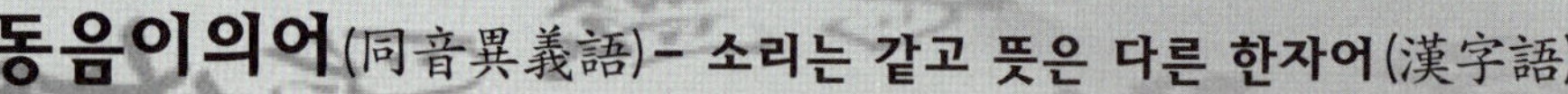

동음이의어(同音異義語) - 소리는 같고 뜻은 다른 한자어(漢字語)

한자어	음	급수	뜻
家系	(가계)	7Ⅱ 4	대대로 이어 내려온 한 집안의 계통.
家計	(가계)	7Ⅱ 6Ⅱ	한 집안 살림의 수입과 지출의 상태.
家敎	(가교)	7Ⅱ 8	집안의 가르침.
假橋	(가교)	4Ⅱ 5	임시 다리.
家具	(가구)	7Ⅱ 5Ⅱ	집안 살림에 쓰는 기구.
家口	(가구)	7Ⅱ 7	주거를 같이하는 사람의 집단.
加擔	(가담)	5 4Ⅱ	같은 편이 되어 함께 일을 함.
街談	(가담)	4Ⅱ 5	거리에 떠도는 소문이나 이야기.
家領	(가령)	7Ⅱ 5	한 집안의 소유로 되어 있는 땅.
假令	(가령)	4Ⅱ 5	가정하여 말하여, 예를 들어.
歌舞	(가무)	7 4	노래와 춤.
家務	(가무)	7Ⅱ 4Ⅱ	집안일.
加法	(가법)	5 5Ⅱ	덧셈법.
家法	(가법)	7Ⅱ 5Ⅱ	한 집안의 법도.
可否	(가부)	5 4	옳고 그름.
家父	(가부)	7Ⅱ 8	남에게 자기 아버지를 이르는 말.
歌辭	(가사)	7 4	시가와 산문 중간 형태의 문학.
假死	(가사)	4Ⅱ 6	죽은 것처럼 보이는 상태.
家事	(가사)	7Ⅱ 7Ⅱ	살림살이에 관한 일.
家産	(가산)	7Ⅱ 5Ⅱ	한 집안의 재산.
加算	(가산)	5 7	더하여 셈함.
加設	(가설)	5 4Ⅱ	덧붙이거나 추가하여 설치함.
假設	(가설)	4Ⅱ 4Ⅱ	임시로 설치함.
假說	(가설)	4Ⅱ 5Ⅱ	어떤 사실을 설명하기 위하여 설정한 가정.

加速	(가속)	5 6	점점 속도를 더함.
家屬	(가속)	7Ⅱ 4	식솔, 식구.
家臣	(가신)	7Ⅱ 5Ⅱ	권력자의 집에 딸려 있으면서 그들을 섬기던 사람.
可信	(가신)	5 6Ⅱ	믿을만함.
家信	(가신)	7Ⅱ 6Ⅱ	자기 집에서 온 편지나 소식.
家神	(가신)	7Ⅱ 6Ⅱ	집안의 운수를 좌우하는 신.
可用	(가용)	5 6Ⅱ	사용할 수 있음.
家用	(가용)	7Ⅱ 6Ⅱ	집안 살림에 드는 비용.
假裝	(가장)	4Ⅱ 4	태도를 거짓으로 꾸밈.
家長	(가장)	7Ⅱ 8	한 집안의 어른.
家庭	(가정)	7Ⅱ 6Ⅱ	한 가족이 생활하는 집.
假定	(가정)	4Ⅱ 6	사실인지 아닌지 분명하지 않은 것을 임시로 인정함.
家風	(가풍)	7Ⅱ 6Ⅱ	한집안에 대대로 이어 오는 범절.
歌風	(가풍)	7 6Ⅱ	시 또는 노래 따위에서 풍기는 분위기.
家戶	(가호)	7Ⅱ 4Ⅱ	집이나 가구 따위를 세는 단위.
加護	(가호)	5 4Ⅱ	보호하고 도와줌.
角木	(각목)	6Ⅱ 8	모서리를 모나게 깎은 나무.
刻木	(각목)	4 8	나무를 깎거나 새김.
各姓	(각성)	6Ⅱ 7Ⅱ	서로 다른 성씨.
覺性	(각성)	4 5Ⅱ	진리를 깨달아 아는 성품이나 소질.
刻字	(각자)	4 7	글자를 새김.
覺者	(각자)	4 6	진리를 깨달은 사람.
各自	(각자)	6Ⅱ 7Ⅱ	각각의 자기 자신.
覺知	(각지)	4 5Ⅱ	깨달아 앎.

各地	(각지)	6Ⅱ 7	각 지방. 또는 여러 곳.
監査	(감사)	4Ⅱ 5	감독하고 검사함.
感謝	(감사)	6 4Ⅱ	고마움을 나타내는 인사.
監事	(감사)	4Ⅱ 7Ⅱ	재산이나 업무를 감사하는 사람.
減産	(감산)	4Ⅱ 5Ⅱ	생산을 줄임.
減算	(감산)	4Ⅱ 7	빼어 셈함.
感賞	(감상)	6 5	마음에 깊이 느끼어 칭찬함.
感想	(감상)	6 4Ⅱ	마음속에서 일어나는 느낌이나 생각.
感傷	(감상)	6 4	하찮은 일에도 슬퍼져서 마음이 상함.
感受	(감수)	6 4Ⅱ	외부의 영향을 수동적으로 받아들임.
監修	(감수)	4Ⅱ 4Ⅱ	책의 저술이나 편찬 따위를 감독함.
感天	(감천)	6 7	정성이 지극하여 하늘이 감동함.
甘泉	(감천)	4 4	물맛이 좋은 샘.
江口	(강구)	7Ⅱ 7	강물이 바다로 흘러가는 어귀.
講究	(강구)	4Ⅱ 4Ⅱ	좋은 방법을 궁리하여 찾아냄.
強度	(강도)	6 6	센 정도.
強盜	(강도)	6 4	폭행 따위의 수단으로 남의 재물을 빼앗는 행위.
江邊	(강변)	7Ⅱ 4Ⅱ	강가.
強辯	(강변)	6 4	이치에 닿지 아니한 것을 끝까지 주장함.
降雪	(강설)	4 6Ⅱ	눈이 내림.
講說	(강설)	4Ⅱ 5Ⅱ	강론하여 설명함.
強手	(강수)	6 7Ⅱ	무리함을 무릅쓴 강력한 방법.
江水	(강수)	7Ⅱ 8	강물.
強點	(강점)	6 4	남보다 우세하거나 더 뛰어난 점.

強占	(강점)	6 4	남의 것을 강제로 차지함.
降下	(강하)	4 7Ⅱ	아래로 내려감.
江河	(강하)	7Ⅱ 5	강과 하천.
講話	(강화)	4Ⅱ 7Ⅱ	강의하듯이 쉽게 풀어서 이야기함.
講和	(강화)	4Ⅱ 6Ⅱ	싸우던 두 편이 싸움을 그치고 평화로운 상태가 됨.
強化	(강화)	6 5Ⅱ	세력이나 힘을 더 튼튼하게 함.
改教	(개교)	5 8	믿는 종교를 바꿈.
開校	(개교)	6 8	학교를 세워 처음으로 운영을 시작함.
改量	(개량)	5 5	다시 측량함.
改良	(개량)	5 5Ⅱ	더 좋게 고침.
開明	(개명)	6 6Ⅱ	지혜가 계발되고 문화가 발달함.
改名	(개명)	5 7Ⅱ	이름을 고침.
個性	(개성)	4Ⅱ 5Ⅱ	다른 사람과 구별되는 고유의 특성.
改姓	(개성)	5 7Ⅱ	성을 바꿈.
改元	(개원)	5 5Ⅱ	연호를 바꿈, 왕조 또는 임금이 바뀌는 일.
開院	(개원)	6 5	병원이나 학원 따위를 세워 처음으로 일을 시작함.
開祖	(개조)	6 7	한 종파의 원조가 되는 사람.
改造	(개조)	5 4Ⅱ	고쳐 다시 만듦.
客舍	(객사)	5Ⅱ 4Ⅱ	나그네를 치거나 묵게 하는 집.
客死	(객사)	5Ⅱ 6	객지에서 죽음.
擧頭	(거두)	5 6	머리를 듦.
巨頭	(거두)	4 6	영향력이 크며 주요한 자리에 있는 사람.
巨富	(거부)	4 4Ⅱ	큰 부자.
拒否	(거부)	4 4	요구나 제의 따위를 물리침.

한자어	독음	급수	뜻
擧事	(거사)	5 7Ⅱ	큰일을 일으킴.
居士	(거사)	4 5Ⅱ	숨어 살며 벼슬을 하지 않는 선비.
去聲	(거성)	5 4Ⅱ	중세 국어 사성(四聲)의 하나.
巨星	(거성)	4 4Ⅱ	뛰어난 인물을 비유적으로 이르는 말.
檢査	(검사)	4Ⅱ 5	사실이나 상태 또는 물질의 구성 성분 따위를 조사함.
檢事	(검사)	4Ⅱ 7Ⅱ	검찰권을 행사하는 국가 기관.
決死	(결사)	5Ⅱ 6	죽기를 각오하고 있는 힘을 다할 것을 결심함.
結社	(결사)	5Ⅱ 6Ⅱ	여러 사람이 공동의 목적을 이루기 위하여 조직한 단체.
境界	(경계)	4Ⅱ 6Ⅱ	사물이나 지역이 분간되는 한계.
警戒	(경계)	4Ⅱ 4	조심하여 단속함.
警官	(경관)	4Ⅱ 4Ⅱ	경찰관.
景觀	(경관)	5 5Ⅱ	자연이나 지역의 풍경.
景氣	(경기)	5 7Ⅱ	호황이나 불황 따위의 경제 활동 상태.
競技	(경기)	5 5	일정한 규칙 아래 재주를 겨룸.
經路	(경로)	4Ⅱ 6	지나는 길.
敬老	(경로)	5Ⅱ 7	노인을 공경함.
經費	(경비)	4Ⅱ 5	사업을 경영하거나 운영하는 데 필요한 비용.
警備	(경비)	4Ⅱ 4Ⅱ	도난 따위를 염려하여 미리 살피고 지키는 일.
經常	(경상)	4Ⅱ 4Ⅱ	일정한 상태로 계속하여 변동이 없음.
輕傷	(경상)	5 4	가벼운 상처.
更新	(경신)	4 6Ⅱ	고쳐 새롭게 함.
敬信	(경신)	5Ⅱ 6Ⅱ	공경하며 믿음.
傾注	(경주)	4 6Ⅱ	힘이나 정신을 한 곳에만 기울임.
競走	(경주)	5 4Ⅱ	빠르기를 겨루는 일.

京鄕	(경향)	6 4Ⅱ	서울과 시골.
傾向	(경향)	4 6	사상, 행동 따위가 어떤 방향으로 기울어짐.
古家	(고가)	6 7Ⅱ	오래된 집.
高價	(고가)	6Ⅱ 5Ⅱ	비싼 가격.
考究	(고구)	5 4Ⅱ	자세히 살펴 연구함.
故舊	(고구)	4Ⅱ 5Ⅱ	사귄 지 오래된 친구.
苦待	(고대)	6 6	몹시 기다림.
古代	(고대)	6 6Ⅱ	옛 시대.
古道	(고도)	6 7Ⅱ	옛날에 다니던 길, 옛날의 도의(道義).
古都	(고도)	6 5	옛 도읍.
高度	(고도)	6Ⅱ 6	평균 해수면 따위를 0으로 하여 측정한 대상 물체의 높이.
高麗	(고려)	6Ⅱ 4Ⅱ	왕건이 개성에 도읍하여 세운 나라.
考慮	(고려)	5 4	생각하고 헤아려 봄.
考査	(고사)	5 5	자세히 생각하고 조사함, 시험함.
古史	(고사)	6 5Ⅱ	옛날 역사.
固辭	(고사)	5 4	굳이 사양함.
故事	(고사)	4Ⅱ 7Ⅱ	유래가 있는 옛날의 일.
高聲	(고성)	6Ⅱ 4Ⅱ	크고 높은 목소리.
古城	(고성)	6 4Ⅱ	오래된 성.
高手	(고수)	6Ⅱ 7Ⅱ	바둑이나 장기 따위에서 수가 높은 사람.
固守	(고수)	5 4Ⅱ	굳게 지킴.
考試	(고시)	5 4Ⅱ	공무원의 임용 자격을 결정하는 시험.
告示	(고시)	5Ⅱ 5	행정 기관이 일반 국민들에게 글로 써서 게시하여 널리 알림.
告由	(고유)	5Ⅱ 6	중대한 일을 치른 뒤에 그 내용을 사당이나 신명에게 고함.

固有	(고유)	5 7	본래부터 가지고 있는 특유한 것.
古典	(고전)	6 5Ⅱ	옛날의 의식(儀式). 오랫동안 널리 읽히고 모범이 될 만한 작품.
苦戰	(고전)	6 6Ⅱ	전쟁이나 운동 경기 따위에서, 몹시 어렵게 싸움.
告知	(고지)	5Ⅱ 5Ⅱ	게시나 글을 통하여 알림.
高地	(고지)	6Ⅱ 7	평지보다 아주 높은 땅.
空氣	(공기)	7Ⅱ 7Ⅱ	지구를 둘러싼 대기의 기체.
工期	(공기)	7Ⅱ 5	공사하는 기간.
空器	(공기)	7Ⅱ 4Ⅱ	빈 그릇.
共同	(공동)	6Ⅱ 7	둘 이상의 사람이나 단체가 함께 함.
空洞	(공동)	7Ⅱ 7	아무것도 없이 텅 비어 있는 굴.
公論	(공론)	6Ⅱ 4Ⅱ	여럿의 의논.
空論	(공론)	7Ⅱ 4Ⅱ	실속이 없는 논의.
功利	(공리)	6Ⅱ 6Ⅱ	공로와 이익.
公理	(공리)	6Ⅱ 6Ⅱ	사회에서 두루 통하는 진리.
共鳴	(공명)	6Ⅱ 4	맞울림.
空名	(공명)	7Ⅱ 7Ⅱ	실제에 맞지 않는 부풀린 명성.
功名	(공명)	6Ⅱ 7Ⅱ	공을 세워서 이름을 드러냄.
空房	(공방)	7Ⅱ 4Ⅱ	사람이 들지 않거나 거처하지 않는 방.
攻防	(공방)	4 4Ⅱ	서로 공격하고 방어함.
工事	(공사)	7Ⅱ 7Ⅱ	토목이나 건축 따위의 일.
公社	(공사)	6Ⅱ 6Ⅱ	국가적 사업을 수행하기 위하여 설립된 공공 기업체의 하나.
空想	(공상)	7Ⅱ 4Ⅱ	현실적이지 못하거나 실현될 가망이 없는 생각.
工商	(공상)	7Ⅱ 5Ⅱ	공업과 상업.
公席	(공석)	6Ⅱ 6	공적인 모임의 자리.

空席	(공석)	7Ⅱ 6	비어 있는 자리.
公稅	(공세)	6Ⅱ 4Ⅱ	나라에 바치는 세금.
攻勢	(공세)	4 4Ⅱ	공격하는 태세.
空手	(공수)	7Ⅱ 7Ⅱ	빈손.
攻守	(공수)	4 4Ⅱ	공격과 수비.
公約	(공약)	6Ⅱ 5Ⅱ	공개적 약속.
空約	(공약)	7Ⅱ 5Ⅱ	헛된 약속.
工業	(공업)	7Ⅱ 6Ⅱ	물자를 만드는 산업.
功業	(공업)	6Ⅱ 6Ⅱ	큰 공로가 있는 사업.
共榮	(공영)	6Ⅱ 4Ⅱ	함께 번영함.
公營	(공영)	6Ⅱ 4	공적인 기관에서 공공의 이익을 위하여 경영함.
空轉	(공전)	7Ⅱ 4	기계나 바퀴 따위가 헛돎.
空前	(공전)	7Ⅱ 7Ⅱ	비교할 만한 것이 이전에는 없음.
公正	(공정)	6Ⅱ 7Ⅱ	공평하고 올바름.
工程	(공정)	7Ⅱ 4Ⅱ	일이 진척되는 과정이나 정도.
公衆	(공중)	6Ⅱ 4Ⅱ	사회의 대부분의 사람들.
空中	(공중)	7Ⅱ 8	하늘과 땅 사이의 빈 곳.
空地	(공지)	7Ⅱ 7	비어 있는 땅.
公知	(공지)	6Ⅱ 5Ⅱ	세상에 널리 알림.
空砲	(공포)	7Ⅱ 4Ⅱ	실탄을 넣지 않고 소리만 나게 하는 총질.
公布	(공포)	6Ⅱ 4Ⅱ	일반에게 널리 알림.
過去	(과거)	5Ⅱ 5	지나간 때.
科擧	(과거)	6Ⅱ 5	옛날 관리를 뽑을 때 실시하던 시험.
果木	(과목)	6Ⅱ 8	과일나무.

科目	(과목)	6Ⅱ 6	지식 및 경험의 체계를 세분하여 계통을 세운 영역.
課稅	(과세)	5Ⅱ 4Ⅱ	세금을 매김.
過歲	(과세)	5Ⅱ 5Ⅱ	설을 쇰.
果樹	(과수)	6Ⅱ 6	과실나무.
過數	(과수)	5Ⅱ 7	일정한 수를 넘음.
果實	(과실)	6Ⅱ 5Ⅱ	과일.
過失	(과실)	5Ⅱ 6	잘못이나 허물.
過程	(과정)	5Ⅱ 4Ⅱ	일이 되어 가는 경로.
科程	(과정)	6Ⅱ 4Ⅱ	학과 과정.
課程	(과정)	5Ⅱ 4Ⅱ	해야 할 일의 정도. 학습하여야 할 과목의 내용과 분량.
關係	(관계)	5Ⅱ 4Ⅱ	서로 관련을 맺거나 관련이 있음.
官界	(관계)	4Ⅱ 6Ⅱ	국가 기관. 또는 그 관리들로 이루어지는 사회.
官階	(관계)	4Ⅱ 4	관리나 벼슬의 등급.
關門	(관문)	5Ⅱ 8	국경이나 요새의 성문.
官文	(관문)	4Ⅱ 7	관청의 공문서.
觀象	(관상)	5Ⅱ 4	천문이나 기상을 관측하는 일.
觀相	(관상)	5Ⅱ 5Ⅱ	사람의 생김새를 보고 운명 따위를 판단하는 일.
校監	(교감)	8 4Ⅱ	학교장을 도와서 학교의 일을 관리하는 직책.
交感	(교감)	6 6	서로 접촉하여 따라 움직이는 느낌.
敎導	(교도)	8 4Ⅱ	가르쳐서 이끎.
敎徒	(교도)	8 4	종교를 믿는 사람이나 그 무리.
敎師	(교사)	8 4Ⅱ	학교 따위에서 일정한 자격을 가지고 학생을 가르치는 사람.
校舍	(교사)	8 4Ⅱ	학교의 건물.
敎示	(교시)	8 5	가르쳐서 보임.

校時	(교시)	8 7Ⅱ	학교의 수업 시간을 세는 단위.
校長	(교장)	8 8	학교의 으뜸 직위에 있는 사람.
敎場	(교장)	8 7Ⅱ	가르치는 곳.
校庭	(교정)	8 6Ⅱ	학교의 마당.
校正	(교정)	8 7Ⅱ	교정쇄와 원고를 대조하여 오자 따위를 바르게 고침.
舊都	(구도)	5Ⅱ 5	예전의 도읍.
求道	(구도)	4Ⅱ 7Ⅱ	진리나 종교적인 깨달음의 경지를 구함.
構圖	(구도)	4 6Ⅱ	그림에서 모양, 색깔, 위치 따위의 짜임새.
究明	(구명)	4Ⅱ 6Ⅱ	연구하여 밝힘.
救命	(구명)	5 7	사람의 목숨을 구함.
構文	(구문)	4 7	글의 짜임.
口文	(구문)	7 7	흥정을 붙여 주고 그 보수로 받는 돈.
構想	(구상)	4 4Ⅱ	일의 실현 방법 따위를 이리저리 생각함.
球狀	(구상)	6Ⅱ 4Ⅱ	공처럼 둥근 모양.
球速	(구속)	6Ⅱ 6	야구에서, 투수가 던지는 공의 속도.
舊俗	(구속)	5Ⅱ 4Ⅱ	낡은 풍속.
救援	(구원)	5 4	어려움이나 위험에 빠진 사람을 구하여 줌.
舊怨	(구원)	5Ⅱ 4	오래전부터 품어 왔던 원한.
構造	(구조)	4 4Ⅱ	어떤 전체를 짜서 이루어진 얼개.
救助	(구조)	5 4Ⅱ	재난 따위를 당하여 어려운 처지에 빠진 사람을 구하여 줌.
求賢	(구현)	4Ⅱ 4Ⅱ	현인(賢人)을 구함.
具現	(구현)	5Ⅱ 6Ⅱ	어떤 내용이 구체적인 사실로 나타나게 함.
求刑	(구형)	4Ⅱ 4	피고인에게 형벌을 내릴 것을 검사가 판사에게 요구하는 일.
球形	(구형)	6Ⅱ 6Ⅱ	공같이 둥근 형태.

國境	(국경)	8 4Ⅱ	나라와 나라의 영역을 가르는 경계.
國慶	(국경)	8 4Ⅱ	나라의 경사.
局部	(국부)	5Ⅱ 6Ⅱ	전체의 어느 한 부분.
國富	(국부)	8 4Ⅱ	나라가 지닌 경제력.
君父	(군부)	4 8	임금과 아버지.
軍部	(군부)	8 6Ⅱ	군사에 관한 일을 총괄하여 맡아보는 군의 수뇌부.
軍神	(군신)	8 6Ⅱ	전쟁의 신.
君臣	(군신)	4 5Ⅱ	임금과 신하.
歸國	(귀국)	4 8	외국에 나가 있던 사람이 자기 나라로 돌아오거나 돌아감.
貴國	(귀국)	5 8	상대편의 나라를 높여 이르는 말.
歸省	(귀성)	4 6Ⅱ	고향으로 돌아가거나 돌아옴.
貴姓	(귀성)	5 7Ⅱ	좀 드문 성(姓).
劇團	(극단)	4 5Ⅱ	연극을 전문으로 공연하는 단체.
極端	(극단)	4Ⅱ 4Ⅱ	맨 끝.
勤苦	(근고)	4 6	마음과 몸을 다하며 애씀.
近古	(근고)	6 6	그리 오래되지 않은 옛날.
今古	(금고)	6Ⅱ 6	지금과 옛날을 아울러 이르는 말.
金庫	(금고)	8 4	귀중품 따위를 간수하여 보관하는 데 쓰는 궤.
今週	(금주)	6Ⅱ 5Ⅱ	이번 주.
禁酒	(금주)	4Ⅱ 4	술을 마시지 못하게 함, 술을 끊음.
給仕	(급사)	5 5Ⅱ	잔심부름을 시키기 위하여 부리는 사람.
急死	(급사)	6Ⅱ 6	갑자기 죽음.
給水	(급수)	5 8	물을 공급함.
級數	(급수)	6 7	수준에 따라 매긴 등급.

急電	(급전)	6Ⅱ 7Ⅱ	급한 일을 알리는 전보나 전화.
給田	(급전)	5 4Ⅱ	논밭을 나누어 줌.
起工	(기공)	4Ⅱ 7Ⅱ	공사를 시작함.
氣功	(기공)	7Ⅱ 6Ⅱ	단전호흡.
機關	(기관)	4 5Ⅱ	일정한 역할과 목적을 위하여 설치한 기구나 조직.
氣管	(기관)	7Ⅱ 4	호흡 기관.
機構	(기구)	4 4	어떤 목적을 위하여 구성한 조직의 구성 체계.
器具	(기구)	4Ⅱ 5Ⅱ	세간, 도구, 기계 따위를 통틀어 이르는 말.
氣球	(기구)	7Ⅱ 6Ⅱ	공기보다 가벼운 기체를 넣어, 그 부양력으로 공중에 높이 올라가도록 만든 물건.
機能	(기능)	4 5Ⅱ	하는 구실이나 작용.
技能	(기능)	5 5Ⅱ	기술상의 재능.
記名	(기명)	7Ⅱ 7Ⅱ	이름을 적음.
寄命	(기명)	4 7	나라의 정치를 맡김, 목숨을 맡김.
技師	(기사)	5 4Ⅱ	특별한 기술 업무를 맡아보는 사람.
記事	(기사)	7Ⅱ 7Ⅱ	사실을 적음. 또는 그런 글.
氣象	(기상)	7Ⅱ 4	대기 중에서 일어나는 물리적인 현상, 날씨.
起床	(기상)	4Ⅱ 4Ⅱ	잠자리에서 일어남.
奇數	(기수)	4 7	홀수.
旗手	(기수)	7 7Ⅱ	행사 때 앞에 서서 기를 드는 일을 맡은 사람.
紀元	(기원)	4 5Ⅱ	연대를 계산하는 데에 기준이 되는 해.
起源	(기원)	4Ⅱ 4	사물이 처음으로 생긴 근원.
起因	(기인)	4Ⅱ 5	일이 일어나게 된 까닭.
奇人	(기인)	4 8	성격이나 말, 행동 따위가 별난 사람.
旗章	(기장)	7 6	특정한 단체나 개인을 대표하는 기.

한자어	독음	급수	뜻
機長	(기장)	4 8	항공기 승무원 가운데 최고 책임자.
器材	(기재)	4Ⅱ 5Ⅱ	기구와 재료.
奇才	(기재)	4 6Ⅱ	아주 뛰어난 재주를 가진 사람.
機智	(기지)	4 4	경우에 따라 재치 있게 대응하는 지혜.
基地	(기지)	5Ⅱ 7	군대, 탐험대 따위의 활동의 근거지.
起筆	(기필)	4Ⅱ 5Ⅱ	붓을 들고 쓰기 시작함.
期必	(기필)	5 5Ⅱ	꼭 이루어지기를 기약함.
紀行	(기행)	4 6	여행하는 동안에 겪은 것을 적은 것.
奇行	(기행)	4 6	기이한 행동.
亂國	(난국)	4 8	질서가 없고 어지러운 나라.
難局	(난국)	4Ⅱ 5Ⅱ	일을 하기 어려운 상황.
難事	(난사)	4Ⅱ 7Ⅱ	처리하기 어려운 일.
亂射	(난사)	4 4	총 따위를 겨냥하지 아니하고 아무 곳에나 마구 쏨.
暖海	(난해)	4Ⅱ 7Ⅱ	따뜻한 바다.
難解	(난해)	4Ⅱ 4Ⅱ	이해하기 어려움.
內空	(내공)	7Ⅱ 7Ⅱ	속이 비어 있음.
來攻	(내공)	7 4	침공하여 옴.
內方	(내방)	7Ⅱ 7Ⅱ	안쪽.
來訪	(내방)	7 4Ⅱ	만나기 위하여 찾아옴.
內事	(내사)	7Ⅱ 7Ⅱ	내부에 관한 일.
內查	(내사)	7Ⅱ 5	조직체 내에서 자체적으로 하는 조사.
來者	(내자)	7 6	찾아오는 사람.
內資	(내자)	7Ⅱ 4	국내의 자본.
來朝	(내조)	7 6	신하가 조정에 와서 임금을 뵘.

內助	(내조)	7Ⅱ 4Ⅱ	아내가 남편을 도움.
路面	(노면)	6 7	길바닥.
勞勉	(노면)	5Ⅱ 4	위로하고 격려함.
勞使	(노사)	5Ⅱ 6	노동자와 사용자.
老師	(노사)	7 4Ⅱ	나이 많은 중, 나이 많은 스승.
路資	(노자)	6 4	먼 길을 떠나 오가는 데 드는 비용.
老子	(노자)	7 7Ⅱ	중국 춘추 시대의 사상가.
錄音	(녹음)	4Ⅱ 6Ⅱ	테이프 따위에 소리를 기록함.
綠陰	(녹음)	6 4Ⅱ	푸른 잎이 우거진 나무나 수풀.
錄畫	(녹화)	4Ⅱ 6	사물의 모습 따위를 필름 따위에 저장함.
綠化	(녹화)	6 5Ⅱ	산이나 들 따위에 나무나 화초를 심어 푸르게 함.
單價	(단가)	4Ⅱ 5Ⅱ	물건 한 단위의 가격.
短歌	(단가)	6Ⅱ 7	시조(時調)를 달리 이르는 말.
段階	(단계)	4 4	일의 차례를 따라 나아가는 과정.
短計	(단계)	6Ⅱ 6Ⅱ	얕은꾀.
團旗	(단기)	5Ⅱ 7	단체의 상징이 되는 기.
短期	(단기)	6Ⅱ 5	짧은 기간.
檀紀	(단기)	4Ⅱ 4	단군기원.
壇上	(단상)	5 7Ⅱ	교단이나 강단 따위의 위.
斷想	(단상)	4Ⅱ 4Ⅱ	생각나는 대로의 단편적인 생각.
單數	(단수)	4Ⅱ 7	홑수.
斷水	(단수)	4Ⅱ 8	물길이 막힘.
單身	(단신)	4Ⅱ 6Ⅱ	홑몸.
短信	(단신)	6Ⅱ 6Ⅱ	짧은 편지글, 짤막하게 전하는 뉴스.

短身	(단신)	6Ⅱ 6Ⅱ	작은 키.
單元	(단원)	4Ⅱ 5Ⅱ	어떤 주제나 내용을 중심으로 묶은 학습 단위.
團員	(단원)	5Ⅱ 4Ⅱ	어떤 단체에 속한 사람.
斷腸	(단장)	4Ⅱ 4	몹시 슬퍼서 창자가 끊어지는 듯함.
端裝	(단장)	4Ⅱ 4	단정하게 차림.
團長	(단장)	5Ⅱ 8	단체의 우두머리.
斷指	(단지)	4Ⅱ 4Ⅱ	손가락을 자름.
團地	(단지)	5Ⅱ 7	주택, 공장 따위가 집단을 이루고 있는 일정 구역.
當世	(당세)	5Ⅱ 7Ⅱ	그 시대, 이 시대.
黨勢	(당세)	4Ⅱ 4Ⅱ	정당이나 당파가 가진 세력.
代價	(대가)	6Ⅱ 5Ⅱ	일을 하고 그에 대한 값으로 받는 보수.
大家	(대가)	8 7Ⅱ	전문 분야에서 뛰어나 권위를 인정받는 사람.
代決	(대결)	6Ⅱ 5Ⅱ	남을 대신하여 결재함.
對決	(대결)	6Ⅱ 5Ⅱ	맞서서 겨룸.
對校	(대교)	6Ⅱ 8	대조하면서 교정(校正)을 봄.
大橋	(대교)	8 5	큰 다리.
大國	(대국)	8 8	국력이 강하고 땅이 넓은 나라.
對局	(대국)	6Ⅱ 5Ⅱ	바둑이나 장기를 마주 대하여 둠.
大氣	(대기)	8 7Ⅱ	공기.
待機	(대기)	6 4	때나 기회를 기다림.
大都	(대도)	8 5	대도시.
大盜	(대도)	8 4	큰 도둑.
大路	(대로)	8 6	큰길.
大怒	(대로)	8 4Ⅱ	크게 화를 냄.

大利	(대리)	8 6Ⅱ	큰 이익.
代理	(대리)	6Ⅱ 6Ⅱ	남을 대신하여 일을 처리함.
代辯	(대변)	6Ⅱ 4	대신하여 말함.
大便	(대변)	8 7	똥.
大變	(대변)	8 5Ⅱ	큰 변고.
大富	(대부)	8 4Ⅱ	큰 부자.
代父	(대부)	6Ⅱ 8	신앙의 증인으로 세우는 남자 후견인.
大悲	(대비)	8 4Ⅱ	부처의 큰 자비.
對備	(대비)	6Ⅱ 4Ⅱ	어떠한 일에 대응하기 위하여 미리 준비함.
對比	(대비)	6Ⅱ 5	서로 맞대어 비교함.
大賞	(대상)	8 5	큰 상.
對象	(대상)	6Ⅱ 4	어떤 일의 상대 또는 목표가 되는 것.
代身	(대신)	6Ⅱ 6Ⅱ	어떤 대상이 하게 될 구실을 바꾸어서 하게 됨.
大臣	(대신)	8 5Ⅱ	군주 국가의 장관(長官).
大雨	(대우)	8 5Ⅱ	큰비.
待遇	(대우)	6 4	예의를 갖추어 대하는 일.
大腸	(대장)	8 4	큰창자.
隊長	(대장)	4Ⅱ 8	한 대(隊)의 우두머리.
大將	(대장)	8 4Ⅱ	한 무리의 우두머리, 군대 계급의 하나.
對敵	(대적)	6Ⅱ 4Ⅱ	맞서 겨룸.
大賊	(대적)	8 4	큰 도적.
大田	(대전)	8 4Ⅱ	충청남도에 있는 광역시.
對戰	(대전)	6Ⅱ 6Ⅱ	서로 맞서서 싸움.
度量	(도량)	6 5	넓은 마음과 깊은 생각.

道場	(도량)	7Ⅱ 7Ⅱ	도를 얻으려고 수행하는 곳.
徒勞	(도로)	4 5Ⅱ	헛되이 수고함.
道路	(도로)	7Ⅱ 6	만들어 놓은 길.
圖示	(도시)	6Ⅱ 5	그림이나 도표로 그려 보임.
都市	(도시)	5 7Ⅱ	중심이 되는, 사람이 많이 사는 지역.
都是	(도시)	5 4Ⅱ	도무지.
徒食	(도식)	4 7Ⅱ	하는 일 없이 거저 먹기만 함.
圖式	(도식)	6Ⅱ 6	사물의 구조 따위를 일정한 양식으로 나타낸 그림.
道場	(도장)	7Ⅱ 7Ⅱ	무예를 닦는 곳.
圖章	(도장)	6Ⅱ 6	이름을 새겨 문서에 찍도록 만든 물건.
圖籍	(도적)	6Ⅱ 4	지도와 호적. 그림과 책.
盜賊	(도적)	4 4	도둑.
道廳	(도청)	7Ⅱ 4	도의 행정을 맡아 처리하는 관청.
盜聽	(도청)	4 4	남의 이야기 따위를 몰래 엿듣는 일.
獨自	(독자)	5Ⅱ 7Ⅱ	자기 혼자.
讀者	(독자)	6Ⅱ 6	신문 따위의 글을 읽는 사람.
獨走	(독주)	5Ⅱ 4Ⅱ	혼자서 뜀.
毒酒	(독주)	4Ⅱ 4	매우 독한 술.
冬期	(동기)	7 5	겨울철.
動機	(동기)	7Ⅱ 4	행동을 일으키게 하는 계기.
同期	(동기)	7 5	같은 시기.
同氣	(동기)	7 7Ⅱ	형제와 자매, 남매를 통틀어 이르는 말.
銅器	(동기)	4Ⅱ 4Ⅱ	구리로 만든 그릇.
同房	(동방)	7 4Ⅱ	같은 방.

東方	(동방)	8 7Ⅱ	동쪽.
同時	(동시)	7 7Ⅱ	같은 때.
童詩	(동시)	6Ⅱ 4Ⅱ	어린이의 정서를 읊은 시 또는 어린이가 지은 시.
動議	(동의)	7Ⅱ 4Ⅱ	회의 중에 토의할 안건을 제기함.
同意	(동의)	7 6Ⅱ	같은 의미.
動因	(동인)	7Ⅱ 5	어떤 사태를 일으킨 원인.
同人	(동인)	7 8	같은 사람.
同情	(동정)	7 5Ⅱ	남의 어려운 처지를 자기 일처럼 딱하고 가엾게 여김.
動靜	(동정)	7Ⅱ 4	운동과 정지. 낌새.
冬鳥	(동조)	7 4Ⅱ	철새. 겨울새.
同調	(동조)	7 5Ⅱ	같은 가락. 남의 주장에 의견을 같이함.
冬至	(동지)	7 4Ⅱ	이십사 절기의 하나.
同志	(동지)	7 4Ⅱ	뜻이 서로 같은 사람.
動向	(동향)	7Ⅱ 6	일의 형세 따위가 움직여 가는 방향.
同鄕	(동향)	7 4Ⅱ	고향이 같음.
滿花	(만화)	4Ⅱ 7	가득 핀 온갖 꽃.
萬貨	(만화)	8 4Ⅱ	온갖 물품이나 재화.
買氣	(매기)	5 7Ⅱ	상품을 사려는 분위기.
每期	(매기)	7Ⅱ 5	일정하게 정해진 하나하나의 시기.
賣上	(매상)	5 7Ⅱ	상품을 파는 일.
每常	(매상)	7Ⅱ 4Ⅱ	평상시에 언제나.
名器	(명기)	7Ⅱ 4Ⅱ	진귀한 그릇.
明記	(명기)	6Ⅱ 7Ⅱ	분명히 밝히어 적음.
名利	(명리)	7Ⅱ 6Ⅱ	명예와 이익.

命理	(명리)	7 6Ⅱ	하늘이 내린 목숨과 자연의 이치.
名詩	(명시)	7Ⅱ 4Ⅱ	이름난 시.
明示	(명시)	6Ⅱ 5	분명하게 드러내 보임.
名地	(명지)	7Ⅱ 7	이름난 곳.
明智	(명지)	6Ⅱ 4	밝은 지혜.
無價	(무가)	5 5Ⅱ	값이 없음.
舞歌	(무가)	4 7	춤과 노래.
無關	(무관)	5 5Ⅱ	관계 없음.
武官	(무관)	4Ⅱ 4Ⅱ	군사 일을 맡아보는 관리.
無機	(무기)	5 4	생명이나 활력을 지니고 있지 않음.
武器	(무기)	4Ⅱ 4Ⅱ	전쟁에 사용되는 기구.
武臣	(무신)	4Ⅱ 5Ⅱ	신하 가운데 무관인 사람.
無信	(무신)	5 6Ⅱ	신의가 없음.
武勇	(무용)	4Ⅱ 6Ⅱ	무예와 용맹.
無用	(무용)	5 6Ⅱ	쓸모가 없음.
聞道	(문도)	6Ⅱ 7Ⅱ	도를 듣고 깨달음.
門徒	(문도)	8 4	이름난 학자 밑에서 배우는 제자.
未明	(미명)	4Ⅱ 6Ⅱ	날이 채 밝지 않음.
美名	(미명)	6 7Ⅱ	그럴듯한 명목.
班家	(반가)	6Ⅱ 7Ⅱ	양반의 집안.
半價	(반가)	6Ⅱ 5Ⅱ	반값.
半減	(반감)	6Ⅱ 4Ⅱ	절반으로 줆.
反感	(반감)	6Ⅱ 6	반항하는 감정.
半牧	(반목)	6Ⅱ 4Ⅱ	다른 일을 하면서 목축업을 함.

反目	(반목)	6Ⅱ 6	서로 미워함.
訪問	(방문)	4Ⅱ 7	찾아가서 만나거나 봄.
房門	(방문)	4Ⅱ 8	방으로 드나드는 문.
方位	(방위)	7Ⅱ 5	방향을 나타내는 위치.
防衛	(방위)	4Ⅱ 4Ⅱ	적의 공격이나 침략을 막아서 지킴.
防寒	(방한)	4Ⅱ 5	추위를 막음.
訪韓	(방한)	4Ⅱ 8	한국을 방문함.
放火	(방화)	6Ⅱ 8	불을 지름.
防火	(방화)	4Ⅱ 8	불이 나는 것을 막음.
配水	(배수)	4Ⅱ 8	급수관을 통하여 물을 나누어 보냄.
倍數	(배수)	5 7	어떤 수의 갑절이 되는 수.
白米	(백미)	8 6	흰쌀.
百味	(백미)	7 4Ⅱ	온갖 맛있는 음식물.
兵家	(병가)	5Ⅱ 7Ⅱ	군사에 관한 일의 전문가.
病暇	(병가)	6 4	병으로 말미암아 얻는 휴가.
寶庫	(보고)	4Ⅱ 4	귀중한 것이 간직되어 있는 곳.
報告	(보고)	4Ⅱ 5Ⅱ	어떤 일에 관하여 말이나 글로 알림.
富商	(부상)	4Ⅱ 5Ⅱ	부유한 상인.
負傷	(부상)	4 4	몸에 상처를 입음.
副賞	(부상)	4Ⅱ 5	상장 외에 덧붙여 주는 상품.
夫人	(부인)	7 8	남의 아내를 높여 이르는 말.
否認	(부인)	4 4Ⅱ	인정하지 아니함.
父子	(부자)	8 7Ⅱ	아버지와 아들.
富者	(부자)	4Ⅱ 6	재물이 많은 사람.

分期	(분기)	6Ⅱ 5	일 년을 4등분한 3개월씩의 기간.
憤氣	(분기)	4 7Ⅱ	분한 생각이나 기운.
不可	(불가)	7Ⅱ 5	옳지 않음. 가능하지 않음.
佛家	(불가)	4Ⅱ 7Ⅱ	불교를 믿는 사람들의 사회.
比例	(비례)	5 6	한쪽의 양이나 수가 증가하는 만큼 다른 쪽도 그만큼 증가함.
非禮	(비례)	4Ⅱ 6	예의에 어긋남.
悲鳴	(비명)	4Ⅱ 4	슬피 욺.
非命	(비명)	4Ⅱ 7	제명대로 다 살지 못하고 죽음.
非常	(비상)	4Ⅱ 4Ⅱ	평상시와 다른 뜻밖의 사태.
飛上	(비상)	4Ⅱ 7Ⅱ	날아오름.
碑陰	(비음)	4 4Ⅱ	비신(碑身)의 뒷면.
鼻音	(비음)	5 6Ⅱ	코가 막힌 듯이 내는 소리.
飛鳥	(비조)	4Ⅱ 4Ⅱ	날아다니는 새.
鼻祖	(비조)	5 7	시조(始祖).
悲話	(비화)	4Ⅱ 7Ⅱ	슬픈 이야기.
飛火	(비화)	4Ⅱ 8	어떤 일의 영향이 다른 데까지 번짐.
祕話	(비화)	4 7Ⅱ	세상에 드러나지 아니한 이야기.
史庫	(사고)	5Ⅱ 4	국가의 중요한 서적을 보관하던 서고.
思考	(사고)	5 5	생각하고 궁리함.
社告	(사고)	6Ⅱ 5Ⅱ	회사에서 내는 광고.
事故	(사고)	7Ⅱ 4Ⅱ	뜻밖에 일어난 불행한 일.
社團	(사단)	6Ⅱ 5Ⅱ	특정한 목적을 위하여 두 사람 이상이 결합하여 설립한 단체.
事端	(사단)	7Ⅱ 4Ⅱ	일의 실마리.
事理	(사리)	7Ⅱ 6Ⅱ	사물의 이치.

私利	(사리)	4 6Ⅱ	사사로운 이익.
舍利	(사리)	4Ⅱ 6Ⅱ	부처나 성자의 유골.
思想	(사상)	5 4Ⅱ	사회, 인생 따위에 관한 인식이나 견해.
死傷	(사상)	6 4	죽거나 다침.
事象	(사상)	7Ⅱ 4	관찰할 수 있는 사물과 현상.
史上	(사상)	5Ⅱ 7Ⅱ	역사상.
使臣	(사신)	6 5Ⅱ	임금의 명령으로 외국에 사절로 가는 신하.
四神	(사신)	8 6Ⅱ	네 방향을 맡은 신. 청룡, 백호, 주작, 현무.
私信	(사신)	4 6Ⅱ	개인의 사사로운 편지.
事案	(사안)	7Ⅱ 5	법률적으로 문제가 되어 있는 일의 안건.
史眼	(사안)	5Ⅱ 4Ⅱ	역사를 이해하는 안목.
私怨	(사원)	4 4	사사로운 원한.
寺院	(사원)	4Ⅱ 5	종교의 교당. 절.
社員	(사원)	6Ⅱ 4Ⅱ	회사원.
事由	(사유)	7Ⅱ 6	일의 까닭.
私有	(사유)	4 7	개인이 사사로이 소유함.
射場	(사장)	4 7Ⅱ	활터.
社長	(사장)	6Ⅱ 8	회사의 책임자.
史籍	(사적)	5Ⅱ 4	역사 기록 서적.
事績	(사적)	7Ⅱ 4	일의 실적이나 공적.
事前	(사전)	7Ⅱ 7Ⅱ	일이 일어나기 전.
辭典	(사전)	4 5Ⅱ	낱말을 해설한 책.
使節	(사절)	6 5Ⅱ	나라를 대표하여 외국에 파견되는 사람.
謝絕	(사절)	4Ⅱ 4Ⅱ	제의 따위를 사양하여 받아들이지 않고 물리침.

師弟	(사제)	4Ⅱ 8	스승과 제자.
私製	(사제)	4 4Ⅱ	개인이 사사로이 만듦.
師表	(사표)	4Ⅱ 6Ⅱ	학식과 덕행이 높아 남의 모범이 될 만한 인물.
死票	(사표)	6 4Ⅱ	선거 때에, 낙선한 후보자에게 던져진 표.
辭表	(사표)	4 6Ⅱ	직책에서 사임하겠다는 뜻을 적어 내는 문서.
師兄	(사형)	4Ⅱ 8	한 스승의 제자로서, 먼저 제자가 된 사람.
死刑	(사형)	6 4	죄인의 목숨을 끊는 형벌.
算經	(산경)	7 4Ⅱ	예전에, 수학 책을 이르던 말.
山景	(산경)	8 5	산의 경치.
散亂	(산란)	4 4	흩어져 어지러움, 어수선함.
産卵	(산란)	5Ⅱ 4	알을 낳음.
散文	(산문)	4 7	소설 따위의 자유로운 문장으로 쓴 글.
山門	(산문)	8 8	산의 어귀. 절 또는 절의 바깥문.
散失	(산실)	4 6	흩어져 잃어버림.
産室	(산실)	5Ⅱ 8	해산하는 방. 어떤 일을 이루어 내는 곳.
相關	(상관)	5Ⅱ 5Ⅱ	서로 관련을 가짐.
上官	(상관)	7Ⅱ 4Ⅱ	직책상 자기보다 더 높은 자리에 있는 사람.
想起	(상기)	4Ⅱ 4Ⅱ	지난 일을 돌이켜 생각하여 냄.
上氣	(상기)	7Ⅱ 7Ⅱ	흥분이나 부끄러움으로 얼굴이 붉어짐.
商利	(상리)	5Ⅱ 6Ⅱ	장사하여 얻는 이익.
常理	(상리)	4Ⅱ 6Ⅱ	떳떳한 도리.
常事	(상사)	4Ⅱ 7Ⅱ	늘 있는 일.
相思	(상사)	5Ⅱ 5	서로 생각하고 그리워함.
上衣	(상의)	7Ⅱ 6	윗옷.

相議	(상의)	5Ⅱ 4Ⅱ	어떤 일을 서로 의논함.
常情	(상정)	4Ⅱ 5Ⅱ	사람에게 있는 보통의 인정.
上程	(상정)	7Ⅱ 4Ⅱ	토의할 안건을 내어 놓음.
商標	(상표)	5Ⅱ 4	상품에 사용하는 기호 따위의 표지.
上表	(상표)	7Ⅱ 6Ⅱ	임금에게 올리던 글.
宣告	(선고)	4 5Ⅱ	선언하여 널리 알림.
先考	(선고)	8 5	돌아가신 아버지.
宣敎	(선교)	4 8	종교를 선전하여 널리 폄.
船橋	(선교)	5 5	배다리.
鮮度	(선도)	5Ⅱ 6	생선이나 야채 따위의 신선한 정도.
先導	(선도)	8 4Ⅱ	앞장서서 이끌거나 안내함.
宣戰	(선전)	4 6Ⅱ	한 나라가 다른 나라에 대하여 전쟁을 시작한다는 의사 표시를 하는 일.
善戰	(선전)	5 6Ⅱ	잘 싸움.
宣傳	(선전)	4 5Ⅱ	주장 따위를 널리 알리는 일.
先住	(선주)	8 7	이전부터 살고 있음.
仙酒	(선주)	5Ⅱ 4	귀하고 맛이 좋은 술을 비유.
雪景	(설경)	6Ⅱ 5	눈이 내리거나 눈이 쌓인 경치.
說經	(설경)	5Ⅱ 4Ⅱ	경전을 해설하는 일.
說話	(설화)	5Ⅱ 7Ⅱ	신화, 전설, 민담 따위를 통틀어 이르는 말.
雪華	(설화)	6Ⅱ 4	눈송이.
聲價	(성가)	4Ⅱ 5Ⅱ	세상에 드러난 좋은 평판이나 소문.
成家	(성가)	6Ⅱ 7Ⅱ	가정을 이룸. 집안을 일으켜 세움.
星團	(성단)	4Ⅱ 5Ⅱ	항성의 집단.
聖壇	(성단)	4Ⅱ 5	신을 모신 제단.

聲明 (성명) 4Ⅱ 6Ⅱ 입장 따위를 공개적으로 발표함.
姓名 (성명) 7Ⅱ 7Ⅱ 성과 이름.
成市 (성시) 6Ⅱ 7Ⅱ 시장(市場)을 이룸.
盛時 (성시) 4Ⅱ 7Ⅱ 세력 따위가 한창인 때.
聲援 (성원) 4Ⅱ 4 소리를 질러 응원함.
成員 (성원) 6Ⅱ 4Ⅱ 모임을 구성하는 인원.
盛裝 (성장) 4Ⅱ 4 잘 차려입음.
成長 (성장) 6Ⅱ 8 자라서 점점 커짐.
歲首 (세수) 5Ⅱ 5Ⅱ 한 해의 처음.
洗手 (세수) 5Ⅱ 7Ⅱ 손이나 얼굴을 씻음.
所關 (소관) 7 5Ⅱ 관계되는 바.
小官 (소관) 8 4Ⅱ 지위가 낮은 관리.
消極 (소극) 6Ⅱ 4Ⅱ 기백이 부족하고 비활동적임.
笑劇 (소극) 4Ⅱ 4 관객을 웃기기 위하여 만든 저속한 연극.
小器 (소기) 8 4Ⅱ 작은 그릇.
所期 (소기) 7 5 기대한 바.
消印 (소인) 6Ⅱ 4Ⅱ 지우는 표시로 인장을 찍음. 우표 따위에 도장을 찍음.
小人 (소인) 8 8 도량이 좁고 간사한 사람.
小腸 (소장) 8 4 작은창자.
所長 (소장) 7 8 연구소 따위의 우두머리.
所在 (소재) 7 6 있는 곳.
素材 (소재) 4Ⅱ 5Ⅱ 어떤 것을 만드는 데 바탕이 되는 재료.
所持 (소지) 7 4 가지고 있는 것.
掃地 (소지) 4Ⅱ 7 땅을 쓺.

素地	(소지)	4Ⅱ 7	본래의 바탕.
守舊	(수구)	4Ⅱ 5Ⅱ	옛 제도나 풍습을 그대로 지키고 따름.
水球	(수구)	8 6Ⅱ	수영 경기의 하나. 헤엄을 치며 공을 상대편의 골에 넣어 득점을 겨루는 경기.
首級	(수급)	5Ⅱ 6	전쟁에서 베어 얻은 적군의 머리.
收給	(수급)	4Ⅱ 5	수입과 지급을 아울러 이르는 말.
手記	(수기)	7Ⅱ 7Ⅱ	체험을 직접 쓴 기록.
手旗	(수기)	7Ⅱ 7	손에 쥐는 작은 기.
修己	(수기)	4Ⅱ 5Ⅱ	자신의 몸과 마음을 닦음.
首都	(수도)	5Ⅱ 5	한 나라의 중앙 정부가 있는 도시.
修道	(수도)	4Ⅱ 7Ⅱ	도를 닦음.
首領	(수령)	5Ⅱ 5	당파나 무리의 우두머리.
守令	(수령)	4Ⅱ 5	옛날 고을을 다스리던 지방관.
受領	(수령)	4Ⅱ 5	돈이나 물품을 받아들임.
受理	(수리)	4Ⅱ 6Ⅱ	서류를 받아서 처리함.
數理	(수리)	7 6Ⅱ	수학의 이론.
水利	(수리)	8 6Ⅱ	물을 이용하는 일.
首相	(수상)	5Ⅱ 5Ⅱ	내각의 우두머리.
受賞	(수상)	4Ⅱ 5	상을 받음.
水性	(수성)	8 5Ⅱ	물의 성질.
守城	(수성)	4Ⅱ 4Ⅱ	적의 공격을 막기 위하여 성을 지킴.
水星	(수성)	8 4Ⅱ	태양에서 첫 번째로 가까운 행성.
收稅	(수세)	4Ⅱ 4Ⅱ	세금을 거두어들이는 일.
守勢	(수세)	4Ⅱ 4Ⅱ	적의 공격을 맞아 지키는 형세.
受信	(수신)	4Ⅱ 6Ⅱ	통신이나 신호를 받음.

水神	(수신)	8 6Ⅱ	물을 맡아 다스리는 신.
修身	(수신)	4Ⅱ 6Ⅱ	마음과 행실을 바르게 닦아 수양함.
首位	(수위)	5Ⅱ 5	첫째가는 자리.
守衛	(수위)	4Ⅱ 4Ⅱ	지킴, 경비를 맡아보는 사람.
水位	(수위)	8 5	물의 높이.
水災	(수재)	8 5	물로 입는 피해.
秀才	(수재)	4 6Ⅱ	머리가 좋고 재주가 뛰어난 사람.
受精	(수정)	4Ⅱ 4Ⅱ	암수의 생식 세포가 서로 하나로 합치는 현상.
修正	(수정)	4Ⅱ 7Ⅱ	바로잡아 고침.
修築	(수축)	4Ⅱ 4Ⅱ	헐어진 곳을 고쳐 지음.
收縮	(수축)	4Ⅱ 4	근육 따위가 오그라듦.
水害	(수해)	8 5Ⅱ	장마나 홍수로 인한 피해.
樹海	(수해)	6 7Ⅱ	울창하고 광대한 삼림.
修好	(수호)	4Ⅱ 4Ⅱ	나라와 나라가 서로 사이좋게 지냄.
守護	(수호)	4Ⅱ 4Ⅱ	지키고 보호함.
肅然	(숙연)	4 7	고요하고 엄숙함.
宿緣	(숙연)	5Ⅱ 4	오래 묵은 인연.
純利	(순리)	4Ⅱ 6Ⅱ	순이익.
順理	(순리)	5Ⅱ 6Ⅱ	순한 이치나 도리 또는 그에 따름.
承認	(승인)	4Ⅱ 4Ⅱ	어떤 사실을 마땅하다고 받아들임. 인정함.
勝因	(승인)	6 5	승리의 원인.
時價	(시가)	7Ⅱ 5Ⅱ	일정한 시기의 물건 값.
市街	(시가)	7Ⅱ 4Ⅱ	도시의 큰 길거리.
詩歌	(시가)	4Ⅱ 7	가사를 포함한 시문학을 통틀어 이르는 말.

視角	(시각)	4Ⅱ 6Ⅱ	사물을 관찰하는 자세.
時刻	(시각)	7Ⅱ 4	시간의 어느 한 시점.
施工	(시공)	4Ⅱ 7Ⅱ	공사를 시행함.
時空	(시공)	7Ⅱ 7Ⅱ	시간과 공간.
始球	(시구)	6Ⅱ 6Ⅱ	경기의 시작을 상징하는 것으로 처음으로 공을 던지거나 치는 일.
詩句	(시구)	4Ⅱ 4Ⅱ	시의 구절.
市道	(시도)	7Ⅱ 7Ⅱ	시내 도로. 행정 구역으로 나눈 시와 도.
試圖	(시도)	4Ⅱ 6Ⅱ	어떤 것을 이루어 보려고 계획함.
是非	(시비)	4Ⅱ 4Ⅱ	옳음과 그름.
詩碑	(시비)	4Ⅱ 4	시를 새긴 비석.
試寫	(시사)	4Ⅱ 5	영화 따위를 비평가 등에게 시험적으로 보이는 일.
時事	(시사)	7Ⅱ 7Ⅱ	그 당시에 일어난 여러 가지 사회적 사건.
詩想	(시상)	4Ⅱ 4Ⅱ	시를 짓기 위한 착상. 시적인 생각이나 상념.
施賞	(시상)	4Ⅱ 5	상장이나 상품, 상금 따위를 줌.
詩選	(시선)	4Ⅱ 5	시를 뽑아 모은 책.
視線	(시선)	4Ⅱ 6Ⅱ	눈이 가는 길. 눈의 방향.
是認	(시인)	4Ⅱ 4Ⅱ	어떤 내용이나 사실이 옳다고 인정함.
詩人	(시인)	4Ⅱ 8	시를 전문적으로 짓는 사람.
是正	(시정)	4Ⅱ 7Ⅱ	잘못된 것을 바로잡음.
時政	(시정)	7Ⅱ 4Ⅱ	그 당시의 정치.
始祖	(시조)	6Ⅱ 7	한 겨레나 가계의 맨 처음이 되는 조상.
時調	(시조)	7Ⅱ 5Ⅱ	우리나라 고유의 정형시.
食事	(식사)	7Ⅱ 7Ⅱ	끼니로 음식을 먹음.
式辭	(식사)	6 4	식장에서 주최자가 인사로 하는 말.

新奇	(신기)	6Ⅱ 4	새롭고 기이함.
神技	(신기)	6Ⅱ 5	매우 뛰어난 재주.
新黨	(신당)	6Ⅱ 4Ⅱ	새로 조직한 당.
神堂	(신당)	6Ⅱ 6Ⅱ	신령을 모셔 놓는 집.
神父	(신부)	6Ⅱ 8	주교 다음가는 성직자.
新婦	(신부)	6Ⅱ 4Ⅱ	갓 결혼하였거나 결혼하는 여자.
新式	(신식)	6Ⅱ 6	새로운 방식이나 형식.
信息	(신식)	6Ⅱ 4Ⅱ	소식.
信義	(신의)	6Ⅱ 4Ⅱ	믿음과 의리.
神醫	(신의)	6Ⅱ 6	의술이 뛰어난 의원.
實技	(실기)	5Ⅱ 5	실제의 기능이나 기술.
失機	(실기)	6 4	기회를 잃거나 놓침.
失政	(실정)	6 4Ⅱ	정치를 잘못함.
實情	(실정)	5Ⅱ 5Ⅱ	실제의 사정.
深化	(심화)	4Ⅱ 5Ⅱ	정도나 경지가 점점 깊어짐.
心火	(심화)	7 8	마음속에서 북받쳐 나는 화.
眼部	(안부)	4Ⅱ 6Ⅱ	눈이 있는 부위.
安否	(안부)	7Ⅱ 4	편안하게 잘 지내는지 아니한지에 대한 소식.
安息	(안식)	7Ⅱ 4Ⅱ	편히 쉼.
眼識	(안식)	4Ⅱ 5Ⅱ	안목과 식견.
夜警	(야경)	6 4Ⅱ	밤사이에 범죄 따위가 없도록 살피고 지킴.
野景	(야경)	6 5	들의 경치.
夜深	(야심)	6 4Ⅱ	밤이 깊음.
野心	(야심)	6 7	무엇을 이루어 보겠다고 마음속에 품고 있는 욕망.

略歷	(약력)	4 5Ⅱ	간략하게 적은 이력.
藥力	(약력)	6Ⅱ 7Ⅱ	약의 효력.
藥師	(약사)	6Ⅱ 4Ⅱ	약에 관한 일을 맡아보는 사람.
略史	(약사)	4 5Ⅱ	간략하게 줄여 적은 역사.
陽刻	(양각)	6 4	조각에서 글자 따위를 도드라지게 새기는 일.
羊角	(양각)	4Ⅱ 6Ⅱ	양의 뿔.
良否	(양부)	5Ⅱ 4	좋음과 나쁨.
兩部	(양부)	4Ⅱ 6Ⅱ	두 개의 부.
陽性	(양성)	6 5Ⅱ	양(陽)의 성질.
養成	(양성)	5Ⅱ 6Ⅱ	가르쳐서 유능한 사람을 길러 냄.
糧食	(양식)	4 7Ⅱ	사람의 먹을거리.
良識	(양식)	5Ⅱ 5Ⅱ	뛰어난 식견이나 건전한 판단.
樣式	(양식)	4 6	일정한 모양이나 형식.
羊肉	(양육)	4Ⅱ 4Ⅱ	양고기.
養育	(양육)	5Ⅱ 7	아이를 기름.
洋醫	(양의)	6 6	서양의 의술을 베푸는 사람.
兩儀	(양의)	4Ⅱ 4	음(陰)과 양(陽). 하늘과 땅.
良醫	(양의)	5Ⅱ 6	의술이 뛰어난 의사.
養子	(양자)	5Ⅱ 7Ⅱ	대를 잇기 위하여 데려다 기르는 남자 아이.
兩者	(양자)	4Ⅱ 6	두 사람이나 두 개의 사물.
女警	(여경)	8 4Ⅱ	여자 경찰관.
餘慶	(여경)	4Ⅱ 4Ⅱ	남에게 좋은 일을 많이 한 보답으로 뒷날 그 자손이 받는 경사.
女權	(여권)	8 4Ⅱ	여자의 권리.
旅券	(여권)	5Ⅱ 4	외국을 여행하는 사람의 신분증명서.

與信	(여신)	4 6Ⅱ	금융 기관에서 고객에게 돈을 빌려 주는 일.
女神	(여신)	8 6Ⅱ	여성의 신.
旅程	(여정)	5Ⅱ 4Ⅱ	여행의 일정.
餘情	(여정)	4Ⅱ 5Ⅱ	남아 있는 정이나 생각.
易經	(역경)	4 4Ⅱ	주역(周易).
逆境	(역경)	4Ⅱ 4Ⅱ	일이 순조롭지 않아 매우 어렵게 된 처지.
力道	(역도)	7Ⅱ 7Ⅱ	무거운 역기를 들어 올려 그 중량을 겨루는 경기.
逆徒	(역도)	4Ⅱ 4	반역의 무리.
歷戰	(역전)	5Ⅱ 6Ⅱ	이곳저곳에서 많은 전쟁을 겪음.
逆轉	(역전)	4Ⅱ 4	형세가 뒤집혀짐.
演技	(연기)	4Ⅱ 5	배우가 배역의 성격, 행동 따위를 표현해 내는 일.
延期	(연기)	4 5	정해진 기한을 뒤로 늘림.
煙氣	(연기)	4Ⅱ 7Ⅱ	무엇이 불에 탈 때에 생겨나는 기운.
連帶	(연대)	4Ⅱ 4Ⅱ	여럿이 함께 일을 하거나 책임을 짐.
年代	(연대)	8 6Ⅱ	지나간 시간을 일정한 햇수로 나눈 것.
延命	(연명)	4 7	목숨을 겨우 이어 살아감.
連名	(연명)	4Ⅱ 7Ⅱ	두 사람 이상의 이름을 잇대어 씀.
演舞	(연무)	4Ⅱ 4	춤을 연습함, 춤을 추어 관중에게 보임.
硏武	(연무)	4Ⅱ 4Ⅱ	무예를 닦음.
演士	(연사)	4Ⅱ 5Ⅱ	연설하는 사람.
連射	(연사)	4Ⅱ 4	발사 장치를 갖춘 기구를 잇달아 쏨.
硏修	(연수)	4Ⅱ 4Ⅱ	학문 따위를 갈고 닦음.
年收	(연수)	8 4Ⅱ	한 해 동안의 수입.
年初	(연초)	8 5	새해의 첫머리.

한자어	독음	급수	뜻
煙草	(연초)	4Ⅱ 7	담배.
列強	(열강)	4Ⅱ 6	여러 강한 나라.
熱講	(열강)	5 4Ⅱ	열정적 강의.
熱誠	(열성)	5 4Ⅱ	열렬한 정성.
列聖	(열성)	4Ⅱ 4Ⅱ	대대의 여러 임금.
熱戰	(열전)	5 6Ⅱ	무력을 사용하는 전쟁. 맹렬한 싸움.
列傳	(열전)	4Ⅱ 5Ⅱ	여러 사람의 전기(傳記)를 차례로 기록한 책.
英圖	(영도)	6 6Ⅱ	뛰어난 계획이나 책략.
領導	(영도)	5 4Ⅱ	앞장서서 이끌고 지도함.
映寫	(영사)	4 5	영화 따위의 필름에 있는 상을 비추어 나타냄.
領事	(영사)	5 7Ⅱ	외국에 있으면서 본국의 무역 통상의 이익 도모와 자국민의 보호를 담당하는 공무원.
領洗	(영세)	5 5Ⅱ	세례를 받는 일.
迎歲	(영세)	4 5Ⅱ	새해를 맞이함.
領收	(영수)	5 4Ⅱ	돈이나 물품 따위를 받아들임.
英數	(영수)	6 7	영어와 수학.
映畫	(영화)	4 6	움직이는 대상을 촬영하여 상황을 재현하는 종합 예술.
榮華	(영화)	4Ⅱ 4	몸이 귀하게 되어 이름이 세상에 빛남.
誤解	(오해)	4Ⅱ 4Ⅱ	그릇 해석하거나 뜻을 잘못 앎.
五害	(오해)	8 5Ⅱ	흉년이 들 다섯 가지 피해.
王使	(왕사)	8 6	임금의 사신.
往事	(왕사)	4Ⅱ 7Ⅱ	지나간 일.
容器	(용기)	4Ⅱ 4Ⅱ	물건을 담는 그릇.
勇氣	(용기)	6Ⅱ 7Ⅱ	씩씩하고 굳센 기운.
容姿	(용자)	4Ⅱ 4	용모와 자태.

勇者	(용자)	6Ⅱ 6	씩씩한 사람.
雨量	(우량)	5Ⅱ 5	비가 내린 양.
優良	(우량)	4 5Ⅱ	물건의 품질이나 상태가 좋음.
優秀	(우수)	4 4	여럿 가운데 뛰어남.
右手	(우수)	7Ⅱ 7Ⅱ	오른손.
友情	(우정)	5Ⅱ 5Ⅱ	친구 사이의 정.
郵政	(우정)	4 4Ⅱ	우편에 관한 행정.
遠路	(원로)	6 6	먼 길.
元老	(원로)	5Ⅱ 7	한 가지 일에 오래 종사하여 경험과 공로가 많은 사람.
原始	(원시)	5 6Ⅱ	시작하는 처음.
遠視	(원시)	6 4Ⅱ	멀리 바라봄.
遠祖	(원조)	6 7	고조(高祖) 이전의 먼 조상.
援助	(원조)	4 4Ⅱ	물품이나 돈 따위로 도와줌.
元祖	(원조)	5Ⅱ 7	첫 대의 조상.
儒家	(유가)	4 7Ⅱ	공자의 학설을 신봉하고 연구하는 학파.
油價	(유가)	6 5Ⅱ	석유의 판매 가격.
有故	(유고)	7 4Ⅱ	특별한 사정이 있음.
遺孤	(유고)	4 4	부모가 다 죽은 외로운 아이.
留級	(유급)	4Ⅱ 6	진급하지 못하고 그대로 남음.
有給	(유급)	7 5	급료가 있음.
遊離	(유리)	4 4	따로 떨어짐.
有利	(유리)	7 6Ⅱ	이익이 있음.
有史	(유사)	7 5Ⅱ	인류의 역사가 시작됨.
遺事	(유사)	4 7Ⅱ	예로부터 전하여 오는 사적.

遺傳	(유전)	4 5Ⅱ	물려받아 내려옴.
油田	(유전)	6 4Ⅱ	석유가 나는 곳.
肉聲	(육성)	4Ⅱ 4Ⅱ	사람의 입에서 직접 나오는 소리.
育成	(육성)	7 6Ⅱ	길러 자라게 함.
恩師	(은사)	4Ⅱ 4Ⅱ	가르침을 받은 은혜로운 스승.
隱士	(은사)	4 5Ⅱ	예전에, 벼슬하지 아니하고 숨어 살던 선비.
隱語	(은어)	4 7	다른 사람들이 알아듣지 못하도록 구성원들끼리만 사용하는 말.
銀魚	(은어)	6 5	바다빙어과의 민물고기.
音階	(음계)	6Ⅱ 4	음정의 순서로 음을 차례로 늘어놓은 것.
陰計	(음계)	4Ⅱ 6Ⅱ	나쁜 목적으로 몰래 흉악한 일을 꾸밈.
飮器	(음기)	6Ⅱ 4Ⅱ	술잔 따위와 같이 술을 마시는 데 쓰는 그릇.
陰記	(음기)	4Ⅱ 7Ⅱ	비석의 뒷면에 새긴 글.
陰氣	(음기)	4Ⅱ 7Ⅱ	어둡고 침침하거나 쌀쌀한 기운.
陰性	(음성)	4Ⅱ 5Ⅱ	음의 성질.
音聲	(음성)	6Ⅱ 4Ⅱ	사람의 목소리나 말소리.
依據	(의거)	4 4	어떤 사실이나 원리 따위에 근거함.
義擧	(의거)	4Ⅱ 5	정의를 위하여 의로운 일을 도모함.
醫師	(의사)	6 4Ⅱ	의술로 병을 치료하는 사람.
義士	(의사)	4Ⅱ 5Ⅱ	의로운 뜻을 지니고 행동하는 사람.
意思	(의사)	6Ⅱ 5	무엇을 하고자 하는 생각.
議事	(의사)	4Ⅱ 7Ⅱ	회의에서 어떤 일을 의논함.
意識	(의식)	6Ⅱ 5Ⅱ	깨어 있는 상태의 인식 작용.
衣食	(의식)	6 7Ⅱ	의복과 음식.
儀式	(의식)	4 6	행사를 치르는 일정한 법식.

醫院	(의원)	6 5	진료 시설을 갖추고 의료 행위를 하는 곳.
議員	(의원)	4Ⅱ 4Ⅱ	국회 등의 의결권을 가진 사람.
移記	(이기)	4Ⅱ 7Ⅱ	옮겨 적음.
利器	(이기)	6Ⅱ 4Ⅱ	날카로운 병기. 편리한 기기.
利己	(이기)	6Ⅱ 5Ⅱ	자신의 이익을 꾀함.
理氣	(이기)	6Ⅱ 7Ⅱ	우주 만물의 근원인 이(理)와 기(氣).
移動	(이동)	4Ⅱ 7Ⅱ	움직여 옮김.
異同	(이동)	4 7	다른 것과 같은 것.
以東	(이동)	5Ⅱ 8	기준점으로부터 그 동쪽.
異動	(이동)	4 7Ⅱ	전임이나 퇴직 따위로 말미암은 직책의 변동.
以上	(이상)	5Ⅱ 7Ⅱ	기준보다 더 많거나 나음.
理想	(이상)	6Ⅱ 4Ⅱ	생각해 볼 때 가장 완전하다고 여겨지는 상태.
異常	(이상)	4 4Ⅱ	정상적인 상태와 다름.
異狀	(이상)	4 4Ⅱ	평소와는 다른 상태.
移設	(이설)	4Ⅱ 4Ⅱ	다른 곳으로 옮기어 설치함.
異說	(이설)	4 5Ⅱ	통설과는 다른 의견.
異性	(이성)	4 5Ⅱ	남성과 여성 상호간에 성(性)이 다른 편.
二姓	(이성)	8 7Ⅱ	서로 다른 두 가지 성.
理性	(이성)	6Ⅱ 5Ⅱ	사유하는 능력.
移植	(이식)	4Ⅱ 7	옮겨서 심음.
利息	(이식)	6Ⅱ 4Ⅱ	이자(利子).
理容	(이용)	6Ⅱ 4Ⅱ	이발과 미용.
利用	(이용)	6Ⅱ 6Ⅱ	이롭게 씀.
理由	(이유)	6Ⅱ 6	어떠한 결과에 이른 까닭.

離乳	(이유)	4 4	젖먹이가 자라서 젖을 먹지 않게 됨.
利敵	(이적)	6Ⅱ 4Ⅱ	적을 이롭게 함.
移籍	(이적)	4Ⅱ 4	호적을 옮김. 운동선수가 소속 팀으로부터 다른 팀으로 적을 옮기는 일.
移轉	(이전)	4Ⅱ 4	다른 데로 옮김.
以前	(이전)	5Ⅱ 7Ⅱ	기준점으로부터 그 전.
理解	(이해)	6Ⅱ 4Ⅱ	사리를 분별하여 해석함.
利害	(이해)	6Ⅱ 5Ⅱ	이익과 손해.
人家	(인가)	8 7Ⅱ	사람이 사는 집.
認可	(인가)	4Ⅱ 5	인정하여 허가함.
人道	(인도)	8 7Ⅱ	사람으로서 마땅히 지켜야 할 도리.
引導	(인도)	4Ⅱ 4Ⅱ	이끌어 지도함.
印象	(인상)	4Ⅱ 4	어떤 대상에 대하여 마음속에 새겨지는 느낌.
引上	(인상)	4Ⅱ 7Ⅱ	끌어 올림. 요금 따위를 올림.
人世	(인세)	8 7Ⅱ	사람이 사는 세상.
印稅	(인세)	4Ⅱ 4Ⅱ	저작권을 지닌 저작자에게 지급하는 돈.
引受	(인수)	4Ⅱ 4Ⅱ	물건이나 권리를 넘겨받음.
因數	(인수)	5 7	정수 또는 정식을 몇 개의 곱의 꼴로 하였을 때에, 그것의 각 구성 요소.
仁者	(인자)	4 6	마음이 어진 사람.
因子	(인자)	5 7Ⅱ	어떤 사물의 원인이 되는 낱낱의 요소나 물질.
人情	(인정)	8 5Ⅱ	사람이 지닌 감정이나 심정.
仁政	(인정)	4 4Ⅱ	어진 정치.
認定	(인정)	4Ⅱ 6	확실히 그렇다고 여김.
印紙	(인지)	4Ⅱ 7	수수료 따위를 낸 것을 증명하기 위하여 서류에 붙이는 종이 표.
認知	(인지)	4Ⅱ 5Ⅱ	어떤 사실을 인정하여 앎.

人智	(인지)	8 4	사람의 슬기.
自今	(자금)	7Ⅱ 6Ⅱ	현 시점 부터.
資金	(자금)	4 8	사업을 경영하는 데에 쓰는 돈.
子婦	(자부)	7Ⅱ 4Ⅱ	며느리.
自負	(자부)	7Ⅱ 4	스스로 능력을 믿고 당당함.
字數	(자수)	7 7	글자의 수효.
自修	(자수)	7Ⅱ 4Ⅱ	남의 가르침을 직접 받지 않고 자기의 힘으로 학문을 닦음.
資源	(자원)	4 4	생활 및 생산에 이용되는 원료.
自願	(자원)	7Ⅱ 5	스스로 지원함.
字義	(자의)	7 4Ⅱ	표의 문자에서 글자의 뜻.
自意	(자의)	7Ⅱ 6Ⅱ	자기의 생각.
子弟	(자제)	7Ⅱ 8	남을 높여 그의 아들을 이르는 말.
自制	(자제)	7Ⅱ 4Ⅱ	감정이나 욕망을 스스로 억제함.
自初	(자초)	7Ⅱ 5	어떤 일이 비롯된 처음.
自招	(자초)	7Ⅱ 4	어떤 결과를 스스로 끌어들임.
自害	(자해)	7Ⅱ 5Ⅱ	자기 몸을 스스로 다치게 함.
字解	(자해)	7 4Ⅱ	글자에 대한 풀이.
字形	(자형)	7 6Ⅱ	글자꼴.
姉兄	(자형)	4 8	손위 누이의 남편.
長官	(장관)	8 4Ⅱ	국무를 처리하는 행정 각부의 우두머리.
壯觀	(장관)	4 5Ⅱ	훌륭하고 볼만한 광경.
長技	(장기)	8 5	가장 잘하는 재주.
帳記	(장기)	4 7Ⅱ	필요한 물건의 이름과 값 따위를 적어 놓은 글.
長成	(장성)	8 6Ⅱ	자라서 어른이 됨.

將星	(장성)	4Ⅱ 4Ⅱ	군대의 장군(將軍).
壯丁	(장정)	4 4	나이가 젊고 기운이 좋은 남자.
章程	(장정)	6 4Ⅱ	여러 조목으로 나누어 마련한 규정.
財經	(재경)	5Ⅱ 4Ⅱ	재정과 경제.
在京	(재경)	6 6	서울에 있음.
在庫	(재고)	6 4	창고 따위에 쌓여 있음.
再考	(재고)	5 5	다시 생각함.
才氣	(재기)	6Ⅱ 7Ⅱ	재주가 있는 기질.
再起	(재기)	5 4Ⅱ	다시 일어섬.
再修	(재수)	5 4Ⅱ	한 번 배웠던 학과 과정을 다시 배움.
財數	(재수)	5Ⅱ 7	재물이 생기거나 좋은 일이 있을 운수.
敵機	(적기)	4Ⅱ 4	적군의 비행기.
赤旗	(적기)	5 7	붉은빛의 기.
適期	(적기)	4 5	알맞은 시기.
適當	(적당)	4 5Ⅱ	정도에 알맞음.
敵黨	(적당)	4Ⅱ 4Ⅱ	적의 무리.
積善	(적선)	4 5	착한 일을 많이 함.
敵船	(적선)	4Ⅱ 5	적이나 적국의 배.
赤手	(적수)	5 7Ⅱ	맨손.
敵手	(적수)	4Ⅱ 7Ⅱ	재주나 힘이 서로 비슷해서 상대가 되는 사람.
前景	(전경)	7Ⅱ 5	앞쪽에 보이는 경치.
戰警	(전경)	6Ⅱ 4Ⅱ	전투 경찰을 줄여 이르는 말.
戰功	(전공)	6Ⅱ 6Ⅱ	전투에서 세운 공로.
專攻	(전공)	4 4	어느 한 분야를 전문적으로 연구함.

轉機	(전기)	4 4	승패 따위가 바뀌는 기회나 시기.
前期	(전기)	7Ⅱ 5	일정 기간을 몇 개로 나눈 첫 시기.
電氣	(전기)	7Ⅱ 7Ⅱ	전자의 움직임 때문에 생기는 에너지의 한 형태.
傳記	(전기)	5Ⅱ 7Ⅱ	한 사람의 일생 동안의 행적을 적은 기록.
戰端	(전단)	6Ⅱ 4Ⅱ	전쟁을 벌이게 된 실마리.
傳單	(전단)	5Ⅱ 4Ⅱ	선전이나 선동 따위의 글이 담긴 종이쪽.
專斷	(전단)	4 4Ⅱ	혼자 마음대로 결정하고 단행함.
全圖	(전도)	7Ⅱ 6Ⅱ	전체를 그린 그림이나 지도.
傳導	(전도)	5Ⅱ 4Ⅱ	열 또는 전기가 물체 속을 이동하는 일.
電力	(전력)	7Ⅱ 7Ⅱ	단위 시간에 사용되는 전기 에너지의 양.
全力	(전력)	7Ⅱ 7Ⅱ	모든 힘.
前歷	(전력)	7Ⅱ 5Ⅱ	과거의 경력.
專力	(전력)	4 7Ⅱ	오로지 한 가지 일에 온 힘을 다함.
戰歷	(전력)	6Ⅱ 5Ⅱ	전쟁이나 전투에 참가한 경력.
戰力	(전력)	6Ⅱ 7Ⅱ	전투나 경기 따위를 할 수 있는 능력.
全無	(전무)	7Ⅱ 5	전혀 없음.
專務	(전무)	4 4Ⅱ	어떤 일을 전문적으로 맡아보는 사람.
專門	(전문)	4 8	오직 특정 분야만 연구하거나 맡음.
傳聞	(전문)	5Ⅱ 6Ⅱ	다른 사람을 통하여 전하여 들음.
前文	(전문)	7Ⅱ 7	한 편의 글에서 앞부분에 해당하는 글.
典範	(전범)	5Ⅱ 4	본보기가 될 만한 모범.
戰犯	(전범)	6Ⅱ 4	전쟁 범죄 또는 그를 저지른 사람.
全史	(전사)	7Ⅱ 5Ⅱ	모든 분야를 다 포괄하는 전체의 역사.
戰死	(전사)	6Ⅱ 6	싸움터에서 싸우다가 죽음.

電線	(전선)	7Ⅱ 6Ⅱ	전류가 흐르는 선.
戰線	(전선)	6Ⅱ 6Ⅱ	전투가 벌어지는 지역이나 그런 지역을 가상적으로 연결한 선.
戰船	(전선)	6Ⅱ 5	전투에 쓰는 배.
戰勢	(전세)	6Ⅱ 4Ⅱ	전쟁, 경기 따위의 형세나 형편.
前世	(전세)	7Ⅱ 7Ⅱ	이전 시대.
田稅	(전세)	4Ⅱ 4Ⅱ	논밭에 부과되는 조세.
戰勝	(전승)	6Ⅱ 6	전쟁이나 경기 따위에서 싸워 이김.
傳承	(전승)	5Ⅱ 4Ⅱ	문화, 풍속, 제도 따위를 이어받아 계승함.
全野	(전야)	7Ⅱ 6	모든 분야. 온 들판.
前夜	(전야)	7Ⅱ 6	어젯밤.
田野	(전야)	4Ⅱ 6	논밭으로 이루어진 들.
前列	(전열)	7Ⅱ 4Ⅱ	앞에 있는 줄이나 대열.
電熱	(전열)	7Ⅱ 5	전기 에너지를 열에너지로 변환시켰을 때 발생하는 열.
電源	(전원)	7Ⅱ 4	전류가 오는 원천.
全員	(전원)	7Ⅱ 4Ⅱ	소속된 인원의 전체.
田園	(전원)	4Ⅱ 6	도시에서 떨어진 시골이나 교외.
前衛	(전위)	7Ⅱ 4Ⅱ	전방의 호위.
傳位	(전위)	5Ⅱ 5	임금 자리를 후계자에게 전하여 줌.
前儒	(전유)	7Ⅱ 4	전대의 유생(儒生).
專有	(전유)	4 7	혼자 독차지하여 가짐.
轉義	(전의)	4 4Ⅱ	본래의 뜻에서 다른 뜻으로 바뀜.
戰意	(전의)	6Ⅱ 6Ⅱ	싸우고자 하는 의욕.
戰績	(전적)	6Ⅱ 4	상대와 싸워서 얻은 실적.
典籍	(전적)	5Ⅱ 4	책.

부록 I

全的	(전적)	7Ⅱ 5Ⅱ	하나도 남김없이 모두 다인. 또는 그런 것.
田籍	(전적)	4Ⅱ 4	토지대장.
專制	(전제)	4 4Ⅱ	권력을 장악하고 그 개인의 의사에 따라 모든 일을 처리함.
前提	(전제)	7Ⅱ 4Ⅱ	조건 따위를 먼저 내세우는 것.
節氣	(절기)	5Ⅱ 7Ⅱ	한 해를 스물넷으로 나눈, 계절의 표준이 되는 것.
絕技	(절기)	4Ⅱ 5	매우 뛰어난 재주.
節制	(절제)	5Ⅱ 4Ⅱ	정도에 넘지 아니하도록 알맞게 조절하여 제한함.
切除	(절제)	5Ⅱ 4Ⅱ	잘라 냄.
情景	(정경)	5Ⅱ 5	정서를 자아내는 흥취와 경치.
政經	(정경)	4Ⅱ 4Ⅱ	정치와 경제.
正攻	(정공)	7Ⅱ 4	정면으로 하는 공격.
精工	(정공)	4Ⅱ 7Ⅱ	정교하게 공작함.
正氣	(정기)	7Ⅱ 7Ⅱ	바른 기운. 바른 기풍. 생명의 원기.
精氣	(정기)	4Ⅱ 7Ⅱ	천지 만물을 생성하는 원천이 되는 기운. 민족 따위의 정신과 기운.
定期	(정기)	6 5	기한이나 기간이 일정하게 정하여져 있는 것.
政黨	(정당)	4Ⅱ 4Ⅱ	정치적인 이상이 같은 사람들이 조직한 단체.
正當	(정당)	7Ⅱ 5Ⅱ	올바르고 마땅함.
程度	(정도)	4Ⅱ 6	분량이나 수준.
正道	(정도)	7Ⅱ 7Ⅱ	올바른 길.
定都	(정도)	6 5	도읍을 정함.
正副	(정부)	7Ⅱ 4Ⅱ	으뜸과 버금.
正否	(정부)	7Ⅱ 4	바른 것과 그른 것.
政府	(정부)	4Ⅱ 4Ⅱ	입법, 사법, 행정의 삼권을 포함하는 통치 기구.
情事	(정사)	5Ⅱ 7Ⅱ	남녀 사이의 사랑에 관한 일.

政事	(정사)	4Ⅱ 7Ⅱ	정치 또는 행정상의 일.
正史	(정사)	7Ⅱ 5Ⅱ	정확한 사실의 역사. 기전체로 서술한 역사.
情狀	(정상)	5Ⅱ 4Ⅱ	있는 그대로의 사정과 형편.
正常	(정상)	7Ⅱ 4Ⅱ	특별한 변동이나 탈이 없이 제대로인 상태.
政商	(정상)	4Ⅱ 5Ⅱ	정치권력과 결탁하여 이익을 꾀하는 상인.
停船	(정선)	5 5	배가 멈춤.
精選	(정선)	4Ⅱ 5	정밀하게 골라 뽑음.
整數	(정수)	4 7	자연수.
正手	(정수)	7Ⅱ 7Ⅱ	바둑 따위에서의 정당한 수단.
精子	(정자)	4Ⅱ 7Ⅱ	생물의 수컷의 생식 세포.
正字	(정자)	7Ⅱ 7	서체가 바르고 또박또박 쓴 글자. 약자(略字) 따위가 아닌 본디의 글자.
靜的	(정적)	4 5Ⅱ	정지 상태에 있는. 또는 그런 것.
政敵	(정적)	4Ⅱ 4Ⅱ	정치에서 대립되는 처지에 있는 사람.
停潮	(정조)	5 4	만조나 간조 때에 물의 높이가 변하지 아니하는 기간.
情調	(정조)	5Ⅱ 5Ⅱ	단순한 감각에 따라 일어나는 감정.
停止	(정지)	5 5	움직이고 있던 것이 멎거나 그침.
整地	(정지)	4 7	땅을 반반하고 고르게 만듦.
正直	(정직)	7Ⅱ 7Ⅱ	마음에 거짓이나 꾸밈이 없이 바르고 곧음.
停職	(정직)	5 4Ⅱ	일정 기간 직무에 종사하지 못하도록 하는 처분, 직무 정지.
政治	(정치)	4Ⅱ 4Ⅱ	나라를 다스리는 일.
情致	(정치)	5Ⅱ 5	좋은 감정을 자아내는 흥치.
提起	(제기)	4Ⅱ 4Ⅱ	의견이나 문제를 내어 놓음.
祭器	(제기)	4Ⅱ 4Ⅱ	제사에 쓰는 그릇.
制度	(제도)	4Ⅱ 6	한 사회의 관습이나 규범 따위의 체계.

製圖	(제도)	4Ⅱ 6Ⅱ	기계, 건축물, 공작물 따위의 도면이나 도안을 그림.
濟度	(제도)	4Ⅱ 6	고해의 세상에서 중생을 건져 내어 열반에 이르게 함.
提督	(제독)	4Ⅱ 4Ⅱ	해군 함대의 사령관.
除毒	(제독)	4Ⅱ 4Ⅱ	독을 없애 버림.
製藥	(제약)	4Ⅱ 6Ⅱ	약을 만듦.
制約	(제약)	4Ⅱ 5Ⅱ	조건을 붙여 내용을 제한함.
提議	(제의)	4Ⅱ 4Ⅱ	의안을 내어 놓음.
祭儀	(제의)	4Ⅱ 4	제사의 의식.
祭政	(제정)	4Ⅱ 4Ⅱ	제사와 정치.
制定	(제정)	4Ⅱ 6	제도나 법률 따위를 만들어서 정함.
帝政	(제정)	4 4Ⅱ	황제가 다스리는 정치.
制止	(제지)	4Ⅱ 5	말려서 못하게 함.
製紙	(제지)	4Ⅱ 7	종이를 만듦.
條例	(조례)	4 6	조목조목 적어 놓은 규칙이나 명령.
朝禮	(조례)	6 6	학교 따위에서 그 구성원들이 모여 일과를 시작하기 전에 행하는 아침 모임.
潮流	(조류)	4 5Ⅱ	밀물과 썰물 때문에 일어나는 바닷물의 흐름.
鳥類	(조류)	4Ⅱ 5Ⅱ	새무리.
早死	(조사)	4Ⅱ 6	일찍 죽음.
調査	(조사)	5Ⅱ 5	자세히 살펴봄.
祖師	(조사)	7 4Ⅱ	어떤 학파나 종파를 처음 세운 사람.
朝鮮	(조선)	6 5Ⅱ	나라 이름.
造船	(조선)	4Ⅱ 5	배를 설계하여 만듦.
助長	(조장)	4Ⅱ 8	힘을 도와서 더 자라게 함. 부정적인 의미로 씀.
組長	(조장)	4 8	조로 편성한 단위 조직의 우두머리.

造化	(조화)	4Ⅱ 5Ⅱ	만물을 창조하고 변화시키는 자연의 이치. 신통한 일.
造花	(조화)	4Ⅱ 7	인공적으로 만든 꽃.
調和	(조화)	5Ⅱ 6Ⅱ	서로 잘 어울림.
尊屬	(존속)	4Ⅱ 4	부모 또는 그와 같은 항렬 이상에 속하는 친족.
存續	(존속)	4 4Ⅱ	어떤 대상이나 현상이 그대로 있거나 계속됨.
宗團	(종단)	4Ⅱ 5Ⅱ	종교나 종파의 단체.
終端	(종단)	5 4Ⅱ	맨 끝.
從事	(종사)	4 7Ⅱ	어떤 일을 일삼아서 함.
宗社	(종사)	4Ⅱ 6Ⅱ	종묘와 사직이라는 뜻에서 나라를 이름.
宗臣	(종신)	4Ⅱ 5Ⅱ	왕족으로 벼슬자리에 있는 사람.
終身	(종신)	5 6Ⅱ	목숨을 다하기까지의 동안.
從者	(종자)	4 6	남에게 종속되어 따라다니는 사람.
種子	(종자)	5Ⅱ 7Ⅱ	식물에서 나온 씨 또는 씨앗.
從前	(종전)	4 7Ⅱ	지금보다 이전.
終戰	(종전)	5 6Ⅱ	전쟁이 끝남.
左相	(좌상)	7Ⅱ 5Ⅱ	좌의정.
座上	(좌상)	4 7Ⅱ	여러 사람이 모인 자리에서 가장 나이가 많거나 으뜸 되는 사람.
酒氣	(주기)	4 7Ⅱ	술기운.
週期	(주기)	5Ⅱ 5	한 번 돌아서 본래의 위치로 오기까지의 기간.
酒道	(주도)	4 7Ⅱ	술을 마시거나 술자리에 있을 때의 도리.
周到	(주도)	4 5Ⅱ	주의가 두루 미쳐서 빈틈없음.
主導	(주도)	7 4Ⅱ	주동적으로 이끎.
主力	(주력)	7 7Ⅱ	중심이 되는 힘.
酒歷	(주력)	4 5Ⅱ	술을 마신 경력.

走力	(주력)	4Ⅱ 7Ⅱ	달리는 힘.
注力	(주력)	6Ⅱ 7Ⅱ	어떤 일에 온 힘을 기울임.
酒類	(주류)	4 5Ⅱ	술의 종류.
主流	(주류)	7 5Ⅱ	본류. 줄기가 되는 큰 흐름.
主事	(주사)	7 7Ⅱ	사무를 주장하는 사람.
注射	(주사)	6Ⅱ 4	약액을 생물체의 조직이나 혈관 속에 직접 주입하는 일.
主上	(주상)	7 7Ⅱ	임금.
酒商	(주상)	4 5Ⅱ	술을 파는 장수.
注意	(주의)	6Ⅱ 6Ⅱ	마음에 새겨 두고 조심함.
主義	(주의)	7 4Ⅱ	굳게 지키는 주장이나 방침.
主潮	(주조)	7 4	주된 조류나 경향.
酒造	(주조)	4 4Ⅱ	술을 빚어 만듦.
住持	(주지)	7 4	절을 주관하는 중.
周知	(주지)	4 5Ⅱ	여러 사람이 두루 앎.
中隊	(중대)	8 4Ⅱ	대대보다 작고 소대보다 큰 단위 부대.
重大	(중대)	7 8	매우 중요하고 큼.
中伏	(중복)	8 4	삼복(三伏)의 하나. 하지가 지난 뒤 네 번째 경일(庚日).
重複	(중복)	7 4	거듭하거나 겹침.
重傷	(중상)	7 4	아주 심하게 다침.
中上	(중상)	8 7Ⅱ	등급에서 가운데나 위쪽.
重稅	(중세)	7 4Ⅱ	부담하기에 무거운 세금.
中世	(중세)	8 7Ⅱ	고대와 근대 사이의 시기.
地角	(지각)	7 6Ⅱ	땅 한 조각.
知覺	(지각)	5Ⅱ 4	알아서 깨달음.

支給	(지급)	4Ⅱ 5	돈이나 물품 따위를 정하여진 몫만큼 내줌.
至急	(지급)	4Ⅱ 6Ⅱ	매우 급함.
地氣	(지기)	7 7Ⅱ	땅의 정기. 땅의 기운.
知己	(지기)	5Ⅱ 5Ⅱ	자기를 알아주는 벗. 매우 친한 벗.
地圖	(지도)	7 6Ⅱ	지구를 평면에 나타낸 그림.
指導	(지도)	4Ⅱ 4Ⅱ	남을 가르쳐 이끎.
支流	(지류)	4Ⅱ 5Ⅱ	강의 원줄기로 흘러들거나 원줄기에서 갈려 나온 물줄기.
紙類	(지류)	7 5Ⅱ	종이 종류.
志士	(지사)	4Ⅱ 5Ⅱ	나라와 민족을 위하여 몸 바쳐 일하려는 뜻을 가진 사람.
支社	(지사)	4Ⅱ 6Ⅱ	본사에서 갈려 나가 일정한 지역에서 본사의 일을 대신 맡아 하는 곳.
至誠	(지성)	4Ⅱ 4Ⅱ	지극한 정성.
知性	(지성)	5Ⅱ 5Ⅱ	지적인 사고를 하는 사람으로서의 성질.
志願	(지원)	4Ⅱ 5	어떤 일이나 조직에 뜻을 두어 끼이길 바람.
支援	(지원)	4Ⅱ 4	지지하여 도움.
地點	(지점)	7 4	땅 위의 일정한 점.
支店	(지점)	4Ⅱ 5Ⅱ	본점에서 갈라져 나온 가게.
紙誌	(지지)	7 4	신문과 잡지 따위를 통틀어 이르는 말.
支持	(지지)	4Ⅱ 4	어떤 의견 따위에 찬동하여 힘을 보탬.
地表	(지표)	7 6Ⅱ	지구의 표면. 땅의 겉면.
指標	(지표)	4Ⅱ 4	방향 따위를 나타내는 표지.
進攻	(진공)	4Ⅱ 4	나아가 공격함.
眞空	(진공)	4Ⅱ 7Ⅱ	물질이 전혀 존재하지 아니하는 공간.
珍味	(진미)	4 4Ⅱ	음식의 아주 좋은 맛.
眞美	(진미)	4Ⅱ 6	참된 아름다움.

進步	(진보)	4Ⅱ 4Ⅱ	정도나 수준이 나아지거나 높아짐.
珍寶	(진보)	4 4Ⅱ	진귀한 보배.
眞相	(진상)	4Ⅱ 5Ⅱ	참된 모습.
進上	(진상)	4Ⅱ 7Ⅱ	진귀한 토산물 따위를 임금이나 권력자에게 바침.
盡誠	(진성)	4 4Ⅱ	정성을 다함.
珍姓	(진성)	4 7Ⅱ	흔하게 볼 수 없는 아주 드문 성(姓).
眞性	(진성)	4Ⅱ 5Ⅱ	사물이나 현상의 있는 그대로의 성질.
進化	(진화)	4Ⅱ 5Ⅱ	일이나 사물 따위가 점점 발달하여 감.
珍貨	(진화)	4 4Ⅱ	진귀한 물품.
車道	(차도)	7Ⅱ 7Ⅱ	차가 다니는 길.
差度	(차도)	4 6	병이 조금씩 나아가는 정도.
次週	(차주)	4Ⅱ 5Ⅱ	다음 주.
車主	(차주)	7Ⅱ 7	차의 주인.
唱義	(창의)	5 4Ⅱ	앞장서서 정의를 부르짖음.
創意	(창의)	4Ⅱ 6Ⅱ	새로운 의견을 생각하여 냄.
千變	(천변)	7 5Ⅱ	여러 가지로 변함.
天變	(천변)	7 5Ⅱ	하늘에서 생기는 자연의 큰 변동.
川邊	(천변)	7 4Ⅱ	냇물의 주변.
聽講	(청강)	4 4Ⅱ	강의를 들음.
淸江	(청강)	6Ⅱ 7Ⅱ	맑은 물이 흐르는 강.
靑史	(청사)	8 5Ⅱ	역사상의 기록.
廳舍	(청사)	4 4Ⅱ	관청의 사무실로 쓰는 건물.
銃器	(총기)	4Ⅱ 4Ⅱ	권총, 소총 따위의 무기를 통틀어 이르는 말.
總記	(총기)	4Ⅱ 7Ⅱ	책 내용의 전체를 총괄하는 기술.

推計	(추계)	4 6Ⅱ	일부를 가지고 전체를 미루어 계산함.
秋季	(추계)	7 4	가을철.
秋山	(추산)	7 8	가을철의 산.
推算	(추산)	4 7	미루어 셈함.
侵攻	(침공)	4Ⅱ 4	다른 나라를 침입하여 공격함.
針工	(침공)	4 7Ⅱ	바느질을 하는 기술.
他派	(타파)	5 4	사상, 이념, 행동 따위가 다른 파.
打破	(타파)	5 4Ⅱ	부정적인 제도 따위를 깨뜨려 없애 버림.
歎聲	(탄성)	4 4Ⅱ	한탄하거나 탄식하는 소리.
彈性	(탄성)	4 5Ⅱ	힘을 가하면 모양이 바뀌었다가, 힘을 빼면 본디 모양으로 되돌아가려고 하는 성질.
痛苦	(통고)	4 6	아프고 괴로운 것.
通告	(통고)	6 5Ⅱ	소식을 전하여 알림.
統長	(통장)	4Ⅱ 8	행정 구역의 단위인 통(統)의 우두머리.
通帳	(통장)	6 4	예금의 출납 장부.
鬪士	(투사)	4 5Ⅱ	싸우거나 싸우려고 나선 사람.
投射	(투사)	4 4	창이나 포탄 따위를 내던지거나 쏨.
板書	(판서)	5 6Ⅱ	칠판에 분필로 글을 씀.
判書	(판서)	4 6Ⅱ	고려, 조선 시대의 벼슬 이름.
標識	(표지)	4 5Ⅱ	어떤 사물을 다른 것과 구별하게 하는 표시나 특징.
表紙	(표지)	6Ⅱ 7	책의 맨 앞뒤의 겉장.
豊盛	(풍성)	4Ⅱ 4Ⅱ	넉넉하고 많음.
風聲	(풍성)	6Ⅱ 4Ⅱ	바람 소리.
必死	(필사)	5Ⅱ 6	반드시 죽음.
筆寫	(필사)	5Ⅱ 5	베끼어 씀.

夏季	(하계)	7 4	여름철.
下計	(하계)	7Ⅱ 6Ⅱ	일을 풀어 나가는 데 가장 수가 낮은 방법.
下界	(하계)	7Ⅱ 6Ⅱ	천상계에 상대되는 말로 사람이 사는 이 세상.
河東	(하동)	5 8	강의 동쪽.
夏冬	(하동)	7 7	여름과 겨울.
寒家	(한가)	5 7Ⅱ	문벌과 지체가 변변치 못한 집안.
閑暇	(한가)	4 4	겨를이 생겨 여유가 있음.
限滿	(한만)	4Ⅱ 4Ⅱ	기한이 다 참.
韓滿	(한만)	8 4Ⅱ	한반도와 만주를 아울러 이르는 말.
寒食	(한식)	5 7Ⅱ	우리나라 명절의 하나.
韓式	(한식)	8 6	우리나라 고유의 양식(樣式).
閑適	(한적)	4 4	한가하고 매인 데가 없어 마음에 딱 맞음.
漢籍	(한적)	7Ⅱ 4	한문으로 쓴 책.
寒地	(한지)	5 7	추운 지방.
韓紙	(한지)	8 7	우리나라 고유의 제조법으로 만든 종이.
降意	(항의)	4 6Ⅱ	항복할 뜻.
抗議	(항의)	4 4Ⅱ	반대의 뜻을 주장함.
害毒	(해독)	5Ⅱ 4Ⅱ	좋고 바른 것을 망치거나 손해를 끼침.
解讀	(해독)	4Ⅱ 6Ⅱ	어려운 문구 따위를 읽어 이해하거나 해석함.
海産	(해산)	7Ⅱ 5Ⅱ	바다에서 생겨 남.
解散	(해산)	4Ⅱ 4	모였던 사람이 흩어짐.
害意	(해의)	5Ⅱ 6Ⅱ	해치려는 마음.
解義	(해의)	4Ⅱ 4Ⅱ	글자나 글의 뜻을 풀어서 밝힘.
許約	(허약)	5 5Ⅱ	허락하여 약속함.

虛弱	(허약)	4Ⅱ 6Ⅱ	힘이나 기운이 없고 약함.
顯名	(현명)	4 7Ⅱ	큰 업적으로 이름이 세상에 널리 알려짐.
賢明	(현명)	4Ⅱ 6Ⅱ	어질고 슬기로움.
顯否	(현부)	4 4	나타남과 나타나지 않음.
賢婦	(현부)	4Ⅱ 4Ⅱ	어진 며느리.
現在	(현재)	6Ⅱ 6	지금의 시간.
賢材	(현재)	4Ⅱ 5Ⅱ	재주와 지혜가 뛰어난 인물.
兄夫	(형부)	8 7	언니의 남편.
刑部	(형부)	4 6Ⅱ	고려 시대에, 육부 가운데 재판에 관한 일을 맡아보던 관아.
好男	(호남)	4Ⅱ 7Ⅱ	사내답고 풍채가 좋은 남자.
湖南	(호남)	5 8	전라남도와 전라북도를 아울러 이르는 말.
呼父	(호부)	4Ⅱ 8	아버지라고 부름.
好否	(호부)	4Ⅱ 4	좋음과 나쁨.
湖水	(호수)	5 8	땅이 우묵하게 들어가 물이 괴어 있는 곳.
戶數	(호수)	4Ⅱ 7	집의 수효.
好酒	(호주)	4Ⅱ 4	술을 좋아함.
戶主	(호주)	4Ⅱ 7	한 집안의 주인이 되는 사람.
混戰	(혼전)	4 6Ⅱ	두 편이 어지럽게 뒤섞여서 승패를 가름할 수 없을 만큼 치열하게 다툼.
婚前	(혼전)	4 7Ⅱ	결혼하기 전.
畫工	(화공)	6 7Ⅱ	예전에 그림 그리는 사람을 이르던 말.
火攻	(화공)	8 4	전쟁 때에, 불로 적을 공격함.
火氣	(화기)	8 7Ⅱ	불기운.
火器	(화기)	8 4Ⅱ	화약의 힘으로 탄알을 쏘는 병기.
和氣	(화기)	6Ⅱ 7Ⅱ	따스한 기온 또는 화목한 분위기.

부록 I

火傷	(화상)	8 4	데었을 때에 일어나는 피부의 손상.
畫商	(화상)	6 5Ⅱ	그림을 파는 상인.
華城	(화성)	4 4Ⅱ	조선 정조 때에, 현 경기도 수원시에 쌓은 성.
火星	(화성)	8 4Ⅱ	태양에서 넷째로 가까운 행성.
和約	(화약)	6Ⅱ 5Ⅱ	화목하게 지내자는 약속.
火藥	(화약)	8 6Ⅱ	파괴, 추진 따위의 작용을 행하는 화합물.
畫材	(화재)	6 5Ⅱ	그림으로 그릴 만한 대상이나 소재.
火災	(화재)	8 5	불로 인한 재난.
花形	(화형)	7 6Ⅱ	꽃 모양.
火刑	(화형)	8 4	사람을 불살라 죽이는 형벌.
會戰	(회전)	6Ⅱ 6Ⅱ	양편이 어울려서 싸움.
回轉	(회전)	4Ⅱ 4	어떤 것을 축으로 물체 자체가 빙빙 돎.
後家	(후가)	7Ⅱ 7Ⅱ	뒷집.
厚價	(후가)	4 5Ⅱ	후한 값.
後事	(후사)	7Ⅱ 7Ⅱ	뒷일.
厚謝	(후사)	4 4Ⅱ	후하게 사례함.

약자(略字)

基本字	級	略字	基本字	級	略字	基本字	級	略字
假	4Ⅱ	仮	國	8	国	兩	4Ⅱ	両
價	5Ⅱ	価	勸	4	劝, 勧	麗	4Ⅱ	麗
覺	4	覚	權	4Ⅱ	权, 権	禮	6	礼
減	4Ⅱ	减	歸	4	帰	練	5Ⅱ	練
監	4Ⅱ	监	氣	7Ⅱ	気	勞	5Ⅱ	労
據	4	拠	器	4Ⅱ	器	錄	4Ⅱ	录
擧	5	挙, 舉	單	4Ⅱ	単	龍	4	竜
儉	4	倹	團	5Ⅱ	団	離	4	雉
檢	4Ⅱ	検	斷	4Ⅱ	断	滿	4Ⅱ	満
擊	4	撃	擔	4Ⅱ	担	萬	8	万
堅	4	坚	當	5Ⅱ	当	賣	5	売
缺	4Ⅱ	欠	黨	4Ⅱ	党	發	6Ⅱ	発
經	4Ⅱ	経	對	6Ⅱ	対	拜	4Ⅱ	拝
輕	5	軽	德	5Ⅱ	徳	變	5Ⅱ	変
繼	4	継	圖	6Ⅱ	図	邊	4Ⅱ	辺, 边
穀	4	穀	獨	5Ⅱ	独	寶	4Ⅱ	宝
觀	5Ⅱ	覌, 观, 観	讀	6Ⅱ	読	富	4Ⅱ	冨
關	5Ⅱ	関	毒	4Ⅱ	毒	佛	4Ⅱ	仏
廣	5Ⅱ	広	燈	4Ⅱ	灯	寫	5	写, 寫, 冩
鑛	4	鉱	樂	6Ⅱ	楽	師	4Ⅱ	师
句	4Ⅱ	勾	亂	4	乱	辭	4	辞
區	6	区	覽	4	覧, 覧	殺	4Ⅱ	殺
舊	5Ⅱ	旧	來	7	来	狀	4Ⅱ	状

基本字	級	略字	基本字	級	略字	基本字	級	略字
船	5	舡	謠	4Ⅱ	謡	靜	4	静
聲	4Ⅱ	声	員	4Ⅱ	貟	濟	4Ⅱ	済
歲	5Ⅱ	岁, 嵗	圍	4	囲	條	4	条
屬	4	属	爲	4Ⅱ	為	卒	5Ⅱ	卆
續	4Ⅱ	続	隱	4	隠, 隐	從	4	从, 従
收	4Ⅱ	収	陰	4Ⅱ	隂	晝	6	昼
數	7	数	應	4Ⅱ	応	準	4Ⅱ	凖
肅	4	肃, 粛	醫	6	医	增	4Ⅱ	増
實	5Ⅱ	実	者	6	者	證	4	証
兒	5Ⅱ	児	殘	4	残	珍	4	珎
惡	5Ⅱ	悪	雜	4	雑	盡	4	尽
壓	4Ⅱ	圧	壯	4	壮	質	5Ⅱ	貭
藥	6Ⅱ	薬	將	4Ⅱ	将	讚	4	讃
嚴	4	厳	裝	4	装	參	5Ⅱ	参
與	4	与	奬	4	奨, 獎	處	4Ⅱ	処
餘	4Ⅱ	余	爭	5	争	鐵	5	鉄
硏	4Ⅱ	研	傳	5Ⅱ	伝	廳	4	庁
鉛	4	鈆	戰	6Ⅱ	战, 戦	聽	4	聴
榮	4Ⅱ	栄	轉	4	転	體	6Ⅱ	体
營	4	営	錢	4	銭	總	4Ⅱ	総, 緫
藝	4Ⅱ	芸, 兿	節	5Ⅱ	節	蟲	4Ⅱ	虫
豫	4	予	點	4	点, 奌	齒	4Ⅱ	歯
溫	6	温	定	6	㝎	稱	4	称

基本字	級	略字	基本字	級	略字	基本字	級	略字
彈	4	弹	險	4	険	畫	6	画
擇	4	択	驗	4Ⅱ	験	歡	4	欢, 歓
學	8	学	賢	4Ⅱ	贤	會	6Ⅱ	会
鄕	4Ⅱ	郷	顯	4	顕	效	5Ⅱ	効
解	4Ⅱ	觧	惠	4Ⅱ	恵	黑	5	黒
虛	4Ⅱ	虚	號	6	号	興	4Ⅱ	兴

得意滿面

득의만면

일이 뜻대로 이루어져 기쁜 표정이 얼굴에 가득함

漢字

(사) 한국어문회 주관 / 한국한자능력검정회 시행

부록 Ⅱ

최근 기출 & 실전문제

최근 기출 & 실전문제 정답

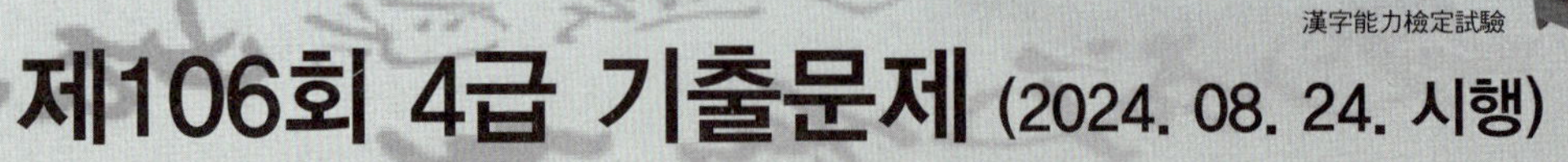

제106회 4급 기출문제 (2024. 08. 24. 시행)

漢字能力檢定試驗

(社)한국어문회 주관 · 한국한자능력검정회 시행

다음 밑줄 친 漢字語의 讀音을 쓰시오. (1~32)

(1) 내 동생은 이번 학기에 모든 과목에서 優秀한 성적을 받았다.
(2) 학생에게 불성실한 선생은 교단에서 歡迎받기 어렵다.
(3) 국문과 학생들이 자발적으로 독서회를 組織하였다.
(4) 내가 좋아하는 여배우가 얼마 전 隱退 선언을 했다.
(5) KBS에서는 환경 오염의 실태를 시리즈로 엮어 深層 보도했다.
(6) 監督은 1루 주자에게 도루를 하라는 사인을 보냈다.
(7) 동훈이는 바벨 운동을 하여 상체 筋肉을 키웠다.
(8) 그 박물관에는 곳곳에 도난 방지 裝置가 되어 있다.
(9) 학생들은 밤이 새도록까지 討論을 계속하였다.
(10) 나는 그가 나를 속였다는 사실에 憤怒했다.
(11) 군인이 부대를 離脫하는 일은 있을 수 없다.
(12) 우리 앞에는 넘어야 할 障壁이 무수히 가로놓여 있다.
(13) 나는 직장에서 주로 官廳의 허가를 받는 일을 한다.
(14) 그는 遊擊 훈련 중 부상을 당해 육군 병원으로 후송되었다.
(15) 그의 말 한마디 한마디마다 관객들의 爆笑가 쏟아졌다.
(16) 민성이는 우리 팀의 승리에 결정적인 寄與를 한 선수이다.
(17) 김유신은 그 누구보다 威嚴이 있는 대장군이었다.
(18) 모두 다 함께 노력한 결과 높은 收益을 남겼다.
(19) 오늘 그 은행의 미화 환불 總額은 100만 달러나 된다.
(20) 그 講座는 수강생이 예상보다 너무 적어 폐강되었다.
(21) 어머니는 할아버지의 다리를 精誠 들여 주무르셨다.
(22) 그들은 민박이나 캠핑 施設을 이용하며 여행을 했다.
(23) 그는 과반수를 得票하여 의장으로 재선되었다.
(24) 도난 경보음이 울리자 警察이 출동했다.
(25) 나는 그들에게 慰安과 용기와 희망을 주고 싶다.

(26) 어부들은 오징어를 배에 가득 싣고 포구로 歸航하였다.
(27) 선생님께서 빨리 快差하시기를 바랐다.
(28) 등록금이 없었던 나는 스승의 配慮로 공부를 계속할 수 있었다.
(29) 상품이 운송 중에 破損되지 않도록 꼼꼼하게 포장했다.
(30) 헌법은 納稅를 국민의 의무로 명시하고 있다.
(31) 그녀는 勤務에 태만하다는 이유로 질책을 받았다.
(32) 예전에 이곳은 물건을 保管하는 창고로 쓰였다.

다음 漢字의 訓과 音을 쓰시오. (33~54)

(33) 延	(34) 勉	(35) 疲
(36) 祕	(37) 券	(38) 積
(39) 傷	(40) 徒	(41) 存
(42) 墓	(43) 崇	(44) 覽
(45) 閑	(46) 遇	(47) 灰
(48) 髮	(49) 疑	(50) 妹
(51) 痛	(52) 鷄	(53) 核
(54) 普		

다음 漢字의 部首를 쓰시오. (55~57)

(55) 左	(56) 努	(57) 來

다음 漢字의 略字를 쓰시오. (58~60)

(58) 賣	(59) 傳	(60) 團

다음 漢字語 중 첫소리가 長音인 것을 가려 그 번호를 쓰시오. (61~63)

(61) ① 視覺 ② 時刻　　(62) ① 共起 ② 空氣

(63) ① 依支 ② 意志

● 다음 漢字와 뜻이 반대(또는 상대)되는 漢字를 ( ) 속에 적어 문장을 완성하시오. (64~66)

(64) 유권자 부동표의 흐름이 선거의 當( )을 좌우한다.

(65) 그 회사는 모범적인 勞( ) 관계를 유지하고 있다.

(66) 우리는 군대에서 생사( )樂을 같이한 전우다.

● 다음 漢字와 뜻이 같거나 비슷한 漢字를 ( ) 속에 적어 문장을 완성하시오. (67~69)

(67) 신설되는 고속 전철은 旅( ) 위주로 운영될 예정이다.

(68) 새해에도 우리 가정에 늘 행복이 ( )滿하기를 기원했다.

(69) 동호회 회원들은 회장에게 총무의 지명권을 委( )했다.

● 다음 ( ) 속 단어의 同音語를 주어진 뜻에 맞게 漢字로 쓰시오. (70~72)

(70) (早死) – 사물의 내용을 명확히 알기 위하여 자세히 살펴보거나 찾아봄.

(71) (全市) – 여러 가지 물품을 한곳에 벌여 놓고 보임.

(72) (科擧) – 이미 지나간 때.

● 다음 漢字語의 뜻을 〈보기〉에서 찾아 그 번호를 쓰시오. (73~75)

① 나라의 경계가 되는 변두리의 땅.
② 쌓인 눈을 치움.
③ 다르게 바꾸어 새롭게 고침.
④ 공공의 물건을 사사로이 씀.
⑤ 인공적으로 눈을 만듦.
⑥ 일정한 목적이나 기능에 맞게 씀.

(73) 私用　　(74) 製雪　　(75) 邊境

다음 ( ) 안에 해당하는 漢字를 적어 성어를 완성하시오. (76~80)

(76) 明鏡(지)水 : 맑은 거울과 고요한 물.

(77) 忠言逆(이) : 충직한 말은 귀에 거슬림.

(78) 孤立(무)援 : 고립되어 구원을 받을 데가 없음.

(79) 走(마)看山 : 말을 타고 달리며 산천을 구경한다는 뜻으로, 자세히 살피지 아니하고 대충대충 보고 지나감을 이르는 말.

(80) 見利(사)義 : 눈앞의 이익을 보면 의리를 먼저 생각함.

다음 각 문장의 밑줄 친 漢字語를 漢字로 쓰시오. (81~100)

(81) 두 사람의 앞날에 행복과 기쁨이 가득하길 기도했다.

(82) 냉해 때문에 올해 과일 농가들은 큰 피해를 보았다.

(83) 우리는 점심을 먹은 후 함께 탁구를 쳤다.

(84) 명절에는 만나는 사람끼리 서로 덕담을 주고받는다.

(85) 정초부터 각종 세금이 올라 국민들에게 큰 부담이 되고 있다.

(86) 이번 경기의 승자가 최종 결승에 진출했다.

(87) 내가 서울역에 도착한 시간은 일곱 시였다.

(88) 이 약은 위장병에 특효가 있다.

(89) 열심히 노력한 대가는 반드시 오기 마련이다.

(90) 그녀는 육교 아래의 버스 정류장에 내렸다.

(91) 모닥불은 우리들의 우정처럼 쉬 식지 않았다.

(92) 하던 일을 완결하고 나니 시간의 여유가 생겼다.

(93) 그는 시험 성적이 기대에 크게 못 미치어 매우 실망하였다.

(94) 우리는 창밖으로 보이는 멋진 경치에 감탄하였다.

(95) 철수는 기어를 넣고 차를 서서히 움직이기 시작했다.

(96) 수교 후 두 나라는 물적 교류가 급속히 확대되었다.

(97) 해마다 쌀은 증산되고 쌀 소비는 감소되는 추세이다.

(98) 도시 지역의 대기 오염을 줄일 대책이 필요하다.

(99) 우리는 나중에 꼭 함께 세계 여행을 하자고 약속했다.

(100) 상점에 전시된 상품에는 모두 가격 표시가 되어 있다.

제107회 4급 기출문제 (2024. 11. 09. 시행)

漢字能力檢定試驗

(社)한국어문회 주관 · 한국한자능력검정회 시행

다음 밑줄 친 漢字語의 讀音을 쓰시오. (1~32)

(1) 어젯밤의 폭설로 그 마을은 완전히 孤立되었다.
(2) 이 작품은 뛰어난 예술성으로 激讚을 받았다.
(3) 정치적 彈壓이 심할수록 국민들의 저항심은 더 커지게 된다.
(4) 우리는 작년부터 비닐하우스를 짓고 園藝 작물을 가꾸기 시작하였다.
(5) 우리 농장에서는 포도주 공장에 포도를 納品하고 있다.
(6) 주민들이 도시로 떠난 섬마을에는 도처에 빈집들이 散在해 있었다.
(7) 그녀는 판소리 분야에서 獨步的인 자리를 잡고 있다.
(8) 장마철이 끝나자 모기가 極盛을 부리기 시작했다.
(9) 이순신은 조선의 명장으로 오늘날까지 稱頌받고 있다.
(10) 이번 여행 경비는 모두가 동일하게 나누어 負擔하기로 했다.
(11) 할머니는 뒤뜰 石築 담장 위로 호박 넝쿨을 올리셨다.
(12) 일반적으로 서양인의 骨格은 동양인보다 큰 편이다.
(13) 우리는 결정을 留保하고 사태의 추이를 더 지켜보기로 했다.
(14) 선임 회장은 사업의 引繼를 위해 긴급회의를 소집했다.
(15) 한자에는 글자의 形態가 달라도 같은 뜻으로 통용되는 것들이 많다.
(16) 사회가 불안정하면 온갖 유언비어가 亂舞하게 마련이다.
(17) 추석 선물을 산지에서 직배송하는 宅配 서비스가 등장했다.
(18) 노래를 부르는 그녀의 창법은 매우 特異했다.
(19) 그는 험난한 路程이 담긴 방대한 여행 기록을 남겼다.
(20) 그는 사상과 이념이 다른 그들과 絶緣하였다.
(21) 남에 대한 根據 없는 모함은 올바른 행동이 아니다.
(22) 많은 고통을 甘受한 결과 오늘의 성공을 이루었다.
(23) 이번에 계획한 일은 잘 풀릴 것 같은 豫感이 들었다.
(24) 그는 아버지의 급한 奇別을 받고 고향으로 내려갔다.
(25) 아무리 힘든 試鍊이 닥쳐도 자포자기해서는 안 된다.

(26) 역사란 과거를 돌이켜 보고 미래의 <u>指針</u>으로 삼는 과학이다.
(27) 이 자동차는 뒷바퀴의 힘으로 굴러가는 <u>後輪</u> 구동 방식이다.
(28) 박 의원은 신문에 보도된 내용을 강력하게 <u>否認</u>했다.
(29) 학력이 그 사람의 능력을 <u>測定</u>하는 잣대가 될 수는 없다.
(30) 그 신부님은 주로 아프리카에서 <u>宣敎</u> 활동을 펼쳤다.
(31) 장마에 <u>對備</u>하기 위해 농가마다 배수로 정비 작업에 나섰다.
(32) 각 방송사들은 태풍의 진로를 시시각각 <u>速報</u>로 보도하였다.

다음 漢字의 訓과 音을 쓰시오. (33~54)

(33) 額　(34) 委　(35) 揮
(36) 麗　(37) 希　(38) 應
(39) 憲　(40) 鍾　(41) 秀
(42) 準　(43) 帳　(44) 監
(45) 飛　(46) 勸　(47) 肅
(48) 派　(49) 珍　(50) 寄
(51) 攻　(52) 辭　(53) 濟
(54) 避

다음 漢字의 部首를 쓰시오. (55~57)

(55) 算　(56) 灰　(57) 孝

다음 漢字의 略字를 쓰시오. (58~60)

(58) 禮　(59) 戰　(60) 卒

다음 漢字語 중 첫소리가 長音인 것을 가려 그 번호를 쓰시오. (61~63)

(61) ① 過去 ② 科擧　(62) ① 相關 ② 上官
(63) ① 意思 ② 醫師

다음 漢字와 뜻이 반대(또는 상대)되는 漢字를 ( ) 속에 적어 문장을 완성하시오. (64~66)

(64) 그림에서는 ( )暗으로 입체감을 나타낸다.

(65) 그의 공연을 보기 위해 많은 관람객이 ( )近 각지에서 모여들었다.

(66) 정 회장은 선수들의 경기력 향상을 위해 ( )心 양면으로 지원해 주었다.

다음 漢字와 뜻이 같거나 비슷한 漢字를 ( ) 속에 적어 문장을 완성하시오. (67~69)

(67) 이곳 서점에는 컴퓨터 관련 전문 ( )籍들이 많이 나와 있다.

(68) 선사시대의 사람들은 주로 움집에서 居( )했다.

(69) 자동차는 기계 공업 ( )術의 집성체라고들 한다.

다음 ( ) 속 단어의 同音語를 주어진 뜻에 맞게 漢字로 쓰시오. (70~72)

(70) (連詩) – 새해의 처음.

(71) (精選) – 가던 배가 멈춤.

(72) (老童) – 몸을 움직여 일을 함.

다음 漢字語의 뜻을 〈보기〉에서 찾아 그 번호를 쓰시오. (73~75)

① 떼를 지어 도둑질을 하는 무리.
② 거슬러 부는 바람.
③ 소나 말, 양 따위를 놓아기르는 곳.
④ 무리를 이루고 있는 크고 작은 섬들.
⑤ 배가 가는 쪽으로 부는 바람.
⑥ 닭을 먹여 기름.

(73) 逆風 (74) 養鷄 (75) 群盜

다음 ( ) 안에 해당하는 漢字를 적어 성어를 완성하시오. (76~80)

(76) 生死(고)樂 : 삶과 죽음, 괴로움과 즐거움.

(77) 非一非(재) : 같은 현상이나 일이 한둘이 아니고 많음.

(78) 燈火可(친) : 등불을 가까이할 만함.

(79) 萬古不(변) : 아주 오랜 세월 동안 변하지 아니함.

(80) (온)故知新 : 옛것을 익히고 그것을 미루어서 새것을 앎.

다음 각 문장의 밑줄 친 漢字語를 漢字로 쓰시오. (81~100)

(81) 경찰이 오늘 사건 현장을 언론에 공개하였다.

(82) 할머니가 손녀를 품에 안고 자장가를 불러 주었다.

(83) 박물관에서 본 신라의 왕관들은 모두 황금으로 만들어진 것이었다.

(84) 생명과학은 차세대 기술로 각광을 받는 유망한 분야 중의 하나이다.

(85) 모든 일은 결과만큼 그 과정도 중요하다.

(86) 식견을 넓히려면 많은 양의 독서가 필요하다.

(87) 이 지역에서 선사시대의 유물이 다량 발굴되었다.

(88) 이번 휴가 때는 인천의 섬들을 여행하려고 마음먹었다.

(89) 태풍으로 인해 모든 선박의 운행이 중지되었다.

(90) 그는 최고의 점수로 시험에 합격하였다.

(91) 그녀는 오랜 망설임 끝에 그에게 사랑을 고백했다.

(92) 그는 선거 후 자신의 정치적 향방을 놓고 고민에 쌓였다

(93) 거대한 흙먼지가 몽고의 평원을 뒤덮고 있었다.

(94) 건전한 젊은이들이 있는 사회의 미래는 희망차다.

(95) 장마가 계속되면서 댐의 수위가 점점 높아졌다.

(96) 병아리가 알을 깨고 나오는 것은 본능적인 행동이다.

(97) 사람들의 축복 속에서 두 사람의 결혼식이 거행되었다.

(98) 조지 워싱턴은 미국의 초대 대통령이었다.

(99) 학생들은 월말에 있을 시험을 준비하느라 여념이 없다.

(100) 한국 음식에는 비교적 볶음 요리가 적은 편이다.

漢字能力檢定試驗

제108회 4급 기출문제 (2025. 02. 22. 시행)

(社)한국어문회 주관 · 한국한자능력검정회 시행

다음 밑줄 친 漢字語의 讀音을 쓰시오. (1~32)

(1) 우리 고장은 豊富한 수산 자원과 뛰어난 경치로 유명하다.
(2) 우리나라는 석유를 전량 수입에 依存하고 있다.
(3) 이번 연극 공연은 연일 盛況을 이루었다.
(4) 찬호의 장래 希望은 비행기를 운전하는 기장이 되는 것이다.
(5) 창식이가 속은 것을 생각하면 내가 다 憤痛이 터진다.
(6) 어머니께서는 일주일 旅程으로 미국을 둘러보고 돌아오셨다.
(7) 수현이는 발을 헛디뎌 階段에서 굴러떨어졌다.
(8) 이 제도의 시행은 내년 이후로 延期될 가능성이 높다.
(9) 상호 발전과 상생 협력을 위해 공동 합의문을 採擇할 예정이다.
(10) 그녀는 자기의 처량한 신세를 恨歎하였다.
(11) 그는 아무리 複雜한 기계도 능숙하게 다루었다.
(12) 오늘따라 어머니께서 해주시던 鷄卵말이가 먹고 싶다.
(13) 나는 통장 祕密 번호를 잊어버려서 돈을 찾을 수 없다.
(14) 이번 행사비의 殘額이 얼마 남지 않았다.
(15) 아이가 넘어져 무릎에 傷處를 입었다.
(16) 앙숙인 두 집안의 惡緣은 길고도 오래되었다.
(17) 시위대의 도로 占據로 그 일대 교통이 마비되었다.
(18) 어머니께서 빨리 快差하시기를 바랍니다.
(19) 그는 純眞해서 잔꾀를 부리지 않는다.
(20) 날이 밝자 어선들은 滿船의 부푼 꿈을 안고 출항했다.
(21) 그는 젊은 시절 炭鑛에서 광부로 일한 적이 있다.
(22) 정복을 입은 경찰들이 증인을 警護하였다.
(23) 까마득히 높은 絶壁 위에 사람이 서 있었다.
(24) 어떤 慰勞의 말도 그들의 노고를 대신할 수 없다.
(25) 어두워지자 砲聲이 멎었다.

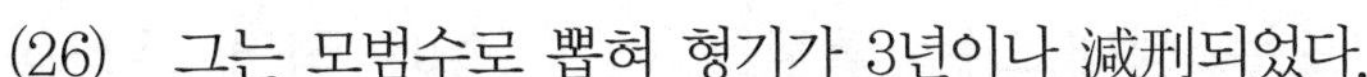

(26) 그는 모범수로 뽑혀 형기가 3년이나 減刑되었다.
(27) 가까운 친구일수록 서로 尊重이 필요하다.
(28) 진열장에는 여러 가지 模樣의 신발이 놓여 있다.
(29) 김포 공항의 廳舍는 국내선과 국제선으로 나뉘어 있다.
(30) 집을 샀지만 소유권 移轉에 문제가 좀 있었다.
(31) 지난번 홍수에 故鄕 땅이 물에 잠겼다.
(32) 그 신부는 살아 있는 성자로 稱頌을 받는다.

다음 漢字의 訓과 音을 쓰시오. (33~54)

(33) 篇	(34) 孔	(35) 帝
(36) 域	(37) 寺	(38) 鏡
(39) 叔	(40) 粉	(41) 巨
(42) 探	(43) 推	(44) 香
(45) 機	(46) 妹	(47) 圍
(48) 核	(49) 居	(50) 松
(51) 姿	(52) 周	(53) 墓
(54) 笑		

다음 漢字의 部首를 쓰시오. (55~57)

(55) 雨	(56) 態	(57) 奉

다음 漢字의 略字를 쓰시오. (58~60)

(58) 獨	(59) 廣	(60) 鐵

다음 漢字語 중 첫소리가 長音인 것을 가려 그 번호를 쓰시오. (61~63)

(61) ① 湖南 ② 好男　　(62) ① 戰勢 ② 田稅

(63) ① 庭園 ② 定員

다음 漢字와 뜻이 반대(또는 상대)되는 漢字를 ( ) 속에 적어 문장을 완성하시오. (64~66)

(64) 총선을 앞두고 與( )가 선거 준비에 한창이다.

(65) 경기는 졌지만 골 得( )에서는 우위를 지켰다.

(66) 공무원들의 ( )缺을 엄격히 관리하라는 지침이 내려졌다.

다음 漢字와 뜻이 같거나 비슷한 漢字를 ( ) 속에 적어 문장을 완성하시오. (67~69)

(67) 우리는 캠프장에 ( )着하자마자 짐을 풀고 식사 준비를 했다.

(68) 이 건물은 지진을 ( )慮해서 지었기 때문에 안정성이 뛰어나다.

(69) 그는 경기의 흐름을 꿰뚫을 수 있는 眼( )을 가지고 있었다.

다음 ( ) 속 단어의 同音語를 주어진 뜻에 맞게 漢字로 쓰시오. (70~72)

(70) (視界) – 시간을 재거나 시각을 나타내는 기계.

(71) (科擧) – 이미 지나간 때.

(72) (主義) – 마음에 새겨 두고 조심함.

다음 漢字語의 뜻을 〈보기〉에서 찾아 그 번호를 쓰시오. (73~75)

① 이른 시기.
② 나라의 경계가 되는 변두리의 땅.
③ 다르게 바꾸어 새롭게 고침.
④ 직책에서 사임하겠다는 뜻을 적어 내는 문서.
⑤ 아침 일찍 일어남.
⑥ 학식과 덕행이 높아 남의 모범이 될 만한 인물.

(73) 師表 (74) 邊境 (75) 早起

다음 ( ) 안에 해당하는 漢字를 적어 성어를 완성하시오. (76~80)

(76) 始(종)如一 : 처음부터 끝까지 한결같음.
(77) 甘言利(설) : 귀가 솔깃하도록 남의 비위를 맞추거나 이로운 조건을 내세워 꾀는 말.
(78) 事(필)歸正 : 모든 일은 반드시 바른길로 돌아감.
(79) 多(문)博識 : 보고 들은 것이 많고 아는 것이 많음.
(80) 孤立(무)援 : 고립되어 구원을 받을 데가 없음.

다음 각 문장의 밑줄 친 漢字語를 漢字로 쓰시오. (81~100)

(81) 상점에 전시된 상품마다 가격 표시가 되어 있다.
(82) 선생님은 학습 내용을 칠판에 가득하게 필기하셨다.
(83) 그녀는 주말 오후면 반드시 외출한다.
(84) 자동차 배기가스는 지구 온난화를 가속시키고 있다.
(85) 오늘로 예정된 친선 야구 경기는 비 때문에 연기되었다.
(86) 주인공이 무대에 등장하자 객석에서 우레와 같은 박수가 터졌다.
(87) 사치스러운 의복이라고 다 좋은 것은 아니다.
(88) 병원에 환자가 많아서 대기실에서 한참 기다렸다.
(89) 철수는 학교에 올 때마다 이 육교로 길을 건넌다.
(90) 김 일병은 중대장을 보자마자 경례를 하였다.
(91) 그녀는 대학 졸업 후 곧바로 유학을 떠났다.
(92) 주례가 끝나고 신부 친구들의 축가가 시작되었다.
(93) 먹은 것을 소화시킬 겸 동네를 한 바퀴 돌았다.
(94) 우리는 창밖으로 보이는 멋진 경치에 감탄하였다.
(95) 그는 월급의 반을 저금하고 나머지로 생활한다.
(96) 그는 절약을 생활신조로 삼고 있다.
(97) 장난꾸러기들은 온갖 낙서로 벽을 더럽혀 놓았다.
(98) 그는 최근에 차를 새로 구입했다.
(99) 한글날 행사가 식순에 따라 진행되었다.
(100) 오랜만에 가족이 모여 오순도순 정담을 나누었다.

漢字能力檢定試驗

제109회 4급 기출문제 (2025. 05. 24. 시행)

(社)한국어문회 주관 · 한국한자능력검정회 시행

다음 밑줄 친 漢字語의 讀音을 쓰시오. (1~32)

(1) 방탄차에서 내린 대통령은 철통같은 警護를 받았다.
(2) 로마는 復興의 절정기에 타락의 징후가 나타나기 시작했다.
(3) 그가 전쟁터에서 부상을 입어 병원으로 後送되었다.
(4) 피고인 측은 지금까지의 判例를 인정하지 않겠다는 주장을 펼쳤다.
(5) 현충일 기념식이 嚴肅하게 거행되었다.
(6) 선생님의 고별사에 座中은 울음바다가 되었다.
(7) 그 야영장에는 위생 施設이 잘 갖춰져 있었다.
(8) 나는 원하는 정보를 찾기 위해 인터넷 資料를 자주 활용한다.
(9) 독재자의 만행에 屈從하지 않겠다는 시민들이 광장으로 모여들었다.
(10) 미국이 交易 대상국을 대상으로 높은 관세를 매겼다.
(11) 그들은 일정한 居處도 없이 떠돌아다녔다.
(12) 나는 전공과목으로 물리학을 受講하였다.
(13) 박 탐정은 범행의 동기를 밝힐 證左들을 살펴보았다.
(14) 새로운 상품 개발을 위해 디자인팀과 홍보팀이 討論에 들어갔다.
(15) 원님의 덕행에 대해 고을 사람들의 稱頌이 자자했다.
(16) 나무를 자르니 그 斷面에 가지런한 나이테가 나타났다.
(17) 우리 군은 확고한 安保 태세를 갖추고 적의 도발에 대비하고 있다.
(18) 고대 기사 계급은 농민들을 보호하는 동시에 領地의 실질적인 통치자였다.
(19) 부장은 이번 사업을 진행할 유능한 사원 다섯 명을 差出하였다.
(20) 도공은 옹기를 굽는 비법을 제자에게 專修하였다.
(21) 대부분의 軍納 물자는 면세인 경우가 많다.
(22) 소설의 構成 방식을 살펴보면 작가의 의도를 파악하기 쉽다.
(23) 단체 생활에는 여러 가지 행동의 制約이 따르기 마련이다.
(24) 멋을 내기 위해 청바지를 脫色해 입는 젊은이들도 있다.

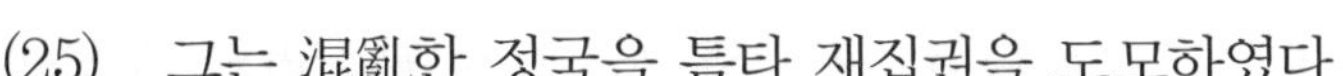

(25) 그는 混亂한 정국을 틈타 재집권을 도모하였다.
(26) 우리 소대는 적군의 動態를 살피는 임무를 맡았다.
(27) 산골에서 자란 그녀가 어느덧 가요계에서 屬望받는 가수로 성장하였다.
(28) 가족이 모두 거실에 모여 월드컵 중계를 視聽하였다.
(29) 달력이 없던 고대에는 별자리로 계절을 推測했다.
(30) 인간은 바이러스를 肉眼으로는 볼 수 없다.
(31) 심장은 收縮과 팽창을 반복하며 몸 전체로 혈액을 공급한다.
(32) 기자단은 그를 이달의 선수로 選定하였다.

다음 漢字의 訓과 音을 쓰시오. (33~54)

(33) 殘　(34) 糧　(35) 盡
(36) 寄　(37) 務　(38) 歎
(39) 刑　(40) 接　(41) 讚
(42) 悲　(43) 泉　(44) 邊
(45) 層　(46) 狀　(47) 儉
(48) 樣　(49) 鬪　(50) 驚
(51) 罰　(52) 俗　(53) 或
(54) 甲

다음 漢字의 部首를 쓰시오. (55~57)

(55) 營　(56) 智　(57) 氏

다음 漢字의 略字를 쓰시오. (58~60)

(58) 實　(59) 賣　(60) 寫

다음 漢字語 중 첫소리가 長音인 것을 가려 그 번호를 쓰시오. (61~63)

(61) ① 小食 ② 消息　(62) ① 正道 ② 程度
(63) ① 醫師 ② 意思

다음 漢字와 뜻이 반대(또는 상대)되는 漢字를 ( ) 속에 적어 문장을 완성하시오. (64~66)

(64) 새로운 법률의 개정에 관하여 與( ) 국회의원들이 논의하였다.

(65) 이 문제에 대해서는 선생님들의 투표로 ( )否를 결정하기로 였다.

(66) 사장은 이해와 得( )을 따져 본 후 이 사업의 진행 여부를 결정하기로 했다.

다음 漢字와 뜻이 같거나 비슷한 漢字를 ( ) 속에 적어 문장을 완성하시오. (67~69)

(67) 그녀는 불교 문화재에 ( )達한 학예사라 불상이라면 모르는 것이 없다.

(68) 그녀는 이번 부녀회장 선거에 單( )으로 출마하였다.

(69) 개는 ( )覺 기관 중 후각과 청각이 잘 발달한 동물이다.

다음 ( ) 속 단어의 同音語를 주어진 뜻에 맞게 漢字로 쓰시오. (70~72)

(70) (深省) – 타고난 마음씨.

(71) (煙草) – 새해의 첫머리.

(72) (勇健) – 해야할 일.

다음 漢字語의 뜻을 〈보기〉에서 찾아 그 번호를 쓰시오. (73~75)

① 일정한 형체를 갖춘 모든 물건.
② 흉악한 도적.
③ 뛰어난 물건이나 사람.
④ 잘못한 사람을 나무람.
⑤ 바퀴처럼 둥근 모양.
⑥ 논리 정연한 형식.

(73) 輪形 (74) 凶賊 (75) 傑物

● 다음 ( ) 안에 해당하는 漢字를 적어 성어를 완성하시오. (76~80)

(76) 走(마)看山 : 말을 타고 달리며 산천을 구경함.

(77) 鷄卵(유)骨 : 달걀에도 뼈가 있음.

(78) 適(재)適所 : 알맞은 인재를 알맞은 자리에 씀.

(79) 離合(집)散 : 헤어지고, 합치고, 모이고, 흩어짐.

(80) 過大評(가) : 실제보다 지나치게 높이 평가함.

● 다음 각 문장의 밑줄 친 漢字語를 漢字로 쓰시오. (81~100)

(81) 노란색은 초록색과 대비되는 색이다.

(82) 청중이 모두 착석하자 강연자의 연설이 시작되었다.

(83) 그 사람이 우리에게 세미나실을 안내해 주었다.

(84) 과학의 발달로 무선 통신 기술이 일상화되었다.

(85) 그 통신사는 신규 가입자에게 1개월 무료 이용권을 제공하였다.

(86) 허균은 홍길동이라는 영웅을 통해 당대의 사회적 모순을 드러냈다.

(87) 이번 대회 우승팀에게는 트로피와 상금이 수여된다.

(88) 운전면허도 없이 차를 모는 것은 불법이다.

(89) 장마가 계속되자 댐의 수위가 한계치에 도달했다.

(90) 농산물도 인터넷을 통한 직거래가 늘어나는 추세이다.

(91) 그는 고의적인 반칙으로 경기장에서 퇴장당했다.

(92) 그 재판은 다음 주에 최종 판결이 날 것이다.

(93) 급박한 상황 속에서 선장은 부녀자와 아이들을 먼저 배에서 하선시켰다.

(94) 진통제의 효력이 떨어졌는지 환자가 다시 통증을 호소했다.

(95) 러시아는 우크라이나를 침공하여 전쟁을 일으켰다.

(96) 그 투수는 이번 시즌에서 한 경기도 이기지 못하고 전패를 하였다.

(97) 철수는 어제 선생님과 진로 문제를 상담했다.

(98) 조선의 국왕은 국경에 관한 문제로 명나라에 사신으로 보냈다.

(99) 영희에게 지금 무엇보다 필요한 것은 휴식이다.

(100) 운동장에는 응원단의 함성과 응원 열기로 가득했다.

漢字能力檢定試驗

제110회 4급 기출문제 (2025. 08. 23. 시행)

(社)한국어문회 주관 · 한국한자능력검정회 시행

다음 밑줄 친 漢字語의 讀音을 쓰시오. (1~32)

(1) 이순신 장군은 노량 해전에서 壯烈한 최후를 마쳤다.
(2) 정부는 서울 인구를 분산하려고 衛星 도시를 만들었다.
(3) 경영난으로 가게를 閉店할 수밖에 없는 것이 안타깝다.
(4) 항구에는 船積을 기다리는 화물들이 빼곡히 들어차 있었다.
(5) 그의 훌륭한 행적은 두고두고 稱頌해도 모자랄 정도이다.
(6) 그는 반지를 주며 그녀에게 請婚했다.
(7) 아버님께서 빨리 快差하시기를 기도하였다.
(8) 스승의 날을 맞아 나는 고등학교 때 恩師를 찾아뵈었다.
(9) 수현이는 발을 헛디뎌 階段에서 굴러떨어졌다.
(10) 선생님께서 칠판에 粉筆로 판서를 하셨다.
(11) 병원 개업식에 손님이 몰려 盛況을 이루었다.
(12) 적은 아군의 기습을 받고 황급하여 武器를 버리고 달아났다.
(13) 상품이 破損되지 않도록 포장을 꼼꼼히 하였다.
(14) 의사들은 산모에게 모유를 먹이도록 적극 勸奬한다.
(15) 자식에 대한 어머니의 사랑은 고귀하고 純潔한 것이다.
(16) 들녘에는 온갖 꽃들이 姿態를 뽐내고 있다.
(17) 건물을 보수하고 增築하는 데에는 비용이 많이 든다.
(18) 그는 사과는커녕 자신의 행위를 辯護하기에 급급했다.
(19) 요즈음 컴퓨터는 우리 생활과 密接하게 연관되어 있다.
(20) 선생님은 밤늦도록 교무실에서 採點을 하고 계셨다.
(21) 우리는 창밖으로 보이는 멋진 경치에 感歎하였다.
(22) 그는 어물쩍거리고는 슬며시 대답을 回避했다.
(23) 그의 말 한마디 한마디마다 관객들의 爆笑가 쏟아졌다.
(24) 갑자기 변한 그의 모습에 適應이 잘 안된다.
(25) 다은이는 우직하고 勤勉하게 자기 몫을 해내었다.

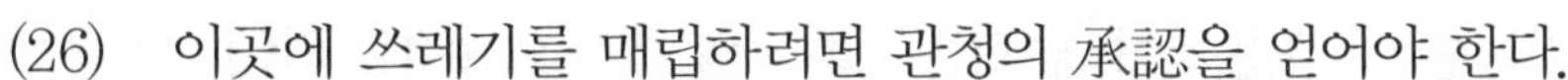

(26) 이곳에 쓰레기를 매립하려면 관청의 承認을 얻어야 한다.
(27) 교장 선생님은 학생들의 무례한 행동에 憤怒하였다.
(28) 여름 방학을 맞아 준호는 남쪽으로 徒步 여행을 떠났다.
(29) 시위 群衆 때문에 시내 교통이 완전히 마비되었다.
(30) 나는 간식으로 닭고기나 鷄卵 반숙을 즐겨 먹는다.
(31) 나는 통장의 殘額을 확인할 때마다 기분이 좋다.
(32) 그는 공중전화기에 銅錢을 넣고 다이얼을 눌렀다.

다음 漢字의 訓과 音을 쓰시오. (33~54)

(33) 遇	(34) 討	(35) 彈
(36) 座	(37) 覺	(38) 遊
(39) 松	(40) 納	(41) 灰
(42) 傑	(43) 核	(44) 趣
(45) 伏	(46) 擊	(47) 圍
(48) 羅	(49) 派	(50) 移
(51) 紀	(52) 乳	(53) 條
(54) 蟲		

다음 漢字의 部首를 쓰시오. (55~57)

(55) 疑	(56) 變	(57) 香

다음 漢字의 略字를 쓰시오. (58~60)

(58) 卒	(59) 團	(60) 獨

다음 漢字語 중 첫소리가 長音인 것을 가려 그 번호를 쓰시오. (61~63)

(61) ① 戰勢 ② 前世　　(62) ① 湖水 ② 戶數
(63) ① 注意 ② 主義

다음 漢字와 뜻이 반대(또는 상대)되는 漢字를 ( ) 속에 적어 문장을 완성하시오. (64~66)

(64) 이 골목은 사람들의 往( )가 많아 복잡하다.
(65) 선생님은 조회 때마다 ( )缺 상황을 조사하셨다.
(66) 그가 성실하다는 것은 自( )가 공인하는 사실이다.

다음 漢字와 뜻이 같거나 비슷한 漢字를 ( ) 속에 적어 문장을 완성하시오. (67~69)

(67) 최근에 많은 기업들이 광고에 시간과 ( )用을 지출하고 있다.
(68) 그는 ( )端으로 이 회사에 들어와서 사장이 된 인물이다.
(69) 사람마다 옷을 ( )擇하는 안목과 취향이 다르다.

다음 ( ) 속 단어의 同音語를 주어진 뜻에 맞게 漢字로 쓰시오. (70~72)

(70) (金房) – 말하고 있는 시점보다 바로 조금 전에.
(71) (史庫) – 생각하고 궁리함.
(72) (整地) – 움직이고 있던 것이 멎거나 그침.

다음 漢字語의 뜻을 〈보기〉에서 찾아 그 번호를 쓰시오. (73~75)

① 항복할 뜻.
② 임금이 타는 가마나 수레.
③ 일이 없어 남는 시간.
④ 점점 줄어들어 다 없어짐.
⑤ 못마땅한 생각이나 반대의 뜻을 주장함.
⑥ 다 타서 없어짐.

(73) 抗議 (74) 餘暇 (75) 消盡

➡ 다음 ( ) 안에 해당하는 漢字를 적어 성어를 완성하시오. (76~80)

(76) 會者(정)離 : 만난 자는 반드시 헤어짐.

(77) 孤立(무)援 : 고립되어 구원을 받을 데가 없음.

(78) 忠言逆(이) : 충직한 말은 귀에 거슬림.

(79) (경)天愛人 : 하늘을 숭배하고 인간을 사랑함.

(80) 送舊迎(신) : 묵은해를 보내고 새해를 맞음.

➡ 다음 각 문장의 밑줄 친 漢字語를 漢字로 쓰시오. (81~100)

(81) 그녀는 오는 손님 모두에게 친절을 보였다.

(82) 아버님 병환은 차도가 있으신지요?

(83) 물은 섭씨 100도까지 가열되기 전에는 끓지 않는다.

(84) 석유 파동으로 인하여 대부분의 물건값이 올랐다.

(85) 이 그림은 절묘한 색의 조화가 돋보이는 작품이다.

(86) 요즘 아빠들은 육아에 적극적으로 참여하고 있다.

(87) 이번 테니스 경기는 자매간의 대결로 사람들의 관심을 모았다.

(88) 막차를 알리는 안내 방송이 지하철 역사에서 들려온다.

(89) 나는 골짜기에 있는 정자에 올라 주변 경치를 감상하였다.

(90) 그들의 우정은 어린 시절 고향 마을에서부터 싹튼 것이다.

(91) 그는 국민 교육에 기여한 공로로 훈장을 받았다.

(92) 사람들의 축하와 축복 속에서 결혼식이 거행되었다.

(93) 우리 집은 이 층으로 된 양옥으로 이사를 갔다.

(94) 영희는 교실 창문에서 교정을 물끄러미 바라보고 있다.

(95) 그는 동료들의 무관심과 냉대가 견디기 힘들다고 말했다.

(96) 이 교재는 아이들의 사고력을 향상시키기 위해 만들어졌다.

(97) 우리 학교는 최근에 지어서 대단히 깨끗합니다.

(98) 순진한 동생을 골탕 먹이려는 철수의 계획은 실패로 끝났다.

(99) 우리 식당에서는 현지 직송한 활어만 취급합니다.

(100) 우리 동아리에서는 매달 양로원에 가서 봉사 활동을 한다.

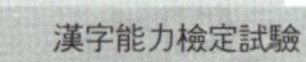

제111회 4급 기출문제 (2025. 11. 15. 시행)

(社)한국어문회 주관 · 한국한자능력검정회 시행

다음 밑줄 친 漢字語의 讀音을 쓰시오. (1~32)

(1) 책상들을 조끔씩 密着시켜 여유 공간을 만들었다.
(2) 정부는 일본의 역사 왜곡에 공식적으로 抗議하였다.
(3) 배심원들은 그가 무죄라고 判決했다.
(4) 월드컵 경기를 지원하기 위해 경찰 인력이 대거 差出되었다.
(5) 현미경으로 細胞가 분열하는 것을 관찰했다.
(6) 구청은 구민들을 위한 음악회를 主管하였다.
(7) 우리 선수단은 冬季 전지훈련을 거치면서 기량이 눈부시게 달라졌다.
(8) 컴퓨터의 저장 공간을 줄이기 위해 용량이 큰 파일들을 壓縮했다.
(9) 적군의 동태를 계속 감시했지만 별다른 特異 사항이 발견되지 않았다.
(10) 외국인들은 한복을 선이 아름다운 옷이라고 禮讚하였다.
(11) 삼촌은 해외여행을 가기 위해 旅券을 새로 발급받았다.
(12) 경기를 續行하기 위해 심판은 다친 선수를 경기장 밖으로 내보냈다.
(13) 국가의 憲政을 파괴하는 이들은 엄중한 처벌을 받아야 한다.
(14) 지난주 주문했던 물건을 인수하고 殘金을 치렀다.
(15) 푸른 달빛 아래서 바라보는 조각들은 歎聲을 자아낼 만큼 훌륭했다.
(16) 실수로 화병을 깬 동생을 辯護하는 아이의 모습이 대견스러웠다.
(17) 교실 한 켠에 구급약이 備置되어 있다.
(18) 그녀와 나는 무슨 일이든 呼吸이 척척 맞는다.
(19) 어머니 생신 때, 서울에 사는 누나와 妹夫가 잠시 부산에 내려왔다.
(20) 관중들은 곡예단의 공중 妙技에 마음을 졸이며 지켜보았다.
(21) 연어들은 産卵을 위해 강을 거슬러 올라간다.
(22) 그의 질문에 대한 소녀의 대답은 簡潔하고 명확했다.
(23) 최근 몇 년간 전국의 平均 기온이 계속 상승하는 추세다.
(24) 불린 콩을 갈아 물에 넣고 끓인 후 걸러서 豆乳를 만든다.
(25) 사업주는 올해 임금을 인상하기로 方針을 세웠다.

(26) 교육이야말로 한 나라의 興亡을 결정짓는 중대한 과업이다.
(27) 그 연예인에 대해 확인되지 않은 온갖 소문들이 亂舞했다.
(28) 농민들은 이번 태풍으로 농작물이 피해를 입을까 念慮했다.
(29) 사태의 推移를 보아가면서 다음 계획을 추진할 예정이다.
(30) 영희는 神經이 무척 예민해서 조그만 소리에도 자주 깬다.
(31) 고장 난 자동차를 고치는 데 드는 수리비의 見積을 알아보았다.
(32) 올가을 우리 구단은 새로운 선수들을 대거 迎入했다.

다음 漢字의 訓과 音을 쓰시오. (33~54)

(33) 討　(34) 往　(35) 伏
(36) 奇　(37) 範　(38) 寶
(39) 錢　(40) 助　(41) 博
(42) 激　(43) 鬪　(44) 負
(45) 揮　(46) 映　(47) 壯
(48) 走　(49) 舍　(50) 點
(51) 朱　(52) 誠　(53) 營
(54) 評

다음 漢字의 部首를 쓰시오. (55~57)

(55) 酒　(56) 姿　(57) 足

다음 漢字의 略字를 쓰시오. (58~60)

(58) 變　(59) 卒　(60) 舊

다음 漢字語 중 첫소리가 長音인 것을 가려 그 번호를 쓰시오. (61~63)

(61) ① 銅器 ② 動機　(62) ① 事前 ② 辭典
(63) ① 視覺 ② 時刻

다음 漢字와 뜻이 반대(또는 상대)되는 漢字를 ( ) 속에 적어 문장을 완성하시오. (64~66)

(64) 그는 늘 일의 ( )重을 가려 중요한 사안부터 처리한다.
(65) 이번 사건은 그 일과 아무런 因( ) 관계가 없다.
(66) 정치인들은 민심의 ( )背를 잘 파악하여 정책을 결정하여야 한다.

다음 漢字와 뜻이 같거나 비슷한 漢字를 ( ) 속에 적어 문장을 완성하시오. (67~69)

(67) 이곳에서 공룡으로 추정되는 巨( )한 동물의 화석이 발견되었다.
(68) 도서관에는 신간 ( )籍들이 보기 좋게 진열되어 있었다.
(69) 수원성은 대단히 堅( )하게 지어진 건축물이다.

다음 ( ) 속 단어의 同音語를 주어진 뜻에 맞게 漢字로 쓰시오. (70~72)

(70) (忠戰) – 전기 에너지를 축적하는 일.
(71) (廣圖) – 빛이나 불의 밝은 정도.
(72) (遊離) – 이익이 있음.

다음 漢字語의 뜻을 〈보기〉에서 찾아 그 번호를 쓰시오. (73~75)

① 변방의 경계선.
② 세력이나 영향력이 미치는 영역.
③ 머리털을 깎아 다듬음.
④ 매우 큰 계획.
⑤ 일정한 구역이나 범위의 밖.
⑥ 밑바닥.

(73) 底邊 (74) 理髮 (75) 域外

◆ 다음 ( ) 안에 해당하는 漢字를 적어 성어를 완성하시오. (76~80)

(76) 明鏡(지)水 : 맑은 거울과 고요한 물.

(77) 藥房甘(초) : 거의 모든 처방에 감초가 들어감.

(78) 玉骨(선)風 : 살빛이 희고 고결하여 신선과 같은 풍채.

(79) 殺(신)成仁 : 자기의 몸을 희생하여 인을 이룸.

(80) 敢不(생)心 : 감히 엄두도 내지 못함.

◆ 다음 각 문장의 밑줄 친 漢字語를 漢字로 쓰시오. (81~100)

(81) 목사님은 매주 갈 곳 없는 노인들을 위해 봉사했다.

(82) 관광지인 그곳에는 관광객을 태우는 마차들이 있었다.

(83) 지도자가 되려면 도덕에 어긋나는 행동을 해서는 안 된다.

(84) 그 학자는 후진을 양성하는 데에 온갖 정열을 쏟았다.

(85) 공공장소에서는 언제나 타인을 배려할 줄 알아야 한다.

(86) 우리 팀의 역습을 막지 못한 상대 팀이 결국 패배하였다.

(87) 모든 병은 발병 초기에 치료하는 것이 효과적이다.

(88) 추석이 다가오자 명절 기분에 마음이 좀 술렁거렸다.

(89) 공연이 두 시간이 남았지만 관객들은 이미 객석을 모두 메웠다.

(90) 그는 최근의 날씨 이야기로 말의 서두를 꺼냈다.

(91) 그는 이번 전시회를 통해 작가로서의 역량을 인정받았다.

(92) 대통령이 정부의 입장을 밝히는 담화를 발표하였다.

(93) 건축 공사를 할 때는 누구나 해당 법규를 준수해야 한다.

(94) 작년 봄에 시작한 다리 공사는 올 연말까지 완공될 예정이다.

(95) 민물과 바닷물이 합쳐지는 이곳에는 여러 종류의 어류가 서식한다.

(96) 이 하천은 수량이 풍부하고 낙차가 커서 수력 발전에 유리하다.

(97) 거리에는 벌써 빨갛게 낙엽이 지기 시작했다.

(98) 인천은 서해안과 내륙을 연결하는 교역의 중심지이다.

(99) 등 푸른 생선에는 양질의 단백질과 각종 영양소가 풍부하게 들어있다.

(100) 이 지역 농민들은 농산물을 가공하여 높은 소득을 올렸다.

제1회 4급 실전문제

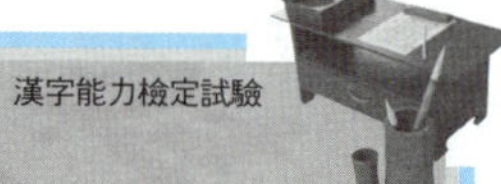

(社)한국어문회 주관 · 한국한자능력검정회 시행

다음 밑줄 친 漢字語의 讀音을 쓰시오. (1~35)

(1) 그녀는 부상당한 군인을 정성껏 看護했다.
(2) 경찰은 유괴범을 檢擧하였다.
(3) 날씨가 불순하여 비행기가 缺航하였다.
(4) 후보의 연설을 傾聽하였다.
(5) 정부는 일부 官廳을 지방으로 옮겼다.
(6) 그것은 나의 權限 밖의 일이다.
(7) 학술대회에서 基調강연을 들었다.
(8) 그는 문제를 너무 單純하게 생각했다.
(9) 정밀 수사로 盜賊을 잡았다.
(10) 출국하기 위하여 旅券을 발급받았다.
(11) 돌을 다듬어 墓碑를 세웠다.
(12) 정부는 안전한 귀환을 保障하였다.
(13) 어이없는 행정에 憤痛을 터뜨렸다.
(14) 그는 射程이 긴 활을 개발하였다.
(15) 횡단보도에 새로운 신호등을 設置하였다.
(16) 도자기가 損傷되지 않도록 조심하였다.
(17) 어제 장학금 施賞식이 있었다.
(18) 불이 꺼지자 사방이 暗黑이었다.
(19) 선생님은 교지 발행에 熱誠을 다하셨다.
(20) 통계상의 誤差를 계산하였다.
(21) 그녀는 교우 관계가 圓滿하다.
(22) 후보는 遊說에서 열변을 토했다.
(23) 동양철학에서 陰陽 이론을 배웠다.
(24) 시민들은 사고 공무원의 引責을 요구했다.
(25) 아직도 친일 殘存 세력이 활동하고 있다.
(26) 박달나무 아래에 祭壇을 마련하였다.
(27) 저들 오랑캐는 예의를 모르는 族屬이다.
(28) 검찰은 證據 자료를 내 놓았다.

(29) 이것은 織造하기 편리한 섬유이다.
(30) 시골에서 민요를 採集하였다.
(31) 부모님은 저녁식사에 선생님을 招待하였다.
(32) 모인 군중의 수가 10만명으로 推算되었다.
(33) 방비가 허술해지자 외적이 侵犯하였다.
(34) 군인이 脫營했다는 소식이 들려왔다.
(35) 아시아에서의 한류의 退潮를 걱정하기도 한다.

다음 漢字語를 漢字로 쓰시오. (36~55)

(36) 강호(강과 호수)
(37) 경례(경의를 표하기 위해 인사하는 일)
(38) 광선(빛이 내쏘는 빛줄기)
(39) 기약(때를 정하여 약속함)
(40) 대가(물건을 산 대신의 값)
(41) 방류(가두어 놓은 물을 터놓아 보냄. 어린 물고기를 강물에 놓아 줌)
(42) 사건(일거리. 뜻밖에 일어난 일)
(43) 선별(가려서 따로 나눔)
(44) 승리(겨루어 이김)
(45) 애정(사랑하는 마음)
(46) 완패(완전하게 패배함)
(47) 의원(병자를 치료하기 위해 특별한 시설을 한 집)
(48) 조업(작업을 실시함)
(49) 질문(의문, 이유를 캐물음)
(50) 친구(오래 두고 가깝게 사귀는 사람)
(51) 행복(복된 좋은 운수)
(52) 노사(노동자와 사용자)
(53) 작금(어제와 오늘)
(54) 식당(식사를 하도록 설비되어 있는 집)
(55) 등장(무슨 일에 어떤 사람이 나타남)

다음 글자의 訓과 音을 쓰시오. (56~80)

(56) 援　(57) 測　(58) 治
(59) 險　(60) 腸　(61) 周
(62) 港　(63) 雜　(64) 組

(65) 標　(66) 義　(67) 濟
(68) 銃　(69) 儒　(70) 靜
(71) 盡　(72) 胞　(73) 轉
(74) 支　(75) 討　(76) 委
(77) 增　(78) 快　(79) 厚
(80) 籍

다음 訓과 音을 지닌 漢字를 쓰시오. (81~85)

(81) 집 옥　(82) 펼 전
(83) 씻을 세　(84) 섬길 사
(85) 언덕 원

다음 漢字와 뜻이 비슷한 글자를 연결하여 한 單語를 만드시오. (86~90)

(86) 競 – (　)　(87) 道 – (　)
(88) 圖 – (　)　(89) 衣 – (　)
(90) 停 – (　)

다음 예시된 漢字 중에서 앞글자가 長音으로 발음되는 것을 골라 번호를 쓰시오. (91~92)

(91) ① 想念 ② 商街 ③ 傷處 ④ 常綠

(92) ① 宣告 ② 善女 ③ 先攻 ④ 船隊

다음 漢字의 略字를 쓰시오. (93~95)

(93) 輕　(94) 獨　(95) 實

다음 괄호 안에 알맞은 漢字를 쓰시오. (96~97)

(96) (　)故知新 : 옛 것을 연구해 새 지식이나 견해를 찾아냄

(97) 百年河(　) : 아무리 오래 되어도 사물이 이루어지기 어려움을 일컫는 말

다음 漢字의 部首를 쓰시오. (98~100)

(98) 疑　(99) 前　(100) 條

제2회 4급 실전문제

(社)한국어문회 주관 · 한국한자능력검정회 시행

다음 밑줄 친 漢字語의 讀音을 쓰시오. (1~30)

(1) 그녀는 답변하기 困難한 상황에 처했다.
(2) 건물의 構造가 특이하다.
(3) 複數 대명사에 대하여 배웠다.
(4) 그는 대상 수상의 榮光을 누렸다.
(5) 먼동이 트자 하나 둘씩 起床했다.
(6) 환영 인파가 공항에 待期하고 있었다.
(7) 우리가 團結하면 어려움을 극복할 수 있다.
(8) 세심한 配慮에 감사드립니다.
(9) 입학한 뒤 寄宿舍에 들어갔다.
(10) 비싼 가격이 많이 負擔된다.
(11) 드디어 危險 지역을 벗어났다.
(12) 그녀는 아주 작은 所願을 말했다.
(13) 선사시대 유적을 調査하고 있다.
(14) 그 배는 航海 중에 암초를 만났다.
(15) 병원에서 豫防 주사를 맞았다.
(16) 고전은 智慧의 원천이다.
(17) 사고 지점으로 救急車가 달려왔다.
(18) 주문 받은 물품을 郵便으로 보냈다
(19) 공연 觀覽에도 예절이 있다.
(20) 두 사람은 재회를 약속하고 離別하였다.
(21) 그 집은 庭園에 나무가 많다.
(22) 여행 중의 모습을 담은 寫眞이었다.
(23) 도서관에서는 靜肅해야 한다.
(24) 하루에 백리를 移動하였다.
(25) 봉사 활동을 準備하고 있다.
(26) 우리 편이 결승에 진출하여 慰安이 된다.
(27) 그 책이 因緣이 되어 수학자가 되었다.
(28) 전국적 개혁 운동이 展開되고 있었다.

부록 Ⅱ

(29) 베풀어 주신 은혜에 感謝드립니다.
(30) 상대방을 너그럽게 包容할 줄 알아야 한다.

다음 漢字語의 訓과 音을 쓰시오. (31~52)

(31) 健 (32) 純 (33) 授
(34) 節 (35) 採 (36) 積
(37) 厚 (38) 鳴 (39) 板
(40) 確 (41) 約 (42) 增
(43) 演 (44) 姿 (45) 援
(46) 損 (47) 辯 (48) 額
(49) 勉 (50) 錄 (51) 階
(52) 領

다음의 訓과 音을 지닌 漢字를 쓰시오. (53~72)

(53) 뿔 각 (54) 굽을 곡
(55) 갖출 구 (56) 물끓는김 기
(57) 이를 도 (58) 일할 로
(59) 목숨 명 (60) 놓을 방
(61) 옷 복 (62) 섬길 사
(63) 낳을 산 (64) 고울 선
(65) 묶을 속 (66) 재주 술
(67) 열매 실 (68) 빛날 요
(69) 어제 작 (70) 맑을 청
(71) 칠 타 (72) 곧을 직

다음 빈 칸에 알맞은 漢字를 써 넣어 成語를 완성하시오. (73~77)

(73) 金(　)玉條 (74) 苦盡甘(　)
(75) 父子有(　) (76) 見(　)生心
(77) 走(　)看山

다음 한자와 反對 또는 對立되는 漢字를 써넣어 單語를 완성하시오. (78~80)

(78) (　)近 (79) (　)暗

(80) (　)終

다음 빈 칸에 주어진 漢字의 類義字(뜻이 비슷한 글자)를 漢字로 적어 單語를 완성하시오. (81~83)

(81) 聽( )　　(82) 身( )

(83) ( )木

다음 漢字語와 音만 같고 뜻은 전혀 다른 同音異義語를 한 개씩만 쓰시오. (제시된 글자를 다시 사용하지 말 것) (84~86)

(84) 傳記 - ( )　　(85) 私設 - ( )

(86) 佛家 - ( )

다음 풀이에 해당하는 單語를 漢字로 쓰시오. (87~89)

(87) 어떠한 樣式이나 현상이 사회에 널리 퍼짐. 또는 그러한 傾向 ( )

(88) 지나치게 많이 먹음 ( )

(89) 시설을 갖추고 물고기를 많이 길러 번식시키는 곳 ( )

다음 漢字의 部首를 쓰시오. (90~92)

(90) 業　　(91) 然　　(92) 勝

다음 漢字의 略字를 쓰시오. (93~95)

(93) 圖　　(94) 醫　　(95) 兒

다음 單語 中 첫소리가 長音인 單語를 고르시오. (96~100)

(96) ① 減少 ② 百姓 ③ 監督 ④ 優秀

(97) ① 停止 ② 貴重 ③ 尊敬 ④ 參加

(98) ① 移住 ② 賞罰 ③ 神仙 ④ 斷水

(99) ① 誤解 ② 平野 ③ 充滿 ④ 休息

(100) ① 程度 ② 招請 ③ 憲法 ④ 特許

제106회 4급 기출문제 답안지

■ 사단법인 한국어문회 • 한국한자능력검정회 2024. 08. 24. (토) 401 ■

수험번호 □□□-□□-□□□□□ 성명 □□□□□

생년월일 □□□□□□ ※ 유성 싸인펜, 붉은색 필기구 사용 불가.

※ 답안지는 컴퓨터로 처리되므로 구기거나 더럽히지 마시고, 정답 칸 안에만 쓰십시오. 글씨가 채점란으로 들어오면 오답처리가 됩니다.

제106회 전국한자능력검정시험 4급 답안지(1)

답안란		채점란		답안란		채점란		답안란		채점란	
번호	정답	1검	2검	번호	정답	1검	2검	번호	정답	1검	2검
1	우수			17	위엄			33	늘일 연		
2	환영			18	수익			34	힘쓸 면		
3	조직			19	총액			35	피곤할 피		
4	은퇴			20	강좌			36	숨길 비		
5	심층			21	정성			37	문서 권		
6	감독			22	시설			38	쌓을 적		
7	근육			23	득표			39	다칠 상		
8	장치			24	경찰			40	무리 도		
9	토론			25	위안			41	있을 존		
10	분노			26	귀항			42	무덤 묘		
11	이탈			27	쾌차			43	높을 숭		
12	장벽			28	배려			44	볼 람		
13	관청			29	파손			45	한가할 한		
14	유격			30	납세			46	만날 우		
15	폭소			31	근무			47	재 회		
16	기여			32	보관			48	터럭 발		

감독위원	채점위원(1)		채점위원(2)		채점위원(3)	
(서명)	(득점)	(서명)	(득점)	(서명)	(득점)	(서명)

※ 본 답안지는 컴퓨터로 처리되므로 구겨지거나 더럽혀지지 않도록 조심하시고 글씨를 칸 안에 또박또박 쓰십시오.

제106회 전국한자능력검정시험 4급 답안지(2)

답안란		채점란		답안란		채점란		답안란		채점란	
번호	정답	1검	2검	번호	정답	1검	2검	번호	정답	1검	2검
49	의심할 의			67	客			85	各種		
50	누이 매			68	充			86	最終		
51	아플 통			69	任			87	到着		
52	닭 계			70	調査			88	特效		
53	씨 핵			71	展示			89	代價		
54	넓을 보			72	過去			90	陸橋		
55	工			73	④			91	友情		
56	力			74	⑤			92	完結		
57	人			75	①			93	失望		
58	売			76	止			94	景致		
59	伝			77	耳			95	始作		
60	団			78	無			96	交流		
61	①			79	馬			97	消費		
62	①			80	思			98	必要		
63	②			81	幸福			99	約束		
64	落			82	冷害			100	商品		
65	使			83	卓球						
66	苦			84	德談						

제107회 4급 기출문제 답안지

■ 사단법인 한국어문회 • 한국한자능력검정회 2024. 11. 09. (토) 401 ■

수험번호 □□□-□□-□□□□□ 성명 □□□□□

생년월일 □□□□□□□□ ※ 유성 싸인펜, 붉은색 필기구 사용 불가.

※ 답안지는 컴퓨터로 처리되므로 구기거나 더럽히지 마시고, 정답 칸 안에만 쓰십시오.
글씨가 채점란으로 들어오면 오답처리가 됩니다.

제107회 전국한자능력검정시험 4급 답안지(1)

답안란		채점란		답안란		채점란		답안란		채점란	
번호	정답	1검	2검	번호	정답	1검	2검	번호	정답	1검	2검
1	고립			17	택배			33	이마 액		
2	격찬			18	특이			34	맡길 위		
3	탄압			19	노정			35	휘두를 휘		
4	원예			20	절연			36	고울 려		
5	납품			21	근거			37	바랄 희		
6	산재			22	감수			38	응할 응		
7	독보적			23	예감			39	법 헌		
8	극성			24	기별			40	쇠북 종		
9	칭송			25	시련			41	빼어날 수		
10	부담			26	지침			42	준할 준		
11	석축			27	후륜			43	장막 장		
12	골격			28	부인			44	볼 감		
13	유보			29	측정			45	날 비		
14	인계			30	선교			46	권할 권		
15	형태			31	대비			47	엄숙할 숙		
16	난무			32	속보			48	갈래 파		

감독위원	채점위원(1)		채점위원(2)		채점위원(3)	
(서명)	(득점)	(서명)	(득점)	(서명)	(득점)	(서명)

※ 본 답안지는 컴퓨터로 처리되므로 구겨지거나 더렵혀지지 않도록 조심하시고 글씨를 칸 안에 또박또박 쓰십시오.

제107회 전국한자능력검정시험 4급 답안지(2)

답안란		채점란		답안란		채점란		답안란		채점란	
번호	정답	1검	2검	번호	정답	1검	2검	번호	정답	1검	2검
49	보배 진			67	書			85	結果		
50	부칠 기			68	住			86	識見		
51	칠[擊] 공			69	技			87	多量		
52	말씀 사			70	年始			88	旅行		
53	건널 제			71	停船			89	中止		
54	피할 피			72	勞動			90	最高		
55	竹(⺮)			73	②			91	告白		
56	火			74	⑥			92	向方		
57	子			75	①			93	平原		
58	礼			76	苦			94	健全		
59	战, 戦			77	再			95	水位		
60	卆			78	親			96	本能		
61	①			79	變			97	祝福		
62	②			80	溫			98	初代		
63	①			81	公開			99	月末		
64	明			82	孫女			100	料理		
65	遠			83	黃金						
66	物			84	分野						

제108회 4급 기출문제 답안지

■ 사단법인 한국어문회 • 한국한자능력검정회　　2025. 02. 22. (토)　　401 ■

수험번호 □□□-□□-□□□□□　　성명 □□□□□

생년월일 □□□□□□□□　※ 유성 싸인펜, 붉은색 필기구 사용 불가.

※ 답안지는 컴퓨터로 처리되므로 구기거나 더럽히지 마시고, 정답 칸 안에만 쓰십시오. 글씨가 채점란으로 들어오면 오답처리가 됩니다.

제108회 전국한자능력검정시험 4급 답안지(1)

답안란		채점란		답안란		채점란		답안란		채점란	
번호	정답	1검	2검	번호	정답	1검	2검	번호	정답	1검	2검
1	풍부			17	점거			33	책 편		
2	의존			18	쾌차			34	구멍 공		
3	성황			19	순진			35	임금 제		
4	희망			20	만선			36	지경 역		
5	분통			21	탄광			37	절 사		
6	여정			22	경호			38	거울 경		
7	계단			23	절벽			39	아재비 숙		
8	연기			24	위로			40	가루 분		
9	채택			25	포성			41	클 거		
10	한탄			26	감형			42	찾을 탐		
11	복잡			27	존중			43	밀 추		
12	계란			28	모양			44	향기 향		
13	비밀			29	청사			45	틀 기		
14	잔액			30	이전			46	누이 매		
15	상처			31	고향			47	에워쌀 위		
16	악연			32	칭송			48	씨 핵		

감독위원	채점위원(1)		채점위원(2)		채점위원(3)	
(서명)	(득점)	(서명)	(득점)	(서명)	(득점)	(서명)

※ 본 답안지는 컴퓨터로 처리되므로 구겨지거나 더렵혀지지 않도록 조심하시고 글씨를 칸 안에 또박또박 쓰십시오.

제108회 전국한자능력검정시험 4급 답안지(2)

답안란		채점란		답안란		채점란		답안란		채점란	
번호	정답	1검	2검	번호	정답	1검	2검	번호	정답	1검	2검
49	살 거			67	到			85	親善		
50	소나무 송			68	考			86	客席		
51	모양 자			69	目			87	衣服		
52	두루 주			70	時計			88	患者		
53	무덤 묘			71	過去			89	陸橋		
54	웃을 소			72	注意			90	敬禮		
55	雨			73	⑥			91	卒業		
56	心			74	②			92	祝歌		
57	大			75	⑤			93	消化		
58	独			76	終			94	景致		
59	広			77	說			95	貯金		
60	鉄			78	必			96	節約		
61	②			79	聞			97	落書		
62	①			80	無			98	最近		
63	②			81	價格			99	式順		
64	野			82	筆記			100	情談		
65	失			83	週末						
66	出			84	加速						

제109회 4급 기출문제 답안지

■ 사단법인 한국어문회 • 한국한자능력검정회 2025. 05. 24. (토) 401 ■

수험번호 □□□-□□-□□□□□ 성명 □□□□□

생년월일 □□□□□□ ※ 유성 싸인펜, 붉은색 필기구 사용 불가.

※ 답안지는 컴퓨터로 처리되므로 구기거나 더럽히지 마시고, 정답 칸 안에만 쓰십시오.
글씨가 채점란으로 들어오면 오답처리가 됩니다.

제109회 전국한자능력검정시험 4급 답안지(1)

답안란		채점란		답안란		채점란		답안란		채점란	
번호	정답	1검	2검	번호	정답	1검	2검	번호	정답	1검	2검
1	경호			17	안보			33	남을 잔		
2	부흥			18	영지			34	양식 량		
3	후송			19	차출			35	다할 진		
4	판례			20	전수			36	부칠 기		
5	엄숙			21	군납			37	힘쓸 무		
6	좌중			22	구성			38	탄식할 탄		
7	시설			23	제약			39	형벌 형		
8	자료			24	탈색			40	이을 접		
9	굴종			25	혼란			41	기릴 찬		
10	교역			26	동태			42	슬플 비		
11	거처			27	촉망			43	샘 천		
12	수강			28	시청			44	가[側] 변		
13	증좌			29	추측			45	층[層階] 층		
14	토론			30	육안			46	형상 상 | 문서 장		
15	칭송			31	수축			47	검소할 검		
16	단면			32	선정			48	모양 양		

감독위원	채점위원(1)		채점위원(2)		채점위원(3)	
(서명)	(득점)	(서명)	(득점)	(서명)	(득점)	(서명)

■ ■

※ 본 답안지는 컴퓨터로 처리되므로 구겨지거나 더럽혀지지 않도록 조심하시고 글씨를 칸 안에 또박또박 쓰십시오.

제109회 전국한자능력검정시험 4급 답안지(2)

답안란		채점란		답안란		채점란		답안란		채점란	
번호	정답	1검	2검	번호	정답	1검	2검	번호	정답	1검	2검
49	싸움 투			67	通/洞			85	新規		
50	놀랄 경			68	獨			86	英雄		
51	벌할 벌			69	感			87	賞金		
52	풍속 속			70	心性			88	不法		
53	혹 혹			71	年初			89	水位		
54	갑옷 갑			72	用件			90	直去來		
55	火			73	⑤			91	反則		
56	日			74	②			92	最終		
57	氏			75	③			93	下船		
58	実			76	馬			94	效力		
59	売			77	有			95	戰爭		
60	写, 㝍, 冩			78	材			96	全敗		
61	①			79	集			97	相談		
62	①			80	價			98	使臣		
63	②			81	對比			99	必要		
64	野			82	着席			100	熱氣		
65	可			83	案內						
66	失			84	無線						

제110회 4급 기출문제 답안지

■ 사단법인 한국어문회 • 한국한자능력검정회 2025. 08. 23. (토) 401 ■

수험번호 □□□-□□-□□□□□ 성명 □□□□□

생년월일 □□□□□□ ※ 유성 싸인펜, 붉은색 필기구 사용 불가.

※ 답안지는 컴퓨터로 처리되므로 구기거나 더럽히지 마시고, 정답 칸 안에만 쓰십시오.
글씨가 채점란으로 들어오면 오답처리가 됩니다.

제110회 전국한자능력검정시험 4급 답안지(1)

답안란		채점란		답안란		채점란		답안란		채점란	
번호	정답	1검	2검	번호	정답	1검	2검	번호	정답	1검	2검
1	장렬			17	증축			33	만날 우		
2	위성			18	변호			34	칠 토		
3	폐점			19	밀접			35	탄알 탄		
4	선적			20	채점			36	자리 좌		
5	칭송			21	감탄			37	깨달을 각		
6	청혼			22	회피			38	놀 유		
7	쾌차			23	폭소			39	소나무 송		
8	은사			24	적응			40	들일 납		
9	계단			25	근면			41	재 회		
10	분필			26	승인			42	뛰어날 걸		
11	성황			27	분노			43	씨 핵		
12	무기			28	도보			44	뜻 취		
13	파손			29	군중			45	엎드릴 복		
14	권장			30	계란			46	칠 격		
15	순결			31	잔액			47	에워쌀 위		
16	자태			32	동전			48	벌릴 라		

감독위원	채점위원(1)		채점위원(2)		채점위원(3)	
(서명)	(득점)	(서명)	(득점)	(서명)	(득점)	(서명)

※ 본 답안지는 컴퓨터로 처리되므로 구겨지거나 더럽혀지지 않도록 조심하시고 글씨를 칸 안에 또박또박 쓰십시오.

제110회 전국한자능력검정시험 4급 답안지(2)

답안란		채점란		답안란		채점란		답안란		채점란	
번호	정답	1검	2검	번호	정답	1검	2검	번호	정답	1검	2검
49	갈래 파			67	費			85	調和		
50	옮길 이			68	末			86	育兒		
51	벼리 기			69	選			87	對決		
52	젖 유			70	今方			88	案內		
53	가지 조			71	思考			89	景致		
54	벌레 충			72	停止			90	友情		
55	疋			73	⑤			91	功勞		
56	言			74	③			92	祝福		
57	香			75	④			93	洋屋		
58	卆			76	定			94	校庭		
59	団			77	無			95	冷待		
60	独			78	耳			96	教材		
61	①			79	敬			97	最近		
62	②			80	新			98	失敗		
63	①			81	親切			99	活魚		
64	來			82	病患			100	奉仕		
65	出			83	加熱						
66	他			84	物件						

제111회 4급 기출문제 답안지

■ 사단법인 한국어문회 • 한국한자능력검정회 2025. 11. 15. (토) 401 ■

수험번호 □□□-□□-□□□□□ 성명 □□□□□

생년월일 □□□□□□ ※ 유성 싸인펜, 붉은색 필기구 사용 불가.

※ 답안지는 컴퓨터로 처리되므로 구기거나 더럽히지 마시고, 정답 칸 안에만 쓰십시오.
글씨가 채점란으로 들어오면 오답처리가 됩니다.

제111회 전국한자능력검정시험 4급 답안지(1)

답안란		채점란		답안란		채점란		답안란		채점란	
번호	정답	1검	2검	번호	정답	1검	2검	번호	정답	1검	2검
1	밀착			17	비치			33	칠 토		
2	항의			18	호흡			34	갈 왕		
3	판결			19	매부			35	엎드릴 복		
4	차출			20	묘기			36	기특할 기		
5	세포			21	산란			37	법 범		
6	주관			22	간결			38	보배 보		
7	동계			23	평균			39	돈 전		
8	압축			24	두유			40	도울 조		
9	특이			25	방침			41	넓을 박		
10	예찬			26	흥망			42	격할 격		
11	여권			27	난무			43	싸움 투		
12	속행			28	염려			44	질[荷] 부		
13	헌정			29	추이			45	휘두를 휘		
14	잔금			30	신경			46	비칠 영		
15	탄성			31	견적			47	장할 장		
16	변호			32	영입			48	달릴 주		

감독위원	채점위원(1)		채점위원(2)		채점위원(3)	
(서명)	(득점)	(서명)	(득점)	(서명)	(득점)	(서명)

※ 본 답안지는 컴퓨터로 처리되므로 구겨지거나 더럽혀지지 않도록 조심하시고 글씨를 칸 안에 또박또박 쓰십시오.

제111회 전국한자능력검정시험 4급 답안지(2)

답안란		채점란		답안란		채점란		답안란		채점란	
번호	정답	1검	2검	번호	정답	1검	2검	번호	정답	1검	2검
49	집 사			67	大			85	他人		
50	점 점			68	書			86	敗北		
51	붉을 주			69	固			87	初期		
52	정성 성			70	充電			88	名節		
53	경영할 영			71	光度			89	客席		
54	평할 평			72	有利			90	序頭		
55	酉			73	⑥			91	力量		
56	女			74	③			92	談話		
57	足			75	⑤			93	法規		
58	変			76	止			94	年末		
59	卆			77	草			95	魚類		
60	旧			78	仙			96	河川		
61	②			79	身			97	落葉		
62	①			80	生			98	內陸		
63	①			81	奉仕			99	良質		
64	輕			82	馬車			100	加工		
65	果			83	道德						
66	向			84	情熱						

■ ■

제1회 4급 실전문제 답안지

■ 사단법인 한국어문회 • 한국한자능력검정회 401 ■

수험번호 □□□-□□-□□□□□ 성명 □□□□□

생년월일 □□□□□□ ※ 유성 싸인펜, 붉은색 필기구 사용 불가.

※ 답안지는 컴퓨터로 처리되므로 구기거나 더럽히지 마시고, 정답 칸 안에만 쓰십시오.
글씨가 채점란으로 들어오면 오답처리가 됩니다.

제1회 전국한자능력검정시험 4급 실전문제 답안지(1)

답안란		채점란		답안란		채점란		답안란		채점란	
번호	정답	1검	2검	번호	정답	1검	2검	번호	정답	1검	2검
1	간호			17	시상			33	침범		
2	검거			18	암흑			34	탈영		
3	결항			19	열성			35	퇴조		
4	경청			20	오차			36	江湖		
5	관청			21	원만			37	敬禮		
6	권한			22	유세			38	光線		
7	기조			23	음양			39	期約		
8	단순			24	인책			40	代價		
9	도적			25	잔존			41	放流		
10	여권			26	제단			42	事件		
11	묘비			27	족속			43	選別		
12	보장			28	증거			44	勝利		
13	분통			29	직조			45	愛情		
14	사정			30	채집			46	完敗		
15	설치			31	초대			47	醫院		
16	손상			32	추산			48	操業		

감독위원	채점위원(1)		채점위원(2)		채점위원(3)	
(서명)	(득점)	(서명)	(득점)	(서명)	(득점)	(서명)

※ 본 답안지는 컴퓨터로 처리되므로 구겨지거나 더럽혀지지 않도록 조심하시고 글씨를 칸 안에 또박또박 쓰십시오.

제1회 전국한자능력검정시험 4급 실전문제 답안지(2)

답안란		채점란		답안란		채점란		답안란		채점란	
번호	정답	1검	2검	번호	정답	1검	2검	번호	정답	1검	2검
49	質問			67	건널 제			85	原		
50	親舊			68	총 총			86	爭		
51	幸福			69	선비 유			87	路		
52	勞使			70	고요할 정			88	畫		
53	昨今			71	다할 진			89	服		
54	食堂			72	세포 포			90	止		
55	登場			73	구를 전			91	①		
56	도울 원			74	지탱할 지			92	②		
57	헤아릴 측			75	칠 토			93	軽		
58	다스릴 치			76	맡길 위			94	独		
59	험할 험			77	더할 증			95	実		
60	창자 장			78	쾌할 쾌			96	溫		
61	두루 주			79	두터울 후			97	淸		
62	항구 항			80	문서 적			98	疋		
63	섞을 잡			81	屋			99	刀(刂)		
64	짤 조			82	展			100	木		
65	표할 표			83	洗						
66	옳을 의			84	仕						

제2회 4급 실전문제 답안지

■ 사단법인 한국어문회 • 한국한자능력검정회 401 ■

수험번호 □□□-□□-□□□□□ 성명 □□□□□

생년월일 □□□□□□ ※ 유성 싸인펜, 붉은색 필기구 사용 불가.

※ 답안지는 컴퓨터로 처리되므로 구기거나 더럽히지 마시고, 정답 칸 안에만 쓰십시오. 글씨가 채점란으로 들어오면 오답처리가 됩니다.

제2회 전국한자능력검정시험 4급 실전문제 답안지(1)

답안란		채점란		답안란		채점란		답안란		채점란	
번호	정답	1검	2검	번호	정답	1검	2검	번호	정답	1검	2검
1	곤란			17	구급차			33	줄 수		
2	구조			18	우편			34	마디 절		
3	복수			19	관람			35	캘 채		
4	영광			20	이별			36	쌓을 적		
5	기상			21	정원			37	두터울 후		
6	대기			22	사진			38	울 명		
7	단결			23	정숙			39	널 판		
8	배려			24	이동			40	굳을 확		
9	기숙사			25	준비			41	맺을 약		
10	부담			26	위안			42	더할 증		
11	위험			27	인연			43	펼 연		
12	소원			28	전개			44	모양 자		
13	조사			29	감사			45	도울 원		
14	항해			30	포용			46	덜 손		
15	예방			31	굳셀 건			47	말씀 변		
16	지식			32	순수할 순			48	이마 액		

감독위원	채점위원(1)		채점위원(2)		채점위원(3)	
(서명)	(득점)	(서명)	(득점)	(서명)	(득점)	(서명)

※ 본 답안지는 컴퓨터로 처리되므로 구겨지거나 더렵혀지지 않도록 조심하시고 글씨를 칸 안에 또박또박 쓰십시오.

제2회 전국한자능력검정시험 4급 실전문제 답안지(2)

답안란		채점란		답안란		채점란		답안란		채점란	
번호	정답	1검	2검	번호	정답	1검	2검	번호	정답	1검	2검
49	힘쓸 면			67	實			85	社說, 師說, 辭說, 邪說, 絲屑		
50	기록할 록			68	曜			86	不可		
51	섬돌 계			69	昨			87	流行		
52	거느릴 령			70	清			88	過食		
53	角			71	打			89	養魚場		
54	曲			72	直			90	木		
55	具			73	科			91	火		
56	汽			74	來			92	力		
57	到			75	親			93	図		
58	勞			76	物			94	医		
59	命			77	馬			95	児		
60	放			78	遠			96	①		
61	服			79	明			97	②		
62	仕			80	始			98	④		
63	産			81	聞			99	①		
64	鮮			82	體			100	③		
65	束			83	樹						
66	術			84	電氣, 前期, 前記, 轉機, 轉記						

부록 Ⅱ

눈 앞에 이익이 보일 때 의리를 먼저 생각함

MEMO

見危授命 견위수명

나라가 위급할 때 자기 몸을 나라에 바침

一脈相通

일맥상통

하나의 맥락으로 서로 통한다는 데서 솜씨나 성격 등이 서로 비슷함을 말함

저자 남기탁(南基卓)

약력 한국어문교육연구회 편찬위원장

사단법인 한국어문회 이사

한국한자능력검정회 회장

강원대학교 인문대학 국어국문학과 교수

한자능력검정시험 4급

초판발행 2004년 3월 20일

20판발행 2026년 6월 15일

발행인 한국어문교육연구회

발행처 한국어문교육연구회

주소 서울시 서초구 서초 1동 교대벤처타워 401호

전화 1566-1400

등록번호 제22-1555호

ISBN 979-11-91238-89-1 13700

정가 23,000원

공|급|처 

T.02-332-1275, 1276 | F.02-332-1274

www.skymiru.co.kr

사단법인 한국어문회 · 한국한자능력검정회　　20　.(　).(　)　　402

※ 답안지는 컴퓨터로 처리되므로 구기거나 더럽히지 마시고, 정답 칸 안에만 쓰십시오. 글씨가 채점란으로 들어오면 오답처리가 됩니다.

제　회 전국한자능력검정시험 4급 답안지(2)

답안란		채점란		답안란		채점란		답안란		채점란	
번호	정답	1검	2검	번호	정답	1검	2검	번호	정답	1검	2검
49				67				85			
50				68				86			
51				69				87			
52				70				88			
53				71				89			
54				72				90			
55				73				91			
56				74				92			
57				75				93			
58				76				94			
59				77				95			
60				78				96			
61				79				97			
62				80				98			
63				81				99			
64				82				100			
65				83							
66				84							

사단법인 한국어문회 · 한국한자능력검정회 20 . ( ). ( ) 401

수험번호 [ ][ ][ ] – [ ][ ] – [ ][ ][ ][ ] 성 명 [ ][ ][ ][ ][ ]

생년월일 [ ][ ][ ][ ][ ][ ]

※ 한글, 한자이름 모두 사용 가능.
※ 유성펜, 연필, 붉은 색 필기구 사용 불가.

※ 답안지는 컴퓨터로 처리되므로 구기거나 더럽히지 마시고, 정답 칸 안에만 쓰십시오. 글씨가 채점란으로 들어오면 오답처리가 됩니다.

제 회 전국한자능력검정시험 4급 답안지(1) (시험시간 50분)

답안란		채점란		답안란		채점란		답안란		채점란	
번호	정답	1검	2검	번호	정답	1검	2검	번호	정답	1검	2검
1				17				33			
2				18				34			
3				19				35			
4				20				36			
5				21				37			
6				22				38			
7				23				39			
8				24				40			
9				25				41			
10				26				42			
11				27				43			
12				28				44			
13				29				45			
14				30				46			
15				31				47			
16				32				48			

감독위원	채점위원 (1)		채점위원 (2)		채점위원 (3)	
(서명)	(득점)	(서명)	(득점)	(서명)	(득점)	(서명)

※ 뒷면으로 이어짐